RON KAAL

RESPECTABE
L POPULISME
KUNSTHAL R
OTTERDAM

Respectabel Populisme verschijnt ter gelegenheid
van het 10-jarig bestaan van de Kunsthal Rotterdam.

Deze publicatie is mogelijk gemaakt dankzij:

Mondriaan Stichting

VSB Fonds Rotterdam

Stichting Bevordering van Volkskracht

G.Ph. Verhagen Stichting

Stichting Elise Mathilde Fonds

Stichting Organisatie van Effectenhandelaren te Rotterdam

RON KAAL

RESPECTABEL POPULISME KUNSTHAL ROTTERDAM

WAANDERS UITGEVERS, ZWOLLE
KUNSTHAL, ROTTERDAM

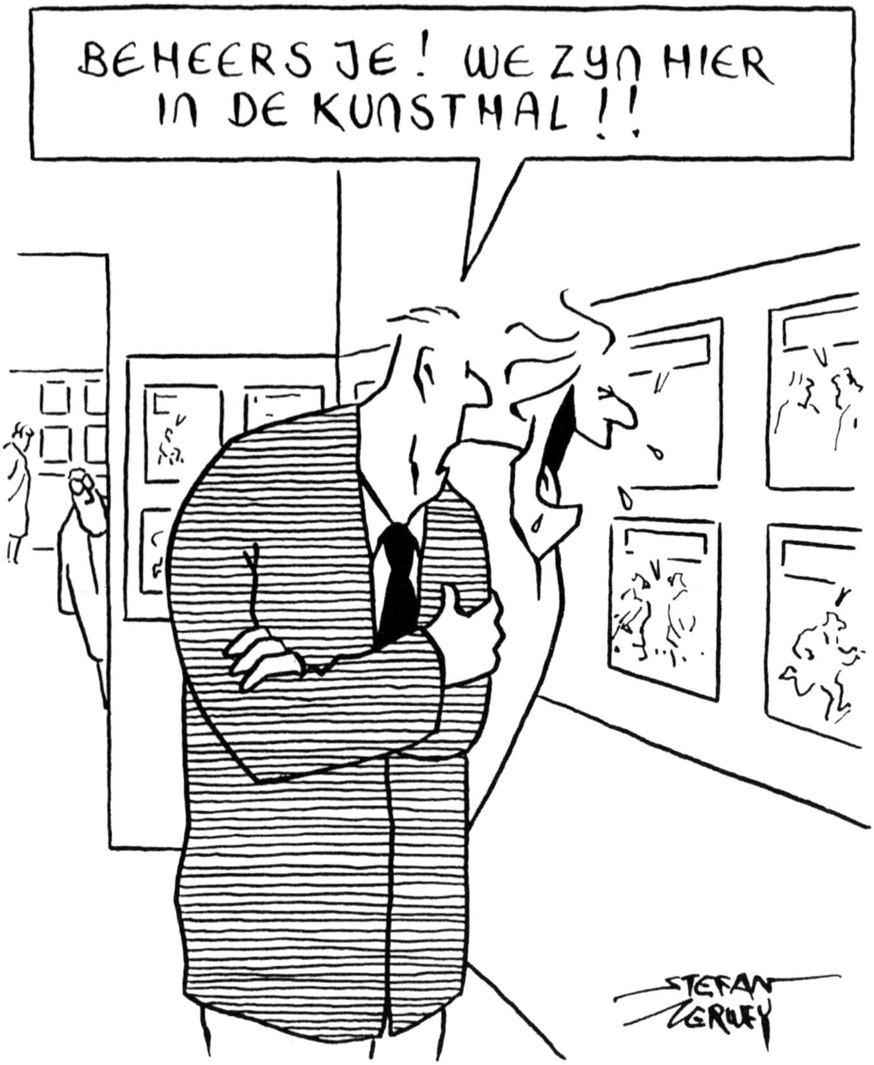
BEHEERS JE! WE ZYN HIER IN DE KUNSTHAL!!
STEFAN VERWEY

INHOUD

MAXIMALE AMBITIE, MINIMALE SUBSIDIE

De Kunsthal Rotterdam werd geboren uit een misverstand. In de jaren tachtig had ook Nederland kennisgemaakt met het fenomeen van de blockbuster, de monstertentoonstelling waarvoor het publiek graag in lange rijen wacht. Tentoonstellingen als *La Grande Parade* en *Monet in Holland* in Amsterdam, *Goden en farao's*, *Het Goud der Thraciërs* en *Meesterwerken uit de Hermitage* in Rotterdam hadden ondubbelzinnig uitgewezen dat het publiek met tienduizenden zo niet honderduizenden naar het museum kwam als daar maar iets bijzonders werd getoond. Iets eenmaligs. Iets imponerends. Niet alleen het gebruikelijke kunstpubliek kwam daarop af, maar ook een publiek van dagjesmensen en toeristen.

De blockbuster is niet zozeer een tentoonstelling als wel een gebeurtenis. Ze gaat altijd over het vele of het exotische; het is een reis naar het onbekende of het exacte tegendeel daarvan, de ontmoeting met het overbekende. Het is een en al goud en meesterwerken. "Nooit tevoren", schreef de criticus Robert Hughes, "is de beeldende kunst het onderwerp geweest van zulke extreme inflatie en fetisjisme." De blockbuster is per definitie een tentoonstelling van superlatieven: het Beste, het Grootste, het Duurste.

Helaas waren de bestaande musea niet berekend op zo'n enorme toeloop. Voor elke monstertentoonstelling moest de vaste opstelling van de zalen naar het depot verhuizen en keer op keer bleek de klimaatbeheersing niet op zoveel bezoekers te

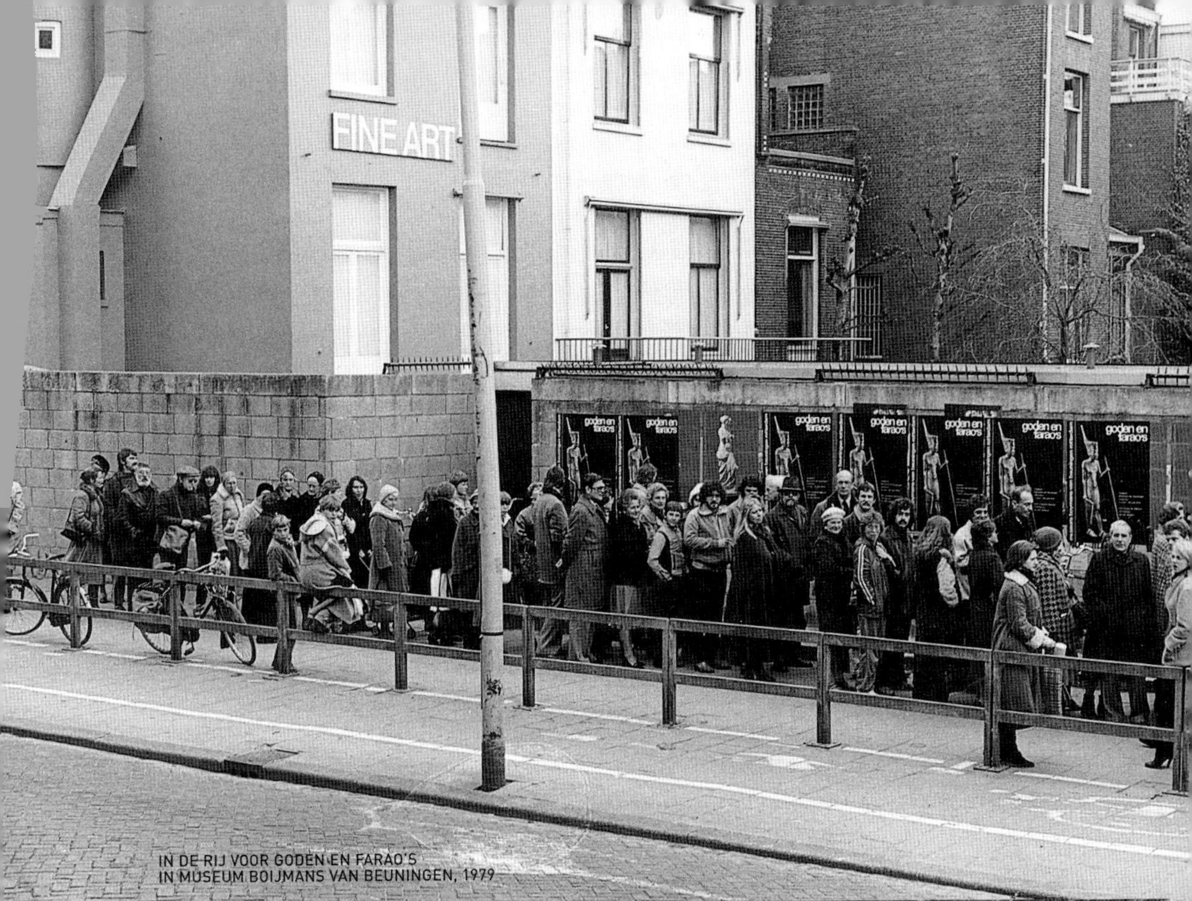

IN DE RIJ VOOR GODEN EN FARAO'S
IN MUSEUM BOIJMANS VAN BEUNINGEN, 1979

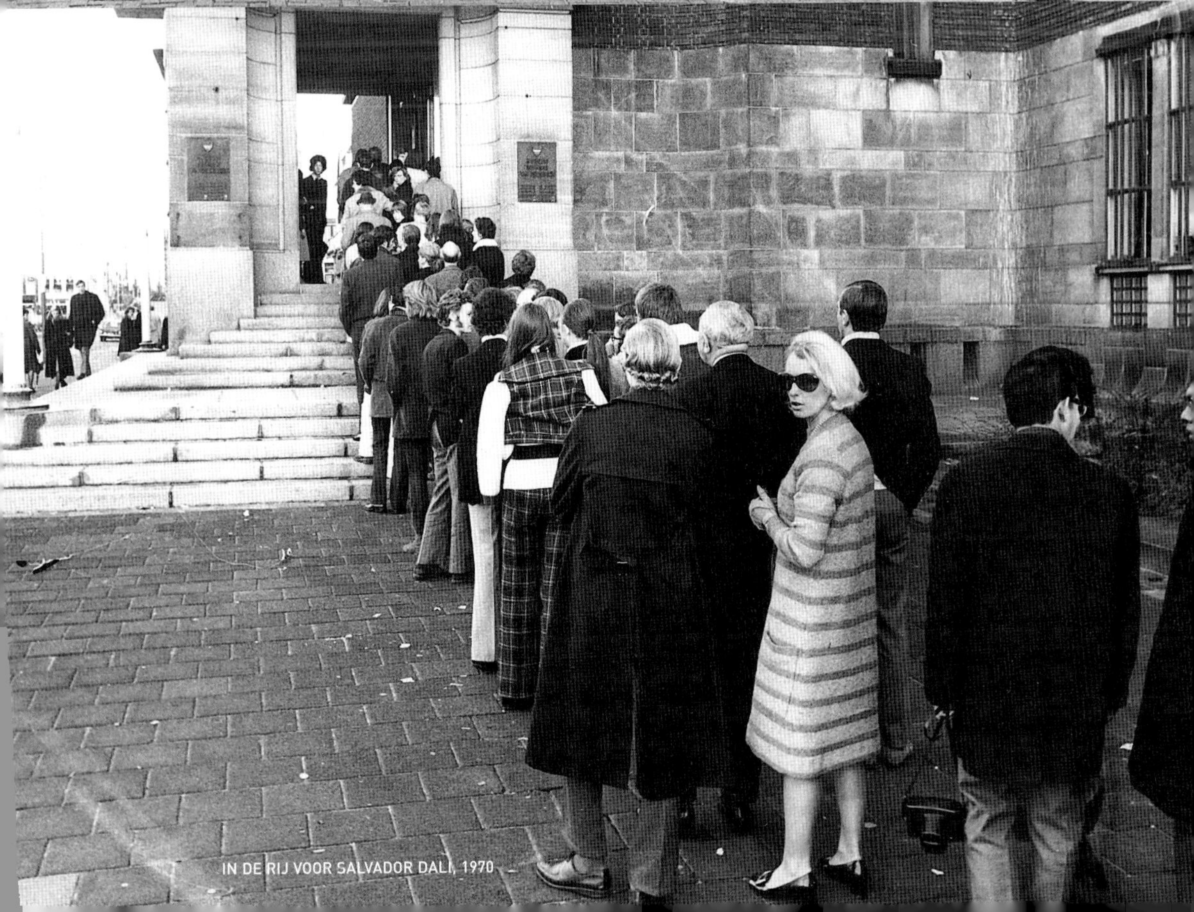

IN DE RIJ VOOR SALVADOR DALI, 1970

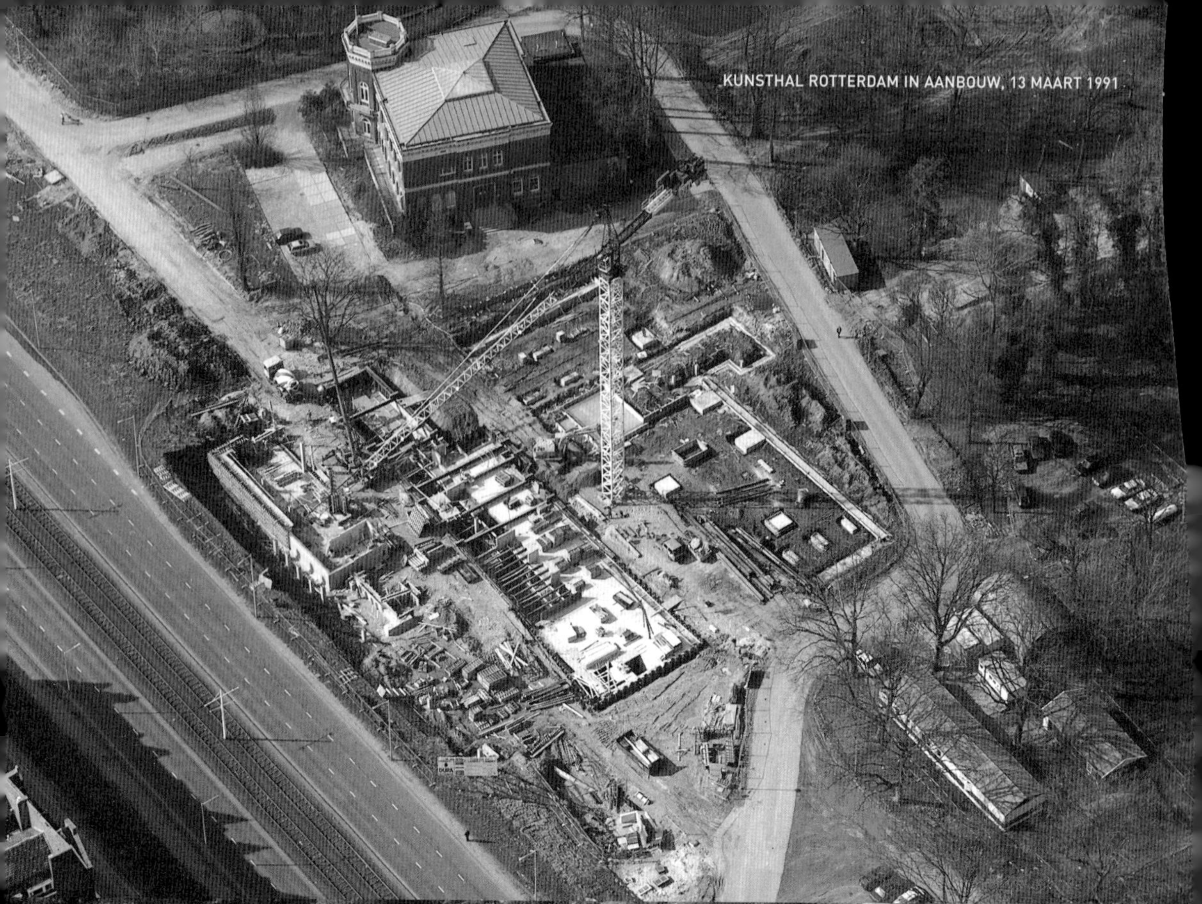
KUNSTHAL ROTTERDAM IN AANBOUW, 13 MAART 1991

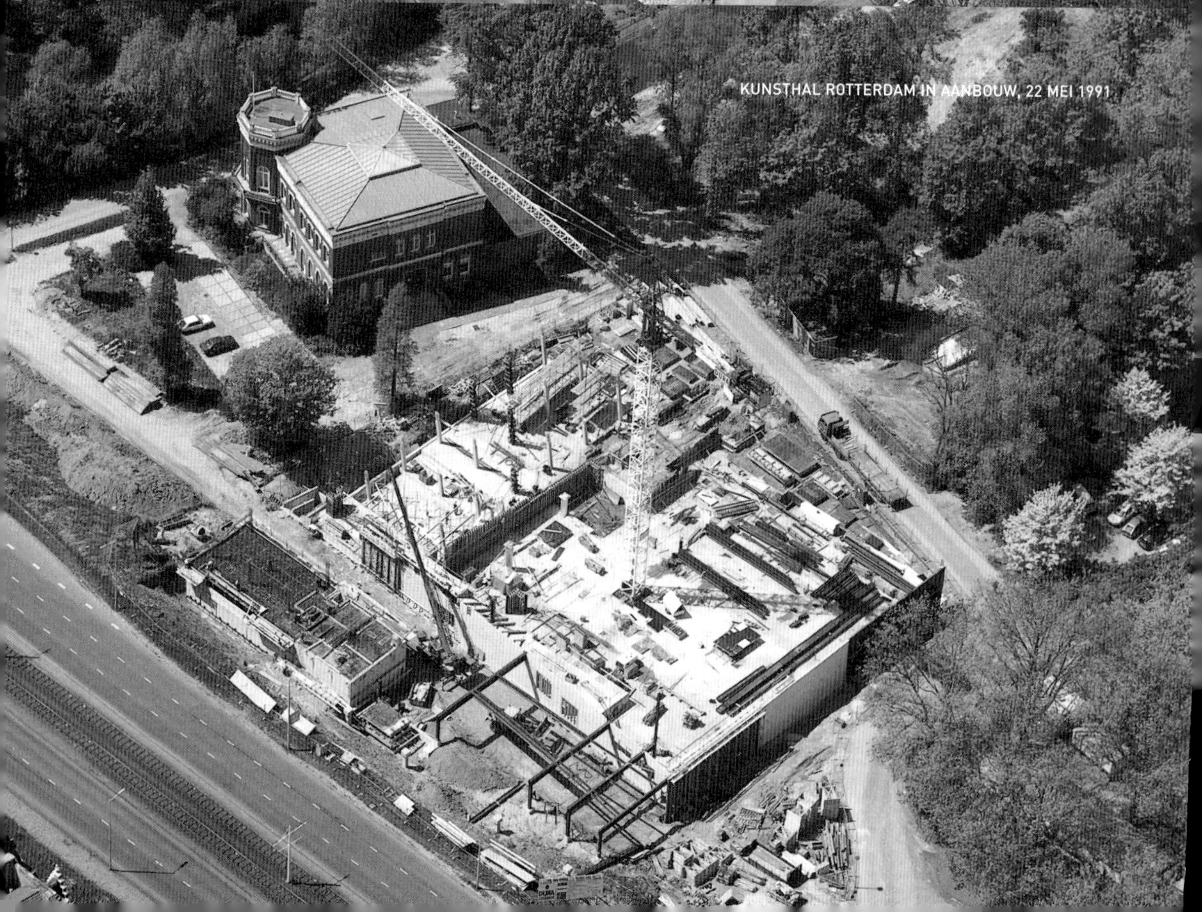
KUNSTHAL ROTTERDAM IN AANBOUW, 22 MEI 1991

zijn toegerust, evenmin als de suppoosten en de toiletten. De aantallen en omzetten waren aantrekkelijk, maar de prijs die het museum daarvoor moest betalen, was hoog.

Wim Beeren, toenmalig directeur van het Museum Boijmans Van Beuningen in Rotterdam, was de blockbusters dan ook liever kwijt dan rijk. Niet dat hij vond dat museumbezoek beperkt moest blijven tot een kleine, elitaire groep liefhebbers van beeldende kunst, maar evenmin mocht het verworden tot een toerende, recreërende massa. Ten stadhuize deelde men zijn opvattingen niet. Blockbusters werden daar juist aantrekkelijk gevonden om zowel economische als culturele redenen. Zulke tentoonstellingen lokten veel toeristen naar de stad en daarbij bereikten ze ook een nieuw publiek, dat zelden of nooit met kunst in aanraking kwam. Ze verenigden een materieel met een ideëel motief.

"Het is opvallend," schreef Joop Linthorst, toen wethouder van Financiën en Kunstzaken in Rotterdam, in een brief uit 1986 aan Elco Brinkman, de minister van Welzijn, Volksgezondheid en Cultuur, "dat grootschalige tentoonstellingen van moderne of oude kunst, of van anderszins museale collecties, slechts weinig voorkomen in ons land en als ze al plaatsvinden, met grote moeite in bestaande museumgebouwen zijn in te passen. De gebouwen zijn er veelal niet op ingericht; de bestaande permanente opstellingen van de musea moeten vaak voor lange tijd wijken, de museale organisatie wordt tijdelijk geheel ontwricht, op het nemen van grote financiële risico's zijn de instellingen niet berekend."

Wat Linthorst voor ogen stond, was iets dat de musea zou ontlasten, maar de blockbusters zou behouden. Een nieuw te bouwen accomodatie speciaal voor dit soort tentoonstellingen. Deze **Nationale Tentoonstellingshal** zou uiteraard in Rotterdam moeten worden gesitueerd, maar zou in overleg met het Rijk kunnen worden geëxploiteerd. Rotterdam kende op dat moment geen Rijksmusea, alle grote museale instellingen werden door de gemeente gesubsidieerd: het Maritiem Museum, het Museum voor Land- en Volkenkunde, het Historisch Museum en Museum Boijmans Van Beuningen. De behoefte daar een verplichting aan toe te voegen was er niet. Door met een voor Nederland nieuw concept te komen met een nationale uitstraling, hoopte de wethouder op financiële steun uit Den Haag. Een naïeve gedachte, zoals zou blijken.

In datzelfde jaar, 1986, gaf Linthorst twee gemeenteambtenaren, Van Blommestein en Verstegen, opdracht voor een **Onderzoek naar de behoefte aan een Nationale Tentoonstellingshal**. Hun rapportage zou duidelijkheid moeten bieden over de wenselijkheid, de programmering, de situering, de beheersvorm en de financiën, met andere woorden over de haalbaarheid van het project.

De onderzoekers waren positief. Ze constateerden dat als iets eenmaligs is te zien het veel meer publiek trekt dan de vaste opstelling of eigen collectie. Ze verwezen naar de stroom bezoekers die was afgekomen op *Goden en farao's*, *Het Goud der Thraciërs* en *Meesterwerken uit de Hermitage*. Ze wezen ook naar wat aan ons land voorbij was gegaan: een tentoonstelling als *Nefertiti*, die honderduizenden bezoekers had getrokken in Duitsland en België. Als we in ons land bijtijds over de juiste faciliteiten hadden kunnen beschikken, was de gedachte, dan was dit succes ook ons deelachtig geworden.

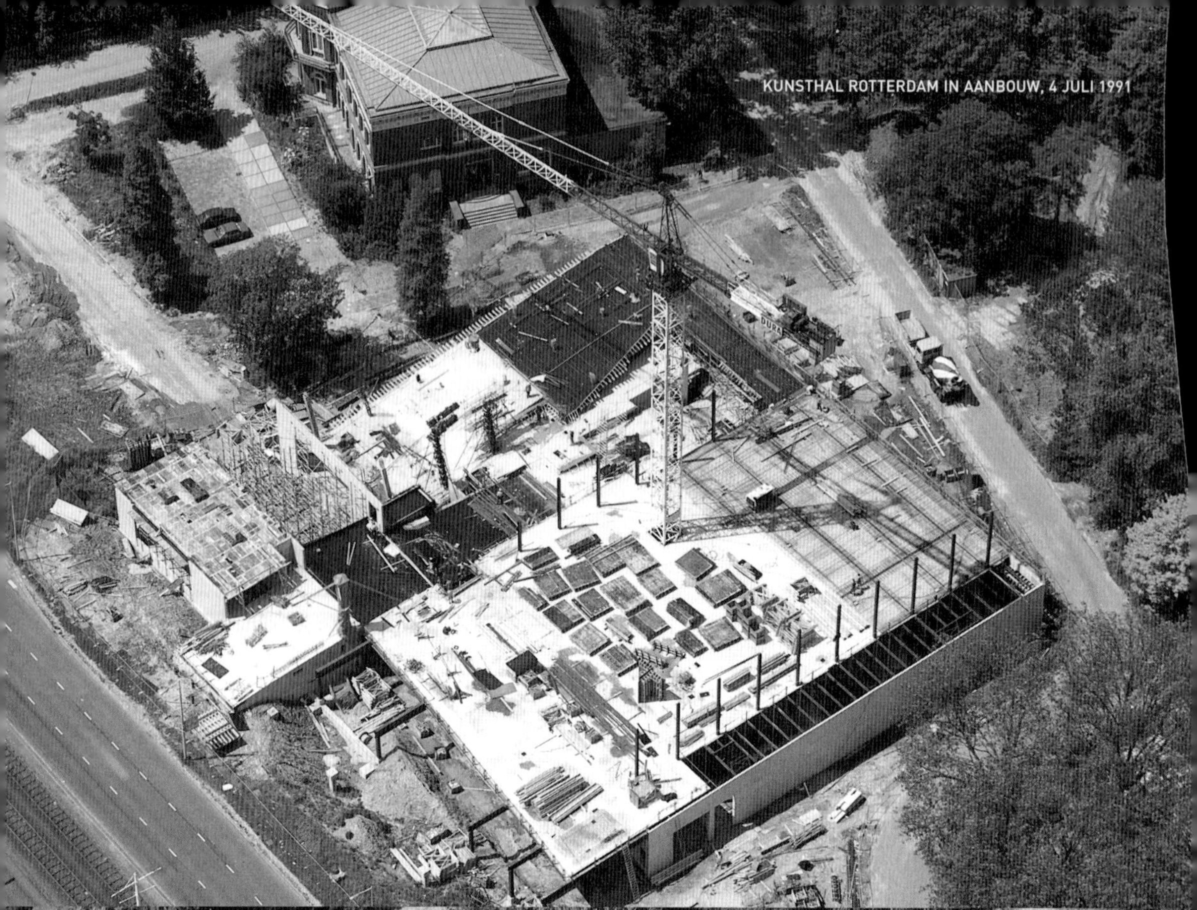

KUNSTHAL ROTTERDAM IN AANBOUW, 4 JULI 1991

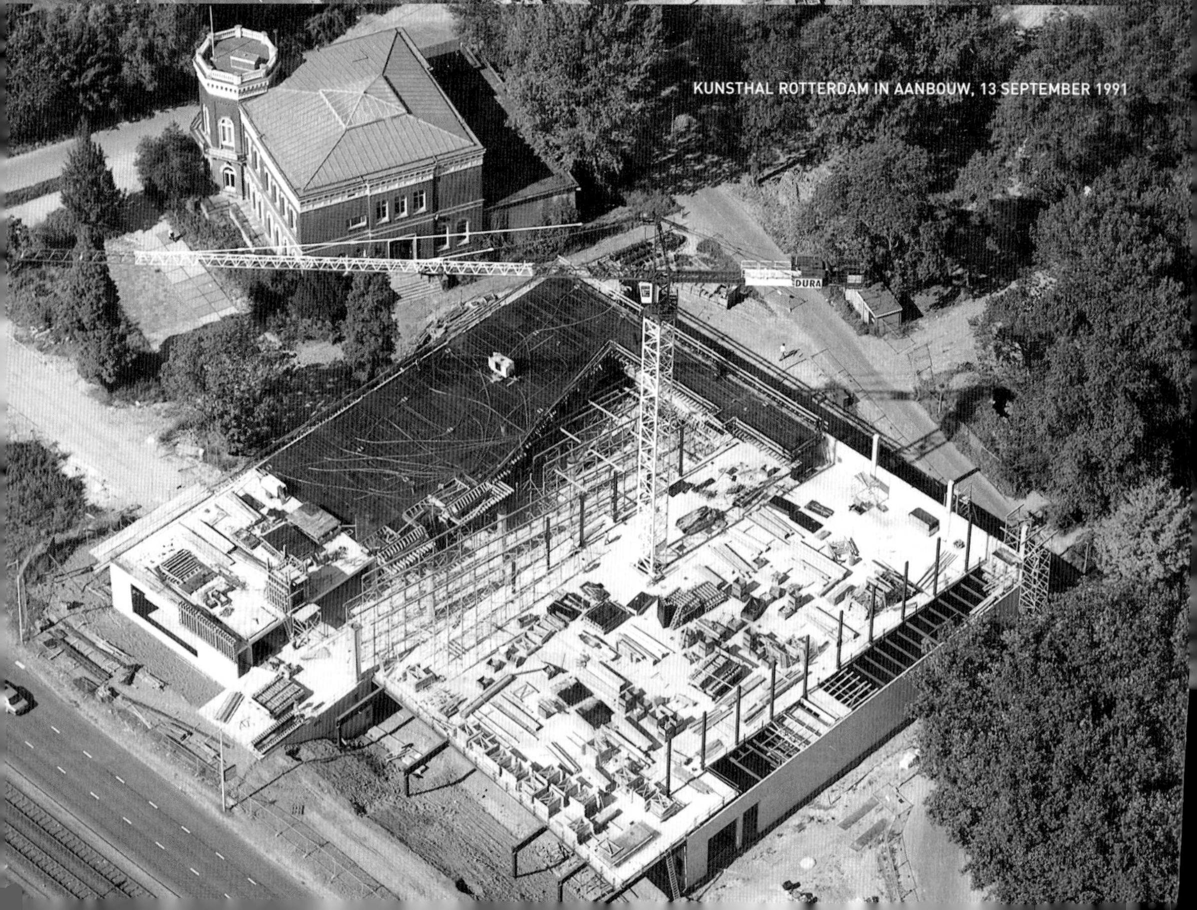

KUNSTHAL ROTTERDAM IN AANBOUW, 13 SEPTEMBER 1991

Wat Nederland nodig had, zo vertolkten ze de opdracht, was een gebouw voor grote exposities, zij het niet noodzakelijk voor exposities alleen. “De mogelijkheid om de hal ook voor andere doeleinden te gebruiken, zoals voor symposia, muziek- en theatervoorstellingen, is door ons opengehouden.” Van belang was voorts een actief wervingsbeleid dat voor een aansluitende reeks spraakmakende tentoonstellingen moest zorgen, opdat de hal gedurende het hele jaar toegankelijk kon zijn. Dat was een belangrijk punt, want waarschuwden de schrijvers: “Tijdelijke sluitingen kunnen zelfs funeste gevolgen hebben voor de bezoekersaantallen.” Ook was het nodig dat de programmering een duidelijk profiel had: oude en moderne beeldende kunst, architectuur en toegepaste kunst. Dit alles te realiseren in samenwerking met musea en culturele instellingen, waarbij ook nog eens ruimte moest worden gelaten voor experimenten in de marge van de kunsten. Kortom, van alles wat, het precieze tegendeel van een duidelijk profiel, dat beseften de onderzoekers ook wel, vandaar dat ze ergens een rode streep trokken. “Uiteraard mag kwaliteit niet opgeofferd worden aan populariteit.”

Het kenmerk van dit soort nota’s is dat de wens de vader is van de gedachte. Men heeft een doel voor ogen, het moet lukken en daarom wordt de toekomst zo rooskleurig als maar mogelijk geschetst. Ook financieel. Er werden in het rapport drie modellen onderzocht: 1) de hal als zelfstandige beheersvorm met een eigen staf en exploitatie, 2) de hal als deel van bestaande instellingen, bijvoorbeeld Museum Boijmans, 3) de hal als facilitair bedrijf ten behoeve van derden. Het eerste was het duurste en het laatste bood te weinig garanties voor succes. De voorkeur ging dan ook uit naar model twee, een blockbusterhal onder de vleugels van Museum Boijmans.

Al snel bleek dat Rotterdam niet kon rekenen op veel medewerking van het Rijk. Een eenmalige bijdrage was mogelijk, een structurele financiering was een illusie. De plannen moesten worden bijgesteld. In plaats van een **Nationale** moest het een **Rotterdamse** Tentoonstellingshal worden met de nodige gevolgen voor het budget. Een hernieuwd onderzoek was nodig, uit te voeren door een man van de praktijk. Aangezien Wim Beeren afscheid had genomen van Museum Boijmans en tijdens zijn directoraat duidelijk had laten blijken niet erg gecharmeerd te zijn van het hele blockbusteridee, werd aan Hein Reedijk gevraagd die nota op te stellen. Reedijk was directeur van het Museum voor Land- en Volkenkunde en gold bij de gemeente als de meest moderne van de lokale museumdirecteuren. Een man die het minst gehecht was aan vaste concepten.

Zijn notitie stamt uit 1988: *Kunsthal Hoboken Rotterdam, uitgangspunten en exploitatie*. Reedijk begon zijn inventarisatie met de vaststelling dat de traditionele musea zich vooral richten op het kunstcircuit met verwaarlozing van die andere kant van hun bestaansrecht: het publiek, de markt. Daarop volgde de bekende aria van blockbusters en bezoekcijfers, waarbij ook werd verwezen naar het succes van buitenlandse instellingen die in deze geest opereren, zoals het Grand Palais en het Centre Pompidou in Parijs, de Kunsthalle Keulen, de Royal Academy in Londen en het Künstlerhaus Wenen.

De exposities voor de beoogde Kunsthal kunnen op alle mogelijke wijzen tot stand komen, schreef Reedijk. Door aansluiting te zoeken bij het internationale circuit,

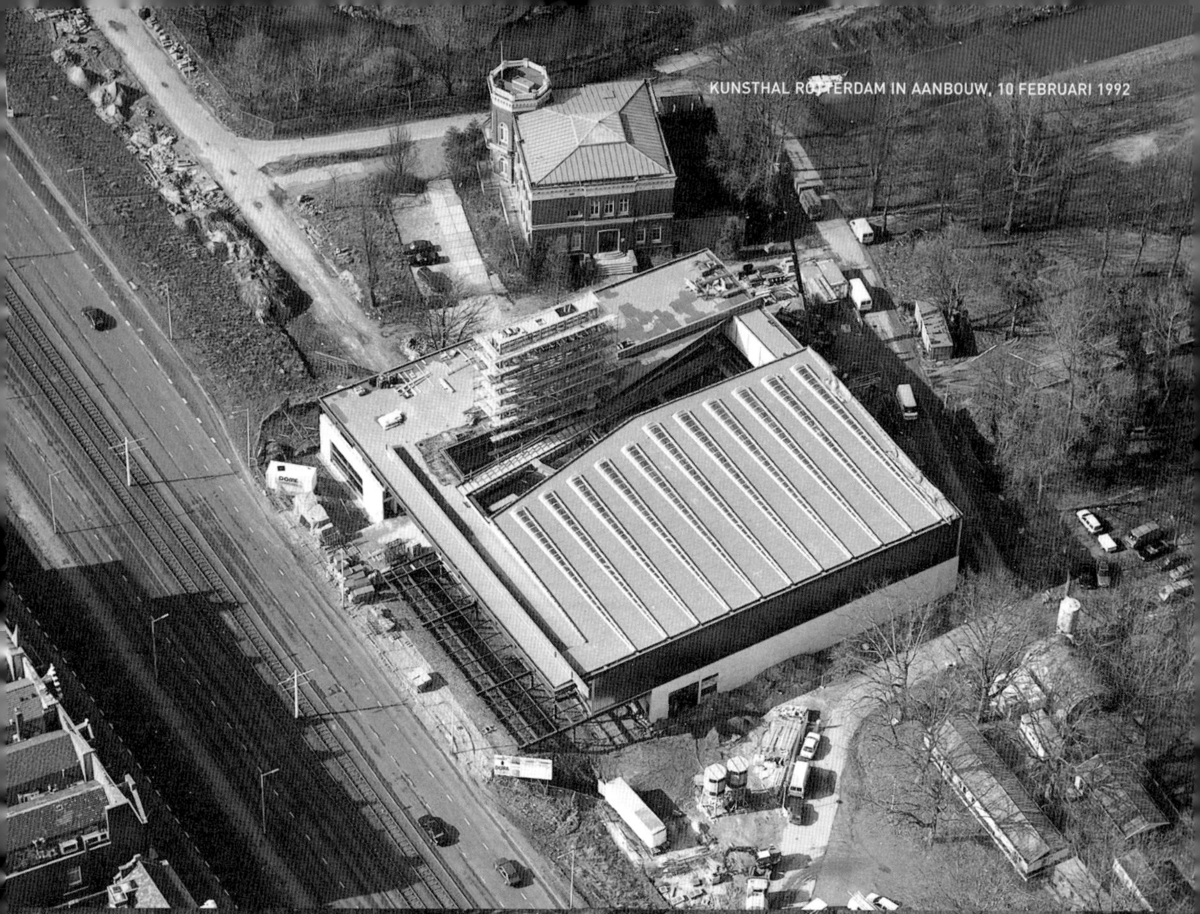

KUNSTHAL ROTTERDAM IN AANBOUW, 10 FEBRUARI 1992

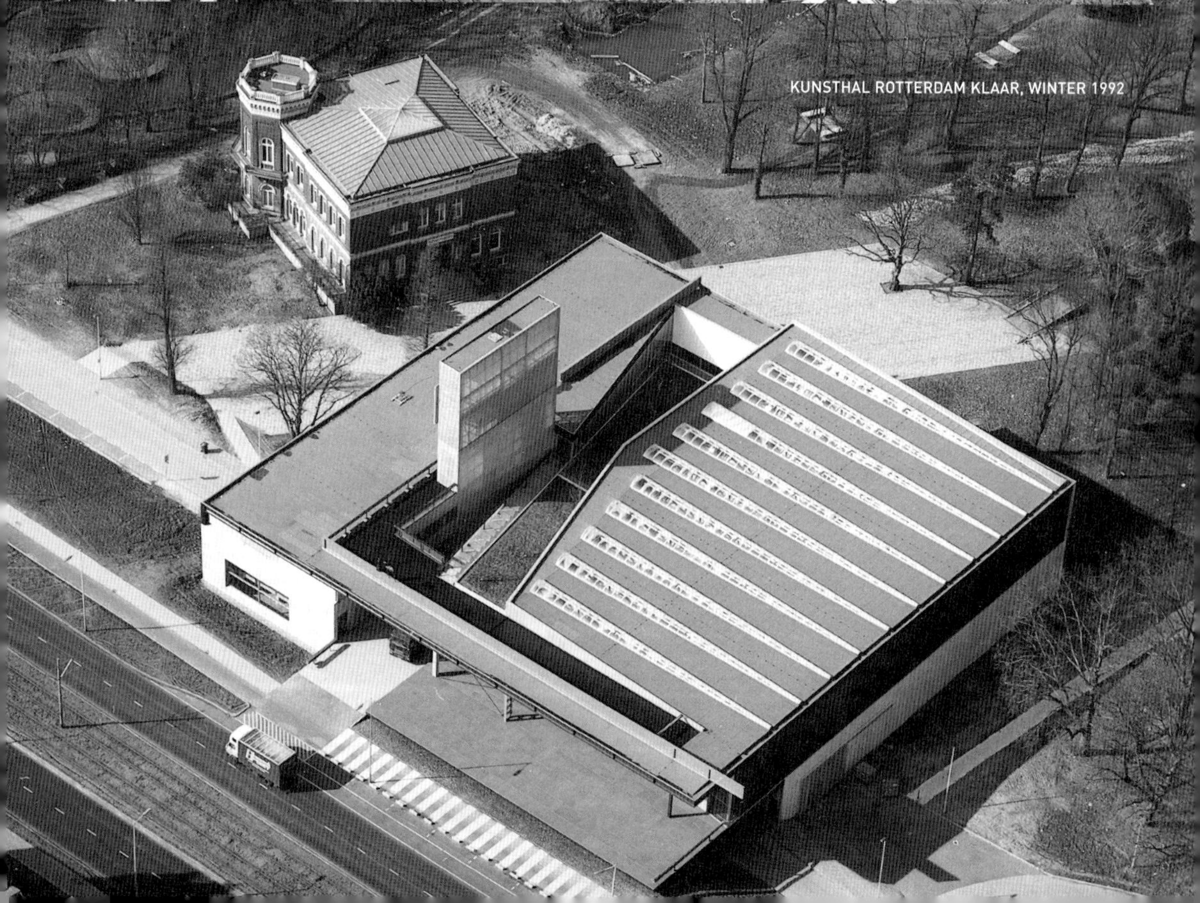

KUNSTHAL ROTTERDAM KLAAR, WINTER 1992

door co-producties te maken met nationale musea, door uitwisseling, op eigen initiatief en door het verhuur van expositieruimten. Kortom, een combinatie van de modellen één, twee en drie uit de vorige nota.

Voor de verwezelijking van deze ambities is maar een kleine staf nodig: een directeur, een adviseur, een publiciteitsman, een part-timer voor de sponsoring en een handvol personeel; per tentoonstelling kunnen specialisten worden aangetrokken op contractbasis. De kosten van personeel, bureau en huisvesting, minus de inkomsten uit horeca en verhuur, bedragen op jaarbasis niet meer dan anderhalf miljoen gulden.

In een bijlage werd nogmaals gewezen op de bezoekersaantallen van de Nederlandse blockbusters, oplopend van 105.000 (*The Spiritual in Art* in Den Haag) tot 343.000 (*La Grande Parade* in Amsterdam), waarbij fijntjes werd opgemerkt dat bij die laatste tentoonstelling alleen al de catalogus een miljoen gulden had opgebracht naast eenzelfde bedrag aan entreegelden. De boodschap was duidelijk: met de Kunsthal zouden de bomen tot in de hemel groeien.

Voorzien werd een publiek van jaarlijks 300.000 tot 400.000 bezoekers dat zou afkomen op een reeks van tentoonstellingen, elk met een duur van acht weken, gerealiseerd volgens het gemengde model van verhuur, inkoop en co-productie. De kosten van deze tentoonstellingen zijn in sommige gevallen voor de gemeente slechts een kwestie van voorfinanciëring, uit de bijgevoegde staatjes blijkt dat die kosten geheel worden terugverdiend. De enige structurele bijdrage die van de gemeente wordt verlangd is de jaarlijkse anderhalf miljoen gulden voor personeel, kosten en huisvesting.

Stilzwijgend werd er in deze opzet van uitgegaan dat zo'n drie à vier tentoonstellingen per jaar elk tenminste 100.000 bezoekers zouden trekken. Dat is nodig om de som kloppend te maken, maar het is een claim zonder precedent. Dat een enkele blockbuster in Nederland, eens in de paar jaar, zoveel bezoek op de been brengt is één ding, maar te extrapoleren dat een reeks van blockbusters hetzelfde effect zal hebben is iets heel anders. Maar zo gaat dat met plannen en cijfers: je haalt eruit wat je erin stopt.

Het stadhuis was in ieder geval ingenomen met de uitkomst en besloot tot meer concrete onderzoeken naar de aard van zo'n hal. De gedachten gingen uit naar een eenvoudig gebouw dat niet te veel mocht kosten, een 'tentoonstellingsfabriek' die in zijn constructie en uitstraling ook best een fabriekskarakter mocht hebben. Veel beton, kale wanden en een kale vloer, meer in de geest van een RAI of een Ahoy dan van het klassieke museum. Niet veel meer dan een doos met een deur; open als er een tentoonstelling is en daarna weer dicht. Dat het gebouw soms een paar maanden gesloten zou zijn als er geen geschikte tentoonstelling te vinden was, werd niet als een probleem gezien. Integendeel, dat beperkte de kosten. Vergeten was de waarschuwing uit de eerste nota: "Tijdelijke sluitingen kunnen zelfs funeste gevolgen hebben voor de bezoekersaantallen." En daarmee voor de winst- en verliesrekening.

Voor het concept van het gebouw werd over de grens gekeken. Duitsland is het land bij uitstek van de Kunsthalle, van gebouwen met museale kwaliteiten wat betreft ruimte, licht en klimaatbeheersing, maar zonder collectie. De Commissie Kunstzaken van de gemeente reisde naar Düsseldorf en Frankfurt om te bestuderen hoe zoiets in de praktijk functioneerde. Wat waren de condities en exploitatiemogelijkheden?

Al snel bleek dat de Kunsthalle geen eenduidig concept is, ze bestaat in alle soorten en maten. Kleine Kunsthallen in Duitsland en Zwitserland zijn vaak avant-garde instituten, die worden gefinancieerd door vermogende particulieren. Grote Kunsthallen specialiseren zich in eenmalige, kostbare tentoonstellingen waaraan jaren van onderzoek ten grondslag liggen. Ook de aankleding en inrichting kunnen nogal verschillen. Welk concept wilde men navolgen, welke keuze moest men maken? Besloten werd dat er zo snel mogelijk een **bouwpastoor** moest komen die in belangrijke mate zijn eigen concept moest gaan ontwikkelen.

Ook al was nog niet duidelijk wát er gebouwd ging worden, vast stond al wáár gebouwd zou gaan worden. Op advies van de afdeling Stadsontwikkeling werd het toekomstige gebouw gesitueerd in het Museumpark, tegen de Westzeedijk, tussen Villa Dijkzigt en de Grieks-Orthodoxe Kerk. Villa Dijkzigt is het voormalig woonhuis van de familie Hoboken, waarin tegenwoordig het Natuurmuseum is gevestigd.

Tot in het midden van de jaren twintig lag het Land van Hoboken onaangetast in het midden van het zich expansief naar het westen ontwikkelende Rotterdam. De bijna 60 hectare grote vlakte werd pas na 1924, na de dood van de heer Hoboken, aan de gemeente verkocht. Sindsdien is het driehoekige gebied, dat zich vanaf het Eendrachtsplein tot aan de Maas uitstrekte, vanuit de randen dichtgeslibd en bebouwd volgens het uitbreidingsplan **Dijkzigt** uit 1926 van stadsarchitect W.G. Witteveen. Na het op deltahoogte brengen van de Westzeedijk, de bouw van het Dijkzigtziekenhuis en de medische faculteit werd het gebied, dat samen met het Park aan de Maas een groot wandelgebied vormde, feitelijk in twee delen gesplitst: het grotendeels ongeschonden negentiende eeuwse Park aan de Maas aan de ene kant en het Museumpark aan de andere kant van de Westzeedijk. Het Museumpark, dat in 1926 volgens het ontwerp van Witteveen werd aangelegd, ontleent zijn naam aan het in de jaren dertig gebouwde Museum Boijmans Van Beuningen van A. van der Steur.

In de beleidsplannen die in de jaren tachtig werden ontwikkeld voor de herinrichting van Rotterdam is een opdeling van de stad voorzien in gebieden met een eigen karakter, zoals Centrumruit, Waterstad en Parkendriehoek. Het opnieuw in te richten Museumpark maakte deel uit van het Parkendriehoekgedeelte van de Westersingel waarin zich al Museum Boijmans Van Beuningen, het Natuurhistorisch Museum, de Erasmus Universiteit, de Veerhaven en het Museum voor Volkenkunde bevonden. Er was sprake van een kunstas door de stad die met het Museumpark moest worden verbonden, zodat die functie duidelijker zal worden gedefinieerd. De plannen voorzagen in een uitbreiding van de binnenstad in de richting van de Maas, de rivier die stroomt door wat het nieuwe hart van Rotterdam moest worden, met aan de ene kant de Kop van Zuid en aan de andere kant het gebied rond de Westzeedijk.

In 1986, het jaar van de eerste nota over een Nationale Tentoonstellingshal, verscheen ook een studie van Stadsontwikkeling naar het nieuwe Museumpark. Hierin was niet alleen de Kunsthal voorzien, maar ook een eveneens nog te bouwen Architectuurmuseum. Het park sluit aan op de Westersingel, de cultuuras van Rotterdam, en is de enige overtuigende openbare ruimte vlakbij het centrum en daarom bij uitstek geschikt als locatie voor beide musea.

Het toekomstige Architectuurmuseum is dan nog naast het Museum Boijmans gedacht en niet er schuin tegenover waar het uiteindelijk wordt gerealiseerd. Dit markeert het begin van het Museumpark waarvan de Kunsthal de afsluiting moet vormen, verderop aan de Westzeedijk. Of dit voor een blockbusterhal wel de beste plaats is, stond niet ter discussie. Stadsontwikkeling had de argumentatie omgedraaid: de Kunsthal zou dienen om de grimmige, winderige dijk te temmen. "Om de Westzeedijk van een menselijker klimaat te voorzien is het nodig de functies en uitstraling daarvan aan weerszijden van de dijk te optimaliseren. (...) De hal kan gesitueerd worden aan de Westzeedijk en zal op een hoogte van minimaal 8 meter moeten liggen. (...) Belangrijk is ook dat de hal daadwerkelijk aan de Westzeedijk, en dus hoog, komt te liggen."

Op de bijgevoegde plattegronden is op deze plaats alvast een platte doos op palen getekend, hoewel er nog geen sprake is van een ontwerp. De ingang, ook dat staat al vast, moet aan de Westzeedijk worden gesitueerd. Het geheel keert de rug naar het centrum, hoog verheven boven het park.

Het gebouw is dan niet meer dan een ruw idee, maar naast de precieze plek liggen ook al andere dingen vast. Zo mag er door het nieuwe instituut absoluut niet worden verzameld, want Rotterdam beschikte al over collecties genoeg. Anders dan de Duitse voorbeelden moet het expliciet een laagdrempelig gebouw worden.
De politieke ambitie was heel duidelijk: een gebouw voor het volk, niet voor de elite.

Rotterdammers, zeggen Rotterdamse bestuurders, hebben nu eenmaal een beetje een dubbel gevoel over kunst en cultuur. Ze vinden hoogstaande kunst wel belangrijk, maar ze amuseren zich ook bij André van Duin. Daarbij hebben ze meer geld over voor een nieuw amusementstheater dan voor een nieuwe kunstfaciliteit. Rotterdam is nu eenmaal een beetje een platte stad. Cultuur is voor de gemiddelde Rotterdammer: *Duizend drummers op de Maas*. Cultuur is spektakel in de Ahoy, niet een kunsttentoonstelling in een museum. De Kunsthal en het kunstcentrum Witte de With zijn vooral ontstaan om Rotterdam nationaal en internationaal een cultureel gezicht te geven. Ze zijn niet het gevolg van de vraag vanuit de stad; ze zijn van bovenaf opgelegd. Witte de With voor de internationale avant-garde, de Kunsthal voor grootschalige tentoonstellingen.

Er was een plan en er was een plek. Nodig was nu een man die het plan op die plek kon realiseren. Er werden ten stadhuize een paar personen genoemd en enkele gesprekken gevoerd, maar al snel kwam de naam van Wim van Krimpen bovendrijven als die van de aangewezen persoon voor dit project. Van Krimpen, organisator van beurzen en galeriehouder te Amsterdam, had in de kunstwereld vooral bewondering geoogst met de organisatie van de KunstRAI, de jaarlijkse kunstbeurs, een geslaagd huwelijk van kunst en commercie.

Het leek wethouder Linthorst verstandig iemand zonder museale achtergrond in huis te halen. Iemand die niet de ambitie had om museumpje te gaan spelen en via de achterdeur toch weer een collectie binnen haalde. Iemand ook die er niet vies van was een relatief groot publiek aan te spreken. Van Krimpen leek daarvoor de ideale figuur, qua achtergrond, belangstelling en dynamiek.

Zo werd Wim van Krimpen eind 1988 aangesteld als interim-directeur. Hij zou optreden als bouwpastoor en na de opening de Kunsthal het eerste jaar gaan

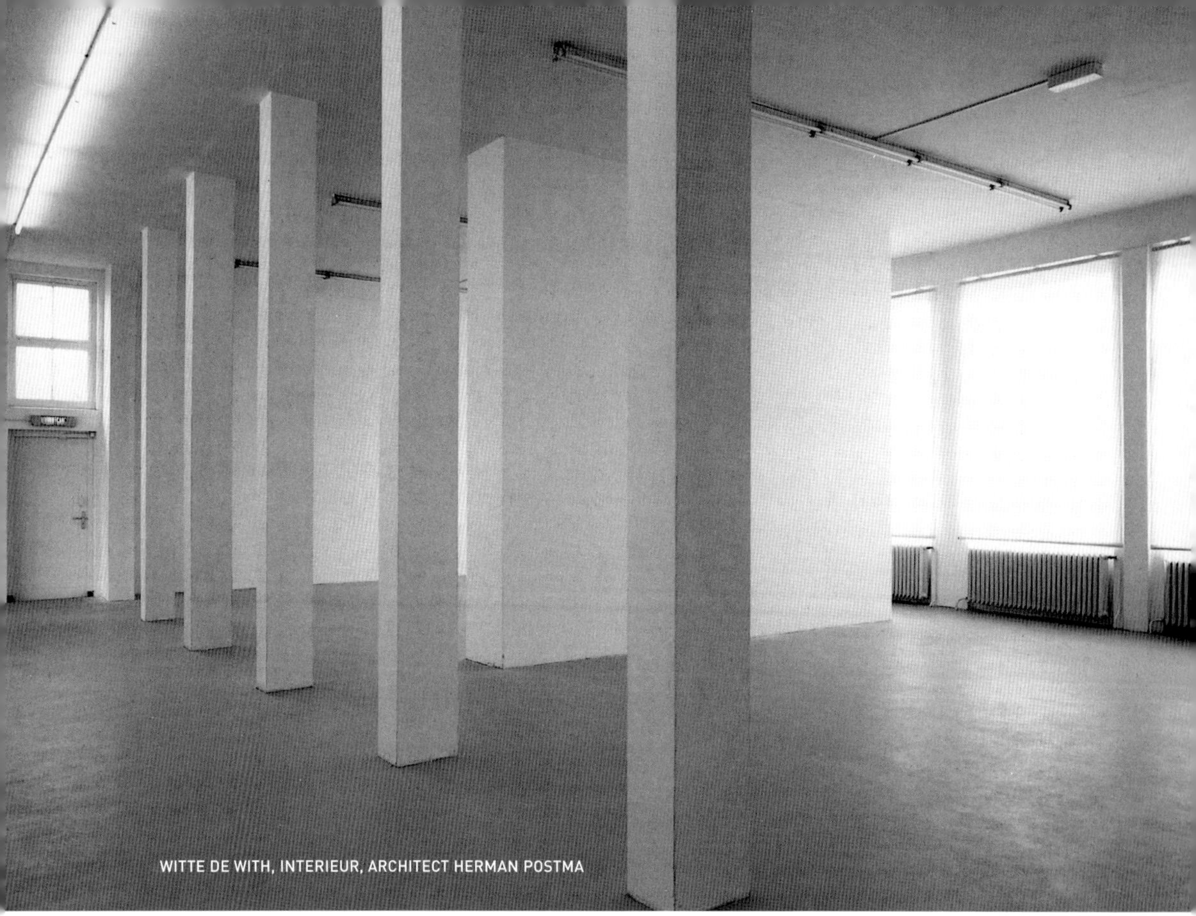
WITTE DE WITH, INTERIEUR, ARCHITECT HERMAN POSTMA

leiden. Vanwege het tijdelijke karakter van de benoeming kwam Van Krimpen met Linthorst overeen dat hij zijn galerie kon behouden, al liet hij die wel van Amsterdam naar Rotterdam verhuizen, en dat hij de organisatie van de KunstRAI mocht continueren.

Al voor zijn komst had de gemeente een opdracht voor het ontwerpen van de Kunsthal verstrekt aan het Office for Metropolitan Architecture van Rem Koolhaas. Linthorst was bevriend met Koolhaas, die ook de architect van zijn woonhuis was. Als wethouder Kunstzaken was hij in zekere zin verantwoordelijk voor de keuze van de architect en de Kunsthal leek hem een project bij uitstek waarop Koolhaas zich zou kunnen uitleven. Maar Linthorst zag ook het probleem; er zouden onmiddellijk stemmen opgaan die repten van vriendjespolitiek. Daarom ging hij eerst eens praten met Jan Laan, wethouder Ruimtelijke Ordening.

Ook Laan vond het een goede manier om eindelijk een oude belofte waar te maken. Koolhaas werd gezien als een profeet die in eigen land niet werd geëerd en Rotterdam was Koolhaas nog iets schuldig. Al zeker een tiental jaren had Ruimtelijke Ordening pogingen ondernomen Koolhaas iets van allure in Rotterdam te laten bouwen. Dat was allemaal op niets uitgelopen, voornamelijk door meningsverschillen met projectontwikkelaars. Dat probleem speelde nu niet, hier had de gemeente zelf de leiding. Wethouder Laan heeft het plan toen in het college verdedigd.

Burgemeester Peper was meteen voor, eigenlijk is het nooit een punt van discussie geweest. Het fenomeen van de Europese aanbesteding bestond nog niet, de gemeente kon zelf het initiatief nemen. Bij het aantreden van Van Krimpen lag dan ook een kant en klaar ontwerp ter tafel. En daarmee was een probleem geboren.

Het programma van eisen voor de Kunsthal Hoboken, tweede concept, dat Hein Reedijk in november 1987 had opgesteld, was zowel heel gedetailleerd als algemeen. Tal van ruimten waren tot op de vierkante meter beschreven, installaties genoemd, beveiliging aangestipt, maar de eisen voor de eigenlijke tentoonstellingsruimten waren vaag gehouden.

"Dit tentoonstellingsgebouw," schrijft Reedijk, "wordt gekenmerkt door de pluriformiteit van de exposities en manifestaties die er zullen plaatsvinden. In principe zullen alle vormen van beeldende kunst, design en architectuur op deze plek getoond moeten kunnen worden op een wijze die recht doet aan de aard van het werk. Dit houdt in dat het gebouw het onverwachte mogelijk maakt, met eenvoudige middelen voor nieuwe exposities geschikt gemaakt kan worden, zonder dat daarbij de eigen architectonische identiteit ondergeschikt hoeft te zijn. In de praktijk blijkt immers, een gebouw met een sterk eigen karakter, mits dit niet leidt tot een inperking van de gebruiksmogelijkheden, een interessante factor bij de opzet, vormgeving en inrichting van de exposities. Het gebouw zal zich bescheiden moeten voegen naar de allure van klassieke meesterwerken, maar tegelijkertijd een medespeler kunnen zijn bij grootschalige presentaties van eigentijdse kunst. Dit alles heeft gevolgen voor de ontwerpuitgangspunten, maar ook voor een aantal praktische zaken als vloerbelasting, licht- en luchtcondities en intern transport."

De sleutel in die tekst was de zin: een gebouw dat het onverwachte mogelijk maakt, gekoppeld aan de belofte dat het zijn architectonische identiteit niet ondergeschikt hoefde te maken aan de exposities. Als het stadhuis al dacht aan een eenvoudige doos, dan dacht de architect meer aan een *Doos van Pandora*.

Zo globaal als het door Reedijk geformuleerde verlangen was, inclusief restaurant, terrassen en een patio, zo eigenzinnig zou de interpretatie van Koolhaas zijn. De architect geeft zijn opdrachtgevers altijd meer dan ze hebben gevraagd.

Het stadhuis had een globaal plan voor een Kunsthal. Koolhaas had een heel specifiek idee over de invulling daarvan.

Van Krimpen, bouwpastoor en toekomstige gebruiker van het gebouw, was in al die plannen niet gekend. Hij vond het ontwerp van Koolhaas wezenlijk ongeschikt en dreigde zelfs niet aan zijn directoraat te beginnen als het ontwerp in deze vorm zou worden gerealiseerd. Daarop verdwenen de plannen voor Kunsthal I van tafel en zette Koolhaas zich aan het ontwerpen van Kunsthal II.

Van Krimpen eiste inspraak in het ontwerp en stelde wat hij beschouwde als minimumeisen op schrift. Reedijk was nog uitgegaan van 2800 vierkante meter tentoonstellingsruimte, maar Van Krimpen wilde meer: 4000 vierkante meter expositieruimte. Daarnaast een restaurant van een bepaald formaat, het geheel goed toegankelijk voor rolstoelgebruikers. Kort geformuleerde, duidelijke eisen.

"De expositieruimten," schrijft hij op 18 februari 1989, "dienen bij voorkeur gesloten wanden te hebben en voorzien te zijn van bovenlicht. Met inachtneming van de plannen en ideeën van de architect dient dit het algemene uitgangspunt te zijn."

“De voorkeur voor de vloeren gaat uit naar parket. Indien dit te kostbaar is kan een mooi afgewerkte betonvloer soelaas bieden.”

“De wanden in de exporuimten zijn bekleed met houten panelen en beplakt met doek (zie Museum Boijmans, Stedelijk Amsterdam en Van Abbe).”

Zo gaat het twee velletjes voort. Over de plafonds, verwarming en vloerbelasting. Over beveiliging, expositieruimten en kantoren. “Voor de indeling van de kantoorverdieping is een schets bijgevoegd. Er zijn op deze oppervlakte kantoren voorzien voor: 1. administratie/ boekhouding 2. directiesecretaresse 3. directeur 4. conferentiekamer 5. hoofd techniek 5. conservator 6. conservator/ publiciteit 6. controlekamer bewaking 6. balie 7. garderobe/ pantry 8. toiletten 9. wachtruimte 10. doorgang naar hallen.”

Waar de gedachten van Linthorst nog waren uit gegaan naar een **tentoonstellingsfabriek** had Van Krimpen de metafoor samengebald tot **tentoonstellingsmachine**: het beursconcept van opbouwen, afbreken, volgende ronde. Het gebouw hoefde voor hem niet veel meer te zijn dan een pretentieloze doos, een black box, een culturele Ahoy.

Ook over de bestuursvorm van de Kunsthal had Van Krimpen zo zijn eigen ideeën, zoals al snel zou blijken. Hij wilde geen deel uitmaken van de Dienst Gemeentelijke Musea, maar onafhankelijk zijn. Hij wilde zijn beleid niet hoeven te verdedigen tegenover de gemeenteraad, niet gebonden zijn aan tal van bureaucratische regels. Hij wilde snel en wendbaar kunnen opereren. Dat alles hing samen met zijn verlangen van de Kunsthal meer te maken dan een eenvoudig tentoonstellingsgebouw. Van Krimpen wilde een nieuwe kunstinstelling scheppen, met als beheersvorm bij voorkeur een naamloze of besloten vennootschap, maar daarmee ging de belastingdienst niet akkoord. Een bedrijf opzetten dat nooit winst zal maken, dat ging niet. Het moest dan maar een stichting worden. En in het bestuur daarvan mocht geen enkele vertegenwoordiger van de gemeente zitting nemen. Daarmee was Van Krimpen, zoals hij niet nalaat te vermelden, de enige museumdirecteur die zich direct na zijn benoeming lijnrecht opstelde tegenover zijn opdrachtgever.

Wethouder Linthorst bewilligde in beide eisen. Niet alleen begreep hij dat Van Krimpen slagvaardig moest kunnen opereren, maar ook besefte hij dat in deze constructie het financiële risico voor de gemeente beperkt was. Nu het Rijk niet bijsprong, zou de gemeente anders verantwoordelijk zijn voor eventuele verliezen van de Kunsthal. In het stichtingsmodel was de Kunsthal zelf verantwoordelijk voor het genereren van gelden, naast het vaste bedrag dat de gemeente jaarlijks aan subsidie gaf. Ondanks alle nota’s, vergaderingen en verkenningen was uiteindelijk toch de constructie geadopteerd, die in de nota uit 1986 als duurste uit de bus was gekomen: de hal als zelfstandige beheersvorm met een eigen staf en exploitatie. Gemakshalve was daarvoor het budget aangehouden uit de tweede nota, van 1988, waarbij van een heel ander model werd uitgegaan.

Van Krimpen zal die paradox hebben onderkend: een maximum aan ambitie, met een minimum aan subsidie. Als steun in de rug verlangde hij een **keihard zakelijk bestuur** voor de stichting. Een bestuur van topmensen uit het bedrijfsleven met dynamiek en uitstraling. Mensen uit de kunstwereld had hij daarbij niet nodig, die kende hij al genoeg. Wat hij voor zich zag, was een bestuur met een netwerk. Een vooruitziende blik, want dat zou nog van pas komen.

Jaap Timmermans, voorzitter van de vrienden van het Haags Gemeentemuseum en klant van galerie Van Krimpen, werd om advies gevraagd. Hij suggereerde Neelie Kroes als voorzitter. Van Krimpen, die daar zelf geen moment aan had gedacht, zocht contact en legde haar zijn plannen voor. Een laagdrempelig instituut, aantrekkelijk voor de massa. Ze vond het idee prachtig en stemde toe. Met Kroes, de ex-minister met haar Rotterdamse achtergrond, stelde hij de rest van het bestuur samen. Op 24 oktober 1991 wordt de Stichting Kunsthal opgericht onder voorzitterschap van mevrouw drs. N. Kroes, president van Nijenrode, Universiteit voor Bedrijfskunde, en als leden: de heer drs. G. Verhagen, vice-voorzitter directie Pakhoed Holding N.V., de heer drs. M. Thomassen, voorzitter Raad van Bestuur Internatio-Müller N.V., de heer F.C. de Leeuw R.A., lid Raad van Toezicht TRN Groep, de heer drs. A.A. Soetekouw, lid Raad van Bestuur NMB Postbank Groep N.V., en de heer drs. E.J. van Straaten, directeur Rijksmuseum Kröller-Müller. Van Krimpen had zijn **keihard zakelijk bestuur**, zij het met één vertegenwoordiger uit de kunstwereld.

De Stichting kreeg wel een subsidie van de gemeente, maar functioneerde vooral als bedrijf; het was een schoolvoorbeeld van privatisering. Van Krimpen deed uitsluitend wat goed was voor het bedrijf en van het begin af aan stond de voorzitter vierkant achter haar directeur.

De Rotterdamse gemeenteraad was minder blij met de gekozen constructie. Ze moest wennen aan het idee dat ze wel jaarlijks een subsidie mocht verstrekken, maar verder niets over de Kunsthal te vertellen had. Ook de directeuren van de gemeentelijke musea hadden aanvankelijk moeite met de nieuwkomer. Anders dan zij opereerde Van Krimpen onafhankelijk. Maar de prijs om niet onder de gemeentelijke paraplu te functioneren, was relatief hoog, want de stichting werd door de gemeente met een fooi afgescheept. In de politiek was privatisering het nieuwe modewoord geworden. Kunstinstellingen moesten meer gaan doen met minder geld. Niet langer werden de tekorten op de exploitatie als vanzelfsprekend aangevuld door Rijk of gemeente. De instellingen moesten voortaan hun doelstellingen halen en actief fondsen werven. Alle heil werd nu van sponsoring verwacht.

Het werd tijd voor een programma. Het gebouw stond er weliswaar nog niet, maar het was de kersverse interim-directeur inmiddels wel duidelijk geworden dat de blockbusters die hij van de Rotterdamse musea toegespeeld zou krijgen, een fata morgana waren gebleken. Aan het eind van de jaren tachtig, begin van de jaren negentig was in Nederland de blockbustermode zo goed als voorbij. Door de snelle prijsstijgingen op de kunstmarkt waren de investeringen te hoog en de risico's te groot geworden. Het was voor de musea haast onmogelijk de vereiste verzekeringsgelden op te brengen.

Een jaar voor de opening van de Kunsthal moest Van Krimpen onder ogen zien dat het geschetste ideaal weinig overeenkwam met de stand van zaken. Hij had niets, een budget van 1,5 miljoen gulden per jaar. Net genoeg om de ramen te laten lappen, de vloer te laten schrobben en de suppoosten te betalen. Al in zijn eerste gesprek met Linthorst had Van Krimpen de wethouder duidelijk gemaakt dat het budget veel te laag was, er ontbrak tenminste een miljoen. Maar, had hij daar optimistisch aan toegevoegd, laten we het maar op de Rotterdamse manier doen: aan de slag en dan zien we wel waar het schip strandt.

Van de Rotterdamse musea kon hij voor zijn programmering weinig steun verwachten. Museum Boijmans had zo zijn eigen problemen, Volkenkunde ook. In het Historisch gebeurde helemaal niets en het Maritiem Museum moest het voorlopig doen met een interim-directeur.

Met Wim Crouwel, die in 1985 Wim Beeren was opgevolgd als directeur van Museum Boijmans, had Van Krimpen de afspraak gemaakt dat het museum zijn blockbusters in de Kunsthal zou exposeren en dat beide partijen de winst zouden delen. Maar Crouwel vertrok eind 1993, een jaar na de opening van de Kunsthal. Hij werd tijdelijk vervangen door Johan ter Molen die geen vergaande beslissingen durfde te nemen, en vervolgens trad in 1996 Chris Dercon aan als nieuwe directeur van Museum Boijmans. Deze voormalige directeur van kunstcentrum Witte de With was een man met heel andere ideeën over kunst dan Wim van Krimpen en die ideeën pasten slecht bij de laagdrempeligheid van de Kunsthal.

Het eerste interview dat Dercon aan *de Volkskrant* gaf, had de omineuze kop **Wantrouw het publiek**. De aanstaande directeur van Museum Boijmans wist precies hoe de Kunsthal het best zou kunnen functioneren: "De Kunsthal zou een forum kunnen zijn, een public space, maar dan moeten er meer risico's genomen worden, niet van financiële, maar van ethische en esthetische aard. (...) Het is belangrijker om misverstanden te programmeren dan te proberen de juiste dingen te doen."

Dercon stelde voor om, in samenwerking met Museum Boijmans, grote exposities van moderne kunst in de Kunsthal te organiseren. Van Krimpen zag niets in dat plan. Als Museum Boijmans dat werkelijk wilde, dan moest het museum de Kunsthal maar huren. De Kunsthal moest haar budget verdienen uit de exploitatie. Tentoonstellingen van moderne kunst trekken in de regel niet de bezoekersstromen waarmee de Kunsthal haar uitgaven zou kunnen dekken. Moderne kunst moest Museum Boijmans maar in eigen huis tonen.

De frictie tussen de Kunsthal en Museum Boijmans werd met de tijd heviger. Enerzijds bleef het aanbod van blockbusters uit, anderzijds wilde Van Krimpen geen rekening houden met de oorspronkelijke ideeën die hadden geleid tot de oprichting van de Kunsthal. De tentoonstellingen waar Museum Boijmans geen accomodatie voor had, wilde hij niet in zijn Kunsthal hebben. Als Museum Boijmans daar iets wilde exposeren, dan moest het museum de ruimte maar huren. Uiteraard was de gemeente, als subsidieverlener aan beide instellingen, minder gelukkig met dat hartstochtelijk beleden koopmanschap. Uiteindelijk heeft dat geleid tot een compromis tussen alle partijen. Van Krimpen kreeg meer subsidie, op voorwaarde dat nauw met Museum Boijmans zou worden samengewerkt. Daarmee waren in de praktijk de problemen nog niet opgelost. Museum Boijmans wilde het hele jaar kunnen beschikken over een vaste hal, terwijl de Kunsthal meer zag in één grote tentoonstelling per jaar in samenwerking met Museum Boijmans.

Intussen was Van Krimpen noodgedwongen al voor de opening zelf een programma van tentoonstellingen gaan ontwikkelen. Voorbeelden had hij niet. De Duitse Kunsthalle waarop het concept was geënt, is een avant-garde instituut en dat was de Rotterdamse Kunsthal per definitie niet. De interim-directeur moest veel populairder programmeren dan de klassieke Kunsthalle. Het misverstand dat ten grondslag had gelegen aan de bouw van de Kunsthal was, dat als het gebouw er nu eenmaal maar stond alles verder van een leien dakje zou gaan. Waar niemand rekening mee had gehouden, was dat de situatie in de jaren negentig wel eens een andere zou kunnen zijn dan die in de jaren tachtig. De blockbuster als museaal fenomeen was feitelijk verdampt op het moment dat de nieuwe faciliteit daarvoor openging. Droom en daad stonden op gespannen voet met elkaar. Het stadhuis had gedroomd van een gebouw dat terughoudend van architectuur zou zijn en goed beschouwd maar weinig karakter zou hebben. Een **tentoonstellingsfabriek**. Voor de exploitatie van het gebouw werd uitgegaan van een model waarin geen plaats was voor het zelfstandig organiseren van tentoonstellingen. De Kunsthal zou zich in haar programma beperken tot enkele tentoonstellingen van Rotterdamse musea en grote reizende tentoonstellingen. Tussen twee tentoonstellingen in zou het gebouw gesloten zijn.

Wat in Rotterdam uiteindelijk werd gerealiseerd, was het precieze tegendeel daarvan: een spraakmakend gebouw van Rem Koolhaas met Wim van Krimpen als een directeur die zelf 25 tentoonstellingen per jaar maakte. En geen dag de deuren sloot.

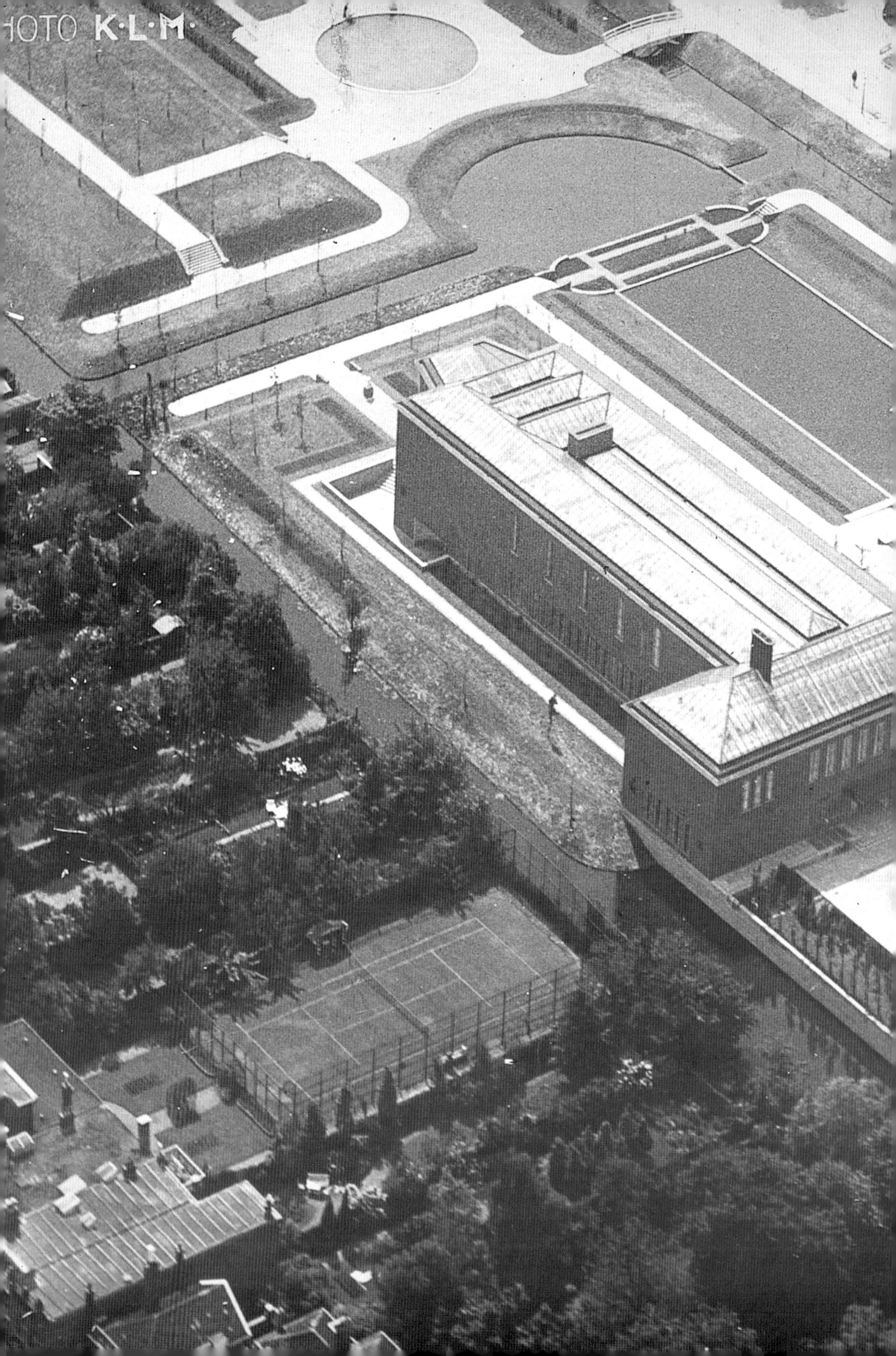
HOTO K·L·M·

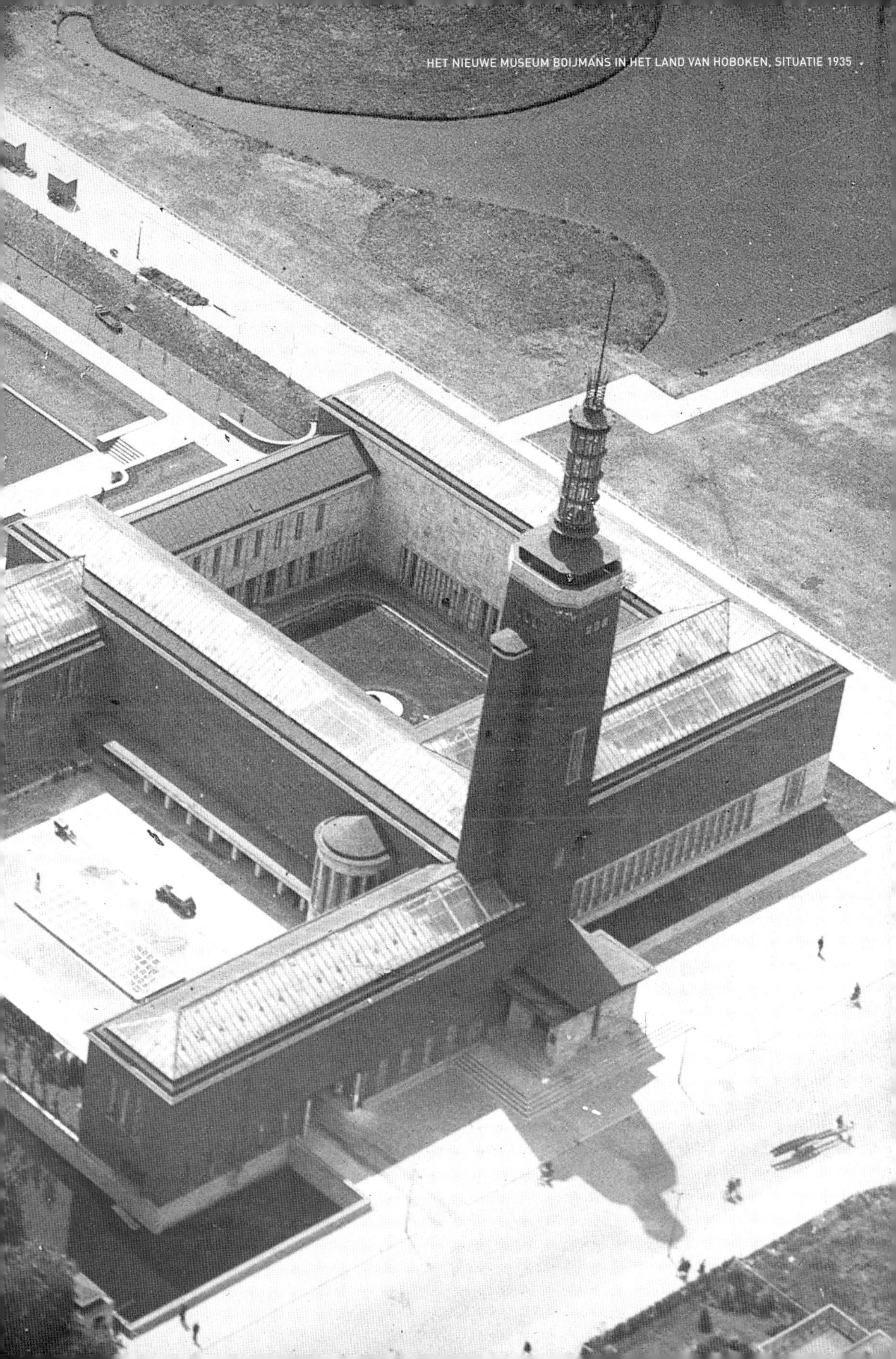
HET NIEUWE MUSEUM BOIJMANS IN HET LAND VAN HOBOKEN, SITUATIE 1935

DE PERZISCHE TUIN

Twee dozen, dat was het eerste idee. Eén massieve aan de noordzijde en één open kubus als tegenhanger daarvan aan de zuidkant, daartussen het Museumpark. Eén magistraal gebaar om orde en samenhang te scheppen in de chaos van de onbebouwde driehoek naast Boijmans Van Beuningen.

"Het Architectuur Museum," schrijft Rem Koolhaas in zijn oeuvre-overzicht *S,M,L,XL*, "is een studie in gewicht en zwaarte; Kunsthal I zweeft boven het park op het niveau van de dijk. Het hart van het Architectuur Museum is massief; het centrum van de Kunsthal is een leegte, een machine of robot, die een eindeloze reeks veranderingen mogelijk maakt, als een toneeltoren: muren, vloeren, hellingbanen, sets, aanwezigheid, afwezigheid, droog, nat - elke omstandigheid beïnvloedt de omtrek van de hal."

OMA, het bureau van Koolhaas, had van de gemeente Rotterdam de opdracht gekregen voor een ontwerp van de Kunsthal en de herinrichting van het Museumpark, daarnaast was het één van de zes bureaus in competitie voor het Architectuur Museum.

Het eerste voorstel van Koolhaas betrof de locatie. Hij stelde voor het Architectuur Museum niet te bouwen naast Museum Boijmans, zoals Stadsontwikkeling had bedacht, maar daar schuin tegenover, waar het nu ook staat en waar anders een vreemde, lege plek zou zijn overgeschoten.

Het Architectuur Museum moest het hoofd bieden aan de bestaande bebouwing aan de noordkant; de Kunsthal de tegenstelling overwinnen van snelweg en park,

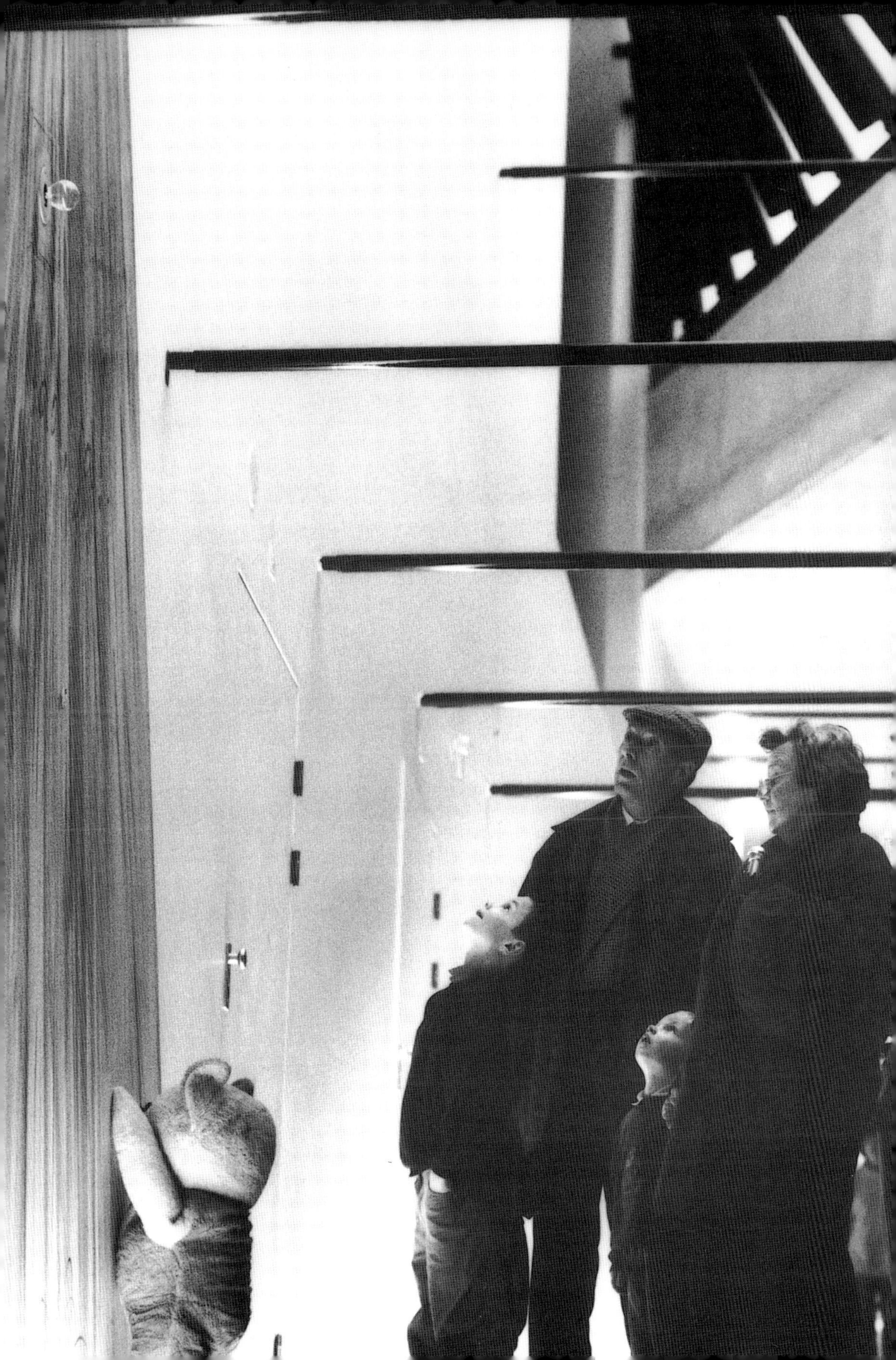

dijk en polder aan de zuidkant. Het park moest de geleidelijke overgang vormen van de ene conditie naar de andere.

Zowel in concept als in constructie waren museum en hal als elkaars tegendeel gedacht. "Als," schrijft Koolhaas, "bij het Architectuur Museum een regelmatig patroon van kolommen een onregelmatige vorm stabiliseert, dan destabiliseert bij de Kunsthal een schijnbaar chaotisch aspect van een gecomprimeerd perspectief van kolommen - een willekeurig antipatroon - de regelmatige vorm (...)."

Kunsthal Hoboken Concept Plan heet het op 27 april 1988. De aangewezen locatie wordt eerst nauwkeurig in kaart gebracht, inclusief alle obstakels. Er loopt een riool langs de Westzeedijk en een buis van de stadsverwarming; in het park staan enkele oude bomen (*Fagus Sylvatica, Taxus Baccata*) die behouden moeten blijven. Wat Koolhaas voorstelt, is een opdeling van de Kunsthal in drie elementen. De kantoren en werkplaatsen worden ondergebracht in een langgerekte, scheepsvormige constructie die aan de bovenkant gelijk loopt aan de dijk. Het is een half ondergronds, goeddeels onzichtbaar zenuwcentrum dat slechts op één punt raakt aan de eigenlijke Kunsthal. Die is opgezet als een kubus met links een rechthoek waar entree, garderobe en toiletten zich op het eerste niveau bevinden ter hoogte van de dijk. Bar en restaurant zijn op de verdieping daarboven gesitueerd.

De vierkante platte doos die de expositiehal is, raakt aan de dijk, maar zweeft boven het park, slechts gestut door zes omvangrijke pilaren. De doos biedt aan drie zijden uitzicht op park en omgeving. Muren ontbreken; door middel van standaardpanelen kan een wisselend parcours worden gecreëerd. Er is een indeling mogelijk in kamers, in kabinetten, in grillige ruimten of zelfs in een doolhof.

Koolhaas volgt hier het modernistische ideaal van Ludwig Mies van der Rohe: het museum zonder muren, één grote ruimte, die totale flexibiliteit mogelijk maakt. Een architectonische ruimte die een tentoonstellingsruimte eerder definieert dan begrenst.

Zo eenvoudig als de ruimte is, zo ongewoon is de toevoeging die de architect bedacht heeft. Het hart bestaat uit een toneeltoren die boven het dak uitsteekt met daaronder een liftvloer die tot op parkniveau kan dalen. Uit de toren kunnen wanden worden neergelaten die de kubus (deels) afschutten, door middel van katrollen kunnen plafonddelen worden gemanipuleerd. De vloer kan hier niet alleen dalen, maar ook stijgen om bijvoorbeeld een podium te vormen.

Een half jaar later, in oktober 1988, ligt er een uitgewerkt plan op tafel, nu *Kunsthal Rotterdam* gedoopt. De tekeningen zijn voorzien van een toelichting: "De kunsthal is een tentoonstellingsgebouw geschikt voor een wijd spectrum van activiteiten. Het kan dienst doen als museum, als beurs, als conferentie/performance centrum, als tijdelijke auto-showroom.

Het gebouw bestaat uit drie onderdelen:

In de Westzeedijk is een element van twee lagen ingebouwd, waar administratie, bestuur en werkplaatsen zijn ondergebracht. Op het niveau van de dijk vormt het dak van dit gebouw een voorplein voor de Kunsthal.

Het eerste element raakt op één punt - de ingang - het tentoonstellingsgebouw zelf: een vierkant van 55 bij 55 meter, 6 meter hoog.

Om het museumpark niet te belasten zweeft het gebouw grotendeels boven de grond.

Tegenover Villa Dijkzigt is een aantal servicefuncties - installatie, opslag, garderobe, restaurant - in een goeddeels dichte schijf ondergebracht.

Dijkelement en schijf vormen een plaza-achtige context voor de villa.

In het voortdurend alterneren tussen permanentie en flexibiliteit dat recente museumarchitectuur kenmerkt, kiest het ontwerp voor een dualiteit:

op de hoofdverdieping is - iets uit het midden - een **robot** geprojecteerd: een verticaal, gemechaniseerd element van 3 lagen, dat eenvoudig een maximaal aantal transformaties kan ondergaan. Wanden/schermen kunnen verschuiven of verdwijnen, de vloer beweegt op en neer, het plafond kan worden versteld, etcetera.

De westwand van de **robot** is uitgerust met communicatiemedia, projectors, video, faxen, etc. en functioneert als **brein**.

In verband met de te verwachten thematisering van waterpartijen in het toekomstige Museumpark is het exacte gebied van de Kunsthal omlaag geprojecteerd als een schaduw van water.

In essentie kan de hal worden opgevat als een gebied met drie zones. Een omloop die door wand of gordijn kan worden afgeschermd van het binnendeel, waarvan de **robot** als kern weer een derde zone vormt. De omloop met daglicht dat door de glazen gevel valt, kan worden gebruikt voor de tentoonstelling van sculpturen, het afgeschermde binnendeel voor bijvoorbeeld schilderijen of tekeningen die geen daglicht verdragen. Door het dak van de **robot** stroomt gefilterd daglicht binnen in het hart van de ruimte, geschikt voor geluidsprojecten en environments. Deze ruimte kan verhoogd dienst doen als **boksring**, of verlaagd als **leeuwenkuil** met het publiek op tribunes daaromheen. Omgekeerd kan het publiek op de **robot** worden geïsoleerd van de rest van de ruimte."

Wat Koolhaas hier voor ogen stond, was duidelijk ambitieuzer dan het eenvoudige opvangcentrum voor grootschalige manifestaties waar de gemeente om had gevraagd. Hij wilde een museum maken voor eigentijdse kunstuitingen: performance, video, lichtinstallaties, sculpturen. De opdrachtgevers hadden niet meer verlangd dan een ruimte waarin doeltreffend blockbusters getoond konden worden. Die ambitie van de architect zou later een struikelblok vormen.

Het park tussen de Kunsthal en het Architectuurmuseum werd door Koolhaas opgevat als een paradox, zowel buffer als verbinding. Het moest sereen zijn maar ook prikkelen, het moest beweging suggereren, maar ook rust uitstralen. De gekozen oplossing is die van de onderverdeling in drie sferen. Naast Museum Boijmans en tegenover het Architectuurmuseum zou een wit voorportaal komen van appelbomen met wit geschilderde stammen op een ondergrond van witte schelpen. Daarachter, naast de rozentuin van Museum Boijmans, was een verhoogd zwart podium voorzien als locatie voor openluchtvoorstellingen. Het zwarte asfalt vormde hier een geabstraheerde herinnering aan de stad. Het derde stuk zou een romantische tuin worden, waartoe de oude begroeiing werd gehandhaafd, aangevuld met kleurige bloembedden, een kronkelend keienlint als beekje van witte kiezels en blauwe rotsen dat uitmondt in een vijver. Een zwarte brug moest de bloemenzee overspannen, zodat de wandelaars van de bloemen konden genieten zonder ze te vertrappen.
Het concept werd verder ontwikkeld in samenwerking met de Franse tuinarchitect Yves Brunier.

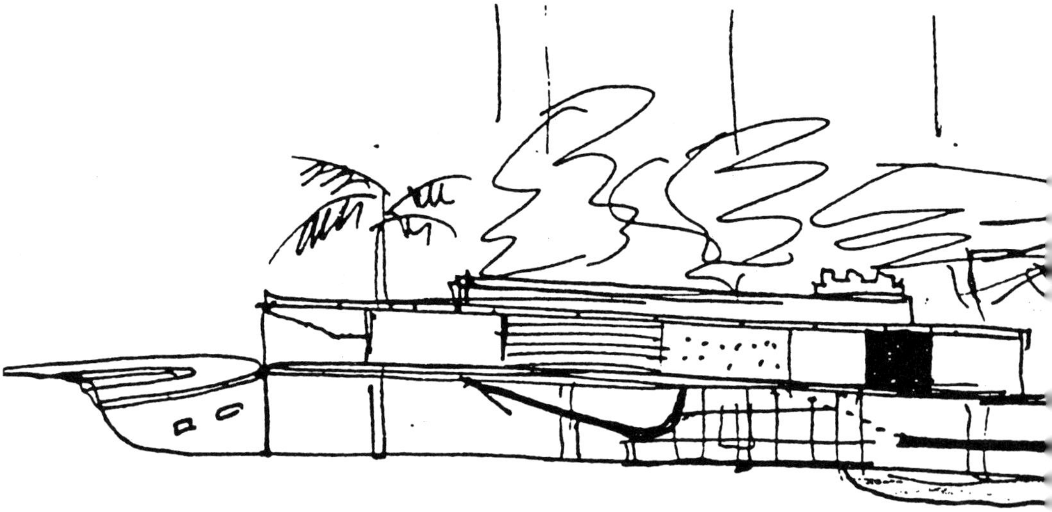

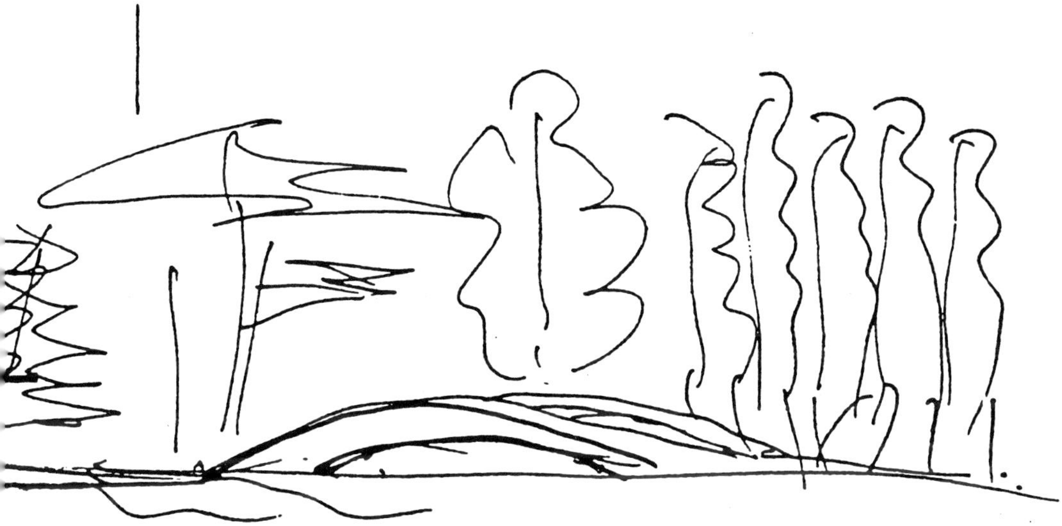

REM KOOLHAAS, SITUATIESCHETS KUNSTHAL HOBOKEN, APRIL 1988

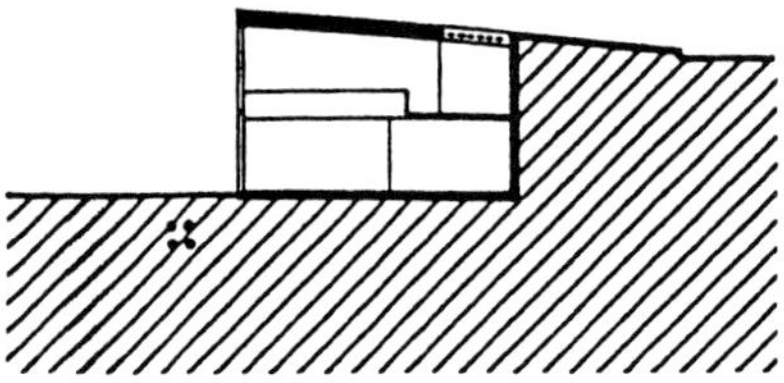

A

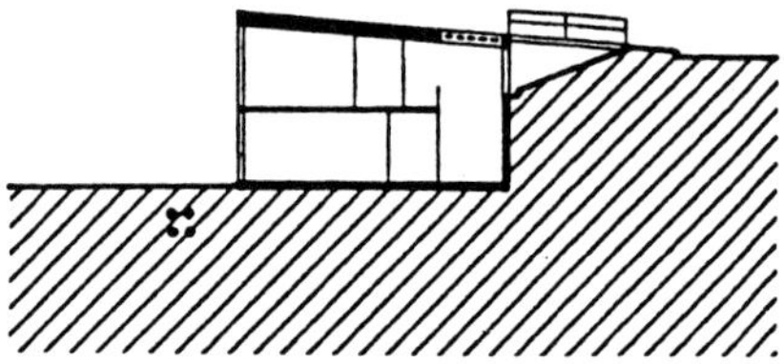

B

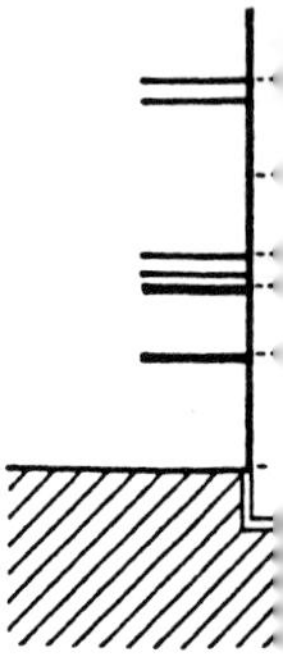

C

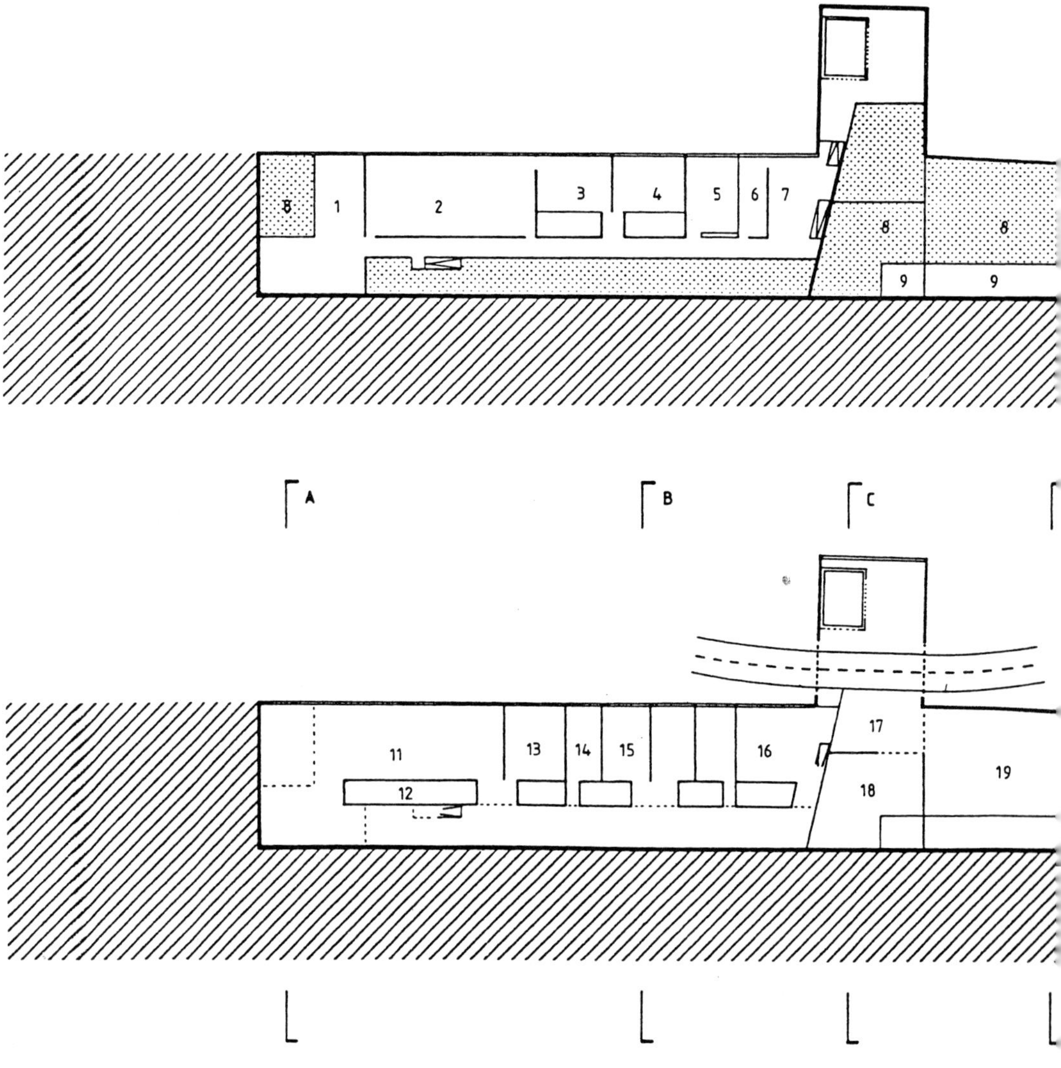

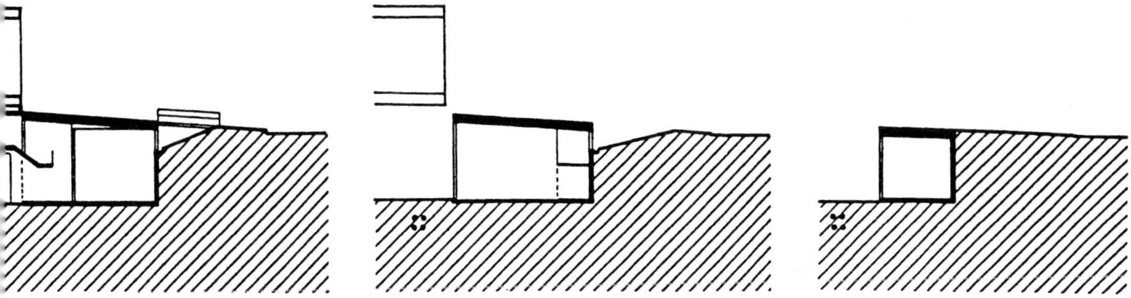

D

NIVO -1

1 atelier
2 vergaderen
3 gastdirectie
4 directie
5 secreteriaat
6 administratie
7 ontvangstruimte
8 vide
9 kantoor/werkplaats
10 depot

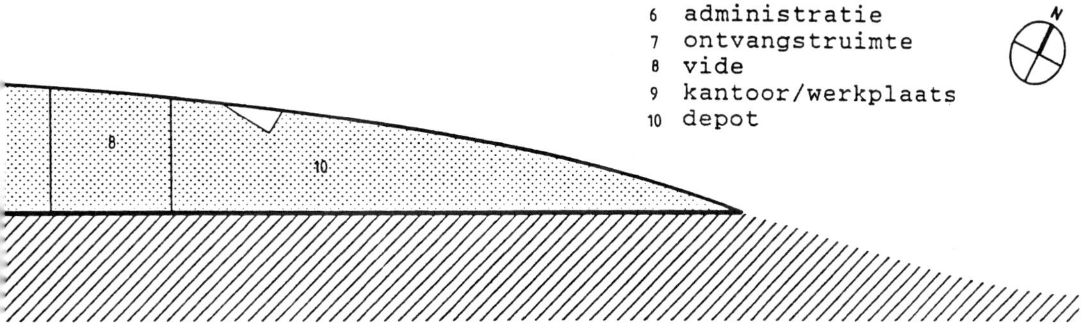

E

NIVO -2

11 documentatie
12 archief
13 marketing
14 proj. coördinatie
15 wet. medewerker
16 kantine
17 transport
18 schilderwerkpl.+ opslag
19 werkpl. hout/metaal + opslag
20 opslag en emballagemateriaal
21 transit

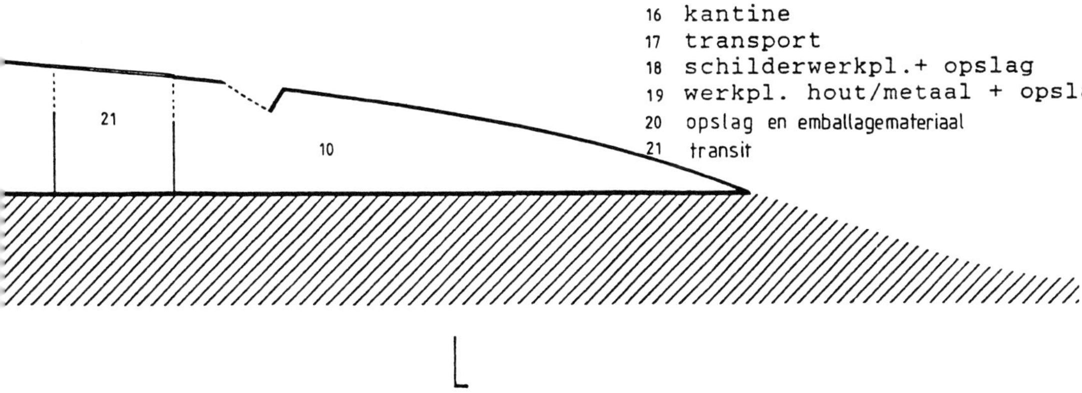

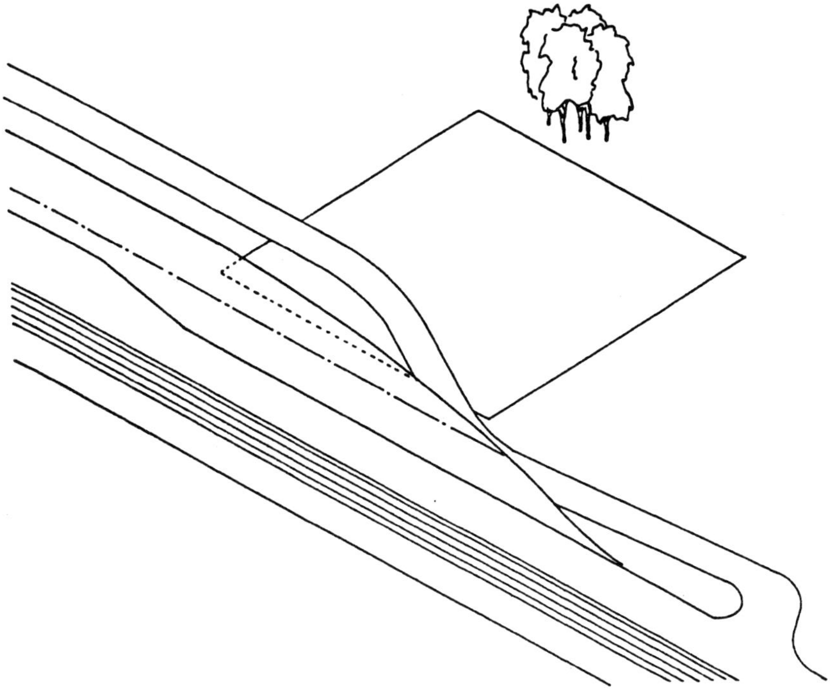

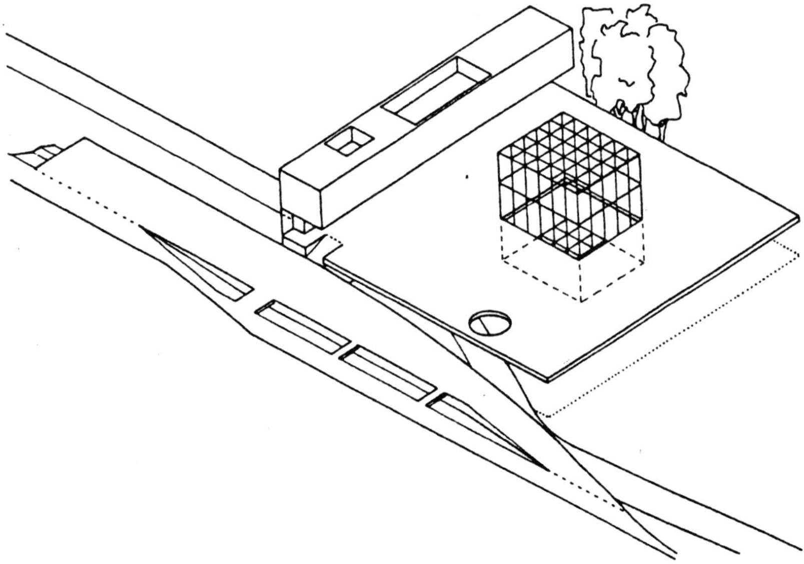

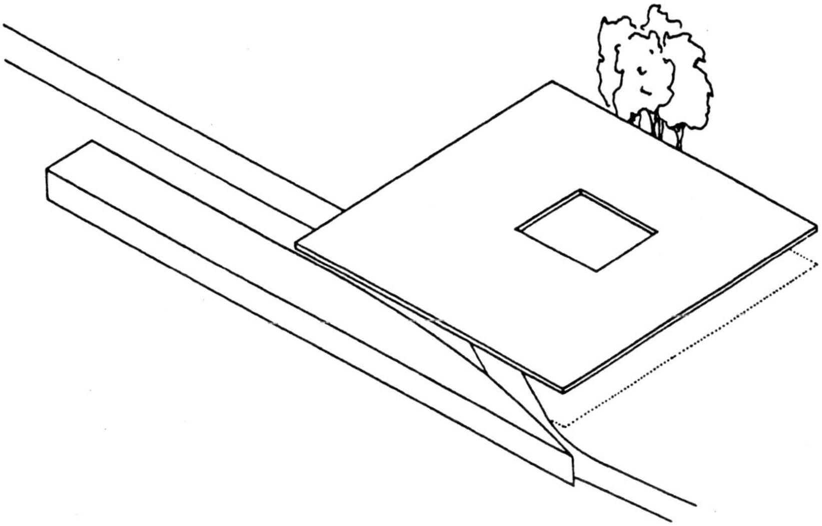

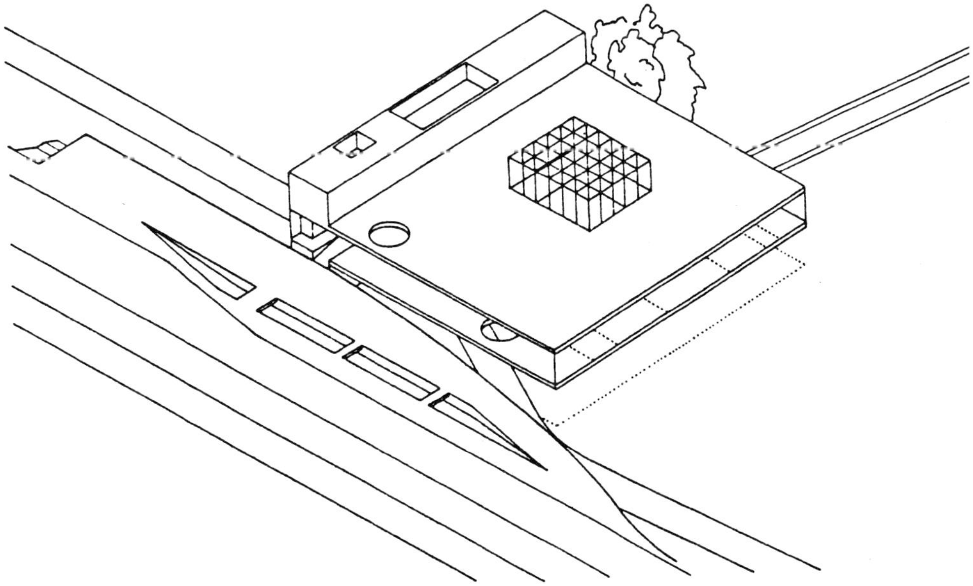

REM KOOLHAAS, CONCEPT KUNSTHAL HOBOKEN, APRIL 1988

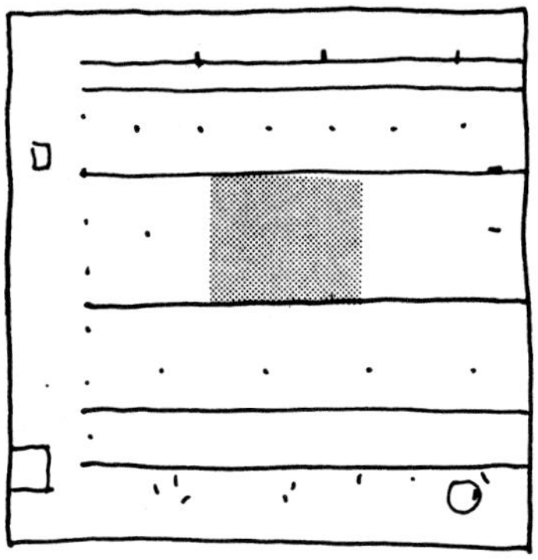
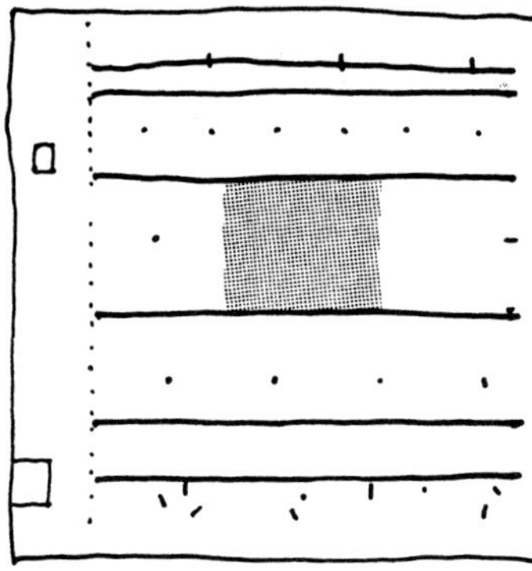
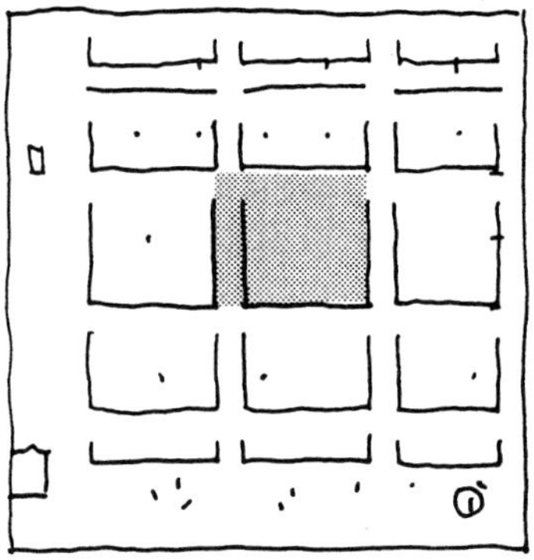
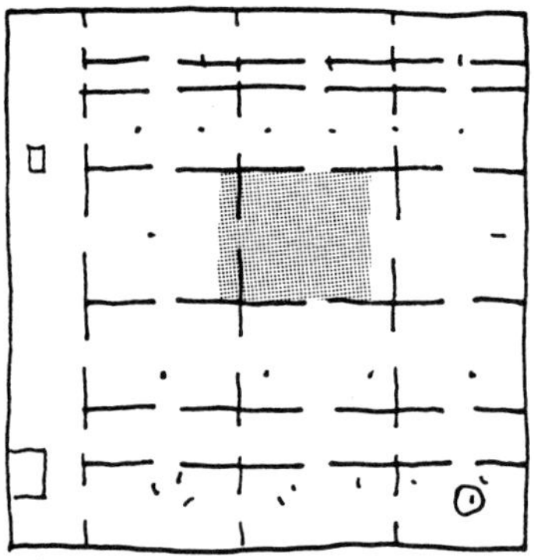
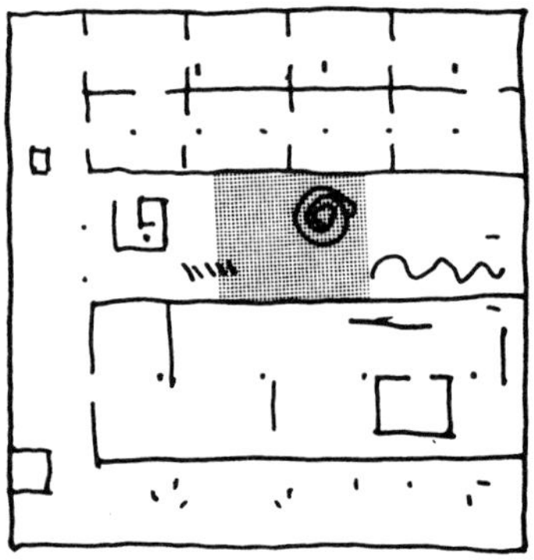
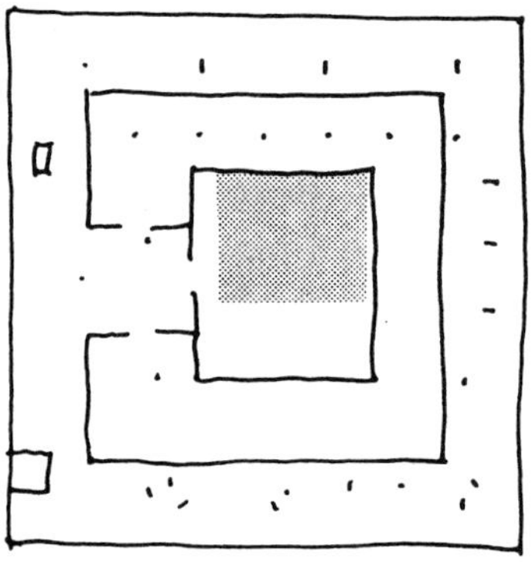

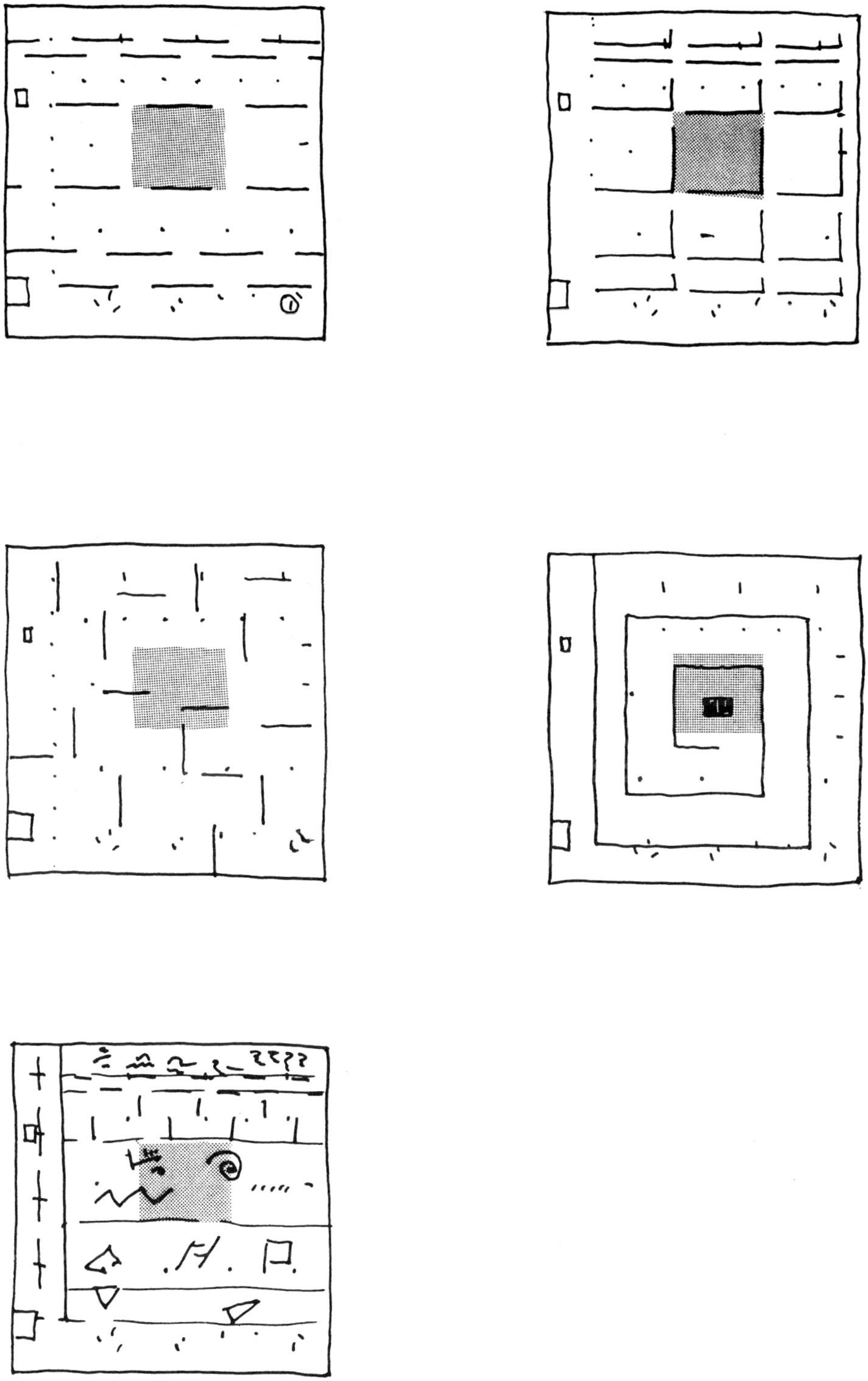

REM KOOLHAAS, GEBRUIKSVARIANTEN KUNSTHAL HOBOKEN, APRIL 1988

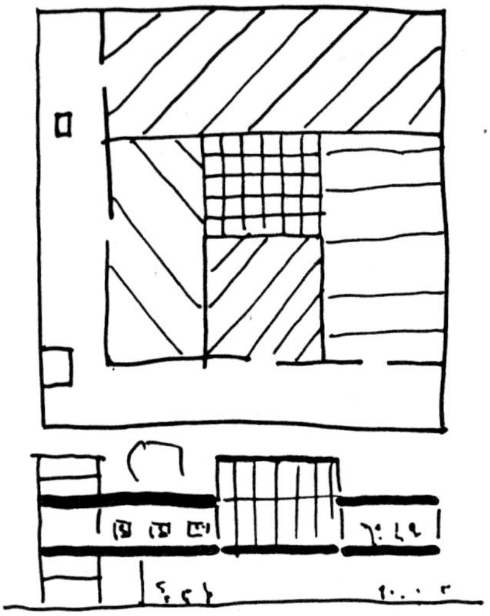

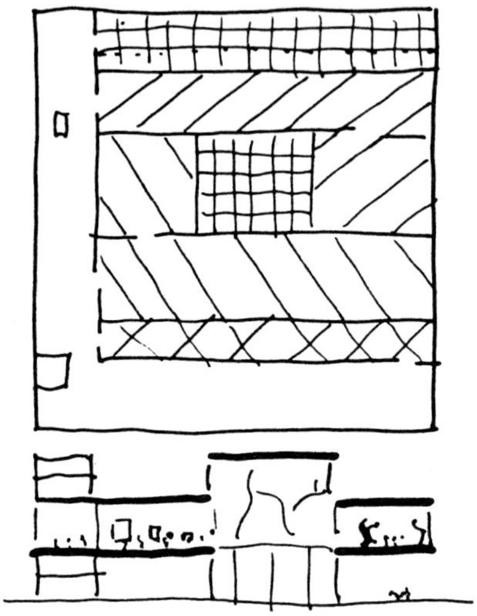

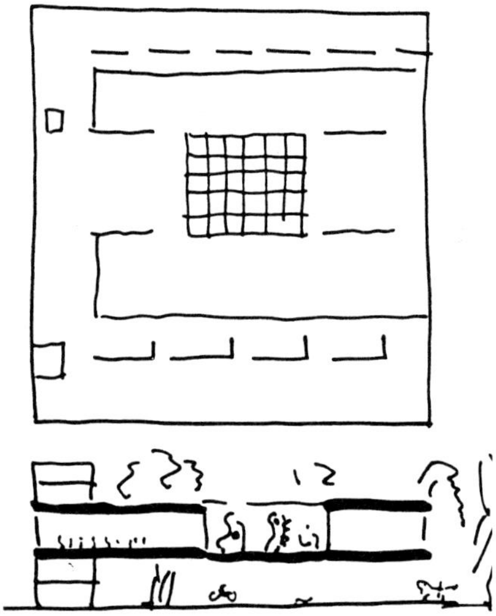

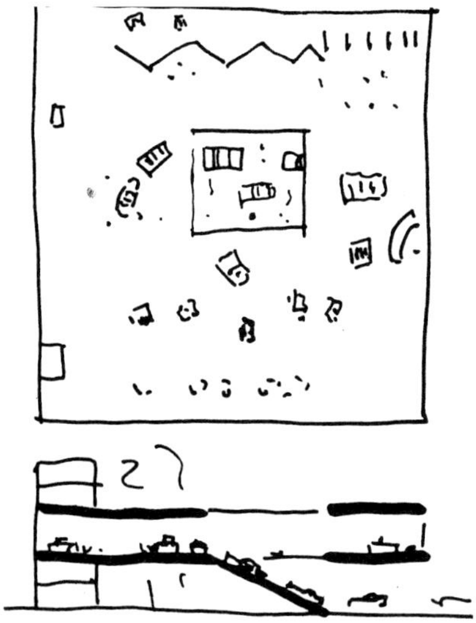

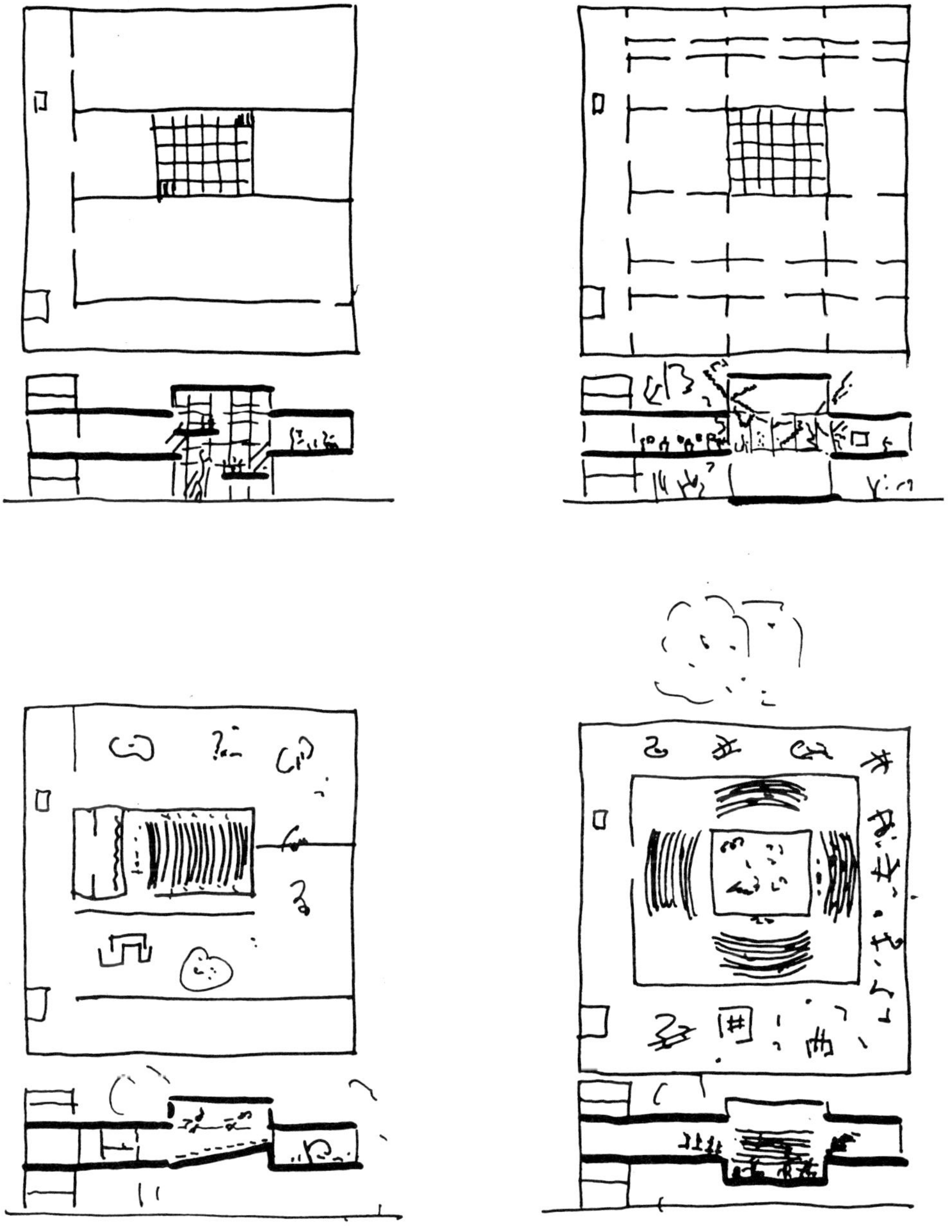

REM KOOLHAAS, GEBRUIKSVARIANTEN MET 'ROBOT' KUNSTHAL HOBOKEN, APRIL 1988

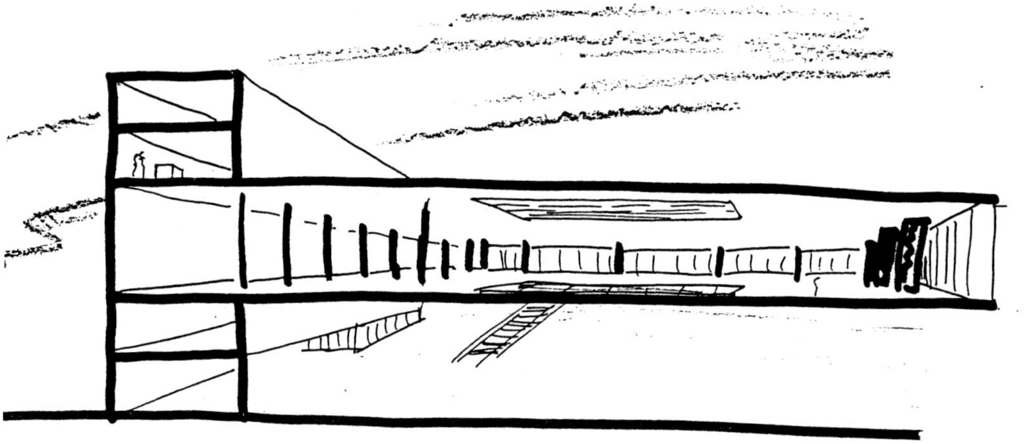

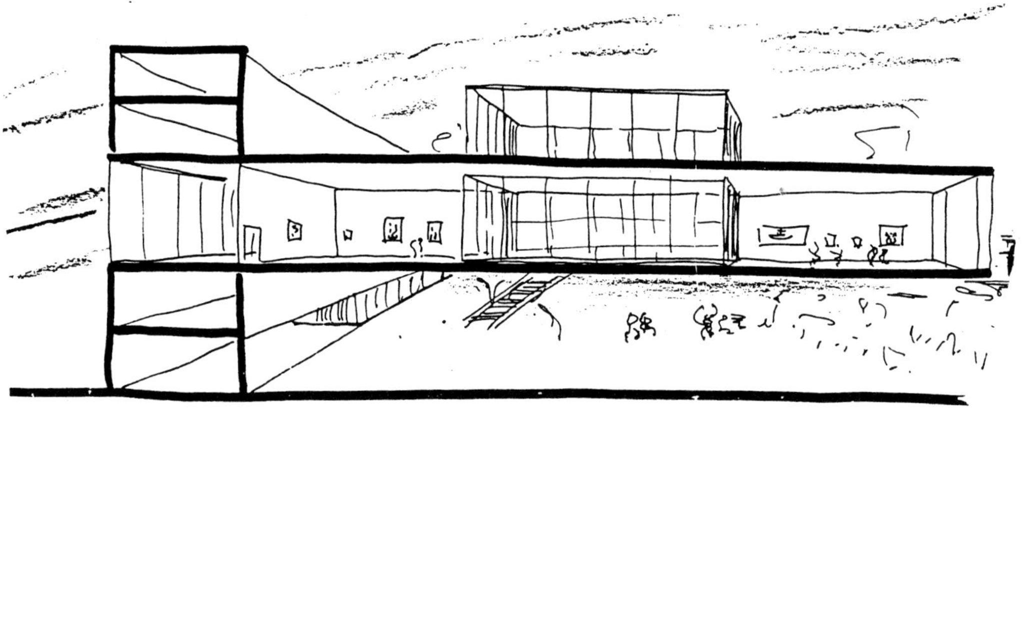

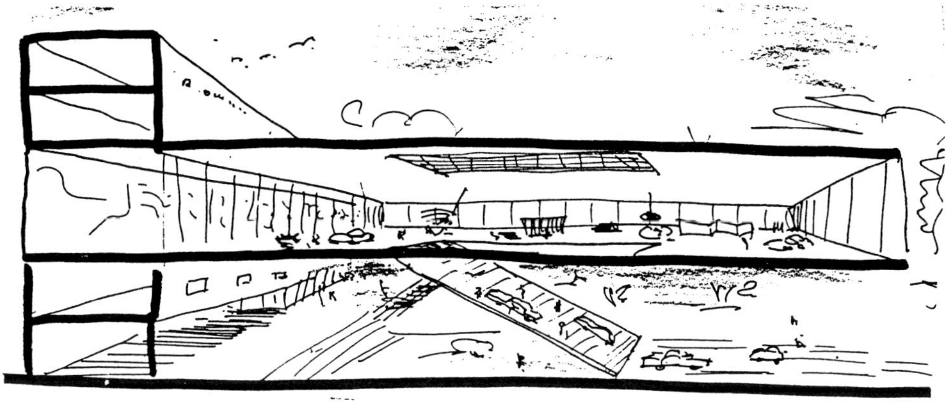

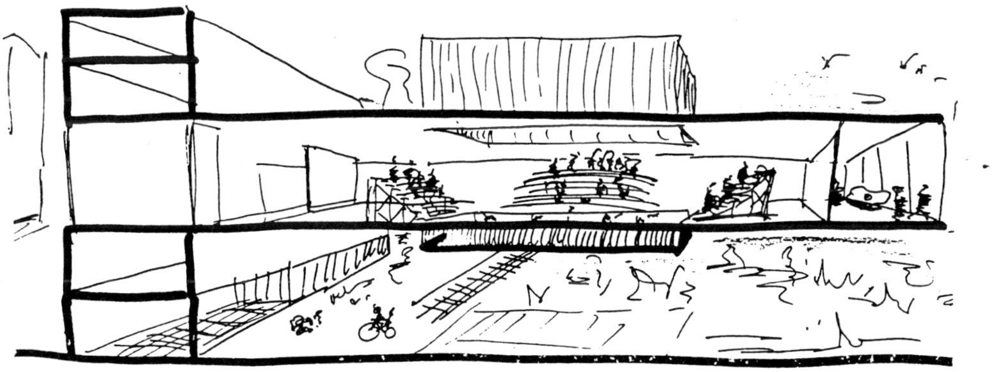

REM KOOLHAAS, ILLUSTRATIES MET 'ROBOT' KUNSTHAL HOBOKEN, APRIL 1988

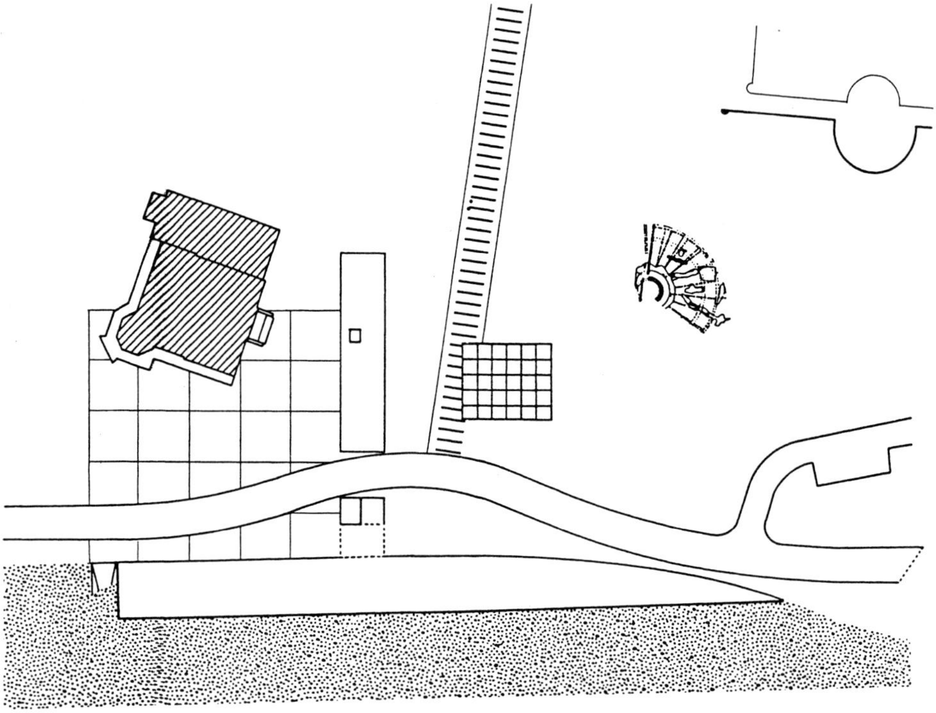

nivo -2 (0± m.)
werkplaatsen ,kantoren
horeca ,"robot"

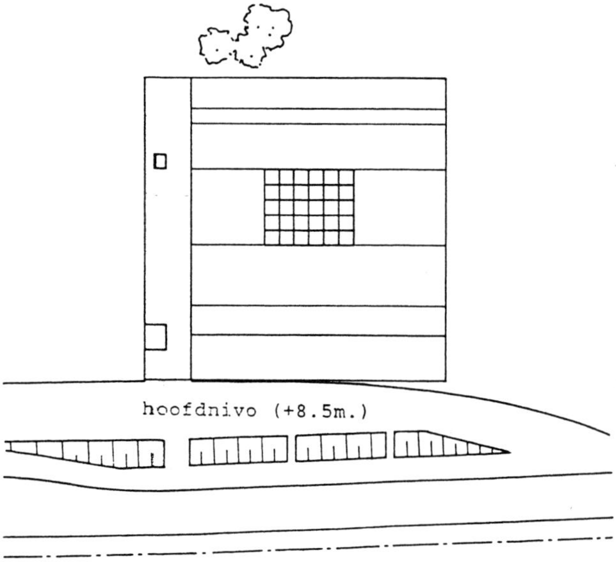

hoofdnivo (+8.5m.)

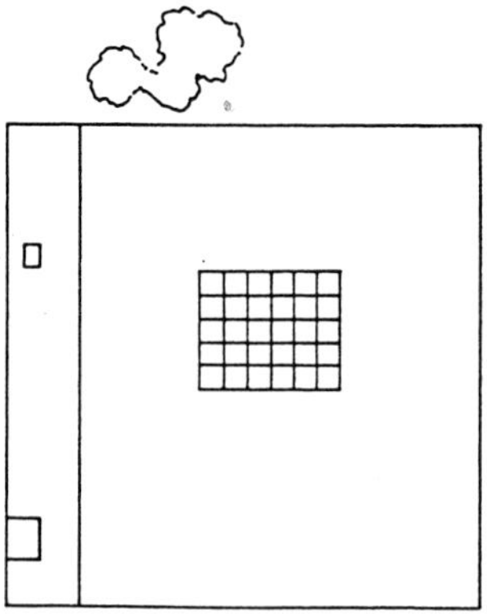

nivo 1 (+11.5m.)
annex

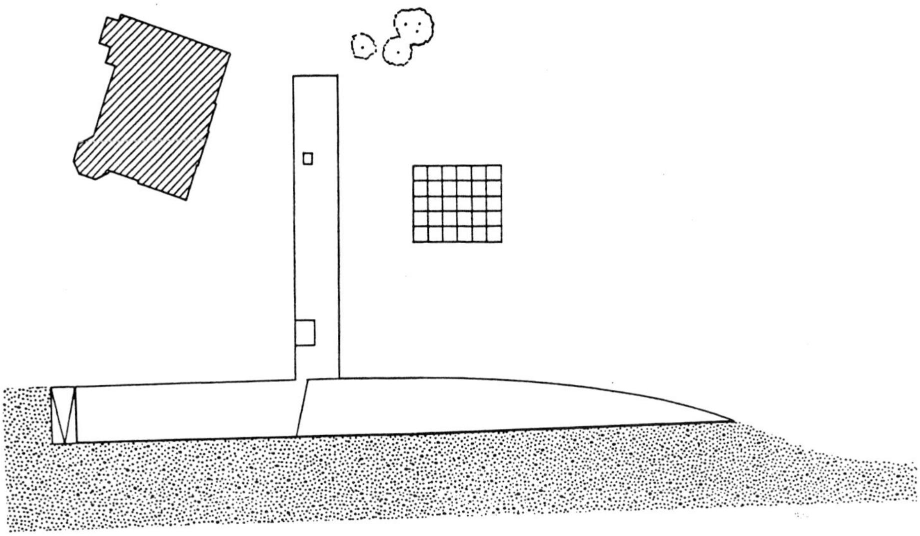

nivo -1 (+3.0 ,+4.0m)
kantoren ,verbinding ,
services

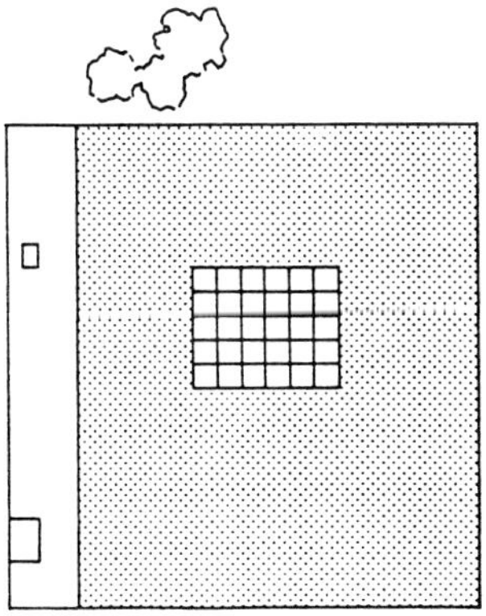

nivo 2 (+15.5m.)
bar ,restaurant
dak

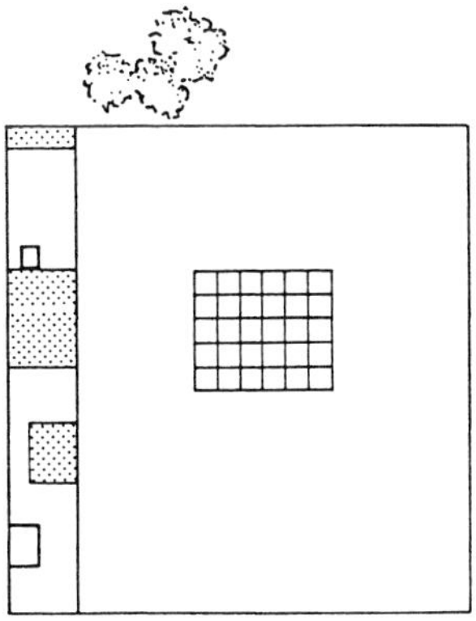

nivo 3 (+18.5m.)
patio ,conferentie
instalaties

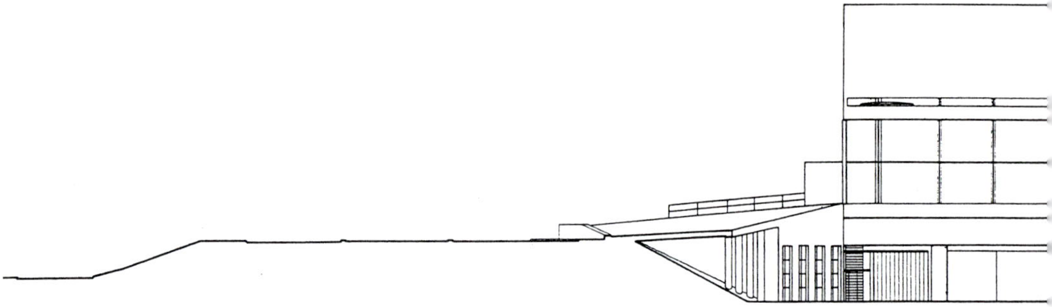

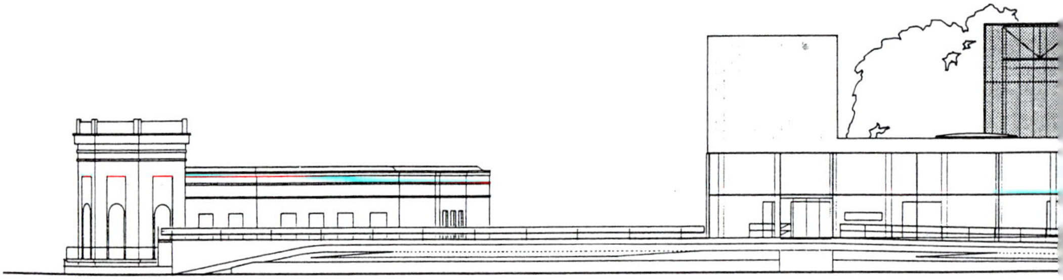

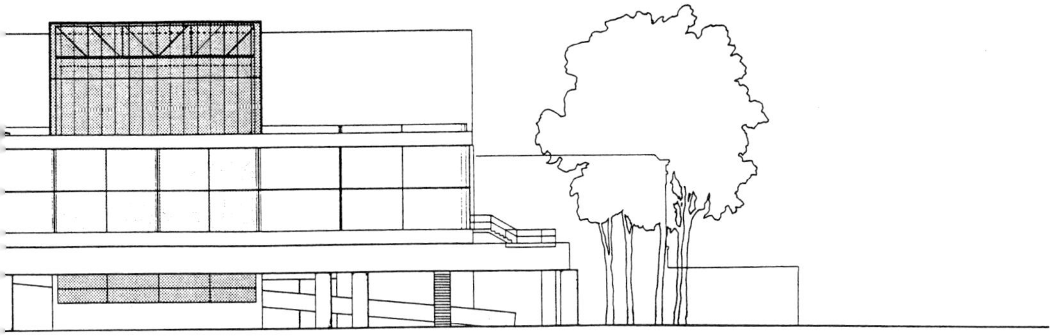

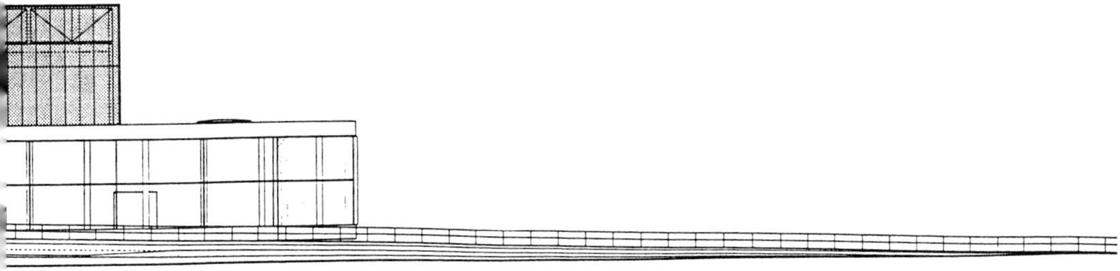

REM KOOLHAAS, AANZICHTEN ZUID- EN OOSTZIJDE KUNSTHAL ROTTERDAM, OKTOBER 1988

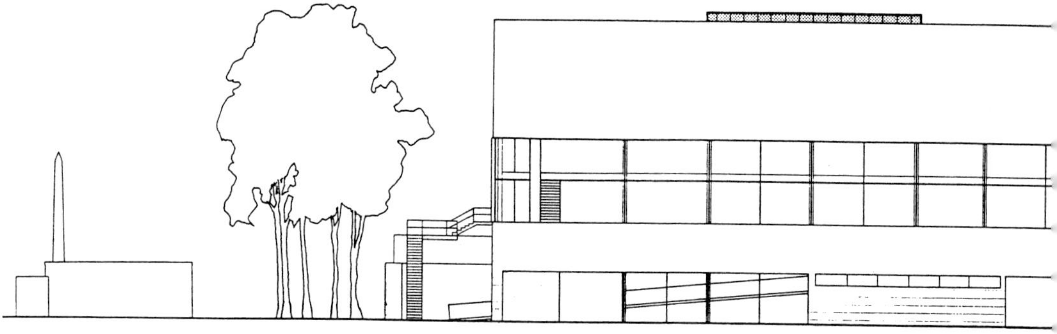

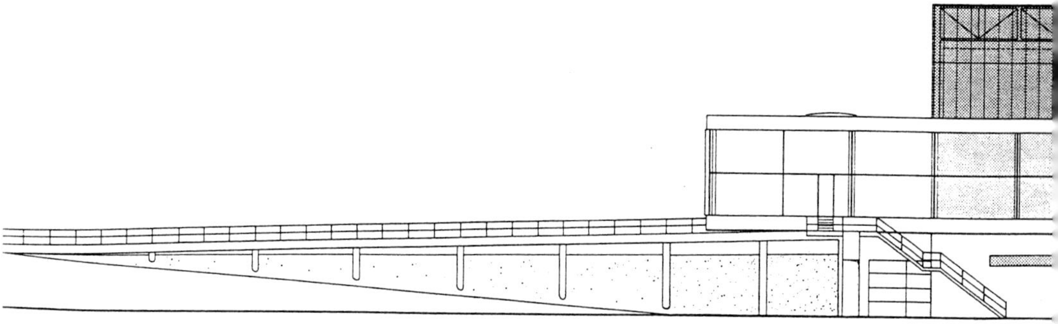

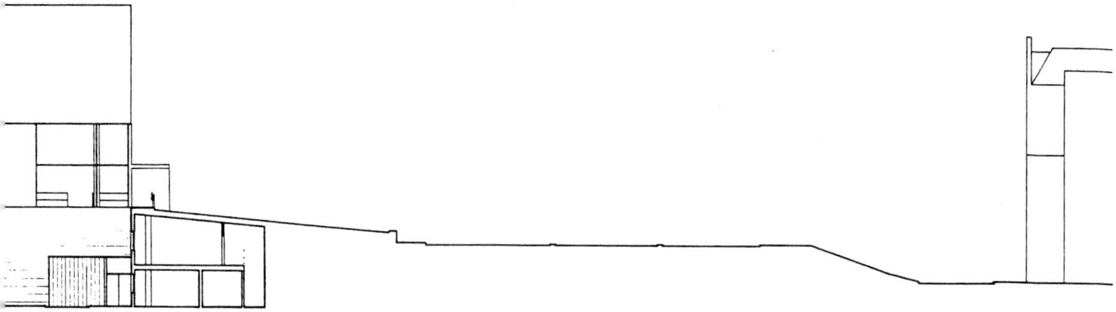

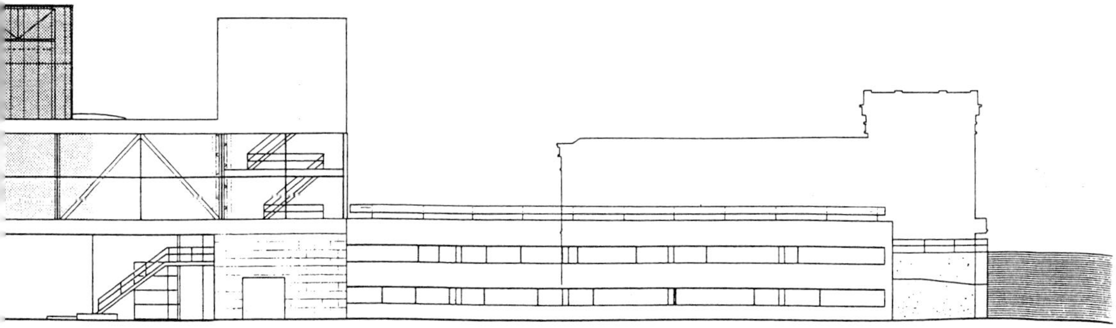

REM KOOLHAAS, AANZICHTEN NOORD- EN WESTZIJDE KUNSTHAL ROTTERDAM, OKTOBER 1988

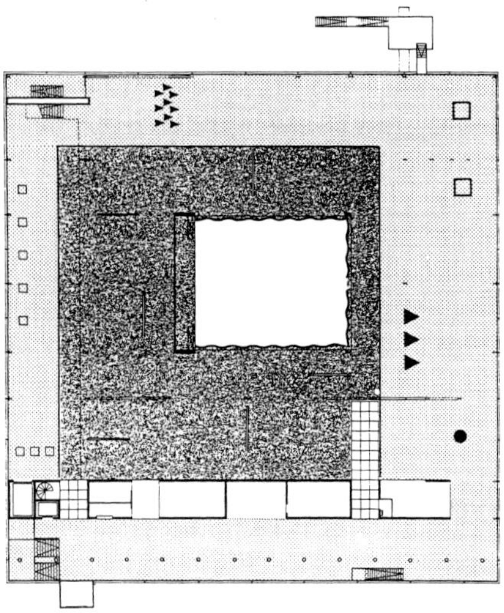

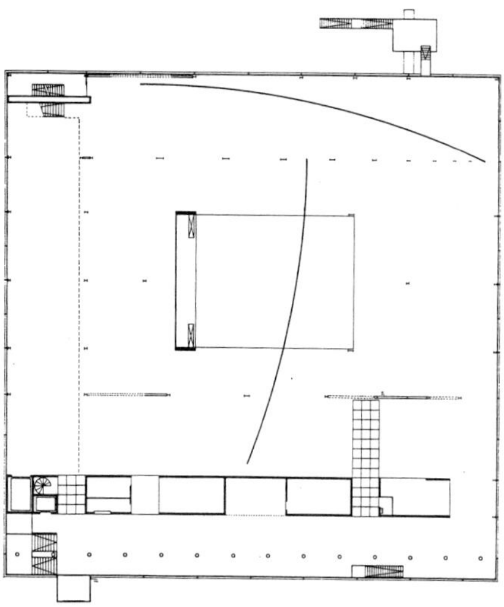

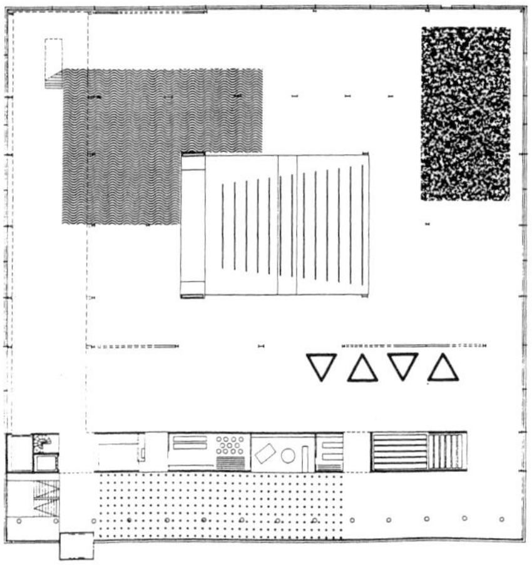

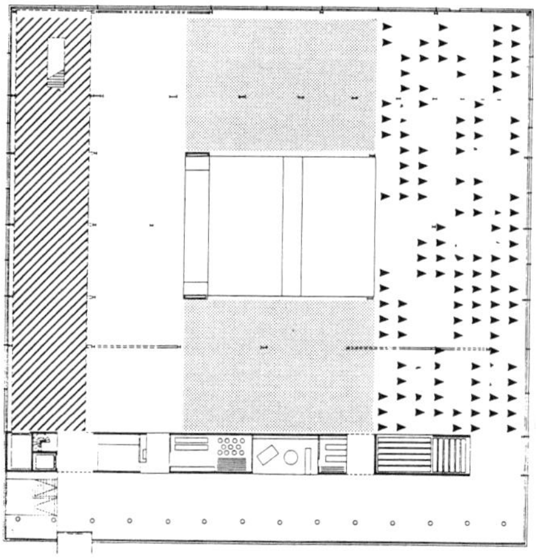

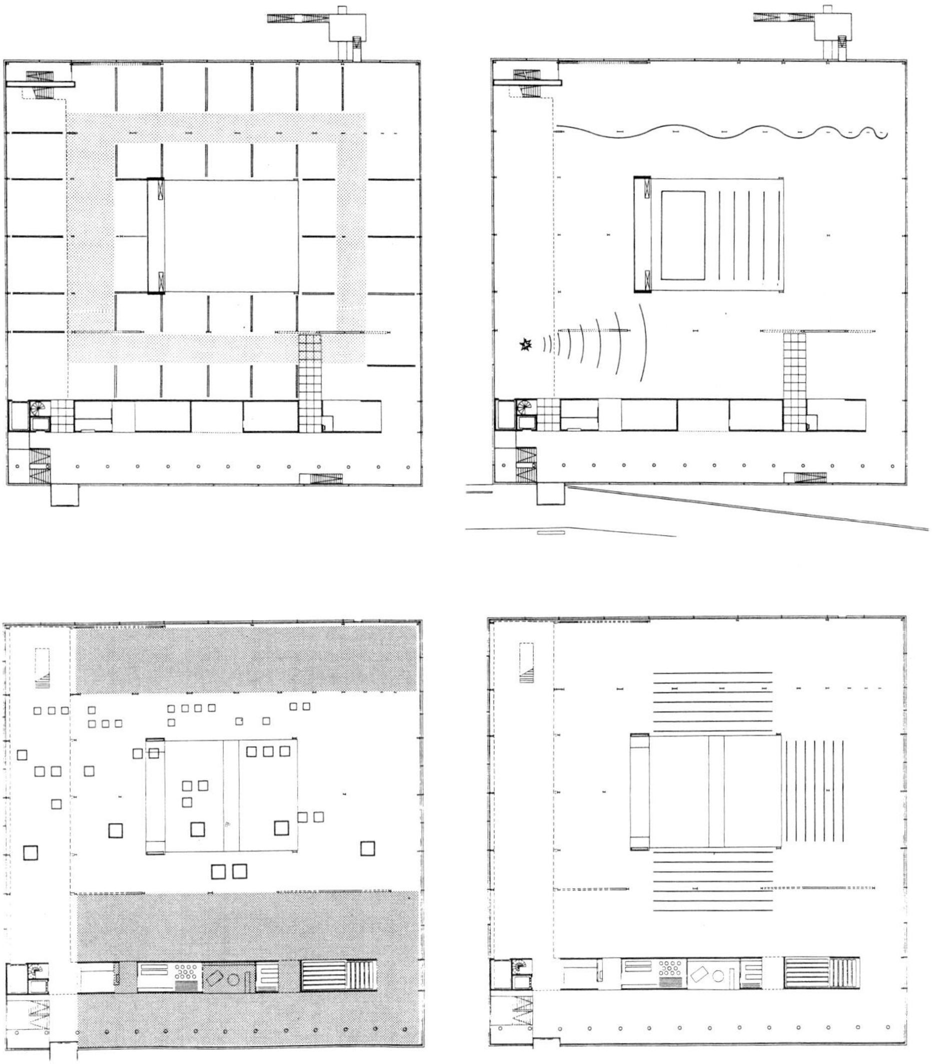

REM KOOLHAAS, INRICHTINGSVARIANTEN KUNSTHAL ROTTERDAM, OKTOBER 1988
V.L.N.R. DRIE ZONES, ZEER GROTE OBJECTEN, KUNSTBEURS, PERFORMANCES,
EILANDEN, LANGS ZONERING, DWARS ZONERING, AUDITORIUM

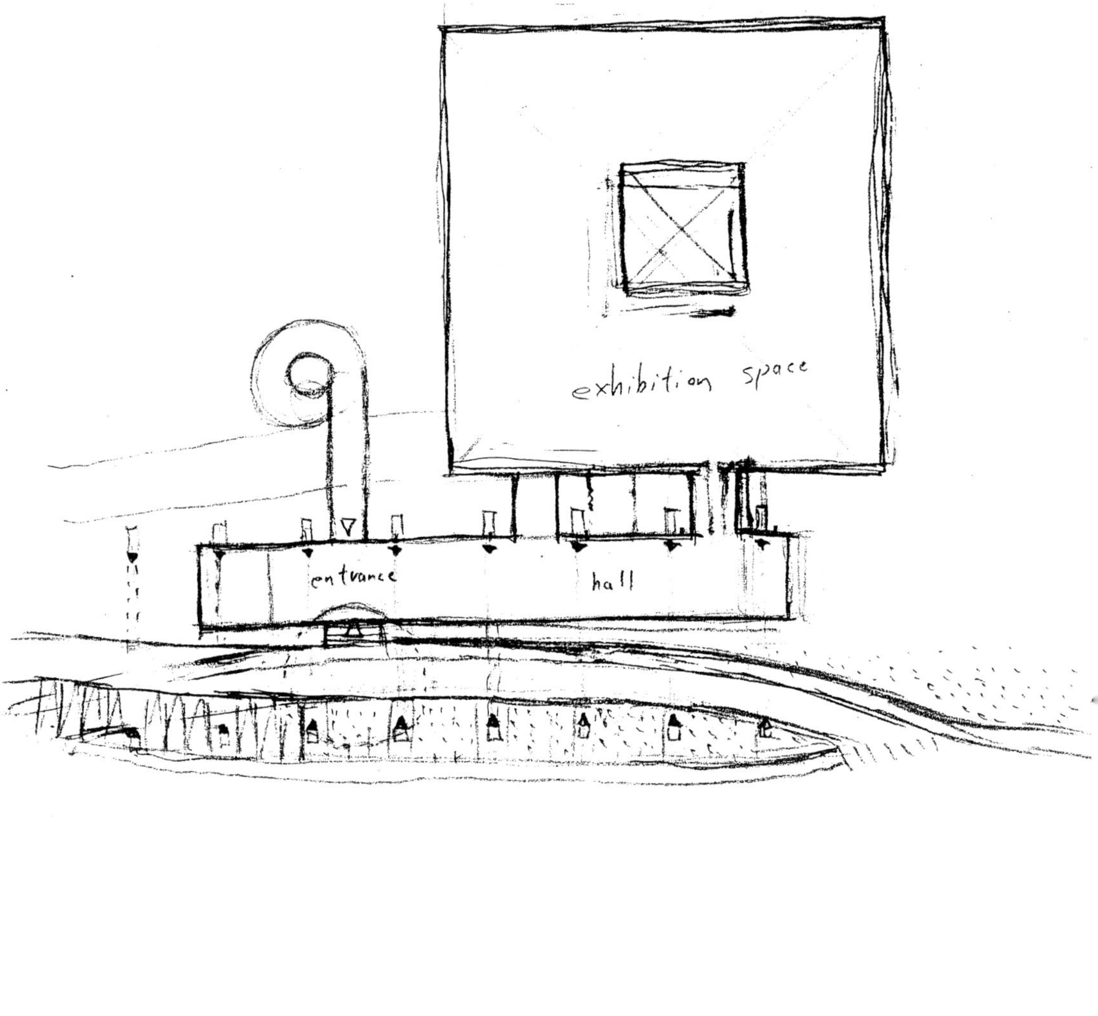
exhibition space
entrance hall

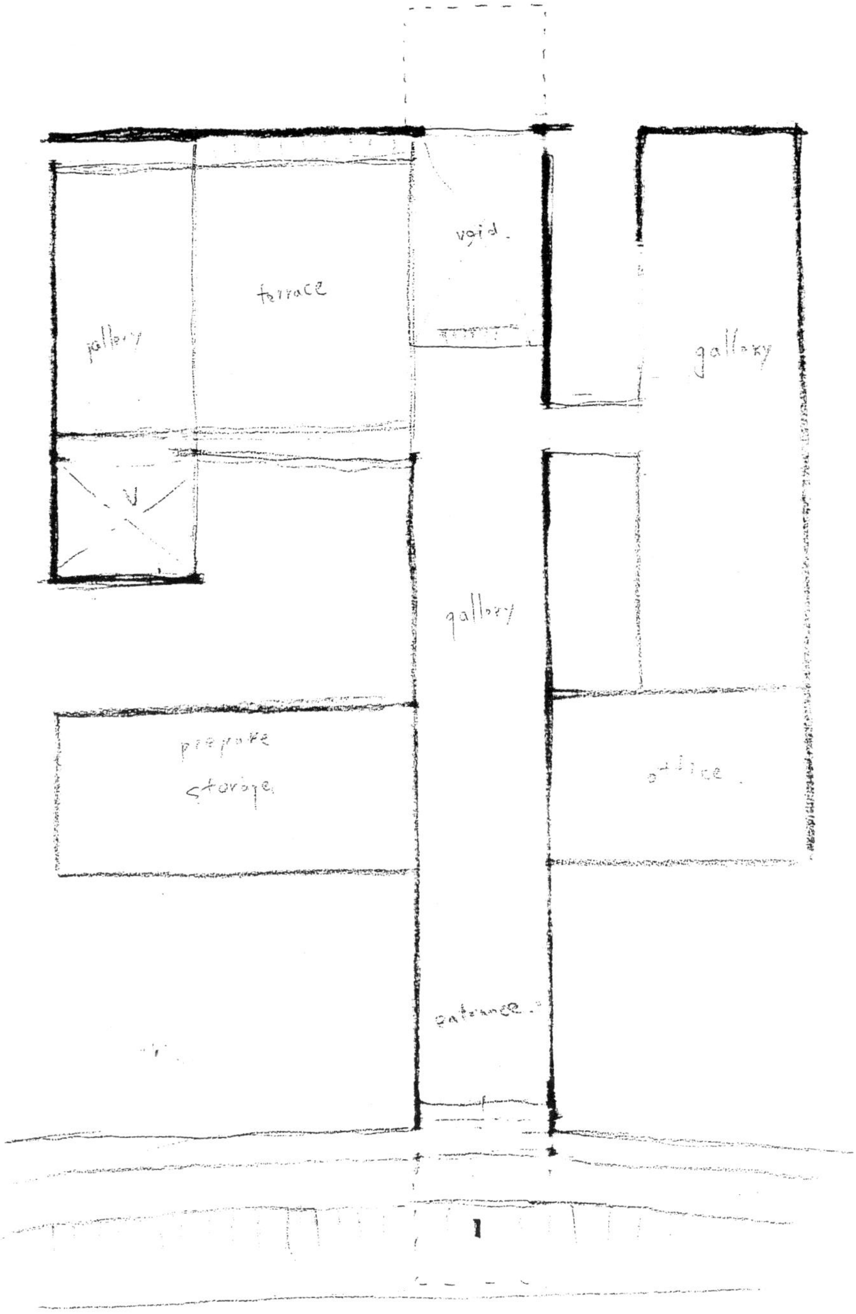

void.
terrace
gallery
gallery
gallery
storage
office
entrance

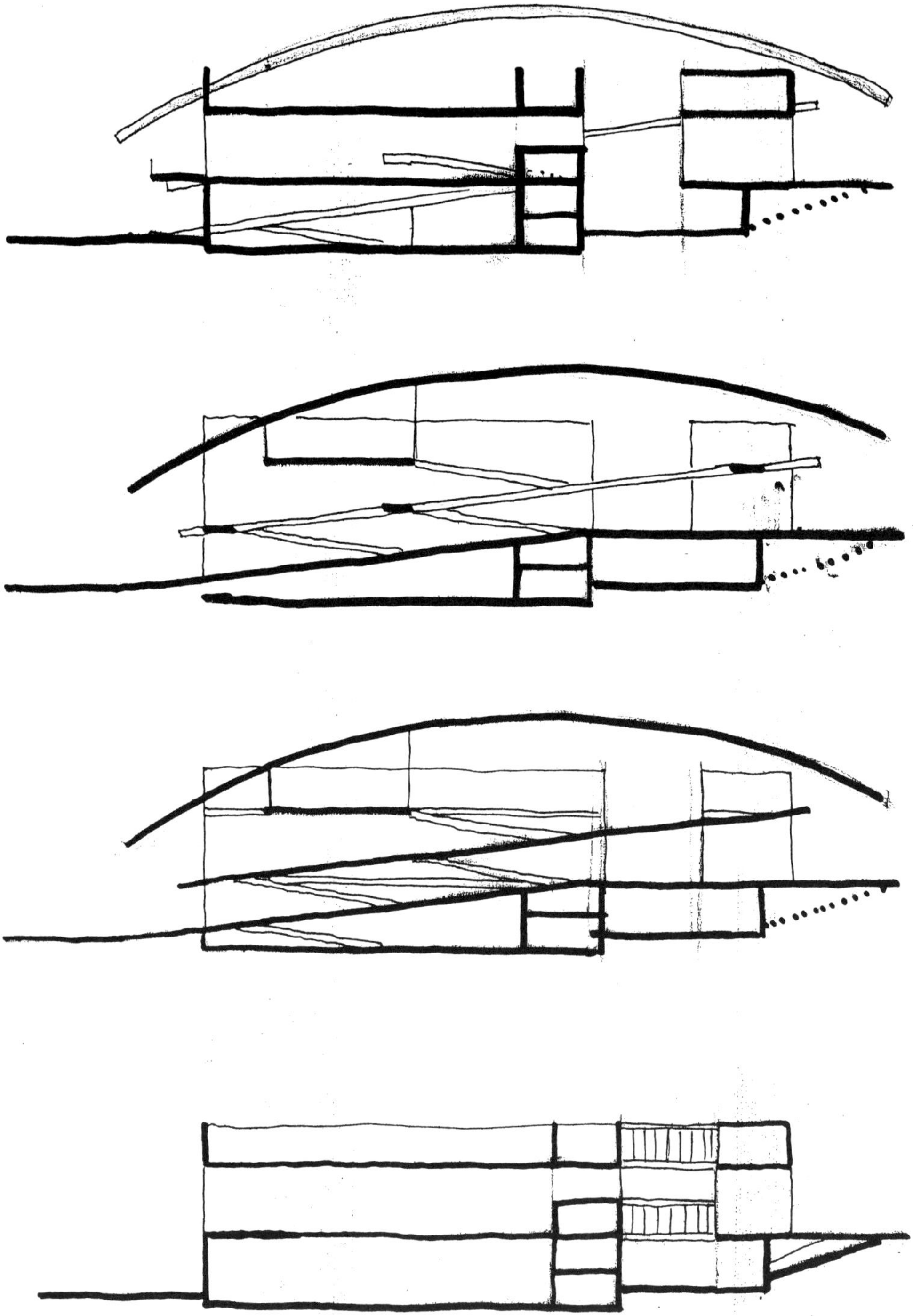

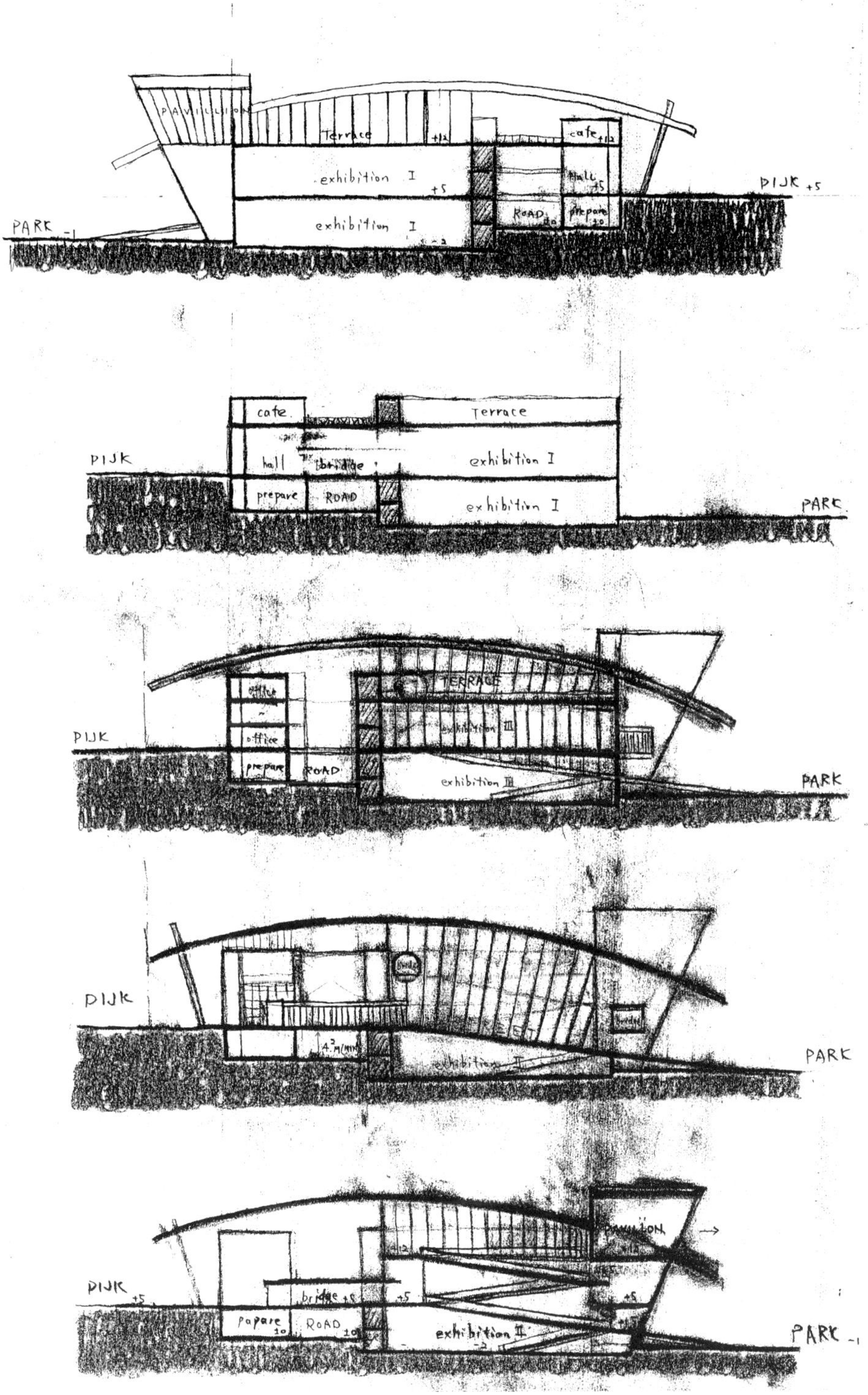

REM KOOLHAAS, DOORSNEDES KUNSTHAL II

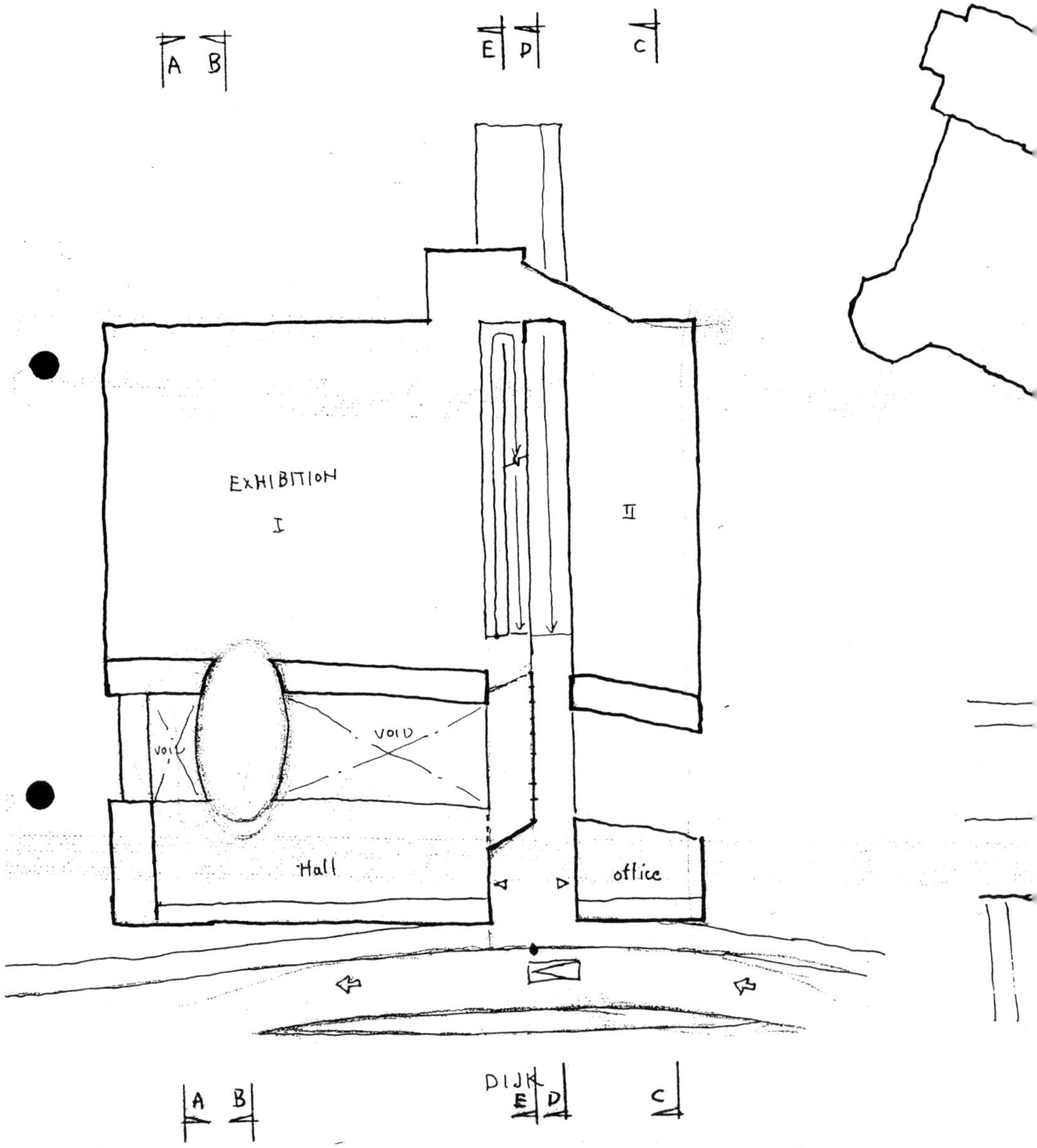

1F PLAN (DIJK LEVEL)

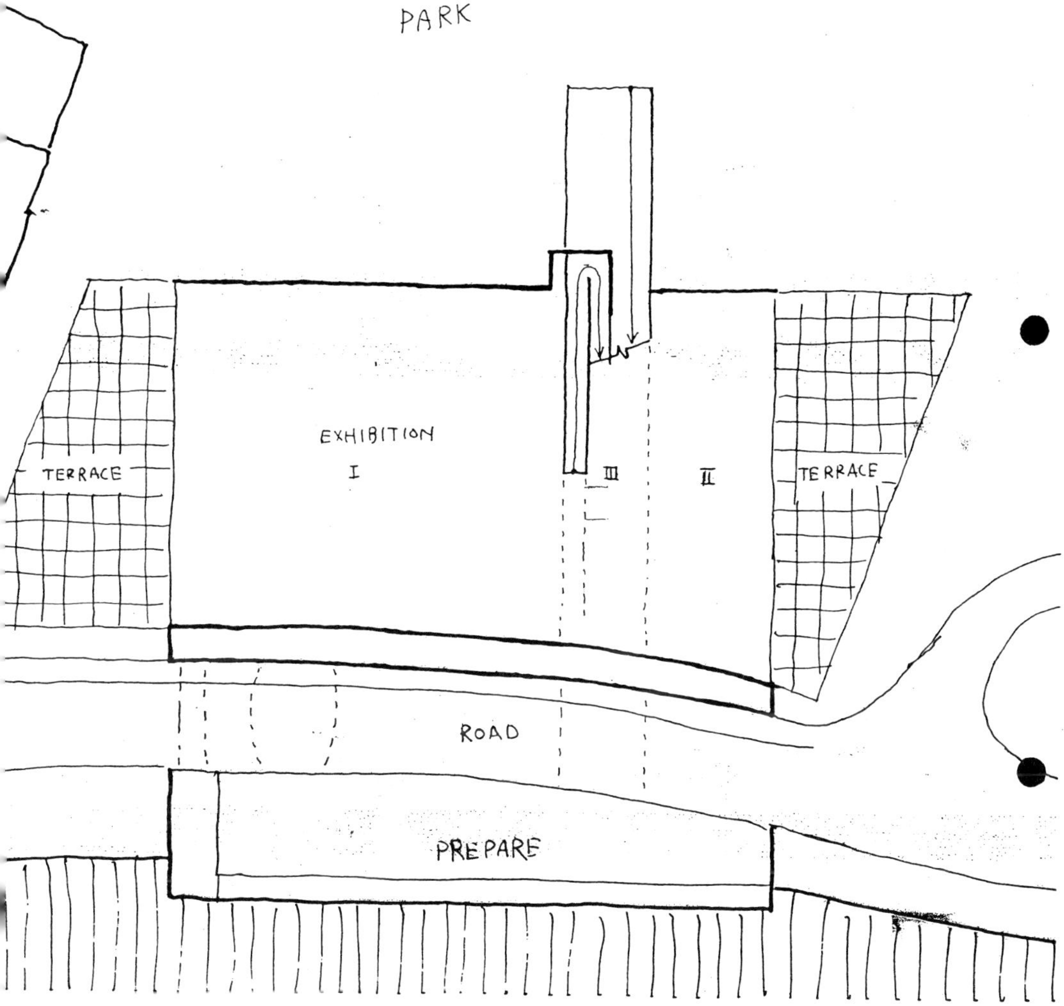

GF PLAN (PARK LEVEL)

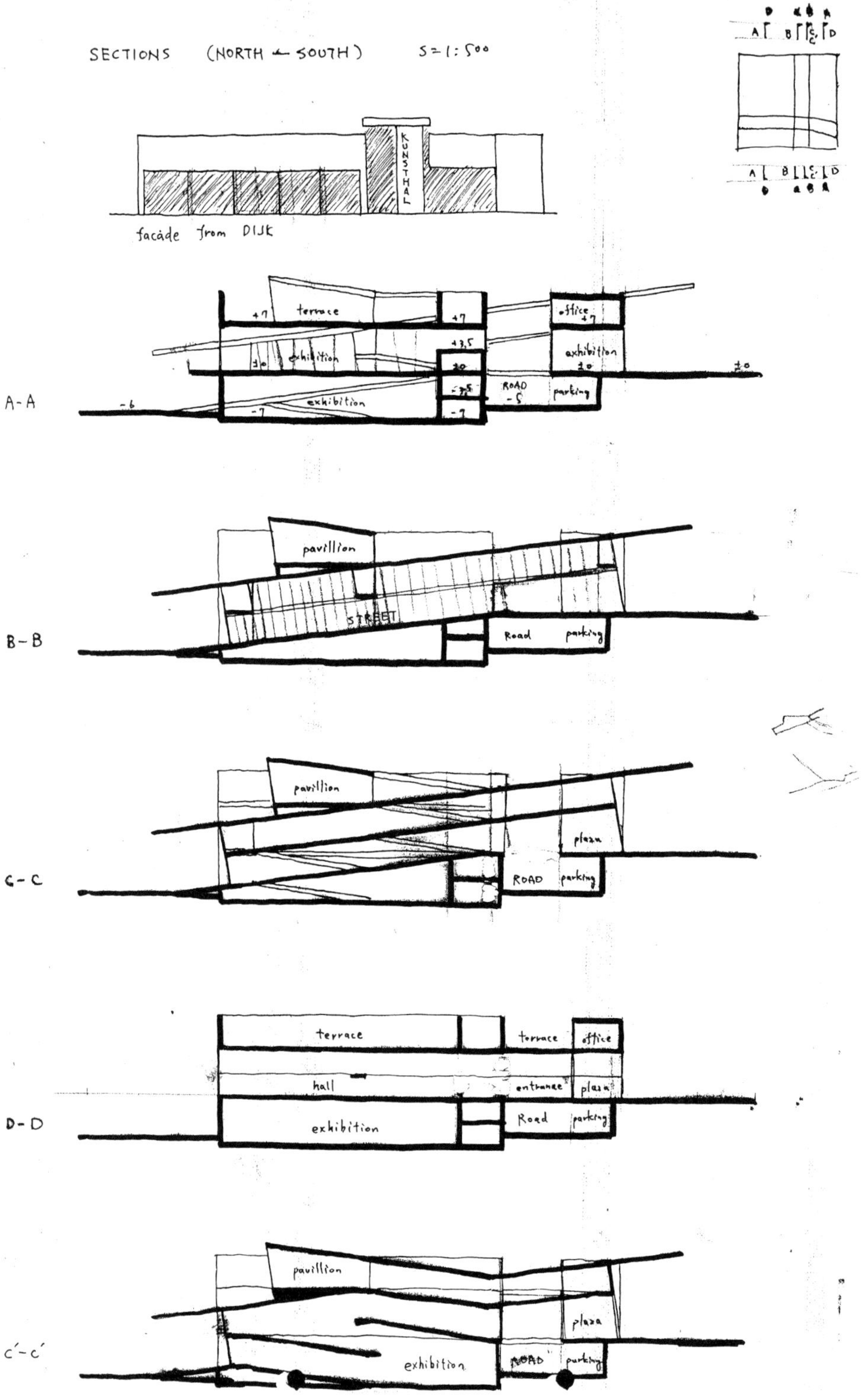
SECTIONS (NORTH ← SOUTH) S=1:500
KUNSTHAL
façade from DIJK
A-A
terrace
+7
office +7
+3,5
exhibition
±0
ROAD -5
parking
-6
-7
B-B
pavillion
STREET
Road
parking
C-C
pavillion
plaza
ROAD
parking
D-D
terrace
office
hall
entrance
plaza
exhibition
Road
parking
C'-C'
pavillion
plaza
exhibition
ROAD
parking

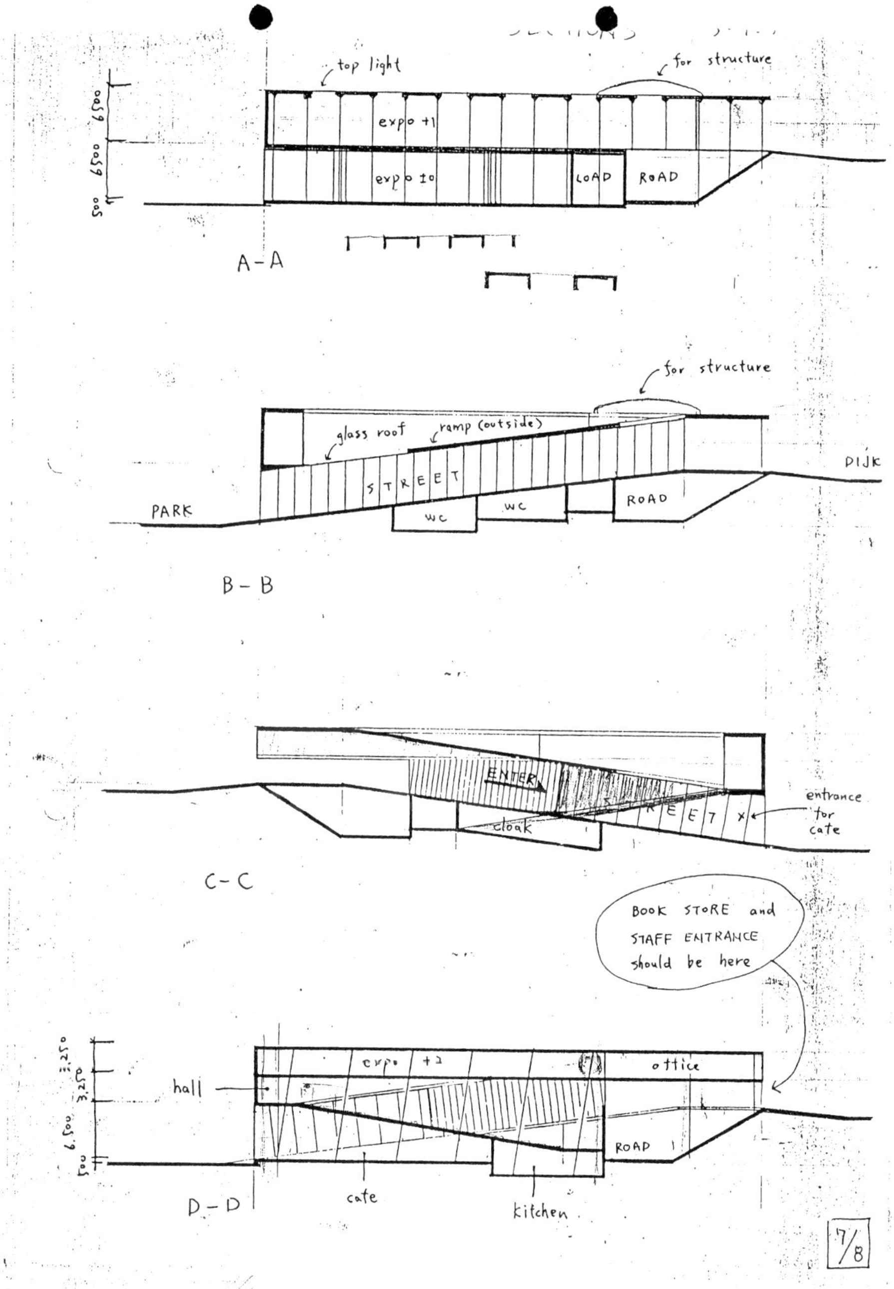

REM KOOLHAAS, DOORSNEDES KUNSTHAL II

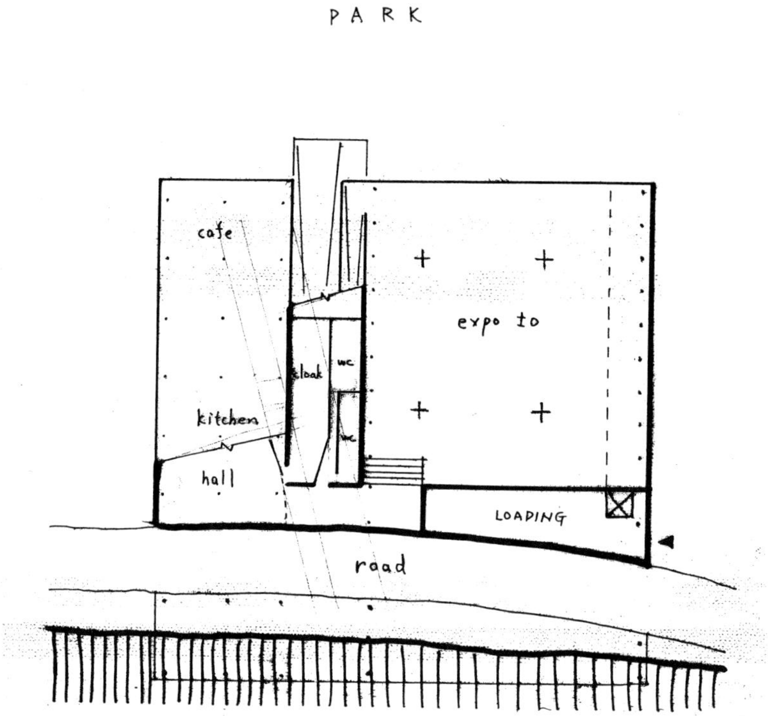
PARK
cafe
expo ±0
cloak
wc
kitchen
wc
hall
LOADING
road

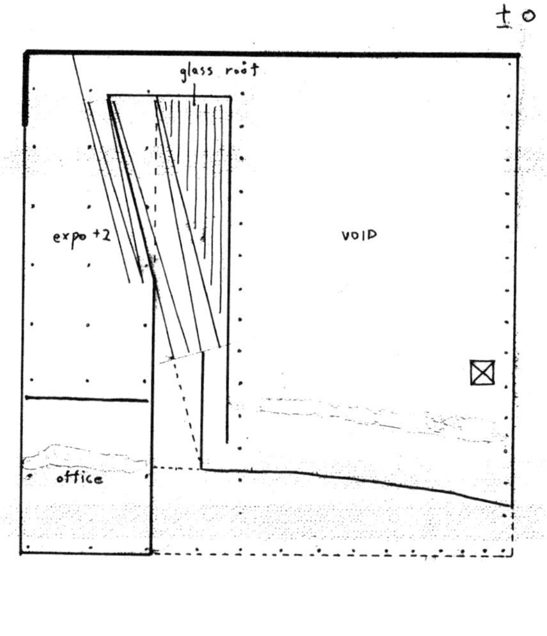
±0
glass roof
expo +2
VOID
office

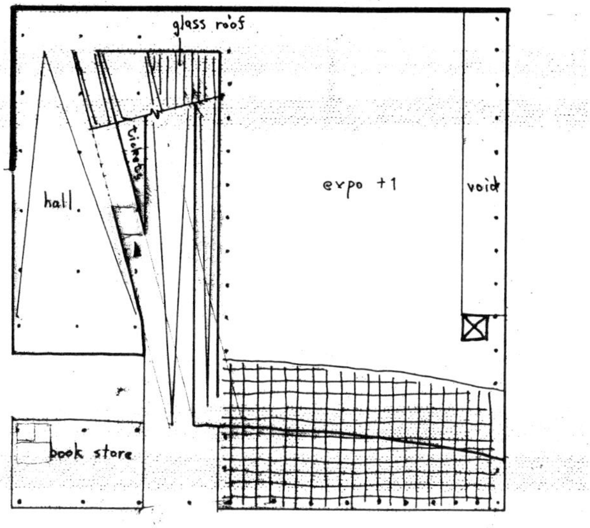
glass roof
tickets
hall
expo +1
void
book store

+ 1

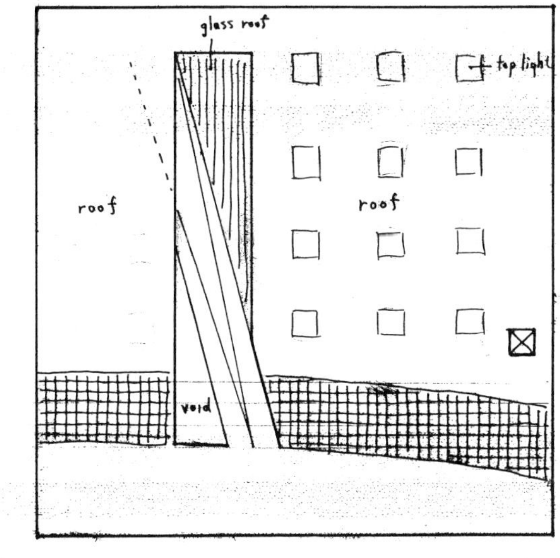
glass roof
top light
roof
roof
void

+3

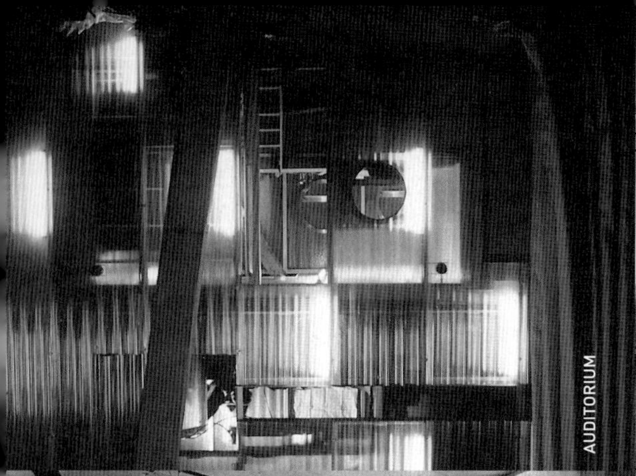
AUDITORIUM

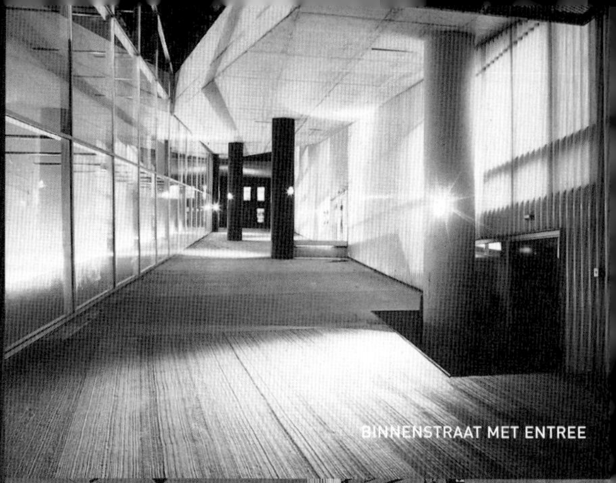
BINNENSTRAAT MET ENTREE

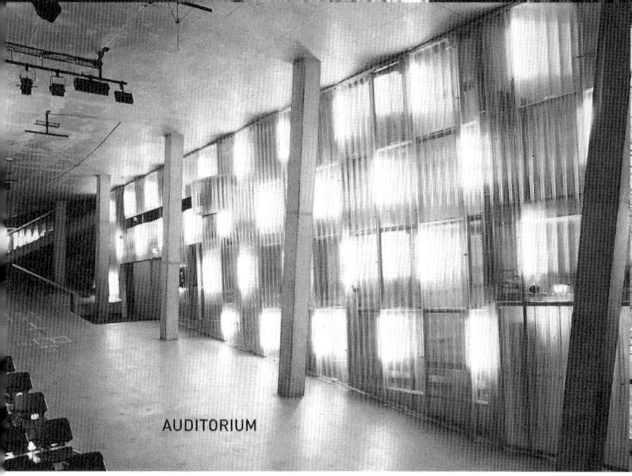
AUDITORIUM

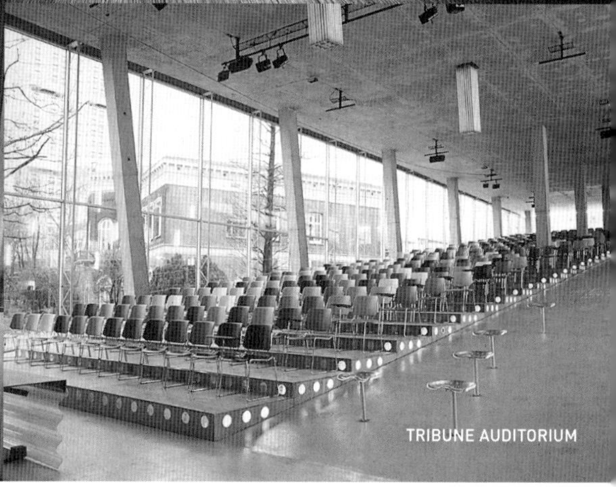
TRIBUNE AUDITORIUM

De gekozen benadering zegt veel over de werkwijze van Koolhaas. Nergens is sprake van een vloeiende overgang; de verschillende sferen worden koud tegen elkaar geplaatst. Daarbij zijn het minder tuinen dan tekens, verwijzingen naar tradities en locaties. De romantische tuin is een optelsom van bloemen, brug, beekje en vijver. De herinnerde stad niet meer dan een asfaltbaan voor activiteiten. Het voorportaal is een combinatie van natuur en cultuur; beschilderde appelbomen in het gelid.

Het ontwerp van Koolhaas voor het Architectuurmuseum zou nooit worden gebouwd (het plan van Jo Coenen werd uitverkoren), maar toch is het zinvol dit nader te beschouwen. Allerlei ideeën die Koolhaas hiervoor had ontwikkeld, zouden later in ander werk weerkeren.

Het gebouw heeft de vorm van de kavel. Het driehoekige dak rust op een massieve sokkel, waarin de kantoren zijn gevestigd en het archief voor de tekeningen. Boven op de sokkel bevinden zich een restaurant en een bibliotheek.

Een patio - een **negatieve** toren - zorgt voor de toetreding van daglicht in het hart van de sokkel. Alle archieven bevinden zich in de geblindeerde **positieve** toren die naar het park overhelt. Het dak steunt, behalve op de sokkel, op een patroon van ronde metalen kolommen.

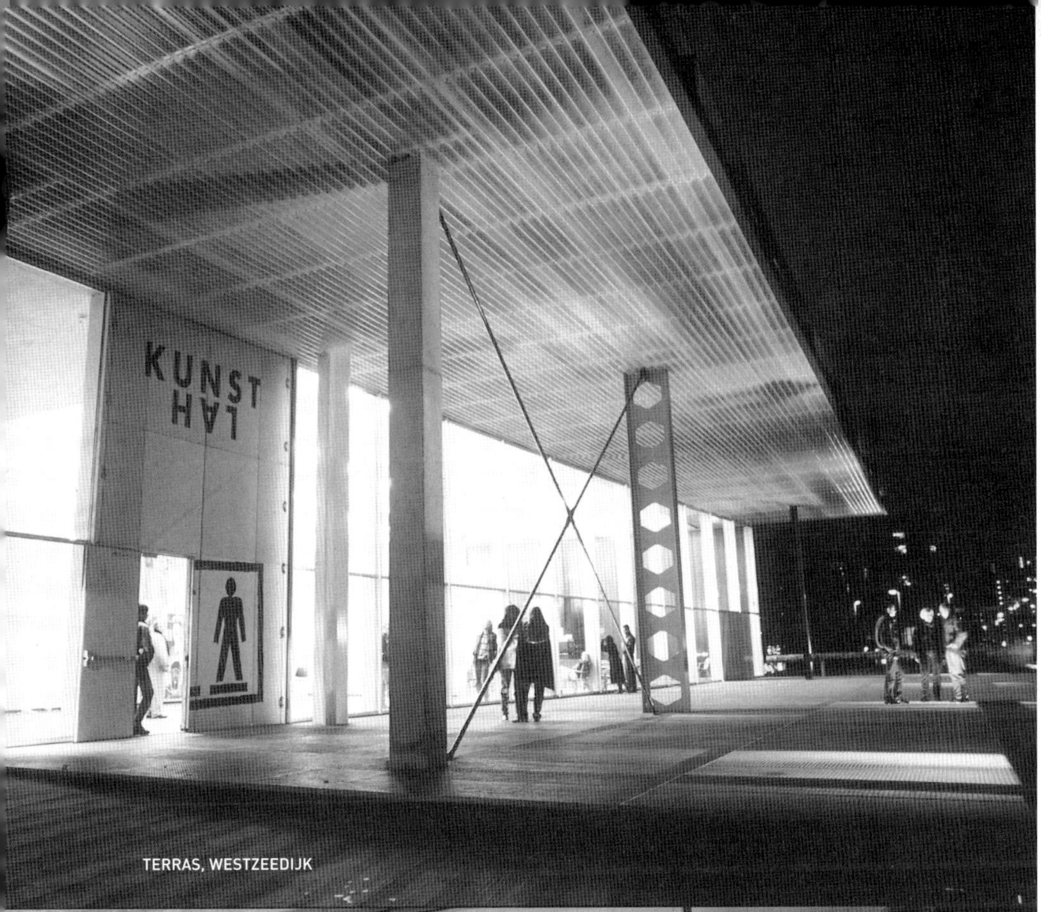

TERRAS, WESTZEEDIJK

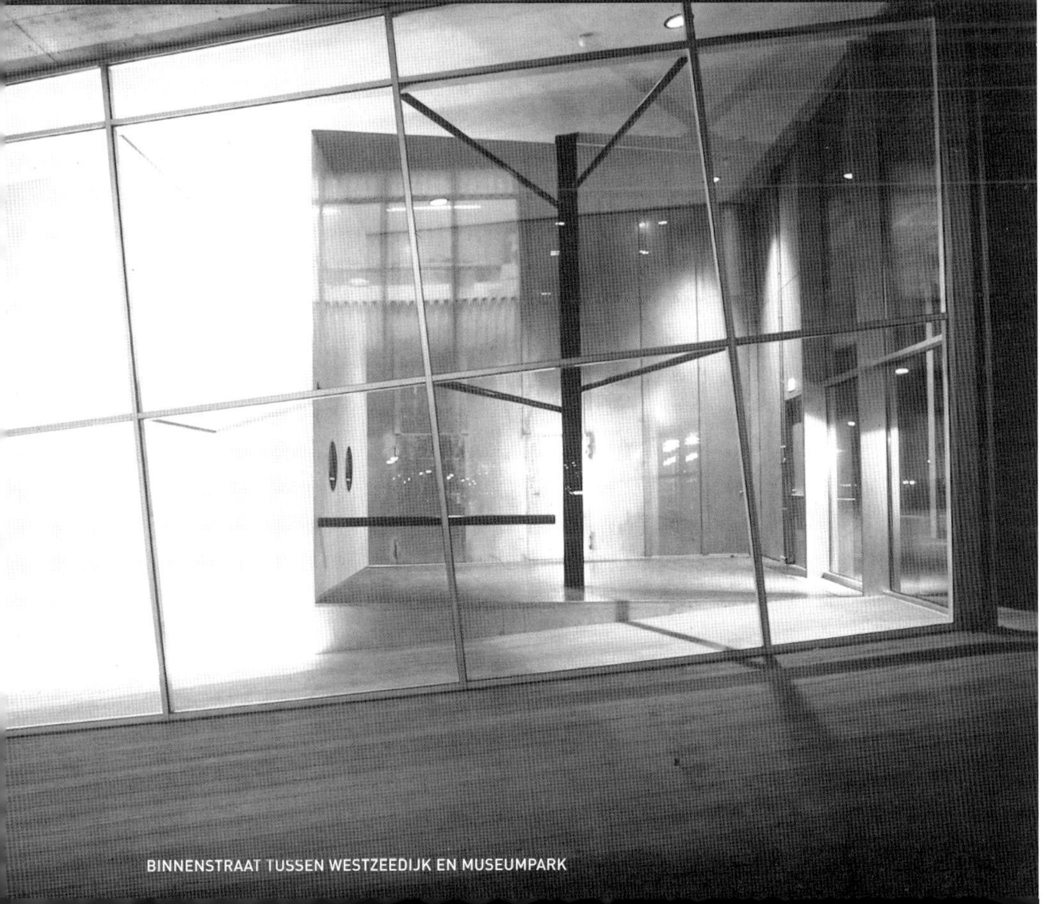

BINNENSTRAAT TUSSEN WESTZEEDIJK EN MUSEUMPARK

De onderkant van het dak is van zwart en wit beton, gemarmerd als een mengsel van chocolade en vanille. De toren is solide uitgevoerd in zwart beton, de sokkel bekleed met licht travertijn. De noordkant bestaat uit platen van geribbeld polyester om het licht te filteren; de glazen gevel van de bibliotheek kijkt uit op het park. Het geheel vormt een eenheid van tegendelen: toren en patio, beton en travertijn, glas en plastic, zwart en wit.

Nu dit ontwerp voor het Architectuurmuseum niet kon worden gerealiseerd, was ook de grondslag aan het ontwerp van de Kunsthal ontvallen. Er was een jaar aan gewerkt toen Wim van Krimpen tot interim-directeur werd benoemd. Die zag niets in de kunstzinnige ambities en technische trouvailles van het ontwerp. Een vloer die zowel omhoog als omlaag kon en, indien gewenst, zelfs een helling kon vormen, daar had hij geen emplooi voor. Wanden wilde hij hebben, geen glazen gevels, om schilderijen aan op te hangen. Een beursgebouw, een **zwarte doos,** stond hem voor ogen.

Het ontwerp werd naar de prullenbak verwezen, waar Koolhaas niet werkelijk om rouwde, omdat het toch niet meer was dan een zielig overblijfsel van zijn totaalplan. Van Krimpen zette zijn eisen voor een Kunsthal op papier en binnen enkele weken kwam Koolhaas met een nieuw ontwerp voor wat Kunsthal II is gaan heten. De revolutionaire ideeën voor Kunsthal I werden niet vergeten, maar later in andere ontwerpen toegepast. (De vloer als lift werd voor een invalide uitgever gerealiseerd in een villa bij Bordeaux. Het concept van de flexibele ruimte keerde terug in het ontwerp voor Prada van een winkel die kon worden getransformeerd tot theater.)

De locatie voor de Kunsthal had in zekere zin haar eigen programma gedefinieerd. Gegeven was het hoogteverschil tussen dijk en polder, de ventweg langs de Westzeedijk die ongemoeid moest worden gelaten en het wandelpad door het Museumpark dat ergens in het gebouw moest uitmonden.

“Het gebouw,” schreef de architect later over de Kunsthal II, “werd geconcipieerd als een vierkant, doorkruist door twee wegen: De ene is een straat lopend van oost naar west, parallel aan de Westzeedijk. De andere is een - vrij toegankelijke - helling die zich uitstrekt langs de noord-zuid as van het Museumpark.”

“Met deze determinanten én het feit dat het kruispunt van de twee wegen het vierkant in vieren zou delen, begon de uitdaging: hoe een tentoonstellingsruimte te ontwerpen in de vorm van vier autonome projecten; een opeenvolging van tegenstrijdige ervaringen die nochtans een continue spiraal vormen? Met andere woorden: hoe zich een spiraal voor te stellen, die zich in vier vierkanten deelt?”

De schetsen laten zien hoe het architectenbureau het probleem benaderde. Begonnen wordt met een vierkant van vijftig bij vijftig meter, de herinnering aan Kunsthal I. Deze keer wordt de doos niet op palen maar op een sokkel in het park geplaatst. In het midden van de grote doos bevindt zich nog een vierkant torentje, de echo van de **robot**. Aan de kant van de Westzeedijk wordt een paviljoen geschetst, een rechthoek die dienst doet als ingang en hal met zowel een toegang direct vanaf de ventweg als via een hellingbaan vanuit het park. De rechthoek is met het vierkant verbonden door twee korte gangen, een voor binnenkomst en een voor vertrek.

In een reeks schetsen worden de mogelijkheden verkend, waarbij de toegang aan de dijk voorzien wordt van een rond schild als luifel. De ruwe maquette die hierna wordt vervaardigd, spreekt een elementaire vormentaal: een combinatie van vierkanten, rechthoek en cirkel. Eenvoudig en overzichtelijk. Het entreepaviljoen is gesloten, evenals de gangen, de tentoonstellingshal heeft aan alle kanten glas.

Daarna wordt het probleem op een andere manier in kaart gebracht. Een lange gang vanaf wegniveau transformeert van ingang tot galerij met aan weerszijden ruimten voor kantoren en berging en achteraan galerijen en rechts een terras. Het geheel oogt als een verzameling smalle dozen die half over elkaar zijn gelegd.

Vanwege een hoogteverschil van zes meter tussen dijk en park wordt de verbinding tussen de delen aanvankelijk gezocht in bruggen en trappetjes. Daarna brak het inzicht door dat de entreehal ook een helling zou kunnen zijn, in richting tegengesteld aan de helling van park naar dijk. De kruising van hellingen maakt in principe een spiraalbeweging mogelijk.

Een tweede maquette toont de uitkomst van deze oefening. Het grondpatroon is nog steeds een vierkant in oost-west richting doorsneden door de ventweg en in zuid-noord richting overkapt door een gebogen luifel die zowel op de dijk als in het park steunt op een schuin geplaatste, taps toelopende pilaar. Het midden wordt gemarkeerd door een torentje, dat taps afloopt: de gespiegelde vorm van de pilaren.

Het derde model is een variant hierop. De hal in het park heeft twee niveaus met glazen wanden en een terras op het dak. De ventweg wordt door bruggetjes overspannen. In het paviljoen is plaats voor een entreehal, een café en kantoren. Het geheel wordt nog steeds bekroond door een luifel van zuid naar noord. Een systeem van hellingbanen moet de bezoekers van verdieping naar verdieping voeren.

Een paviljoen wordt aan parkzijde toegevoegd, een boekwinkel gesitueerd naast het café aan de voorzijde. Maar het probleem blijft de verbinding van de ene tentoonstellingsruimte met de andere. Hoe komt de bezoeker van links naar rechts en van het ene niveau naar het andere? De plattegrond wordt aan weerszijden voorzien van terrassen in de vorm van vleugels, zodat de grondvorm een parrallogram is, dat nu evenwijdig loopt aan het schuin geplaatste Natuurmuseum.

In een volgende fase wordt het idee van de toetreding vanuit het park via een hellingbaan naar de dijk verfijnd. De ene vleugel is nu duidelijk bestemd voor toegang, hal, garderobe en kantoren, de andere voor expositieruimte.

Soms staan er zinnetjes op de tekeningen, notities van projectarchitect Fuminori Hoshino over de problemen waar de ontwerpers zich voor gesteld zien: "We can't bring anything directly to the exhibition from dijk." Of: "How officer go to the exhibition space?" Het probleem dat het team moet zien op te lossen is dat van de logische verbinding tussen kantoor en hal en de weg van hal tot hal.

Model negen begint erop te lijken, inclusief een dak met sleuven voor daglicht boven de grote hal. Tal van details moeten nog worden uitgewerkt, maar in grote lijnen dient de oplossing zich hier aan. Het uiteindelijke concept is dat van een continu circuit. Op deze manier werd gebroken met de traditionele indeling van een museum in hallen, gangen en zalen. Het ontwerp van de Kunsthal gaat uit van een doorlopende opeenvolging van ruimten die als één geheel worden ervaren, terwijl elke ruimte toch een eigen karakter heeft. Er is een zaal zonder daglicht, een zaal met daglicht en een zaal met asymmetrisch daglicht. Zo ontstaat een rijkgeschakeerd ruimtelijk programma.

De voetgangershelling van park naar dijk, schrijft Koolhaas, wordt gesplitst door een glazen wand, die de scheiding vormt tussen de openbare ruimte aan de buitenzijde en de binnenzijde die onderdeel uitmaakt van het circuit.

Een tweede helling loopt hieraan, in tegengestelde richting, parallel. Deze helling is trapsgewijs opgebouwd, zodat hier het auditorium kan komen met daaronder het restaurant. Op het kruispunt van beide hellingen bevindt zich de hoofdingang.

Bij de meeste musea moet de bezoeker een stenen trap op voor hij de ingang bereikt. Het museum modelleerde zich naar de tempel en de trage nadering met gebogen hoofd gaf de bezoeker de juiste houding van eerbied. De tempel met zijn kunstschatten was zo gebouwd om de bezoeker te imponeren. Bij de Kunsthal van Koolhaas is dat juist andersom. De bezoeker moet hier enige treden afdalen en door een kleine, donkere ruimte gaan - een omgekeerd vagevuur - alvorens hij in de grote, lichte ruimte van het auditorium belandt.

De Kunsthal zoals die uiteindelijk werd gerealiseerd, doet denken aan de traditionele Perzische tuin, die Foucault heeft beschreven: een heilige ruimte die binnen haar begrenzing vier delen moest verenigen die de vier delen van de wereld vertegenwoordigen. In het centrum, in de navel van de wereld, bevindt zich de allerheiligste ruimte. Bij Koolhaas is dat de ingang. Daarbij wordt een voortdurende twijfel gezaaid tussen wat buiten is en wat binnen. Hal 1 wordt gestut door kolommen vermomd als bomen en op het dak wordt met beplanting het idee van het park gecontinueerd. Zo kan de Kunsthal worden opgevat als een verzameling **werelden**, een microkosmos.

Het gebouw is geconstrueerd als een kleine stad waarin een zekere mate van chaos heerst. Elk punt biedt nieuwe perspectieven, om elke hoek wachten nieuwe verrassingen. Overal kun je kennis nemen van wisselende activiteiten. Er zijn mensen die luieren en mensen die wat doen. De glazen wand van de etalage, die de voetgangershelling verdeeld in **binnen** en **buiten,** maakt de ontmoeting mogelijk van een junk en een dame uit Wassenaar, **even toevallig als de ontmoeting van een naaimachine en een paraplu op een snijtafel**, in de favoriete formulering van de surrealisten.

De Kunsthal zoals die er staat, markeert in zekere zin de omslag in de reputatie van Koolhaas van papieren architect naar bouwend architect. Het is ook, in zijn visie, de eerste keer dat het hem is gelukt een gebouw met een hoog theoretisch gehalte te bouwen. De grote kwaliteit van de Kunsthal, niet als gebouw maar als architectonische inventie, is dat hierin de gebruikelijke onderverdeling in verdiepingen te niet is gedaan. In plaats daarvan is een continue circulatie gekomen, als een Möbiusstrip, die de bezoeker desoriënteert.

Er bestaat in formele zin een duidelijke verwantschap tussen de Kunsthal en het woonhuis dat Koolhaas eerder voor Joop Linthorst had ontworpen. Beide zijn geconcipieerd naar het model van het traditionele dijkhuis dat het hoogteverschil tussen polder en dijk overbrugt. Het is een typisch Nederlandse omstandigheid, waarvoor verschillende oplossingen zijn bedacht. Het hart van de woning van Linthorst is een patio; vanaf de buitendeur kom je via een trap binnen in het midden. Ook bij de Kunsthal komt de bezoeker, zij het via een hellingbaan, in het midden binnen.

Allerlei elementen die Koolhaas oorspronkelijk voor het Architectuurmuseum had bedacht, zijn gerealiseerd in de Kunsthal. We vinden hier zowel het lichte travertijn als het zwarte beton, zowel de glazen gevel met uitzicht op het park als de voor daglicht afgesloten ruimte voor tekeningen. Wat bij het Architectuurmuseum een gemarmerd dak had moeten worden, van **chocolade en vanille**, werd hier voorgesteld (maar afgewezen) als een gemarmerde vloer van wit en zwart rubber, een Melkweg van lichte en donkere kolkingen.

Elke zijde van de Kunsthal heeft een ander aanzicht, afhankelijk van omgeving en condities. Zo kreeg het idee van een saaie doos alsnog een aantrekkelijke visuele identiteit. Aan de parkzijde oogt het als een museum, open en elegant met glas en travertijn. De oostzijde is gesloten en wordt gedomineerd door een grote schuifdeur in hct beton, de toegang tot de expeditie. De westzijde waar restaurant en auditorium zich bevinden, is van glas en beton en biedt uitzicht op het park en het naastgelegen Natuurmuseum. Aan de Westzeedijk oogt de gevel als een collage van fragmenten, waarbij de glazen gevel en overstekende dakrand van hal 2 een duidelijk citaat is van de Neue National Galerie in Berlijn, ontworpen door Ludwig Mies van der Rohe. Het dak wordt gedomineerd door twee lange oranje H-balken, dragers van de constructie, maar ook tekens van de wegen die zich hier kruisen: de noord-zuid route door het park en de oost-west route langs de dijk. Een toren, meer een uitvergrote liftschacht, ontworpen voor lift en technische installaties, fungeert als een uitroepteken. Een vlag die de omgeving attendeert op de aanwezig-

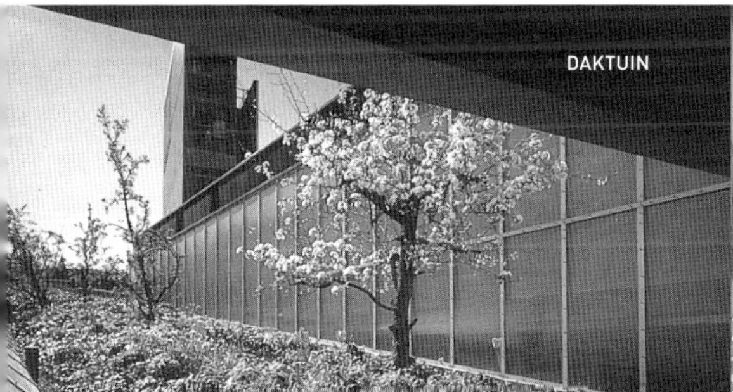
DAKTUIN

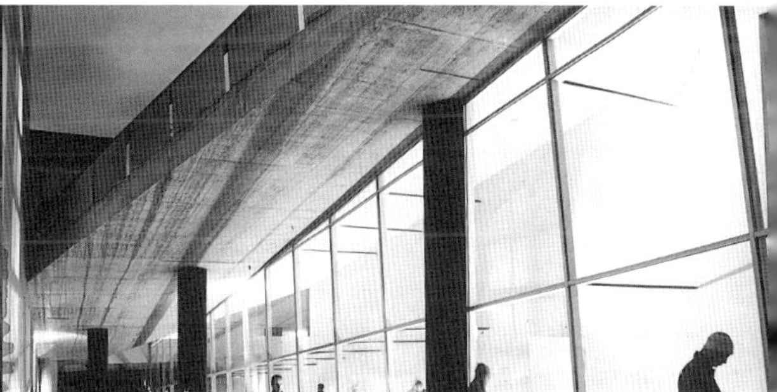
BINNENSTRAAT

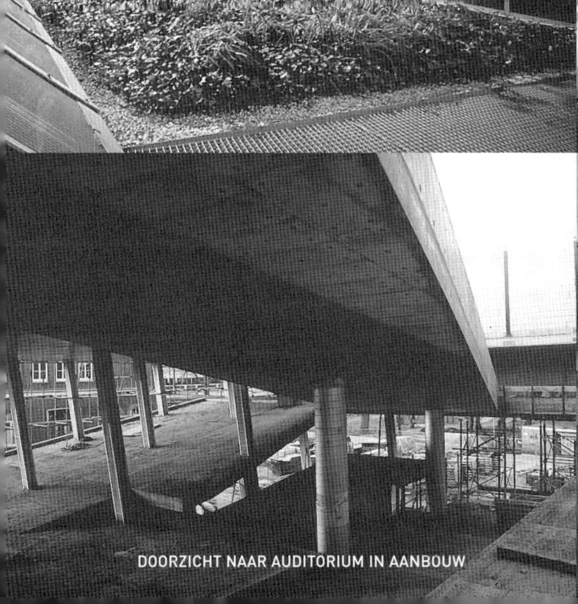
DOORZICHT NAAR AUDITORIUM IN AANBOUW

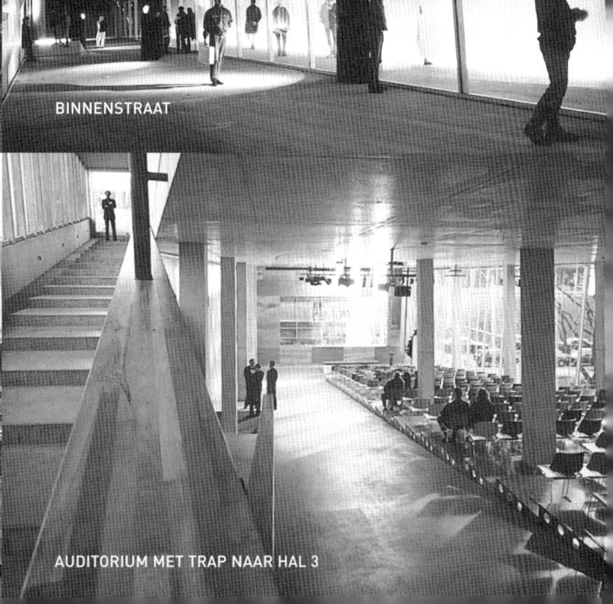
AUDITORIUM MET TRAP NAAR HAL 3

heid van een expositieruimte in de op het eerste gezicht onopvallende platte doos aan de snelweg.

Het gebouw kan beschouwd worden als een catalogus: een catalogus van ruimten, een catalogus van ervaringen en een catalogus van (gelijktijdige) activiteiten. Maar ook als een catalogus van materialen. Rijk en arm, travertijn en beton, glas en golfplaat zijn naast elkaar gebruikt en gelijkwaardig behandeld. Ze zijn koud op elkaar geplaatst, als de botsing tussen verschillende sferen. “Geconstateerd is,” melden de notulen van de bouwcommissie, “dat het natuursteen **te netjes** is aangebracht. De architect wil het wat **wilder** aangebracht zien.”

Wat Koolhaas al die tijd voor ogen had gestaan, was een *Palais des Festivals*, waar evenzeer plaats moest zijn voor dansvoorstellingen als voor congressen of feesten. Een gebouw met een zeer diverse programmering, niet alleen die van een reeks tentoonstellingen. De Kunsthal is zo ontworpen dat de linkerhelft, de auditoriumhelft, autonoom kan functioneren. Hier kan een lezing of een symposium plaatsvinden, terwijl in de rest van het gebouw tentoonstellingen zijn te bezichtigen. Maar Van Krimpen dacht uitsluitend in termen van tentoonstellingen en hem stond dan ook een pretentieloze **zwarte doos** voor ogen. Dat verschil in opvattingen moest wel tot wrijvingen leiden.

De architect weigerde zijn ontwerp te baseren op de ideeën van de tijdelijke gebruiker die Van Krimpen in zijn ogen was. De spiraal van hellingbanen eindigt op

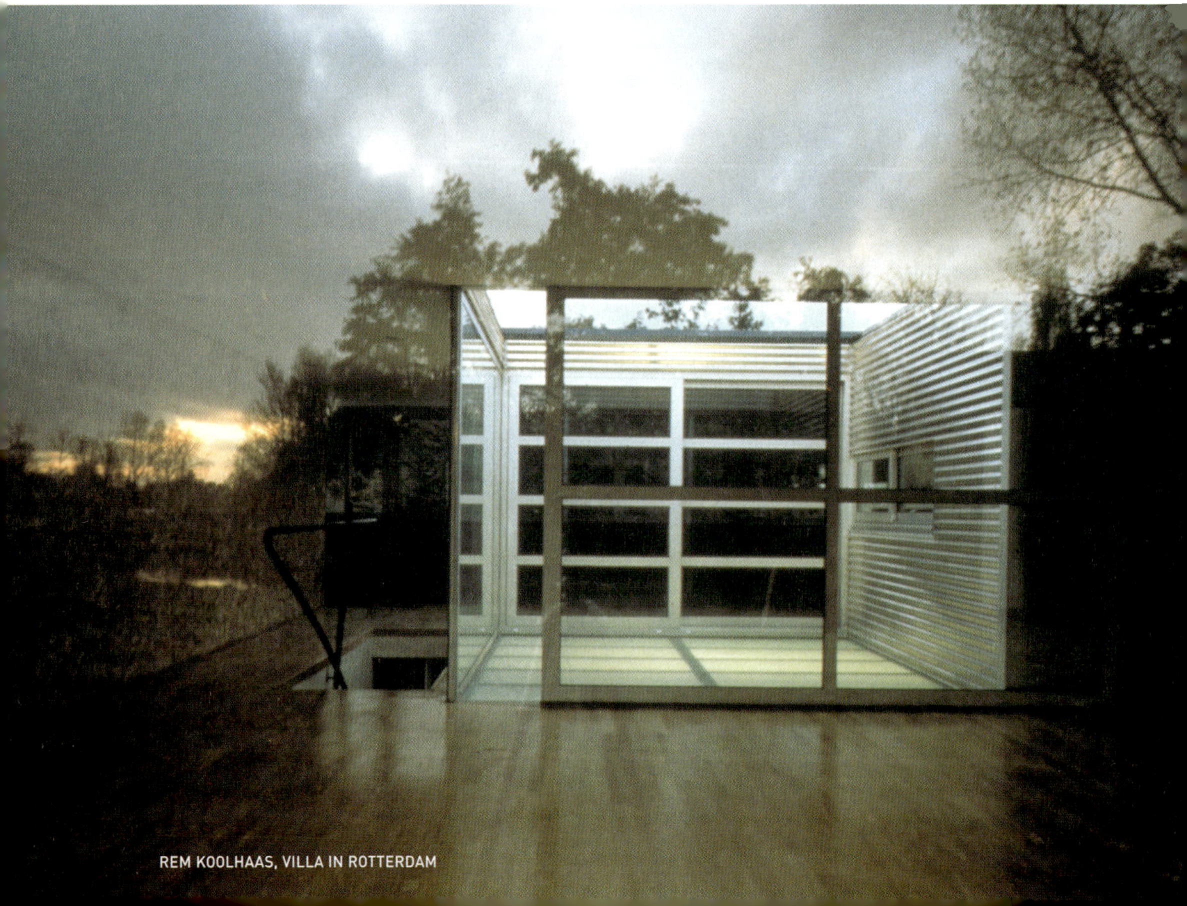

REM KOOLHAAS, VILLA IN ROTTERDAM

het dak dat door Koolhaas was bedoeld als een wezenlijk onderdeel van de Kunsthal. "Wij rekenen een beetje op de brutale bezoeker, die zelf op onderzoek gaat," verklaarde projectarchitect Hoshino in de pers. "Voor wie zelf het initiatief neemt, is er heel wat te ontdekken." In de praktijk is het dakterras afgesloten door een grote glazen deur: wel te zien, maar niet te betreden. Koolhaas gaat ervan uit dat het in de toekomst alsnog zal functioneren.

Gebruik is niets dan het product van wisselende omstandigheden. Toen het gebouw was voltooid, moest de architect constateren dat ook het politieke klimaat was veranderd. Het idee van het marktdenken werd als zaligmakend geïntroduceerd; voortaan moest iedereen zijn eigen boontjes doppen. Het gebouw, dat was ontworpen en gebouwd in een klimaat van experiment en subsidie, werd na voltooiing overgeleverd aan de krachten van de markteconomie. De grote tentoonstellingen waarvoor het was neergezet, waren oorspronkelijk niet een kwestie van commercie, maar van ambitie. De Kunsthal werd geopend op een keerpunt in het politieke klimaat, waardoor uiteindelijk het strikte financiële overleven het hoofddoel was geworden. Maar Koolhaas sluit niet uit dat het klimaat over een aantal jaren weer kan veranderen. Mocht er een ander, ambitieuzer kunstbeleid ontstaan, dan kunnen ook de meer experimentele ambities van het gebouw alsnog worden gerealiseerd.

Linthorst heeft als wethouder Kunstzaken twee grote bouwprojecten onder zijn hoede gehad, de Schouwburg en de Kunsthal. Twee uitersten. De Schouwburg van Quist, zegt hij, daar had je bij wijze van spreken geen omkijken naar. Die man weet vanaf de eerste dag al welke kleur tegels hij op welke manier in de toiletten wenst. Dat is een volstrekt geordend en professioneel traject. Met Koolhaas weet je dat je een artiest inhuurt. We hebben naar vermogen gezorgd voor een beetje verankering door het inschakelen van Gemeentewerken en door het benoemen van een bouwheer. En door zelf de bouwcommissie voor te zitten, althans in de ontwerpfase. Tijdens de bouw was dat natuurlijk een heel ander verhaal.

Koolhaas had, volgens Linthorst, de neiging om zich ook met de inrichting te bemoeien. Sterker nog, de Kunsthal moest eigenlijk helemaal niet ingericht worden, moest bij voorkeur leeg blijven en daarmee zo flexibel mogelijk zijn. Twee zaken waar een stevige discussie over is gevoerd, zijn de pilaren die naderhand tot boomstammen zijn getransformeerd, wat uit tentoonstellingsoptiek onhandige dingen zijn, en de relatief grote hoeveelheid glas in het gebouw, waar Wim van Krimpen problemen mee had. Hij was steeds op zoek naar muren, wanden, vlakken waarop hij schilderijen kon hangen. Op een gegeven moment zijn er die verplaatsbare elementen gekomen die Koolhaas ongetwijfeld niet mooi heeft gevonden. Linthorst weet niet of Van Krimpen ooit vaste wanden heeft gewild, maar als dat zo was dan zal Koolhaas zich ongetwijfeld met hand en tand hebben verzet. Een echte opdeling van de ruimte, dat paste niet binnen zijn concept.

Van Krimpen benaderde Herman Postma, met wie hij al twintig jaar tentoonstellingen maakte, om een wandsysteem te ontwikkelen voor de Kunsthal. Postma was ook de architect die op uitnodiging van Van Krimpen de ruimten van het kunsthuis Witte de With had ontworpen geheel in de geest van Berlages adagium **architectuur moet dienen**. Op eenzelfde wijze ontwierp Postma ook het centrum voor hedendaagse kunst De Appel in Amsterdam.

De tentoonstellingswanden in de Kunsthal kwamen hem te staan op een zure voetnoot in een artikel van Bart Lootsma en Jan de Graaf in *De Architect*: "Evenmin is het verbazend dat Van Krimpen door het aanstellen van Herman Postma als tentoonstellingsarchitect alsnog zijn eigen ideeën heeft willen realiseren met een postmoderne, ornamentale vormgeving en het juist dichtzetten van de open architectuur van de hal. Jammer is het wel omdat het zo slecht en respectloos gedaan is." Van Krimpen had meer oog voor de praktische kant. Je bent, zegt hij, eigenlijk voortdurend bezig dat gebouw weg te werken. Met die hoge, dikke muren wordt in wezen een zaal om de tentoonstelling gebouwd. Een museumgebouw moet dienend zijn, maar dat is een woord dat Koolhaas niet kent. Dat is natuurlijk een probleem als je een beroemde architect musea laat bouwen. Het zijn zelf kunstenaars, ze maken kunstwerken. Koolhaas spreekt over een normaal ontwerpproces met een dialoog tussen architect, opdrachtgever en gebruiker. Van Krimpen zegt dat er met Koolhaas juist geen dialoog mogelijk was. De een had een standpunt en de ander had een standpunt, daar zat geen beweging in.

De notulen van de bouwcommissie spreken wat dat betreft boekdelen. De discussie was zo onverbloemd, dat de vastlegging in minder beladen termen moest geschieden. 10 juli 1992: **Koolhaas wil een zwart plafond, Van Krimpen een wit**. Te vervangen door: **Van Krimpen en Koolhaas hebben een afspraak over het plafond**.

Volgens Van Krimpen koos de architect altijd voor moeilijke oplossingen, in plaats van voor de hand liggende. Een normaal mens ontwerpt een betonnen wand en zet daar een glazen wand bovenop. Maar Koolhaas koos voor een glazen wand en zette daar een betonnen wand bovenop. In het hoofd van Koolhaas, heeft Van Krimpen wel eens gezegd, zit een omkeermechanisme: hij draait alles om. "In films." schrijft Koolhaas in *S,M,L,XL*, "Is een van de duidelijkste tekens van architectonisch genie - zie een film als *The Fountainhead*, en vele andere - de vorm van een omgekeerde piramide, een minimale basis die naar boven toe breder wordt, waardoor een maximaal psychisch volume wordt opgeëist: de Maya's verbeterd. Het is ieders idee van ongewoon, moeilijk, onwaarschijnlijk, onmogelijk; derhalve briljant." Zijn ontwerp voor een haventerminal in Zeebrugge was precies dat: een omgekeerde *Toren van Babel*.

Voor het oog van de wereld was alles koek en ei. Wim van Krimpen hield een opgewekt toespraakje bij het slaan van de eerste paal op 8 juni 1990. "We zijn ingenomen met Rem Koolhaas als architect," verzekert hij zijn gehoor. "De samenwerking met hem verloopt als in een berglandschap. We zijn regelmatig in de wolken en soms in de put. Dit laatste vindt zijn oorzaak in het beschikbare budget. De ideeën overstijgen regelmatig de beschikbare gelden. Het gebouw wordt schitterend om te zien en fantastisch om in te werken."

Twee jaar later, in een magazine uitgegeven ter gelegenheid van de opening, worden de complimenten nog eens aangedikt. "Het moment van de opening is," schrijft Van Krimpen, "na alles wat eraan voorafging, een bijzonder moment en een punt om aan terug te denken in mijn turbulente relatie met Rem Koolhaas. We waren het dikwijls oneens, maar naarmate het gebouw zijn voltooiing naderde en de punten van discussie weggestreept werden om tot werkbare oplossingen te komen, ontstond er een vruchtbare samenwerking. Het heeft al met al geresulteerd in een gebouw van grote uiterlijke schoonheid dat tevens zeer geschikt is om de taken te vervullen die eraan toebedacht werden. In de zalen van het gebouw kan zowel een tentoonstelling gehouden worden van oude meesters, niet-westerse culturen en hedendaagse kunst, als een beurs van designmeubels, een expositie van auto-ontwerpen of sieraden. Er is naast de grote daglichtzaal ook een grote, van daglicht verstoken ruimte, die bij uitstek geschikt is om tekeningen en prenten te tonen. Op deze manier verschaft het gebouw de mogelijkheden voor de zeer gevarieerde programmering die we in de Kunsthal voorstaan."

Eerder, ter gelegenheid van haar 135-jarig bestaan bood Dura Bouw B.V., de aannemer van de Kunsthal, de gemeente een kunstwerk aan te plaatsen in het Museumpark nabij de Kunsthal. Vijf kunstenaar werden uitgenodigd een voorstel in te dienen. Günther Förg, Borek Sipek, Susana Solano, Henk Visch en het duo Martha Schwartz en Peter Walker. De jury, bestaande uit Wim Beeren (inmiddels directeur van het Stedelijk Museum in Amsterdam), Rem Koolhaas, Wim van Krimpen, Reyn van der Lugt (vertegenwoordiger van het Ministerie van WVC in New York) en Co Westerik (beeldend kunstenaar te Rotterdam) kozen voor het ontwerp van Visch. Zijn idee behelsde het storten van een grote ruwe betonvlakte in een blauwe kleur, waarop bij één van de hoekpunten van het gebouw een bronzen kameel met begeleider zou moeten worden geplaatst.

Al snel bleek dit een onhaalbaar plan. Een dergelijke grote betonvlakte mocht van de gemeente niet worden gestort, omdat in het park te allen tijde moet kunnen worden gegraven. Zonder die steenwoestijn had de plaatsing van het beeld naast het gebouw geen zin. De kunstenaar stelde voor het beeld dan maar op het dak aan de voorzijde te plaatsen. Dit voorstel wordt gesteund door de directeur, tot ontzetting van de architect.

In een aangetekende brief van Koolhaas aan Van Krimpen, gedateerd 27 november 1992, betreffende **wijzigingen aan Kunsthal zonder toestemming van de Architect**, werd Van Krimpen verzocht goede nota te nemen van het auteursrecht **zodat eventuele gerechtelijke stappen achterwege kunnen blijven**.

Koolhaas is een liefhebber van kunst, maar hij heeft een groot probleem met de grappigheid van de Nederlandse kunst. Hij vindt het verbijsterend dat de reputatie van een kunstenaar zoveel hoger wordt geschat dan die van een architect. Dat zomaar iets aan zijn gebouw kan worden toegevoegd, stemde hem treurig.

Niet dat hij tegen decoratie is. In de Moskouse metro heeft hij buitengewoon krachtige decoratie gezien die hij volkomen overtuigend vond. En ook de kunst in de Kunsthal, bijvoorbeeld de lichtsculptuur van Günther Förg in het restaurant heeft zijn hartelijke instemming. Alleen verzet hij zich tegen willekeur en gebrek aan ernst.

De tegenstelling tussen bouwheer en architect had niet groter kunnen zijn. Van Krimpen is uitsluitend gericht op het praktische, een man die het gebouw in al zijn facetten beheersbaar wil maken. Koolhaas daarentegen heeft een gebouw met een visie ontworpen, een visie die zelfs nog voorbij gaat aan de flexibiliteit van een Palais des Festivals. In zijn wereldbeeld moet het gebouw functioneren als een kleine stad met de natuurlijke chaos die daarbij hoort. Waar hij ook loopt en hoe hij ook kijkt, de bezoeker ziet altijd meer dan de tentoonstelling. Door de glazen gevels is tenminste een deel van het park zichtbaar, vanuit het auditorium de ventweg en de viproom daarachter. De kunst is hier niet afgesneden van het leven.

Lootsma en de Graaf besloten hun artikel in *De Architect* met een wens: "Het wachten is op tentoonstellingen die de architectuur ook daadwerkelijk recht doen." Liefhebbers van Koolhaas prefereren het gebouw boven het tentoonstellingsbeleid. Ze betreuren nog steeds dat het gebouw niet is gaan functioneren in de geest van de architect, als een plaats van experimenten. Een gebouw waar bijvoorbeeld de Wooster Group een paar maanden zou kunnen bivakkeren om iets in het gebouw te doen met dans, beweging en video. Maar die dingen kunnen alleen maar gebeuren als er veel subsidie wordt verstrekt. En daar was het klimaat niet naar.

Kort na de opening was het gebouw voor iedereen vreemd, zeker voor het publiek. Mensen raakten om de haverklap de weg kwijt - Koolhaas houdt niet van bordjes met aanwijzingen, een enkele pijl op de vloer moest volstaan - de hellingbanen waren te steil voor bezoekers in rolstoel en mensen die slecht ter been zijn, de irritaties waren niet van de lucht. Maar hoe drukker het werd, hoe beter het gebouw functioneerde. Bezoekers lopen elkaar achterna en vinden zo wat ze willen vinden, of het nu de zalen zijn of de toiletten. De enige groep die van meet af aan geen probleem had met het gebouw, zijn kinderen. Het is groot, het is niet verfijnd, het heeft hellingbanen en doorkijkjes die het tot een ideale speelplaats maken.

"Ik heb", zegt Koolhaas, "een gebouw ontworpen dat, zoals het er staat, volledig aan mijn bedoelingen beantwoordt. Bij het ontwerpen is alles een kwestie van geven en nemen, dialoog is essentieel. Er is ook een dialoog geweest met Van Krimpen over allerlei zaken. Toen het gebouw werd geopend was het zoals ik het wilde en zoals hij het wilde en zoals Linthorst het wilde. De dingen die daarna door Van Krimpen zijn gezegd vormen een soort politieke en publicitaire turbulentie, waar ik nooit aan heb meegedaan. Van Krimpen is deloyaal. Hij is zijn campagne begonnen nadat het gebouw was voltooid en hij directeur was, terwijl hij tijdens het bouwproces ruimschoots de gelegenheid heeft gekregen om zijn inzichten te ventileren."

Van Krimpen heeft een vijandbeeld nodig, zeggen mensen die met hem hebben gewerkt. De voormalige directeur beaamt dat. "Ik moest de Kunsthal opbouwen en daarvoor haalde ik alles uit de kast, ook publicitair. Als ik niet genoeg goede tentoonstellingen had, dan begon ik maar weer eens over de wethouder of over de stad. Dat is nu niet meer nodig."

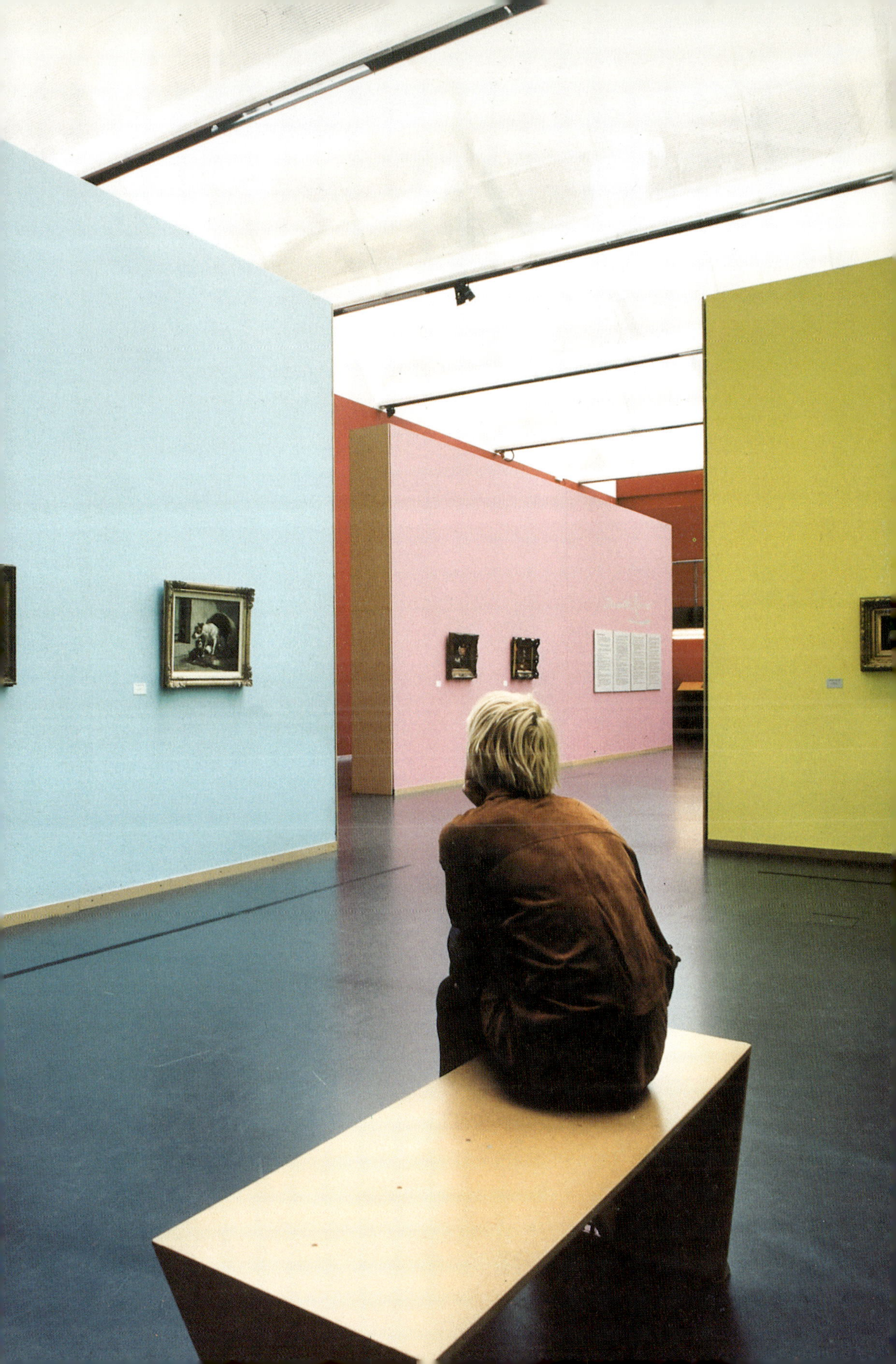

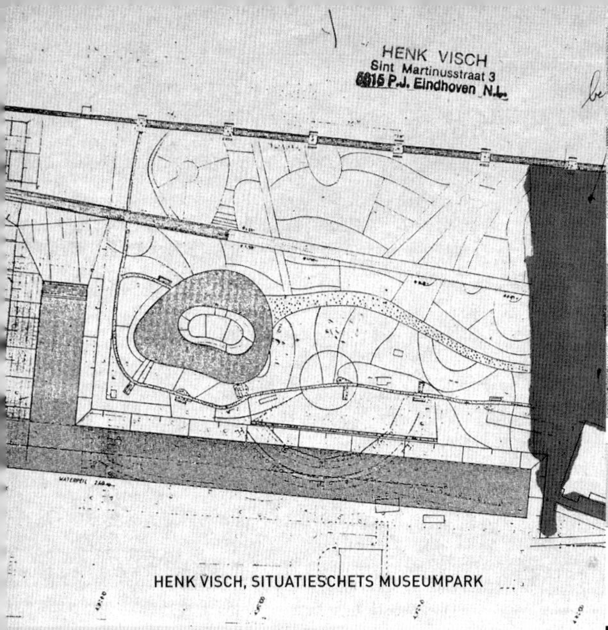

HENK VISCH, SITUATIESCHETS MUSEUMPARK

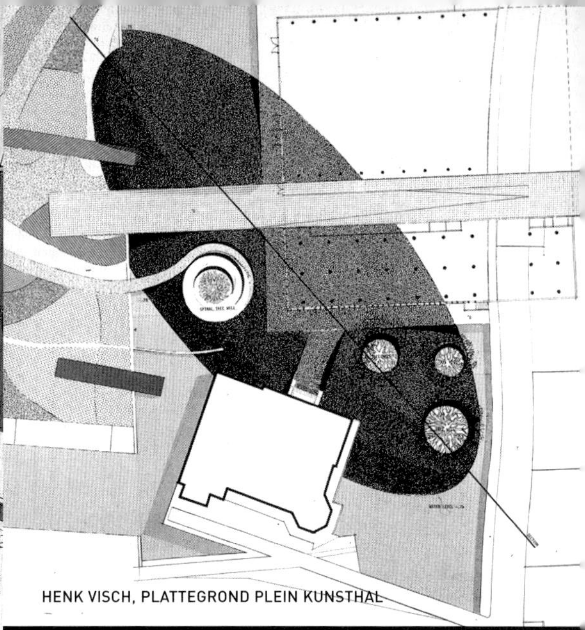

HENK VISCH, PLATTEGROND PLEIN KUNSTHAL

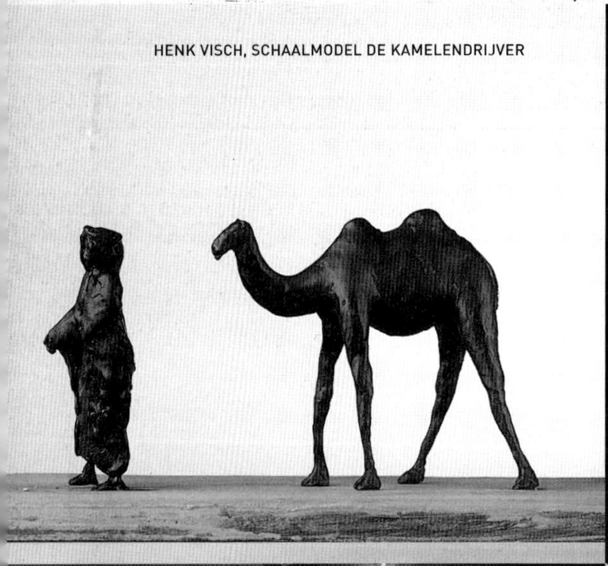

HENK VISCH, SCHAALMODEL DE KAMELENDRIJVER

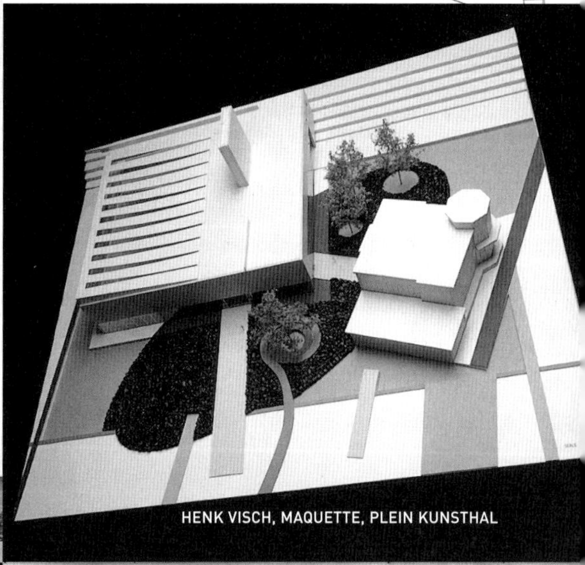

HENK VISCH, MAQUETTE, PLEIN KUNSTHAL

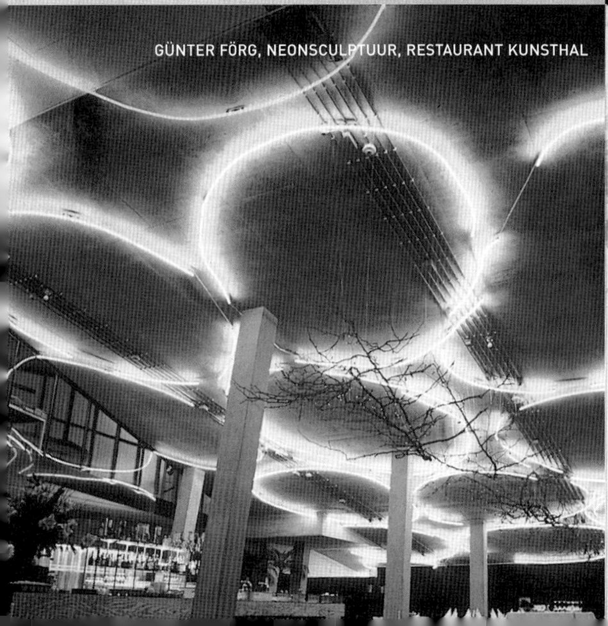

GÜNTER FÖRG, NEONSCULPTUUR, RESTAURANT KUNSTHAL

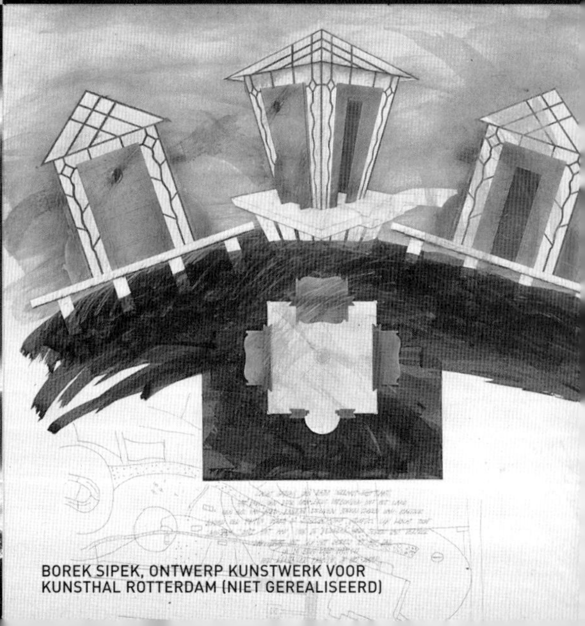

BOREK SIPEK, ONTWERP KUNSTWERK VOOR KUNSTHAL ROTTERDAM (NIET GEREALISEERD)

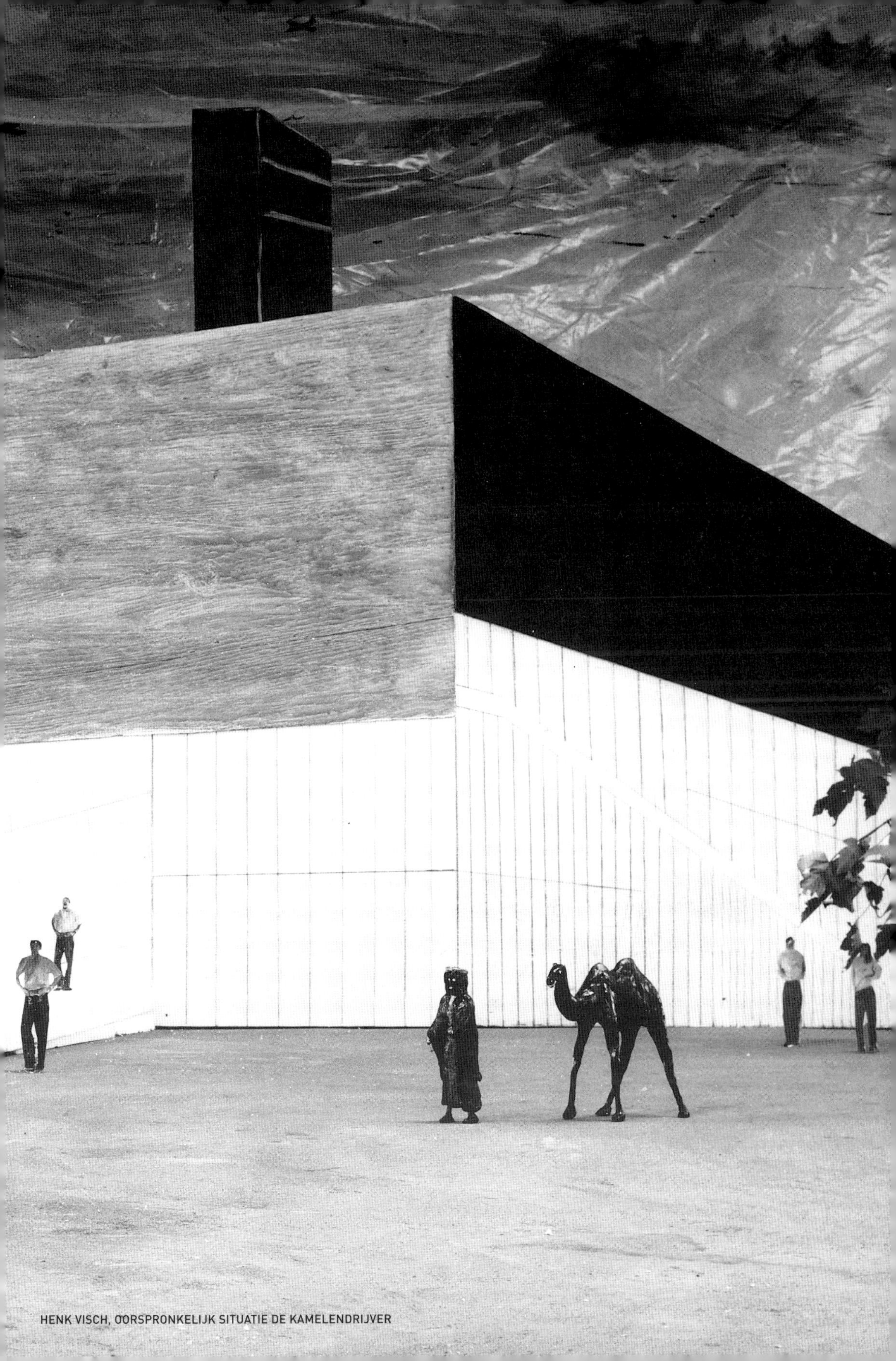

HENK VISCH, OORSPRONKELIJK SITUATIE DE KAMELENDRIJVER

EEN PALEIS VOOR DE MASSA

De Kunsthal opende op 1 november 1992 haar deuren voor het publiek niet met één, maar met zes tentoonstellingen tegelijk. Het moment was minder gelukkig gekozen, want het gebouw was in feite nog niet voltooid. In de dagen voorafgaande aan de opening werden aan de ene kant nog bouwmaterialen naar buiten gesjouwd, terwijl aan de andere kant de kunstwerken al werden binnengebracht. Daartussen heerste bouwstof.

Hoewel verschillend van omvang en allure vormden de zes tentoonstellingen in samenhang zoiets als een programma. Er was een internationale tentoonstelling, een nationale tentoonstelling en een lokale tentoonstelling, nog aangevuld met een tentoonstelling van tekeningen, van foto's en van grafisch ontwerp.

Voor die breedheid van terrein en genre was bewust gekozen, met het oog op verschillende, elkaar aanvullende publieken. Zo was er een tentoonstelling van exotica, vooral gericht op het publiek dat niet meer dan één keer per jaar naar een tentoonstelling gaat om zich te laten imponeren. Er was een presentatie van de Nederlandse musea voor wie geen tijd of zin had om al die verschillende locaties af te reizen. Er was werk op papier van Warhol, Kiefer en Clemente voor de liefhebbers van moderne kunst. Er waren werken van Rotterdamse kunstenaars als Dolf Henkes, Henk Timmer en Daan van Golden, duidelijk gericht op de plaatselijke bevolking, en twee meer didactische tentoonstellingen die predikten voor eigen parochie. De ene, met foto's van de wederopbouw van Rotterdam in de jaren vijftig, kon gezien worden als een prelude op de bouw van het **nieuwe Rotterdam**, waarvan de Kunsthal deel uitmaakte. De andere was een kleine expositie van 52 ontwerpen voor een logo voor

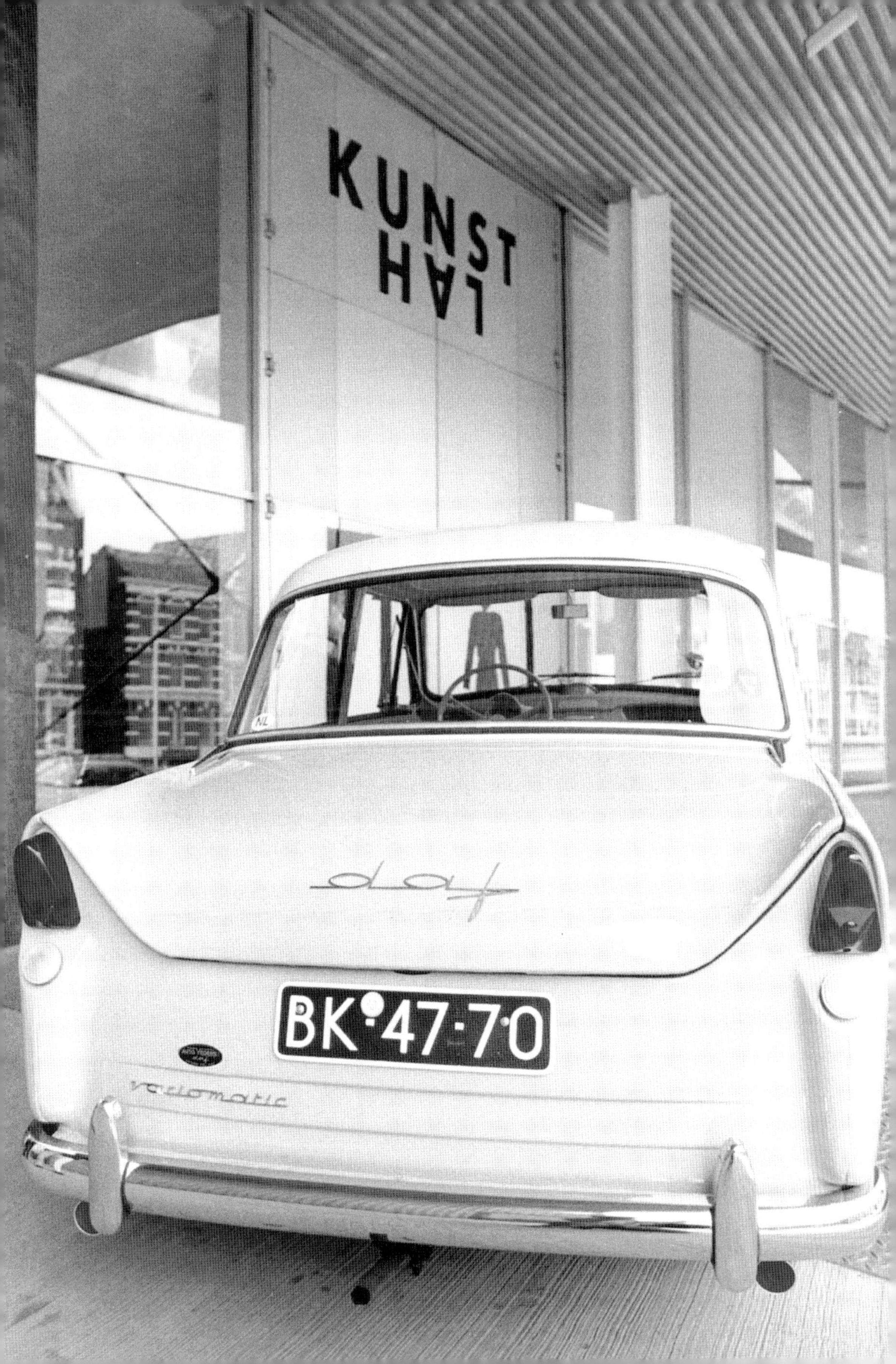
KUNST
HAL
daf
BK-47-70
variomatic

de Kunsthal, waarvan het winnend ontwerp (van Ronald van Lit van Tel Design uit Den Haag) sindsdien gebouw en drukwerk siert. De naam **Kunsthal** is in schreefloze kapitalen uitgevoerd, waarbij de A en L zijn omgekeerd zodat een blok ontstaat. In een kader daaronder staat het pictogram van een man naast twee pijlen die omhoog wijzen: deze kant boven. De beeldtaal en de kloeke stijl waarin die is uitgevoerd, verwijst niet alleen naar het idee van haven en overslag, maar ook naar de kisten waarin kunst wordt vervoerd en naar het karakter van de Kunsthal: kisten uitpakken, kunst tonen, kisten inpakken. De Kunsthal Rotterdam wordt hier verbeeld, in de woorden van Wim van Sinderen, tentoonstellingsmaker van het eerste uur, "als cultureel overslagbedrijf, dat het achterland voorziet van steeds weer nieuwe tentoonstellingen en projecten".

Wie niets heeft, is gedwongen tot samenwerking. Daarin toonde de organisatie zich al vroeg bedreven. De kleine fototentoonstelling over de wederopbouw was gemaakt met hulp van het Nederlands Fotoarchief in Rotterdam. Een samenwerking die in de loop der jaren is blijven bestaan. De schilderijen en sculpturen van Rotterdamse kunstenaars waren geleend van Boijmans Van Beuningen, en de presentatie van de *Collectie Nederland* was afkomstig uit het bezit van twaalf Nederlandse kunstmusea.

Samenwerking en improvisatie, daar kwam het op neer. De oorspronkelijk geplande tentoonstelling van werken op papier zou uitgeleend worden door het museum in Bazel, zo was ooit afgesproken, maar op het laatste moment ging dat niet door. Pijlsnel moest het concept worden bijgesteld tot dat van een tentoonstelling van werken op papier van Warhol, Kiefer en Clemente uit particulier bezit. Voor Kiefer kom je in Nederland dan al snel terecht bij de collecties van de gebroeders Visser en Martijn Sanders. De Warhols kwamen uit de Sammlung Marx in Berlijn, opgespoord door projectmanager Martita Slewe. De Clementes kwamen uit Zürich, uit de collectie van galeriehouder Bischofberger, die Wim van Sinderen kende vanuit de tijd dat hij werkte voor Rob Scholte. Die aanpak is kenmerkend voor de Kunsthal: alle medewerkers hebben hun eigen netwerk. Een situatie die nog zou verbeteren toen Wim Pijbes in 1994 bij de Kunsthal kwam.

De duurste tentoonstelling, duidelijk bedoeld als publiekstrekker, was *Hofcultuur uit Indonesië*, het soort expositie waarmee de Nieuwe Kerk in Amsterdam al eerder succes had geoogst. Minder een kunsttentoonstelling dan een antropologische expositie van meer dan 150 kunstwerken die een periode van duizend jaar bestrijken. Traditie en vakmanschap, dat trekt een groot publiek.

Ondanks het geringe budget van de Kunsthal had Van Krimpen enkele jaren kunnen sparen, omdat wethouder Linthorst het exploitatiebudget direct ter beschikking had gesteld, zodat een aardige rentewinst was geboekt. Daarbij was de interim-directeur zo slim de kosten voor die eerste tentoonstellingen deels op de bouwkosten af te schuiven. Helaas werd *Hofcultuur* niet het succes waarop was gehoopt. De Nieuwe Kerk had eerder 5000 catalogi verkocht; de Kunsthal had er optimistisch 4000 laten drukken, waarvan er 3000 nog jarenlang in de kelder hebben gelegen. Dat leidde meteen tot een verliespost van zo'n 60 tot 70.000 gulden.

De tegenhanger van deze expositie, *Het Koninklijk Paleis*, was allereerst een politieke tentoonstelling. Door Nederlandse museumdirecteuren uit te nodigen een keuze uit hun collectie te tonen, hoopte Van Krimpen de banden met de Nederlandse kunstinstellingen aan te halen. Het was ook een goedkope tentoonstelling; de musea moesten zelf de kosten voor transport en catalogus dragen. Het is niet zonder ironie dat juist de Kunsthal, laagdrempelig bedoeld, als opening maar liefst twee tentoonstellingen wijdde aan zulke elitaire begrippen als **hof** en **paleis**, die dan ook nog eens door koningin Beatrix moesten worden geopend. Was dat een vorm van wensdenken: De Kunsthal als paleis voor de massa?

Het idee voor *Het Koninklijk Paleis* was ontleend aan een lezing die Rudi Fuchs een decennium eerder had gehouden, gericht tot de *Hoofden van Nederland*. Hij keerde zich daarin tegen het beleid van de zich steeds verder terugtrekkende overheid. "Waarom," had hij zich afgevraagd, "neemt koningin Beatrix haar intrek in het oeroude paleis Noordeinde in plaats van een architect opdracht te geven een prachtig nieuw paleis te bouwen, bijvoorbeeld in de Zuidelijke Flevopolder, waarin gangen en vertrekken vol hangen met de voortreffelijkste werken van hedendaagse kunst?"

Waarop hij zijn visioen had gedetailleerd. Een witte vestibule met reliëfs van Jan Schoonhoven, een hal met op de vloer de ijzeren platen van Carl Andre, een trap met aan weerszijden panorama's van Dibbets en aan de kopse kant een portret van het Koninklijk paar van Ger van Elk, een ontvangstzaal met schilderijen van Ryman en Kirkeby, een tuin met sculpturen van Judd en Visser. En zo ging het verder: een vergaderzaal met Penck, een secretariaat met Verhoef en Daniëls, een eetzaal met reliëfs van Fabro en een plafondschildering van Richter, een balzaal van Buren, een salon van Baselitz, een rookkamer met Armando, een biljartkamer met spiegelschilderijen van Pistoletto, enzovoorts. Een serre, een vijver, een kunstgalerij, een bibliotheek.

De invulling van het idee zei ongetwijfeld meer over de smaak van Fuchs dan over die van de koningin, maar het idee was aanstekelijk. Een soort intellectueel gezelschapspel: wat van wie in welk vertrek? Daarbij is het een spel zonder inspraak van de betrokkene. Niet de koningin kiest, maar de museumdirecteur speelt voor binnenhuisarchitect. Het privilege van deze fantasie is voorbehouden aan de kenners.

Wat bij Fuchs nog het karakter had van een utopie, een oproep aan de elite om de kunst te redden van massatoerisme en sponsering, werd in de Kunsthal gerealiseerd als een tentoonstelling die juist de massa moest trekken. Twaalf Nederlandse musea gaven hier hun visie op zo'n kunstpaleis.

In het persbericht was sprake van een **imaginair koninklijk paleis** en een tentoonstelling die **niet alleen een overzicht biedt van het Nederlands museumbezit, maar ook van de signatuur van de verschillende directeuren**. Dat was officieel het uitgangspunt. Maar wie beter kijkt, ziet hierin vooral een les. Of preciezer, een reeks van lessen.

De relatie tussen museum en paleis is geen toevallige. Het kunstmuseum zoals we dat vandaag de dag kennen is het product van de tweede helft van de achttiende eeuw. Voordat het museum als type gebouw bestond, werd de museumfunctie **verpakt** in een paleis. Collectioneren betekende aanvankelijk niet meer dan het veilig opslaan in kastelen en paleizen van in oorlogen en op krijgstochten buitgemaakte kunstschatten. Veel negentiende eeuwse musea zijn ontstaan uit de verbouwing van bestaande paleizen. De eerste als zodanig ontworpen kunstmusea werden gebaseerd op de architectuur van het oude Griekenland, het keizerlijke Rome of de renaissance. Het klassieke museum had een plattegrond die was geënt op die van

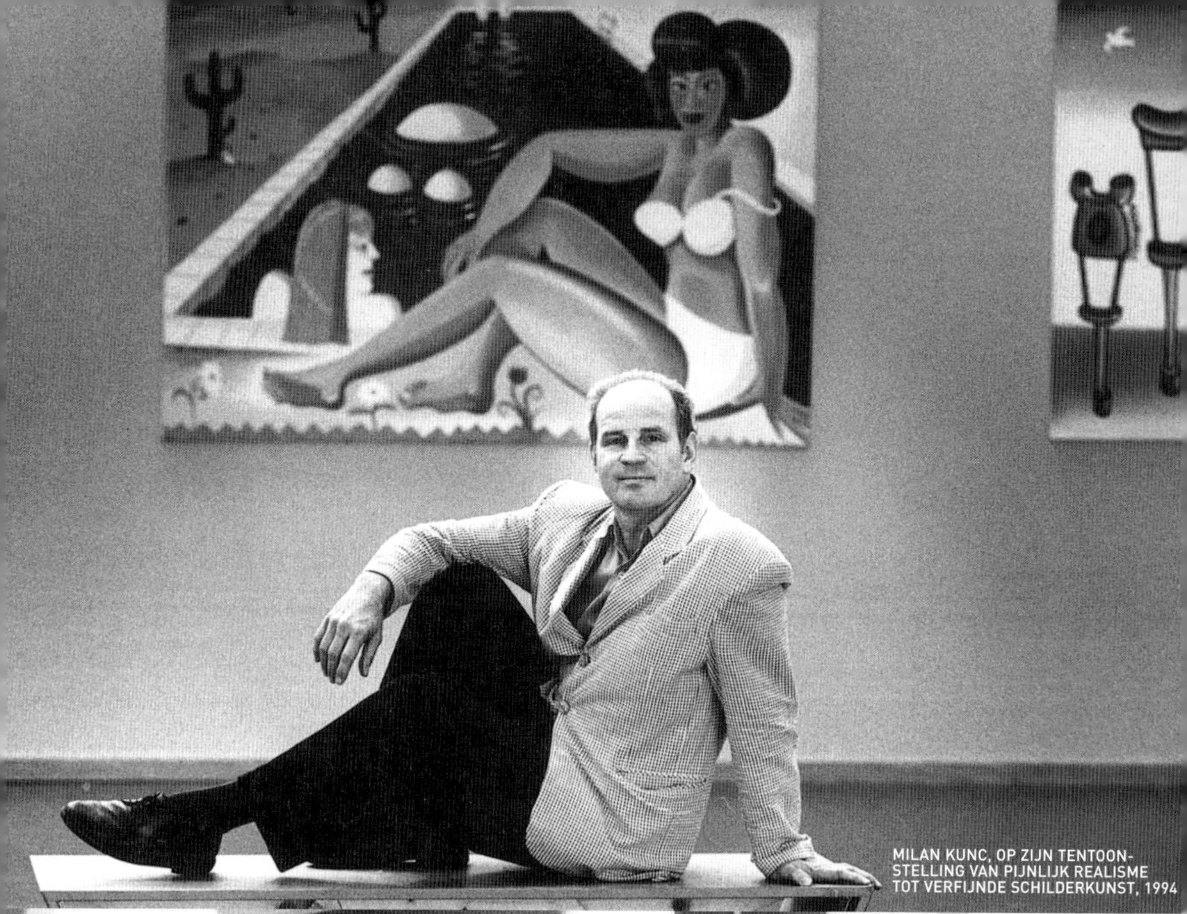

MILAN KUNC, OP ZIJN TENTOON-
STELLING VAN PIJNLIJK REALISME
TOT VERFIJNDE SCHILDERKUNST, 1994

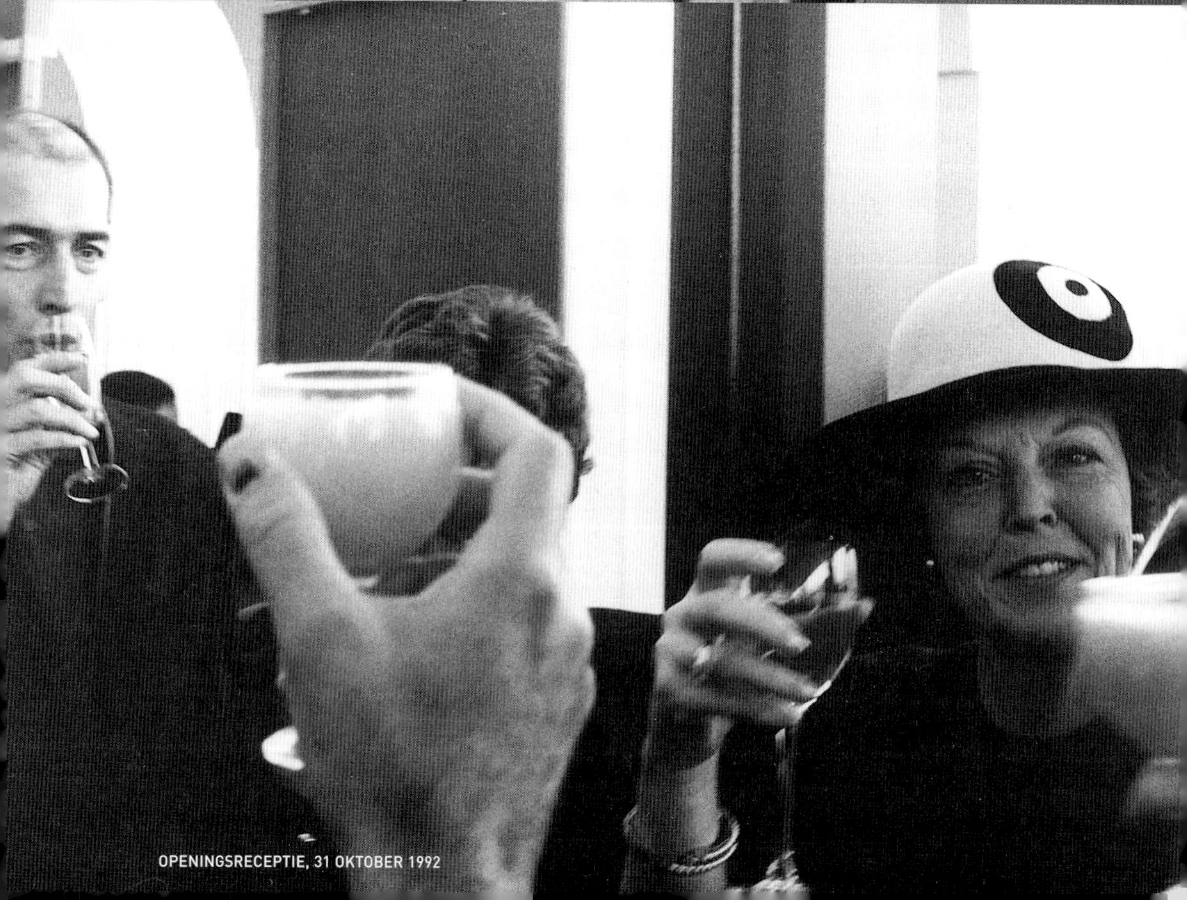

OPENINGSRECEPTIE, 31 OKTOBER 1992

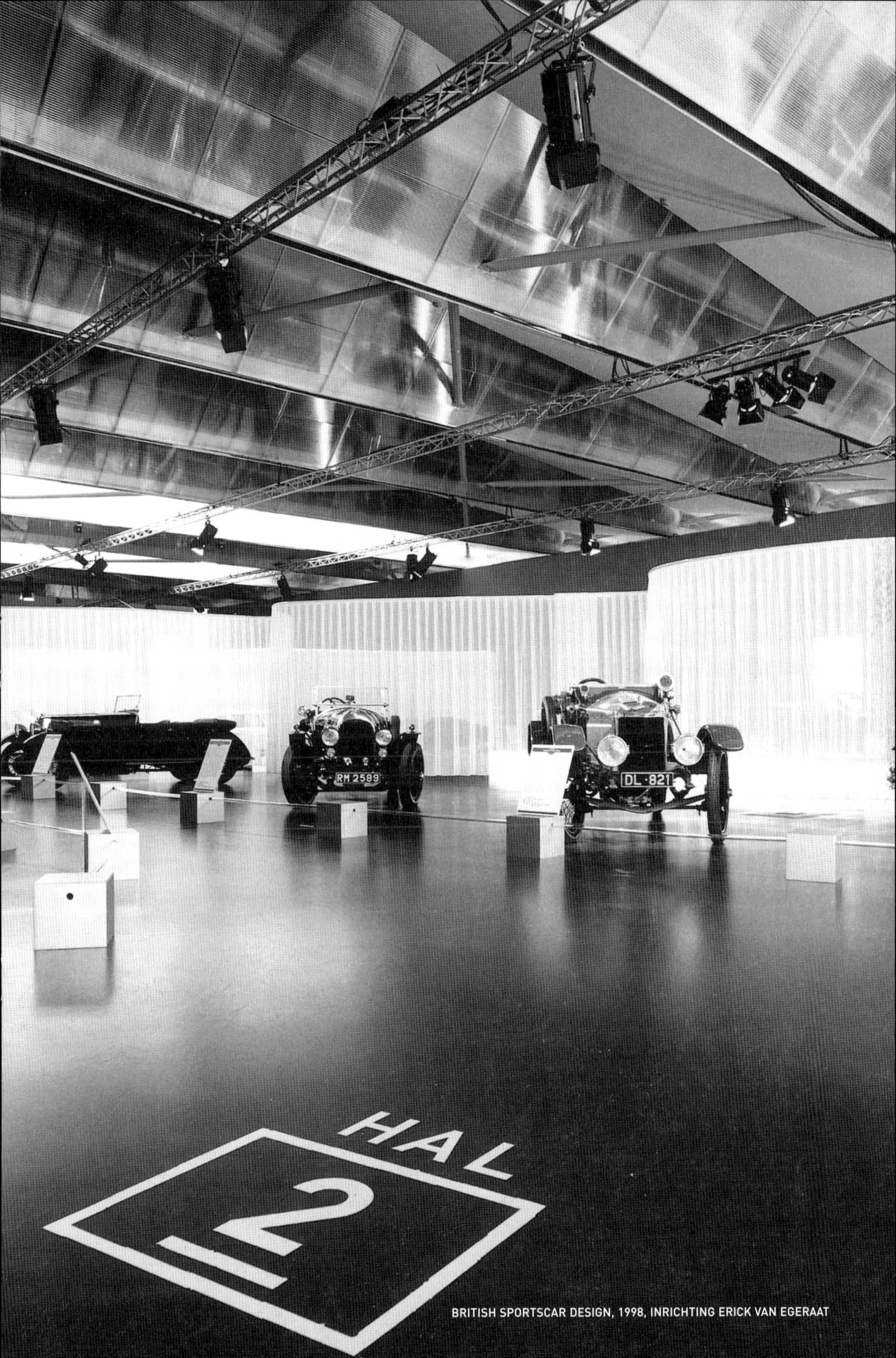

BRITISH SPORTSCAR DESIGN, 1998, INRICHTING ERICK VAN EGERAAT

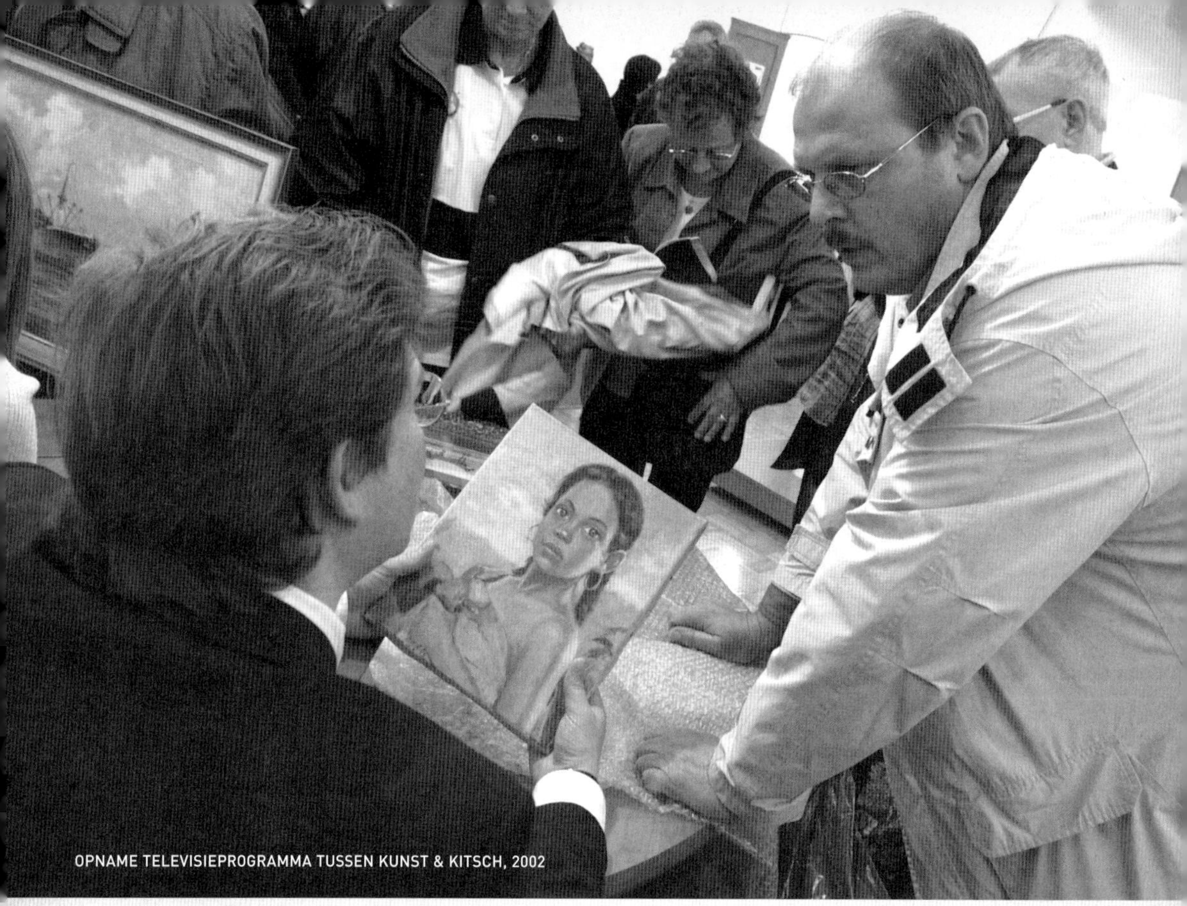

OPNAME TELEVISIEPROGRAMMA TUSSEN KUNST & KITSCH, 2002

DE SALON, 1997

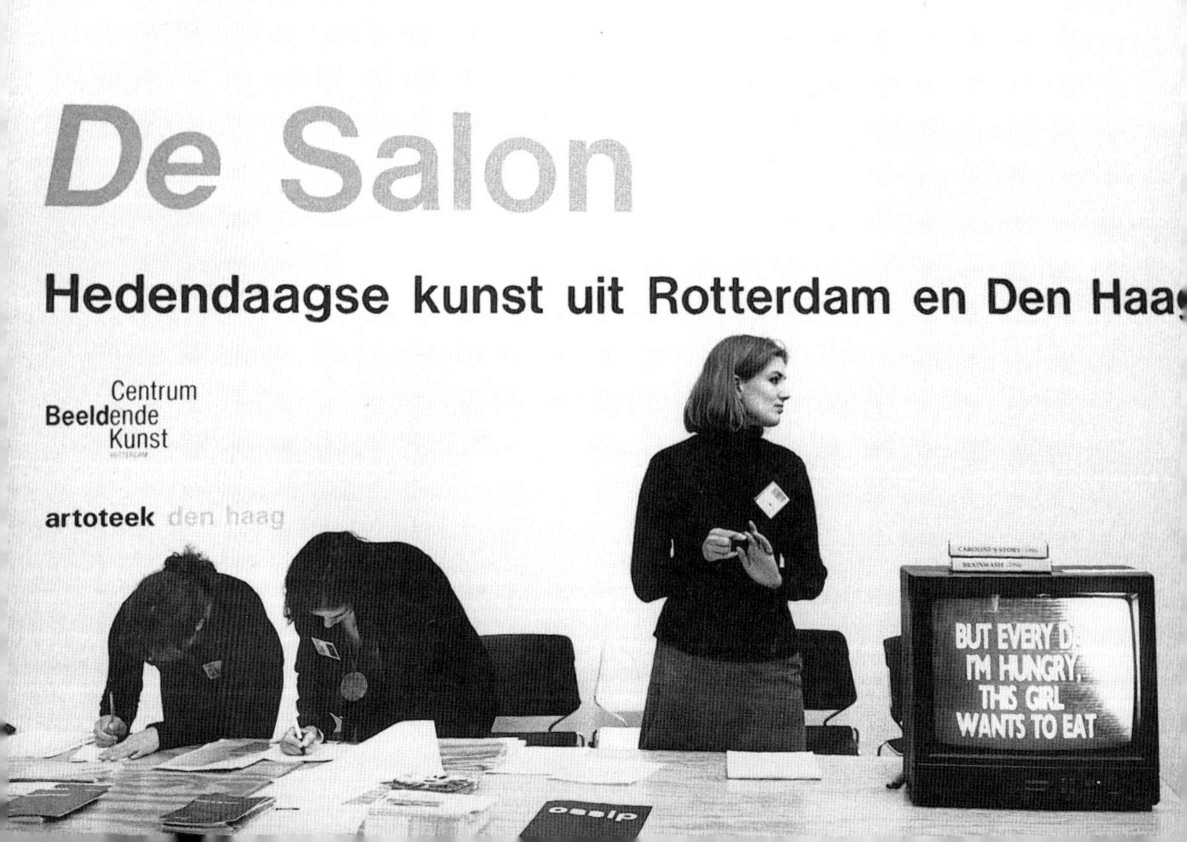

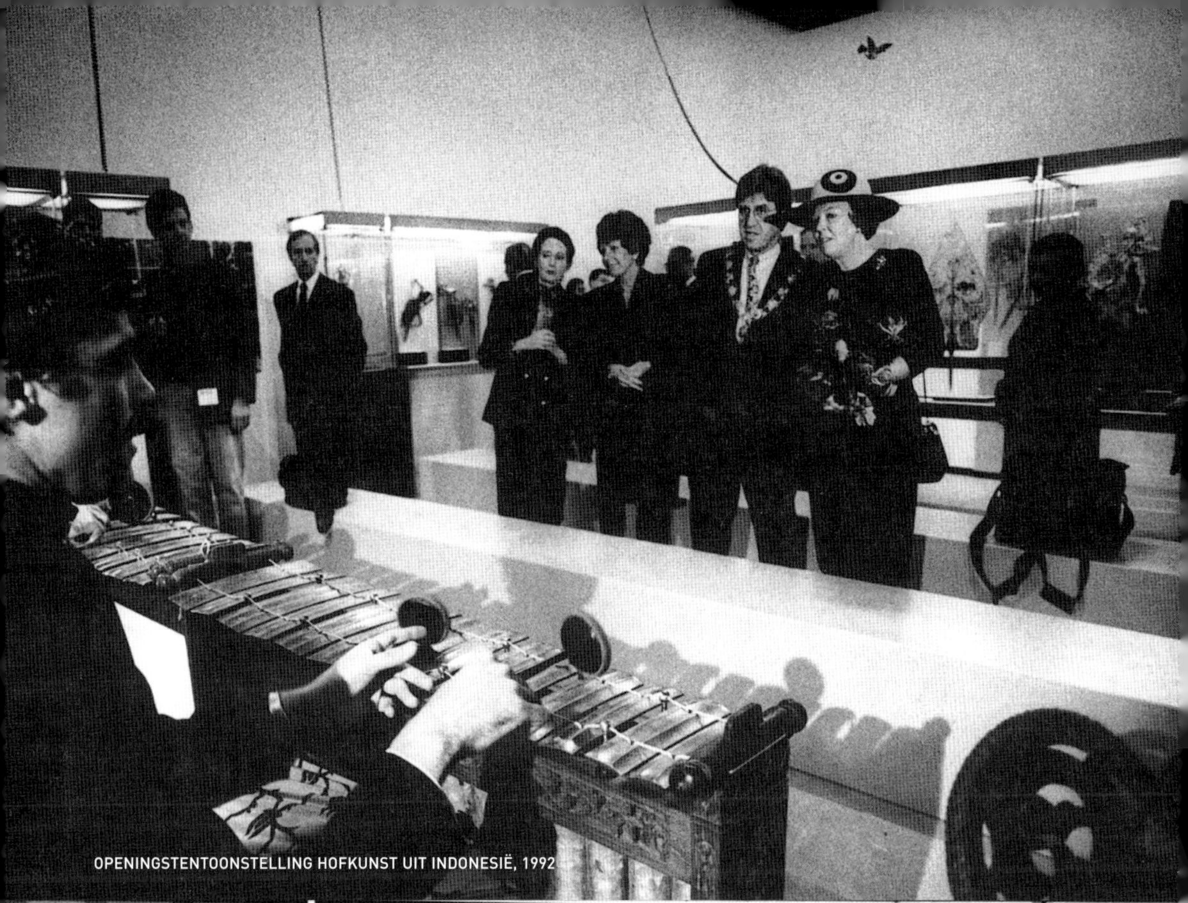

OPENINGSTENTOONSTELLING HOFKUNST UIT INDONESIË, 1992

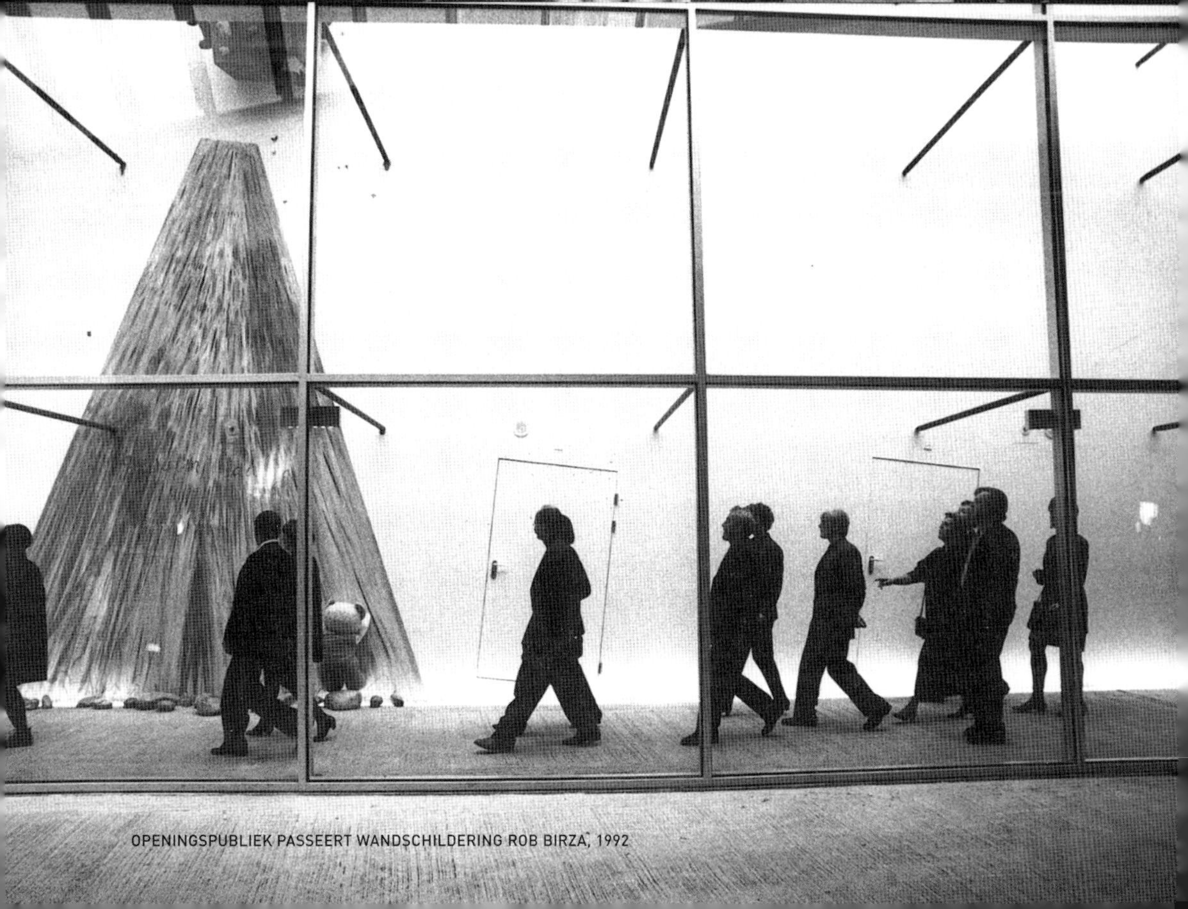

OPENINGSPUBLIEK PASSEERT WANDSCHILDERING ROB BIRZA, 1992

tempel of basiliek, met galerijen rond een open binnenplaats en symmetrische vleugels. Het jongste **museum**, de Kunsthal, is naar zijn architectuur veeleer familie van het theater of beursgebouw dan van het klassieke museum. Het is het verschil tussen het museum als tempel en het museum als container. In die zin was het spannend om het oude met het nieuwe te confronteren in een tentoonstelling die in wezen handelt over de bezinning op de functie van het museum en de herkomst van de collectie. Het was een tentoonstelling over definities.

Als een museum, in de formulering van Robert Harbison in *Eccentric Spaces*, allereerst een bewaarplaats van dingen is, dan zijn de twee uiterste definities die van kerkhof en warenhuis. Het is aan de ene kant een verzameling dode voorwerpen, restanten van een verleden en aan de andere kant een uitstalling van koopwaar. Beide opvattingen waren hier vertegenwoordigd. Het ene museum benutte de gelegenheid voor de presentatie van meesterwerken, het andere voor de uitstalling van winkeldochters. Erezaal en depot waren hier broederlijk verenigd.

Het Stedelijk Museum stuurde de **zuiverste kunst**: *Het goud van Yves Klein. De gouden vlucht van Malevich. De dageraad van De Kooning.* Het Museum Kröller-Müller haalde uit de kelder het nooit in openbaarheid getoonde werk van de **miskende kunstenaar** Marius Holleman. De andere musea zaten met hun keuze daartussen. Een expositie zoals *Het Koninklijk Paleis* riep daarmee een aantal fundamentele vragen op. 1) Wat is een tentoonstelling? 2) Wat is een collectie? 3) Wat is museale identiteit? Door zich zo brutaal op een **beurs** te vertonen werden de deelnemers gedwongen die vragen ieder op eigen wijze te beantwoorden.

Het waren niet toevallig ook de vragen die de Kunsthal zichzelf moest stellen. Een collectie had ze niet; ze moest een beleid vanuit het niets improviseren. Welke kunst te kiezen? Hoe die te tonen? En welke identiteit was daarvan het resultaat?

De Kunsthal had, als nieuwkomer op een voor Nederland nog maagdelijk gebied, er alle belang bij te bestuderen hoe de gevestigde musea met die vragen omgingen. Misschien viel er iets te leren, al was het maar welke valkuilen te vermijden.

Fuchs zag in zijn lezing het paleis als een heel precies samenstelsel van vestibule, hal, trappenhuis, ontvangstzaal, vergaderzaal, secretariaat, eetzaal, balzaal, salon, rookkamer, biljartkamer, serre, tuin, kunstgalerij en bibliotheek. Maar de twaalf musea behandelden het als een willekeurige verzameling individuele ruimten: troonzaal, plantentuin, patio, portrettengalerij, atelier, bediendekamer, muziekkamer, slaapkamer 1, slaapkamer 2, prinsenkamer, en kapel. Wat bij Fuchs nog een heel specifiek project was - dit paleis voor die vorst - werd hier veel algemener uitgewerkt. Niet dit paleis, maar een paleis, een blauwdruk zonder bewoners, schetsmatig aangegeven door verplaatsbare wanden; minder een voorstel tot bewoning dan een herinnering aan de collecties. Het paleis werd hier opgevat als een architectonische fictie, als een metafoor.

Maar een metafoor van wat?

Van kwaliteit? (*Een vorstelijke collectie.*) Van de soevereine plaats van de kunst in onze maatschappij? (*Boven de partijen.*) Of van overbodigheid, van iets dat zichzelf heeft overleefd? (*Relict van het verleden.*)

De musea verkeerden daarover in verwarring. Het Gemeentemuseum Arnhem verkondigde: "Met de tentoonstelling *Het Koninklijk Paleis* tooit de Kunsthal zichzelf, de musea en de kunst met een koninklijk kroontje." Het Rijksmuseum veronderstelde dat de Kunsthal nu een kunstpaleis wilde zijn. En het Stedelijk Museum liet ironisch weten dat Rotterdam nu eindelijk ook een Koninklijk Paleis had gekregen, maar reserveerde gelijk de Troonzaal voor zichzelf als *primus inter pares* onder de musea.

Voor Boijmans Van Beuningen begint een tentoonstelling met een thema, voor deze gelegenheid was gekozen voor het **portret**, en in de portrettengalerij werd een doorsnee uit het museumbezit gepresenteerd, van Dali tot Bacon, van Salle tot Sherman en van Toorop tot Westerik. In kort bestek legde het museum zo de nadruk op de breedheid van zijn verzameling en op de pluriformiteit van zijn beleid.

Voor zowel het Groninger Museum als het Van Abbemuseum lag dat anders. Zij presenteerden zich met één installatie, respectievelijk de slaapkamer van Rhonda Zwillinger en de diaprojectie van James Coleman, alsof ze daarmee de uniciteit van kunstwerken in het algemeen en die van de kunstenaar in het bijzonder wilden onderstrepen. De les die hieruit te trekken viel, was dat **tentoonstelling** niet een eenduidig begrip is. Een tentoonstelling is altijd het product van de samenwerking van conservator en kunstenaar, waarbij soms het concept van de conservator dwingender is dan het aandeel van de kunstenaar; het idee domineert de expressie. Een tentoonstelling is dan meer galerij dan atelier.

Een collectie, bleek hier, is een historisch gegroeide accumulatie, met de erezaal als het zichtbare topje van de ijsberg en de kelders als het onzichtbare lichaam. Een verzameling, resultaat van aankopen, schenkingen en legaten, berust meer op toeval dan op plan. Het museum kan zijn geschiedenis vervalsen - of vriendelijker gezegd: oppoetsen - door alleen te tonen wat van waarde is en bij elkaar past, zoals het Stedelijk Museum dat deed, of het kan expliciet verwijzen naar de grilligheid van het proces van collectievorming met een greep uit het depot, zoals het Kröller-Müller liet zien. De Kunsthal kent dit probleem niet, ze heeft immers geen collectie.

Presentatie is een dubbelzinnig begrip. Het slaat zowel op de manier waarop de kunstwerken zijn uitgestald als op de intentie van het museum, het is zowel concreet als symbolisch, enerzijds kunst anderzijds visitekaartje. De *Bediendekamer* van het Centraal Museum met de acht portretten van (gewezen) directeuren verwees naar de geschiedenis van het museum, het was vooral visitekaartje. De *Eetkamer* van het Bonnefantenmuseum vol serviesgoed van de Koninklijke Sphinx en een afbeelding van de nieuwbouw die nog verwezenlijkt moest worden, was ook een visitekaartje, zij het van een bijzondere soort: een gesponsord kaartje met het vignet van de mecenas.

De *Jardin des plantes* van het Noordbrabants Museum was een kunstzinnig visitekaartje, de bloemenschilderijen verwezen naar de specialiteit van het museum. In een toelichting schreef de directrice: "In het Frankrijk van het ancien régime bezaten de koningen een eigen plantentuin, een instituut voor het kweken van velerlei planten en bloemen en het bestuderen daarvan - de botanische wetenschap."

De koning had kunstenaars en wetenschappers in dienst voor het beschrijven en analyseren, met andere woorden: voor het vergaren en vastleggen van kennis. Kunst, wetenschap en macht vormden toen nog een drie-eenheid; de vorst stimuleerde de eerste twee en hun luister tooide zijn macht. Dat was de functie van de elite waaraan Fuchs refereerde in zijn oproep aan de *Hoofden van Nederland*.

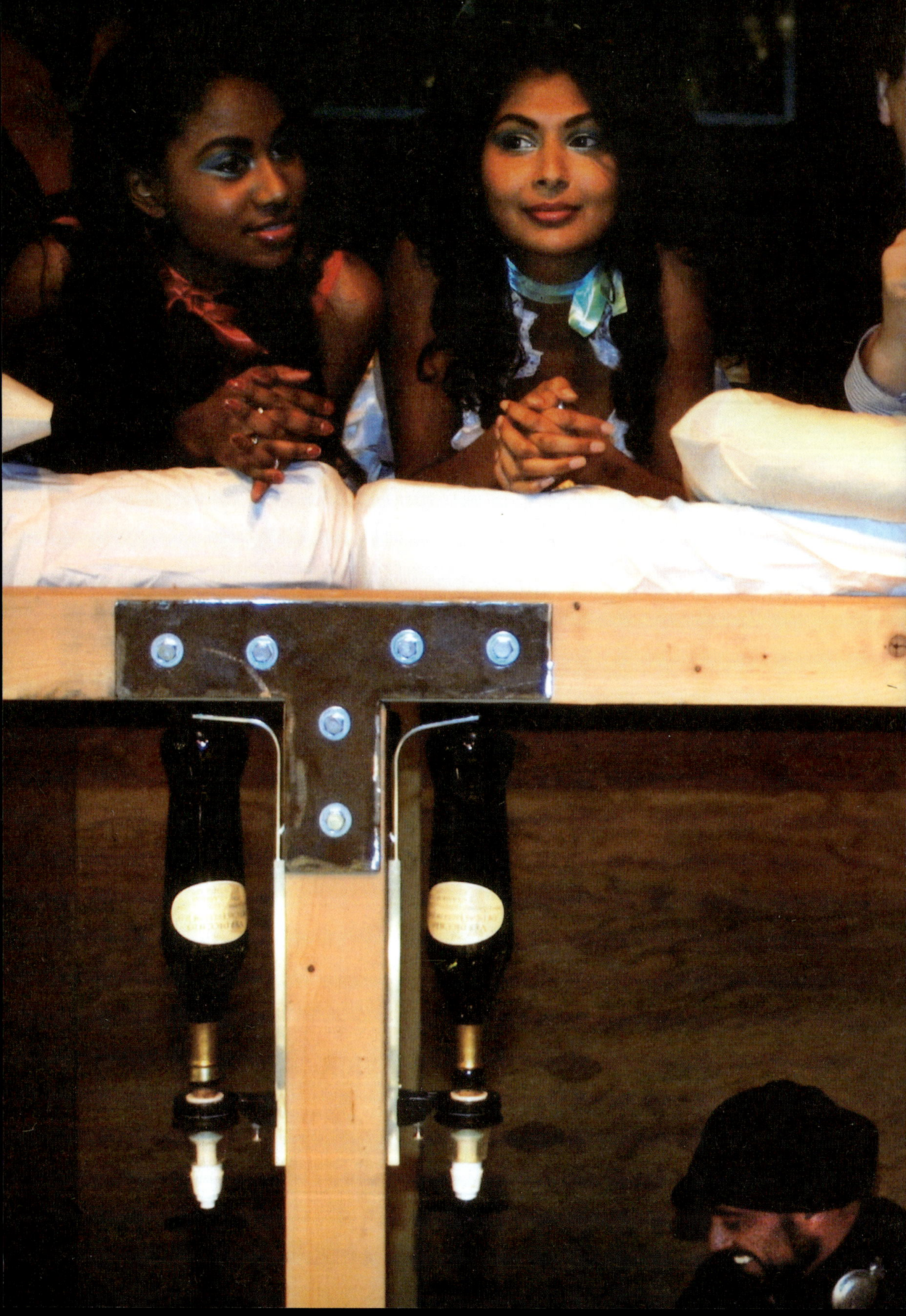

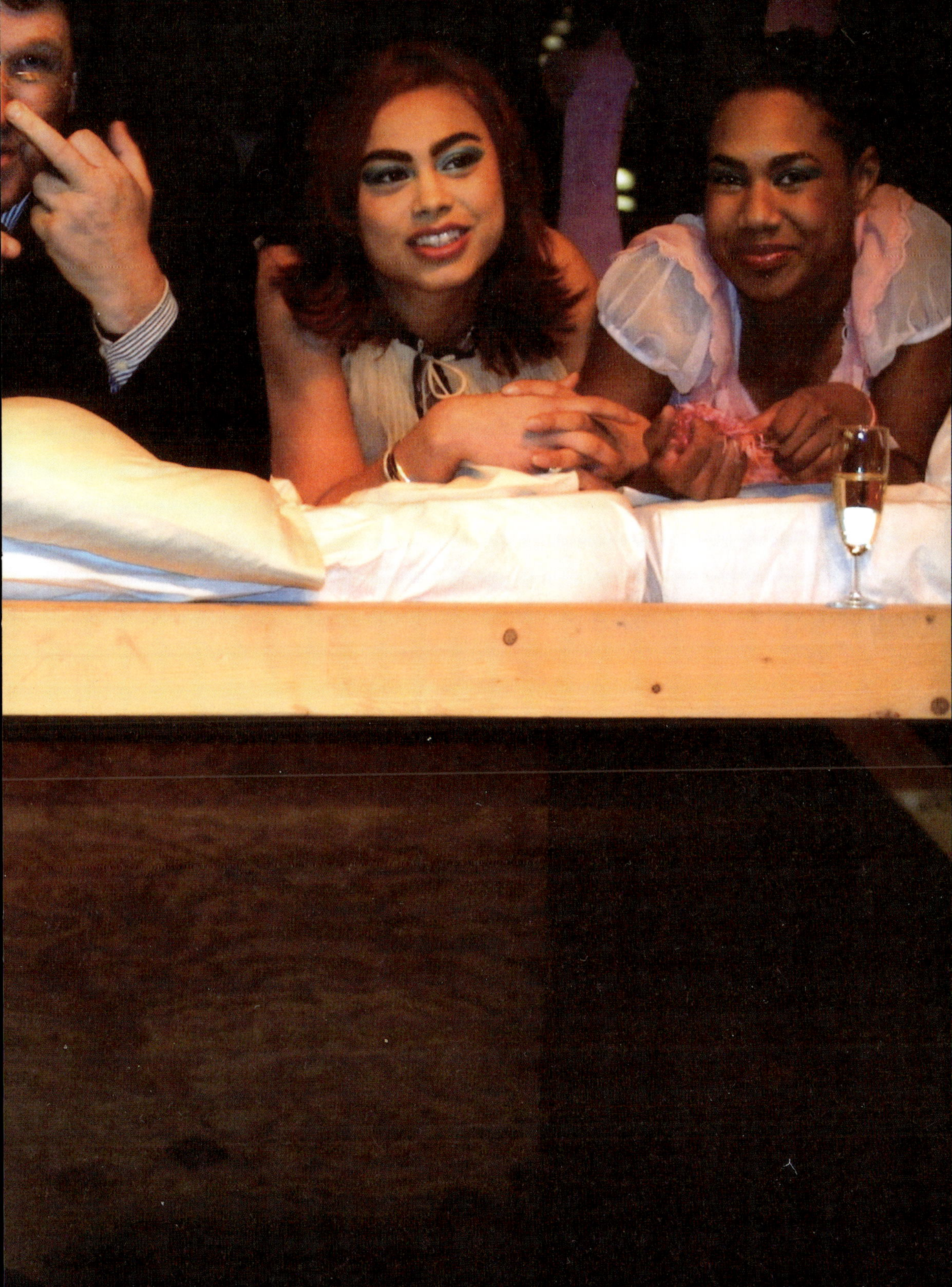

CULTUURWETHOUDER HANS KOMBRINK IN JOEP VAN LIESHOUTS MULTIVROUWENBED, MUSEUMNACHT, 2002

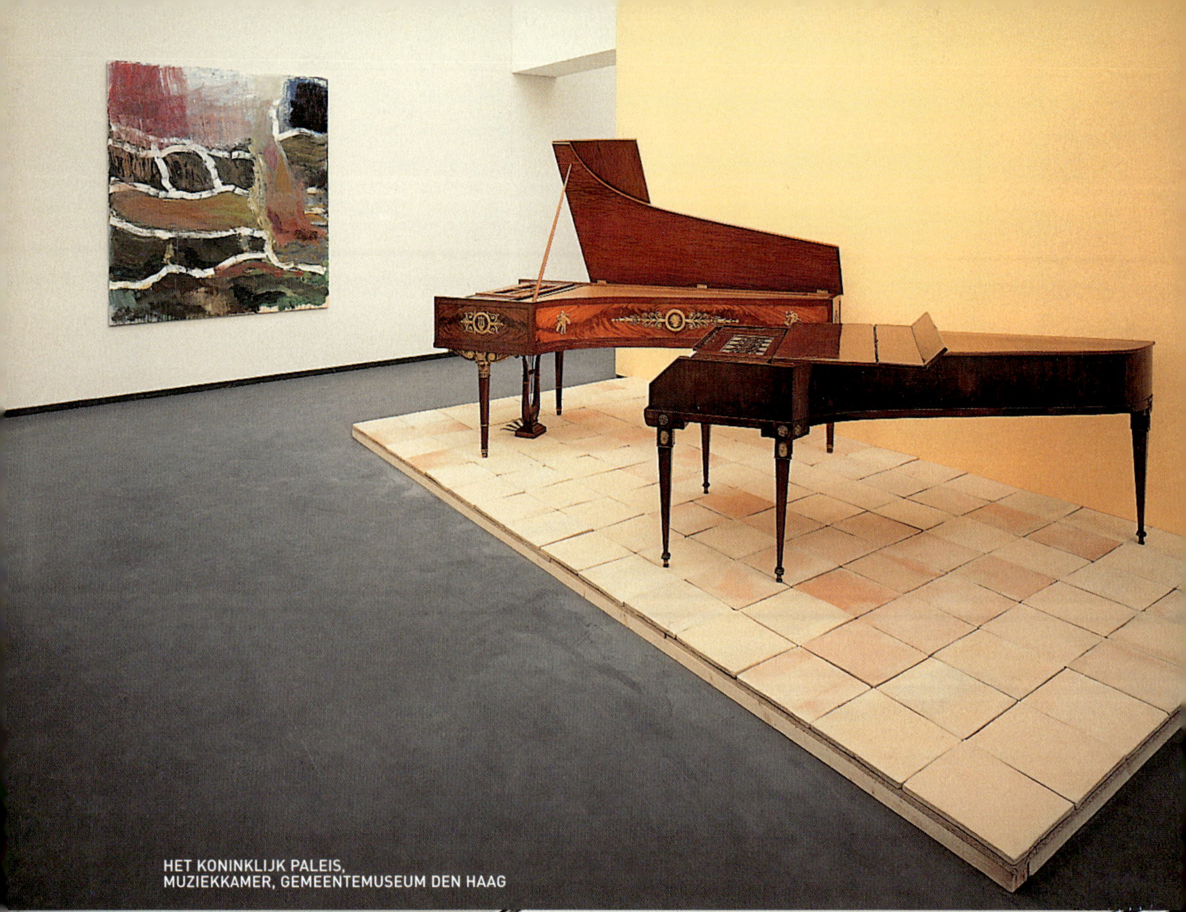

HET KONINKLIJK PALEIS,
MUZIEKKAMER, GEMEENTEMUSEUM DEN HAAG

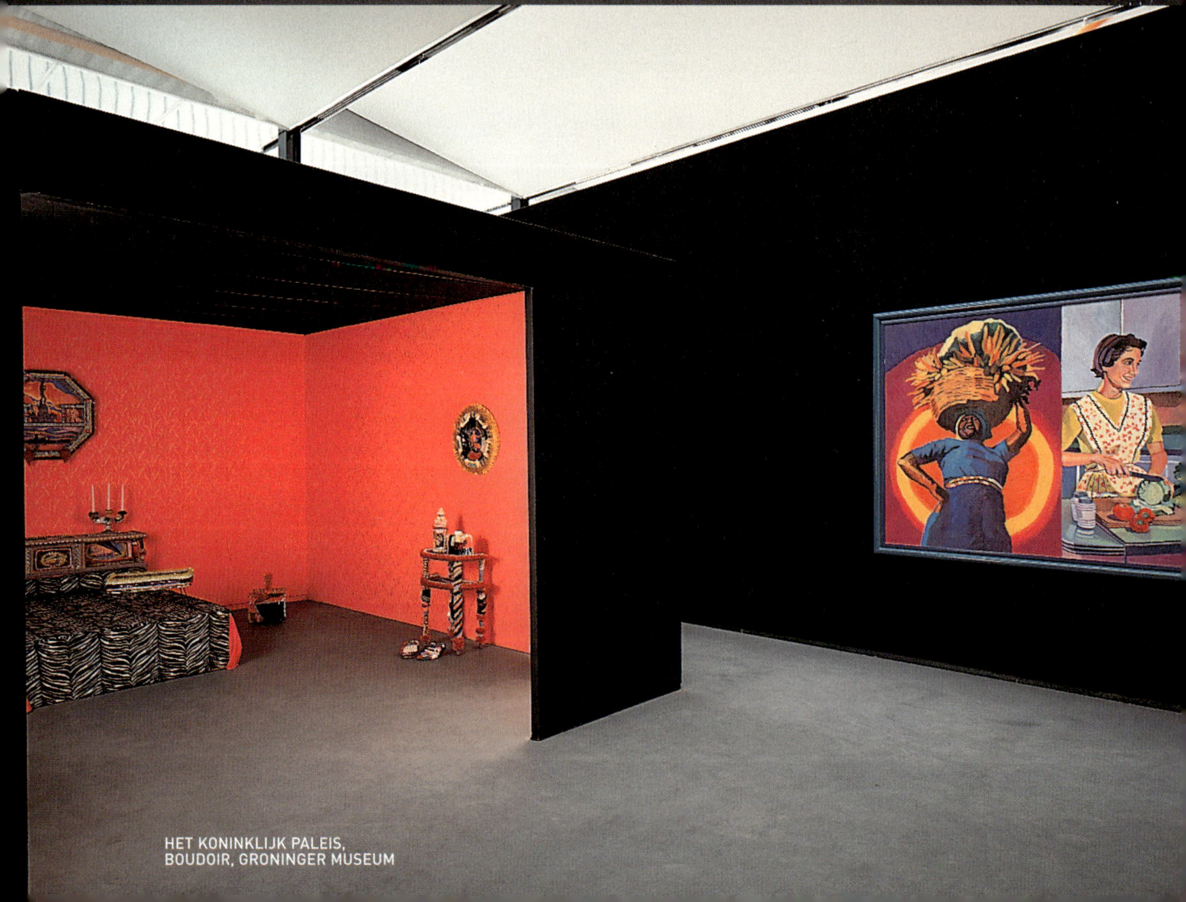

HET KONINKLIJK PALEIS,
BOUDOIR, GRONINGER MUSEUM

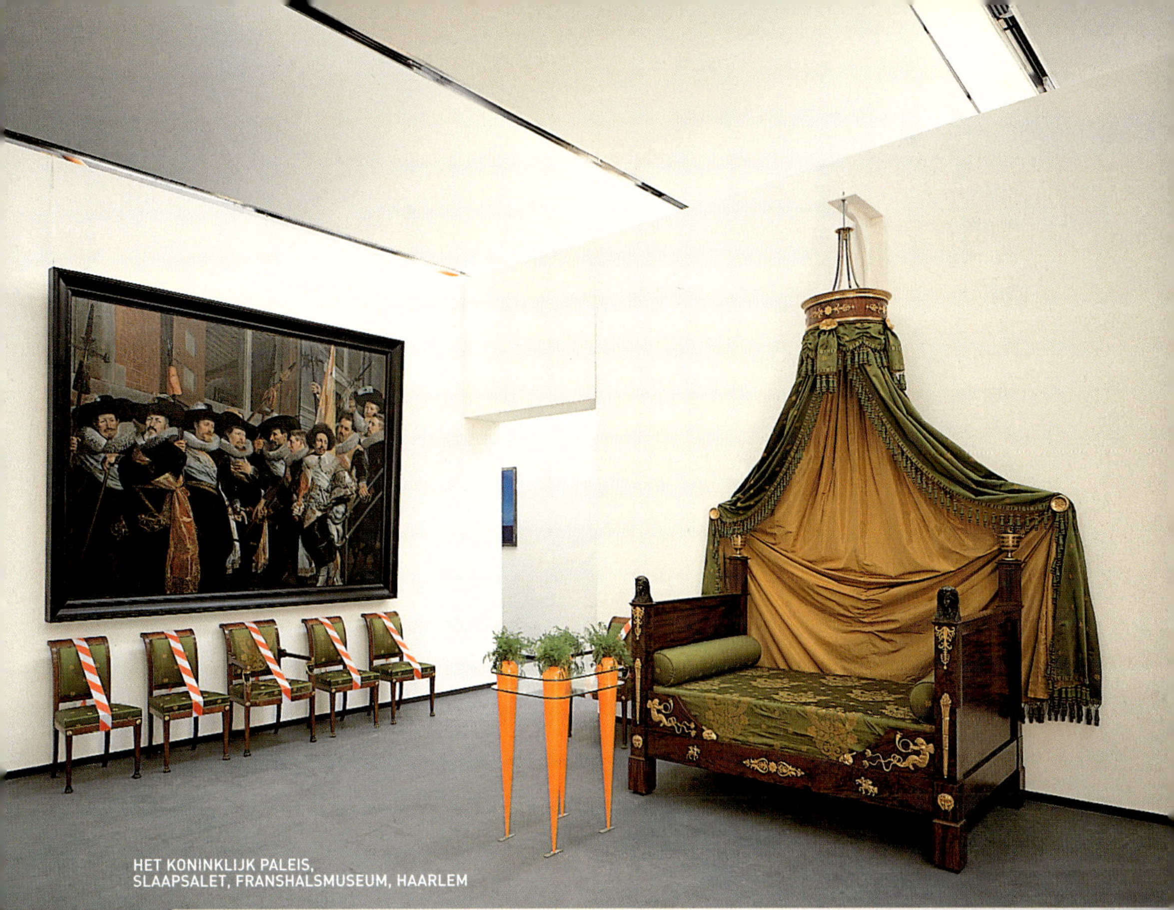
HET KONINKLIJK PALEIS,
SLAAPSALET, FRANSHALSMUSEUM, HAARLEM

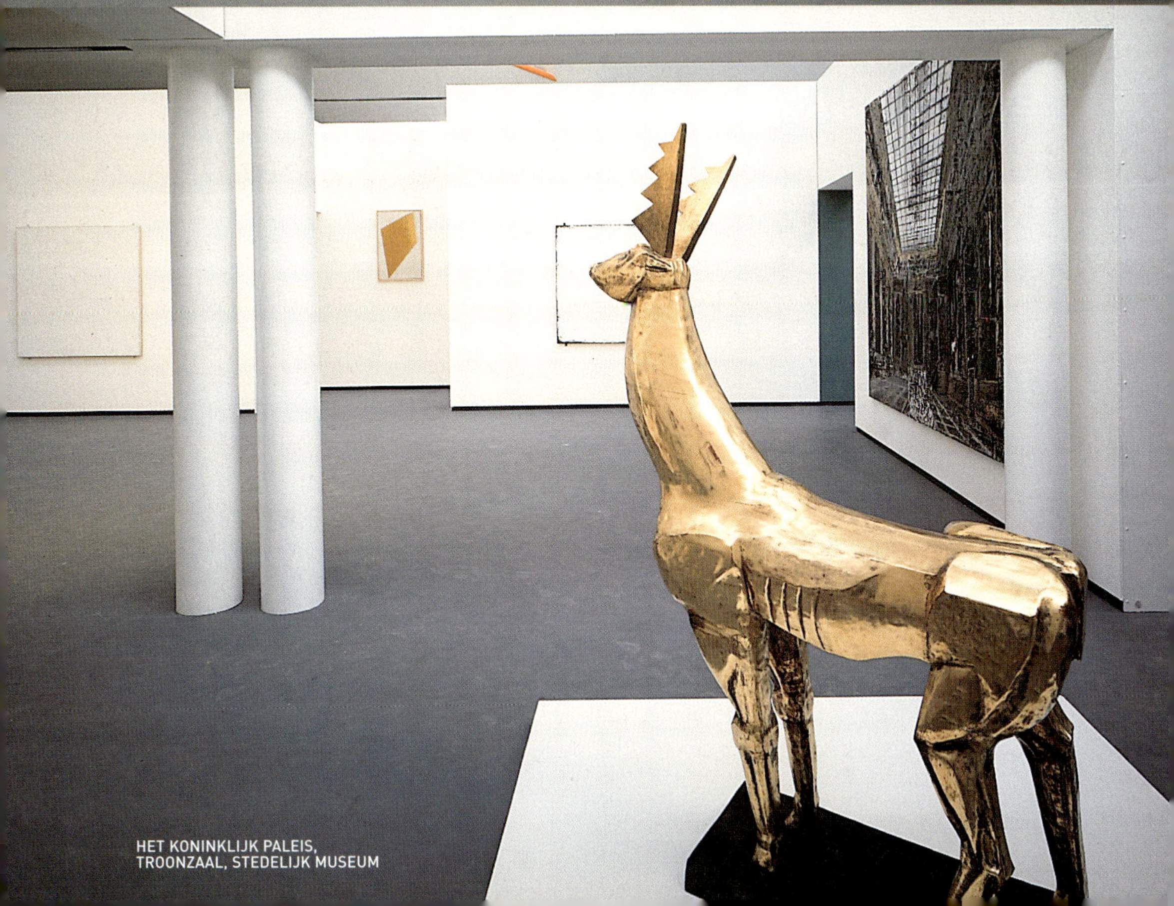
HET KONINKLIJK PALEIS,
TROONZAAL, STEDELIJK MUSEUM

Op de tentoonstelling werd de relatie tussen paleis en kunst zeer verschillend gedefinieerd. In de visie van Liesbeth Brandt Corstius van het Arnhems Gemeentemuseum gaan de kunstwerken op audiëntie, terwijl voor Wim Beeren van het Stedelijk Museum de metafoor Koninklijk Paleis de kunst hulde moest verschaffen. De presentatie van het Noordbrabants Museum maakte nog iets anders duidelijk: de specifieke functie van de locatie.

In zijn studie van de hofcultuur schrijft Norbert Elias dat onder het *ancien régime* het hof zowel de eerste huisvesting van de koninklijke familie was als de zetel van het centrale gezag. Het hof verenigde de private en publieke functies, die later gescheiden zouden worden. Het paleis omvatte derhalve zowel woon- als werkvertrekken, zalen voor audiëntie en conferentie naast zalen voor rust en plezier. Al was de scheiding nooit strikt, ook tot de privévertrekken hadden de dignitarissen toegang en ook daar werd het protocol streng bewaakt.

Elke vorm van samenzijn tussen mensen vereiste in de hofcultuur een andere ruimte, zij het salon of slaapkamer. De aard van de ruimte is de visuele uitdrukking van haar functie. De *antichambre* is het symbool van de goede hofhouding. Hier, in permanente staat van dienstbaarheid, wachten de bedienden op de bevelen van de vorst. Zo gezien is het zowel passend als ironisch dat het Centraal Museum de *Bediendekamer* sierde met de beeltenissen van de opeenvolgende directeuren.

Niet in alle gevallen was de samenhang tussen ruimte en functie, tussen presentatie en intentie, zo helder als hier. De keuze voor het werk van Holleman in de *Prinsenkamer* leek onschuldig maar was vilein. De mythologische voorstellingen, zo leerzaam voor de prinsen, vormden niet meer dan een excuus voor de afbeelding van naakte mannenlijven, zo verwarrend voor de prinsen. De *Slaapkamers* hadden bedden, de *Muziekkamer* toonde instrumenten (naast schilderijen) en de *Kapel* religieuze voorstellingen, maar wat te denken van de *Patio* of het *Atelier*? Zo onbestemd als de noemer was ook de invulling. Het eerste was niet meer dan een uitstalling van jonge kunstenaars uit de omgeving van Arnhem, alsof het hier een beurs betrof in plaats van een expositie, alsof het een galerie was en niet een museum. Het tweede verwees niet naar de studio, maar naar de museumzaal; het was een diaprojectie in een ongedefinieerde ruimte.

Daarmee was aan de kern van het probleem geraakt. De metafoor van het paleis kwam onvoldoende tot bloei, omdat de tentoonstellingsruimte zo weinig de suggestie gaf van een paleis. Het bleef standbouw en werd nooit architectuur. Wat ontbrak was de sensatie iets te zien dat niet voor onze ogen was bedoeld. Want het paleis is niet zo maar een metafoor voor rijkdom en macht, het is vooral een metafoor voor onbereikbare rijkdom en macht.

In een reportage over de val van de Filippijnse president Marcos beschreef James Fenton hoe hij in Manilla van de verwarring gebruik maakte om het paleis van de verdreven president te betreden. Terwijl bewakers probeerden het toestromende volk in bedwang te houden, nam Fenton de diensttrap, belandde zodoende in een verlaten hal en vandaar in de privévertrekken van Marcos. In de bibliotheek bewonderde hij de collectie genummerde en gecatalogiseerde kunstboeken, in de salon verwijlde hij bij een dubbelportret van Marcos en Imelda, in de zitkamer bestudeerde hij de talloze gesigneerde foto's van Nancy Reagan en in de muziekkamer speelde hij Bach op de vleugel tot een soldaat op het geluid afkwam en de ongenode bezoeker gebood te verdwijnen.

Wat Fentons reportage illustreert is dat de beschrijving van paleizen per definitie beschrijvingen zijn van verlaten gebouwen. Ons is slechts een blik op de residentie vergund als de machthebber is gedood, afgezet of op de vlucht geslagen. Tijdens zijn heerschappij is het paleis niet toegankelijk voor het gepeupel, een glimp van het geheel is voorbehouden aan diplomaten en staatshoofden. Voor de buitenwereld is het paleis een geheim, een locatie waarover slechts kan worden gespeculeerd. Elk paleis is een Xanadu.

Wat in de Kunsthal werd gepresenteerd was minder een paleis dan een geactualiseerde versie van het *musée imaginaire*. De tentoonstelling deed denken aan zo'n negentiende eeuws model van het hoofd, waarbij de hersenen in vakjes zijn ingedeeld. Elk vakje was anders ingevuld, maar elk vakje was ook begrensd. Al die hokjes bestonden naast elkaar, maar niet in relatie tot elkaar, net als de collecties van de Nederlandse musea. In die zin was de presentatie een getrouwe afspiegeling van de werkelijkheid.

Het museum, schreef Valéry, houdt het midden tussen tempel en salon, kerkhof en school. Het is zowel een heilige plaats als een modieuze aangelegenheid, zowel een bewaarplaats van dode voorwerpen als een leerzame ervaring. Het is aan de musea om in hun manier van presenteren het gewenste accent te leggen.

Als het museum wordt gezien als een Huis van het Verleden, dan is het paleis op analoge wijze de belichaming van de Macht van het Verleden. De enige metafoor die beide past is die van bevriezing van de vergankelijkheid. In die zin passen ze bij elkaar, beide wijzen achteruit - naar vroeger. Maar het museum is ook een index op de materiële wereld; de collectie verwijst naar de buitenwereld. De catalogus van het museumbezit verwijst weer naar de collectie en is daarmee een index op een index. In dit geval werd er een extra stap gezet, die kenmerkend is voor de Kunsthal. De tentoonstelling was eigenlijk niets anders dan een index op het bezit van de Nederlandse musea; de catalogus daarvan is een en al verwijzing: een index op een index op een index.

Het mocht gelden als de definitie van haar positie: de Kunsthal collectioneert niet, ze verwijst slechts naar andermans collecties. De Kunsthal is alles en niets tegelijk. Ze is groot genoeg om een keuze uit het bezit van twaalf musea te kunnen tonen, maar niet bij machte iets van het getoonde te behouden. Alles wat wordt aangevoerd gaat ook weer retour. De Kunsthal is de tegenvoeter van het museum: ze mag niets bewaren.

De eerste maanden na de opening, november en december, kwamen er 34.822 bezoekers. Het jaar daarop werden er 103.127 geteld. Op zichzelf een veelbelovend aantal voor zo'n nieuw instituut. Maar de directeur had zich al te optimistisch tegenover het *Rotterdams Dagblad* laten ontvallen dat 150.000 bezoekers mogelijk zou moeten zijn. Aan het eind van 1993 mocht hij dan ook in de krant lezen: **Bezoek Kunsthal valt tegen**, terwijl hij al lang blij was met die 100.000. Om het beeld van mislukking tegen te gaan, was meer geld nodig, waar een lobby onder leiding van stichtingsvoorzitter Neelie Kroes met succes werk van maakte. Een miljoen gulden extra werd aan de gemeente gevraagd, uiteindelijk werd het zes ton. Net genoeg voor iets meer armslag en een iets betere presentatie.

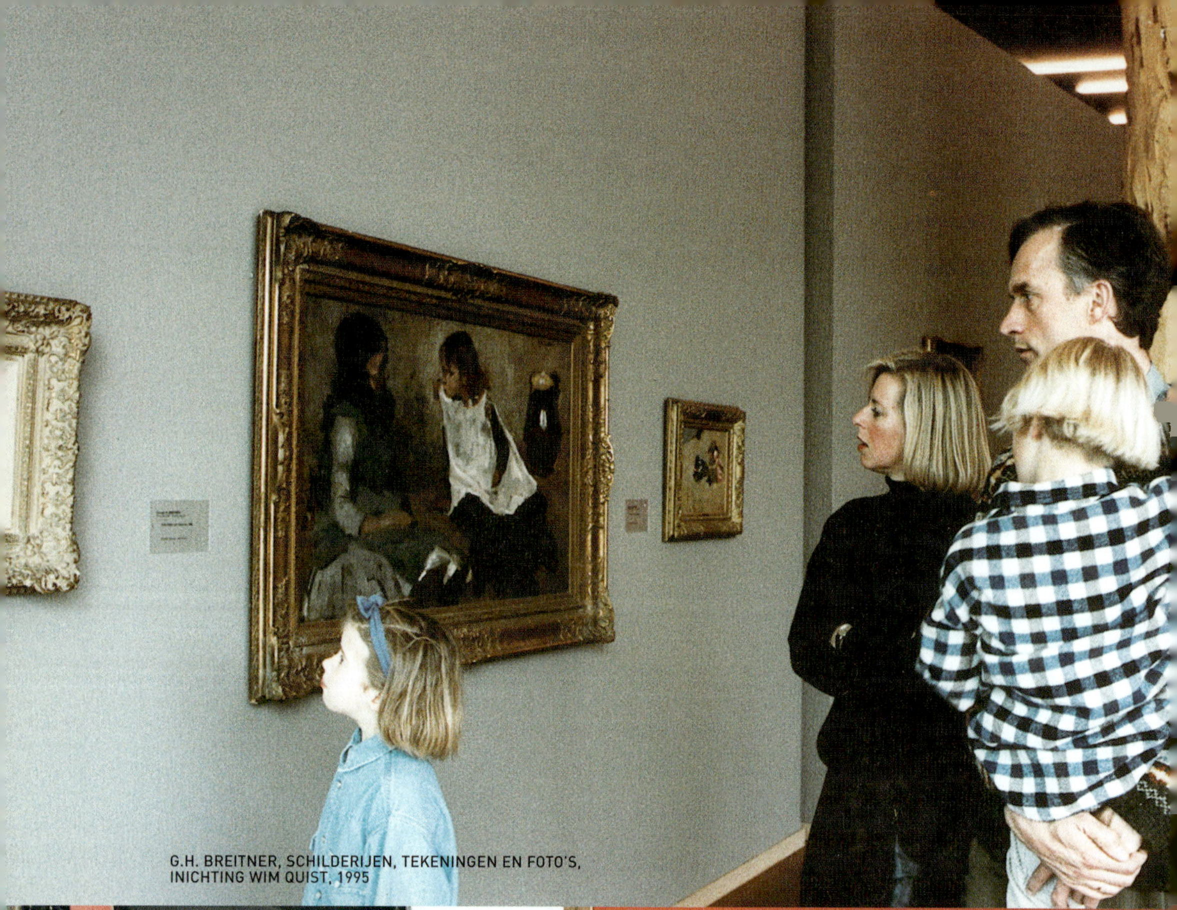

G.H. BREITNER, SCHILDERIJEN, TEKENINGEN EN FOTO'S,
INICHTING WIM QUIST, 1995

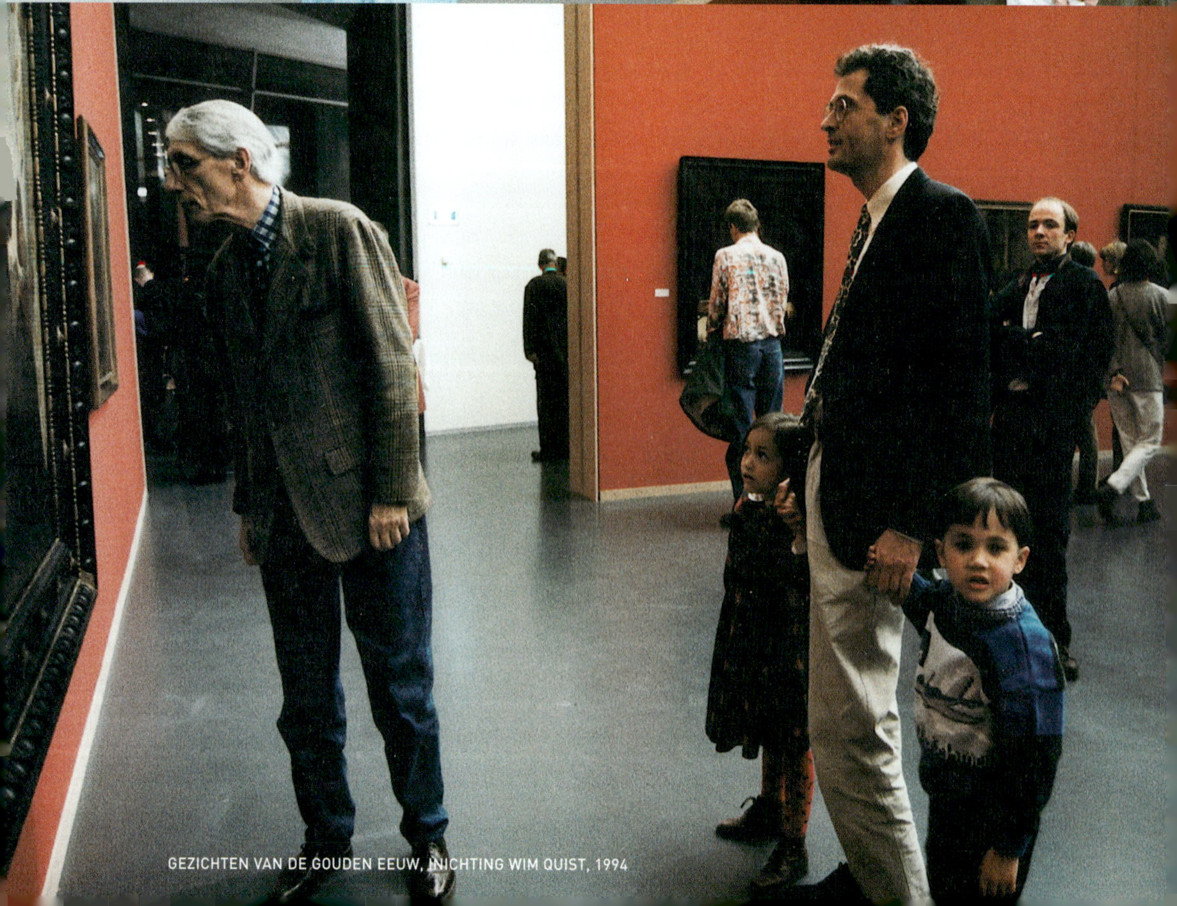

GEZICHTEN VAN DE GOUDEN EEUW, INICHTING WIM QUIST, 1994

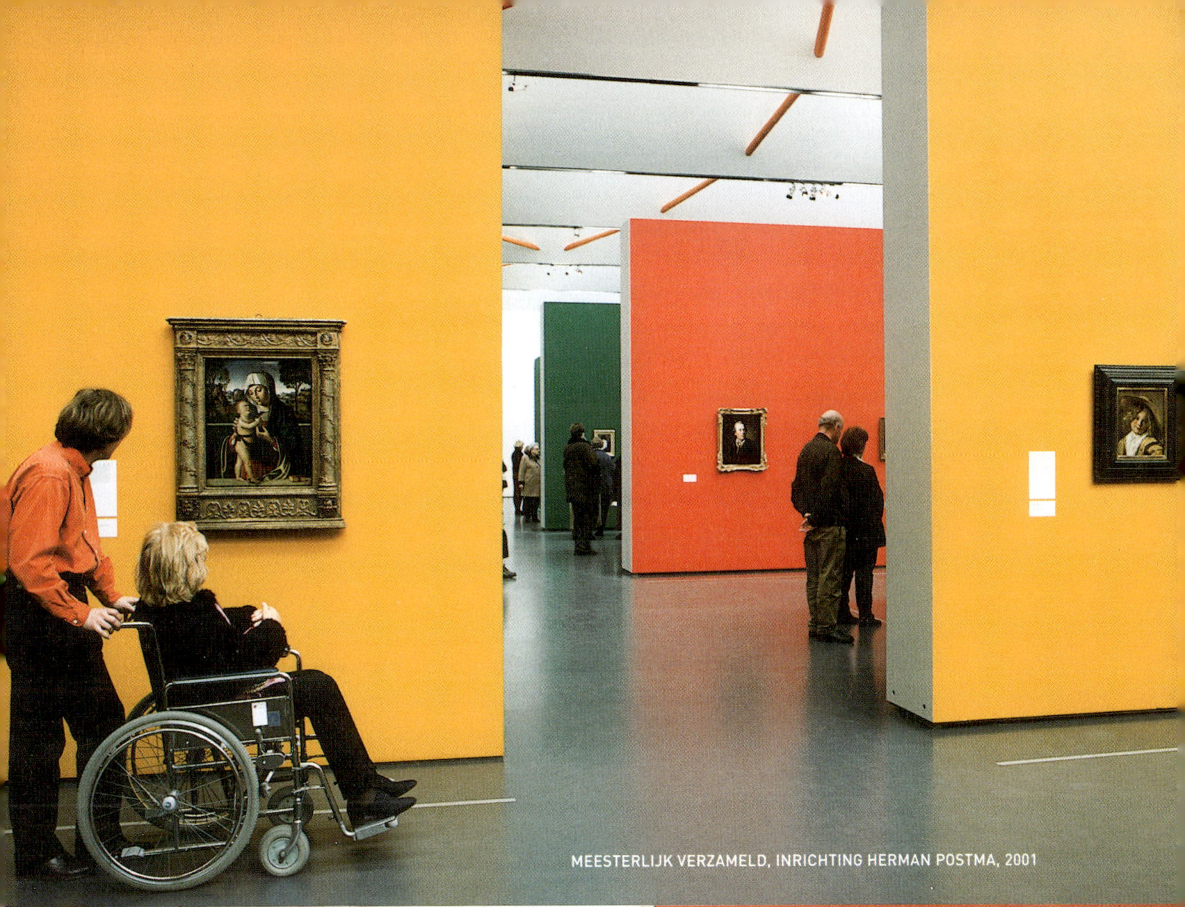
MEESTERLIJK VERZAMELD, INRICHTING HERMAN POSTMA, 2001

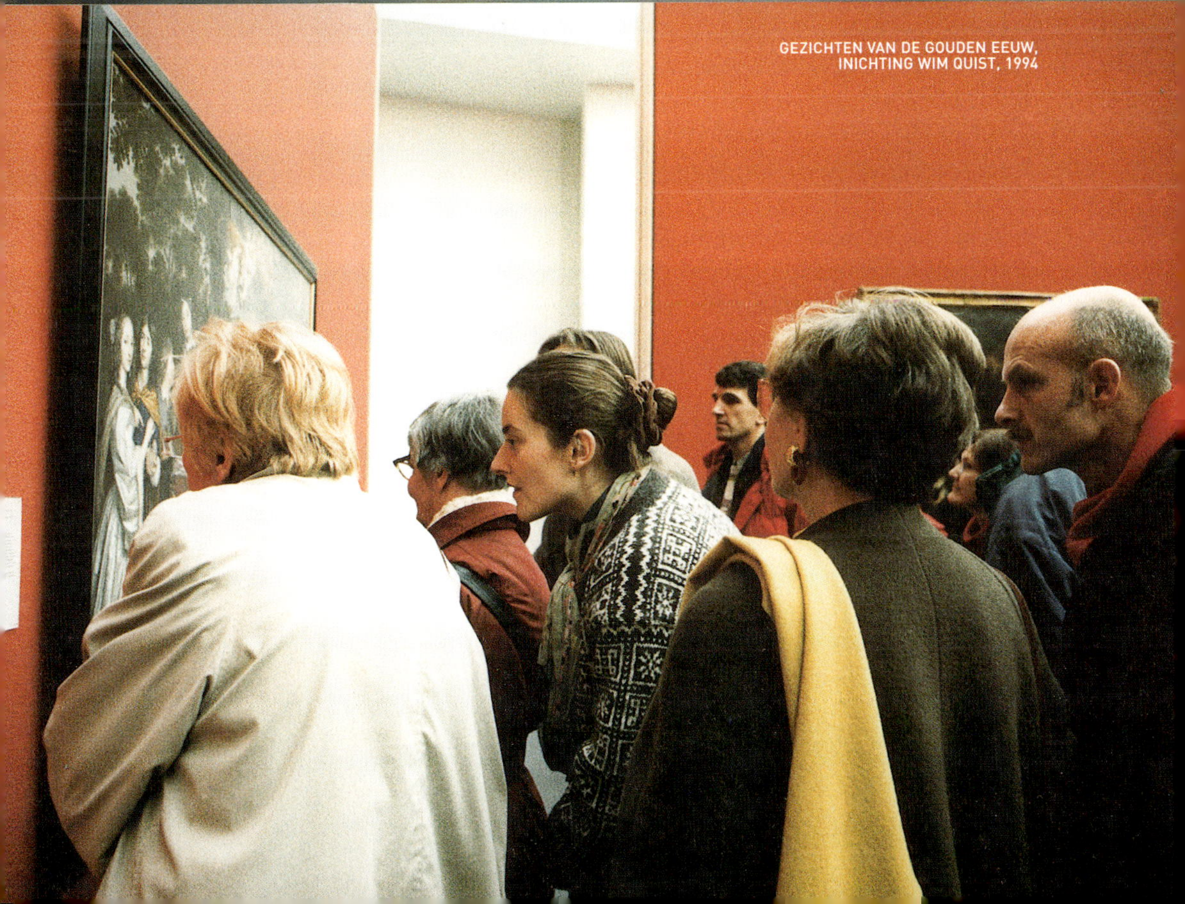
GEZICHTEN VAN DE GOUDEN EEUW, INICHTING WIM QUIST, 1994

In het eerste jaar viel er niet veel te kiezen, de Kunsthal was vooral aangewezen op wat ze kon krijgen. Van Krimpen had wel bepaalde ideeën en probeerde ook van alles, maar niet altijd met succes. Voor de sieradenbiënnale kwam geen publiek. Het ontbrak Rotterdam aan traditie en de directeur moest mikken op een breed publiek. Het mocht niet te elitair zijn, maar het moest wel niveau hebben en vooral: de doelstellingen moesten worden gehaald.

Over de Nederlandse musea geen kwaad woord, die leenden hun bezittingen aan de Kunsthal. Maar sinds cultuurminister Brinkman duidelijk had gemaakt dat de overheid zich verder zou terugtrekken als subsidieverlener, moesten sponsering en particulier initiatief de rol van de staat overnemen. Met als gevolg dat de Nederlandse musea elkaar ook rekeningen begonnen te sturen voor het uitlenen van kunstwerken. De Kunsthal werd in die gewijzigde verhouding gezien als een profiteur: ze had immers zelf niets om uit te lenen. Rudi Fuchs, die Wim Beeren was opgevolgd als directeur van het Stedelijk Museum, zei: "Van Krimpen pronkt met mijn veren." Waarop Van Krimpen boos had geantwoord: "Die veren van jou zijn ook van mij. Alles wat bij jou in de kelder staat is ook van mij. De gecombineerde collecties vormen tenslotte de *Collectie Nederland*, en die is van ons allemaal."

Van Krimpen had al snel door dat niet de bestaande musea zijn directe concurrenten waren, maar de pretparken. Om een groot publiek te trekken moest hij concurreren met de Efteling. Museumbezoek is voor de massa niets anders dan chique vrijetijdsbesteding. Wil je die massa bereiken, dan moet je breed programmeren en verleidelijk presenteren. Het draait daarbij, volgens Van Krimpen, maar om drie dingen: Programmering, Presentatie en Publiciteit. De rest is onzin.

Vanuit dat idee was hij vastbesloten zo veel mogelijk media te bereiken. Niet alleen *NRC Handelsblad* en *de Volkskrant*, maar ook *De Telegraaf* en het *Algemeen Dagblad*. In de programmering werd daar rekening mee gehouden: de Kunsthal moest voor elk wat wils bieden. Populaire onderwerpen voor de populaire pers, kunsttentoonstellingen voor de kwaliteitspers, fototentoonstellingen voor de fotobladen, designtentoonstellingen voor de designtijdschriften. De Kunsthal moest zo snel mogelijk een vertrouwd begrip worden: een vaste plek voor variatie. Daartoe werd geen middel geschuwd, reclameslogans noch radiospotjes. "Er gebeurt altijd wat in de Kunsthal."

De Kunsthal maakte zonder gêne populistische tentoonstellingen als *Autodesign in Nederland* (1993), de *BMW Art Car Collection* (1993) en *De Compacte Auto* (1993), allemaal tentoonstellingen die in meer of mindere mate werden gesponsord. Bij de gemeente speelde dan de angst dat het niveau teveel zou dalen, waarop Van Krimpen even provocerend als populistisch reageerde met een expositie als *Feyenoord, De geschiedenis in beeld* (1994).

Dat beleid beviel de Rotterdammers wel, maar elders werd er vreemd van opgekeken. De directeur kreeg vaak te horen dat er geen rode draad in zijn beleid te herkennen viel, maar wat had die rode draad moeten zijn? Hij had geen collectie en nauwelijks een budget. Hij was wel gedwongen te kiezen voor een beleid van het mogelijke.

"De Kunsthal," had Van Krimpen voor de opening gezegd, "zal nooit als concurrent van de bestaande musea optreden, doch veeleer als complement en opvangcentrum van manifestaties, waarop de bestaande musea niet berekend zijn." De gemeente legde hem zelfs een document van die strekking voor. Hij ondertekende dat zonder problemen om vervolgens even vrolijk te doen wat hij beloofd had te zullen nalaten: die musea te beconcurreren. Steeds vaker maakte de Kunsthal tentoonstellingen die ook elders gemaakt hadden kunnen worden, ware het niet dat ze daar niet werden gemaakt. Tentoonstellingsmakers kwamen met hun plannen naar Van Krimpen, omdat ze wisten dat die onmiddellijk zou beslissen: ja of nee. Er kwamen tentoonstellingen die gemaakt werden door een conservator van het Volkenkundig Museum, die in eigen huis niet konden worden uitgevoerd. Een conservator van Museum Boijmans maakte in de Kunsthal de tentoonstellingen die Museum Boijmans niet wilde hebben. Voor Van Krimpen viel dat allemaal niet onder concurrentie, omdat de musea die tentoonstellingen immers zelf niet maakten.

Achteraf blijkt dat met het openingsprogramma de Kunsthal al intuïtief zijn formule had gevonden. Een paar grote tentoonstellingen waar het publiek op afkomt en een paar kleinere, leuke tentoonstellingen daaromheen. Het totaalpakket moet voor zo veel mogelijk mensen zo aantrekkelijk mogelijk zijn. Daar zat ook wel zendingsdrang in: de hoop dat wie voor het een kwam ook kennis zou willen maken met het ander. Maar de werkelijkheid is weerbarstiger dan de droom.

Het publiek dat de Kunsthal trekt, is voor het grootste gedeelte niet jong of allochtoon, maar het vertrouwde kunstpubliek: ouder dan veertig en goed opgeleid, lezers van kwaliteitskranten en opinieweekbladen. Naarmate de Kunsthal meer publiek trok, kwam dat steeds minder uit de directe omgeving en steeds vaker uit de rest van Nederland of zelfs uit het buitenland. Publieksonderzoek in opeenvolgende jaren wees telkens weer uit dat veruit de meeste bezoekers, zo'n 70 procent, *NRC Handelsblad* of *Volkskrant* lezen. Lezers van *Algemeen Dagblad* of *Rotterdams Dagblad* zijn in de minderheid. Hun aantal is, door de absolute stijging van de bezoekersaantallen, in de loop der jaren relatief afgenomen. De voornaamste publiciteit die voor bezoekers van belang is, zijn aankondigingen en recensies in *de Volkskrant* en het *NRC Handelsblad*.

"Ik had geen voorbeelden", zegt Van Krimpen terugblikkend. "Misschien de Nieuwe Kerk in Amsterdam, maar die is ook pas de laatste jaren goed gaan lopen. Daarbij is die gunstig gesitueerd aan de Dam, in het hart van de toeristenstroom, terwijl de Kunsthal nogal excentrisch is gelegen. Zeker het eerste jaar moest de bezoeker zich een weg banen door een onvoltooid modderpark. Er moest hem wel een heel bijzondere beloning wachten, wilde hij daar de moeite voor overhebben."

"In het eerste jaar van haar bestaan," meldt het jaarverslag dat pas jaren later verscheen, "was de Kunsthal te vaak gedwongen tot bezuinigingen op de presentatie, waardoor de exposities soms wat sober overkwamen. Door het inschakelen van architecten als Wim Quist, Hubert-Jan Henket, Herman Postma en Sjoerd Soeters kreeg het publiek beter afgewerkte producten voorgeschoteld."

Het programma werd gedicteerd door wat een groot publiek zou willen zien en wat een klein budget toeliet. Het nieuwe kunstpaleis was bedoeld voor iedereen. Voor liefhebbers van kunst en voor die van spektakel, voor die van fotografie even goed als voor die van design. In 1993 werd de jaarlijkse *Designprijs Rotterdam* georganiseerd naast een grote tentoonstelling van *Architectuurontwerpen in LEGO*. Er waren fototentoonstellingen van Johan van der Keuken en Desirée Dolron

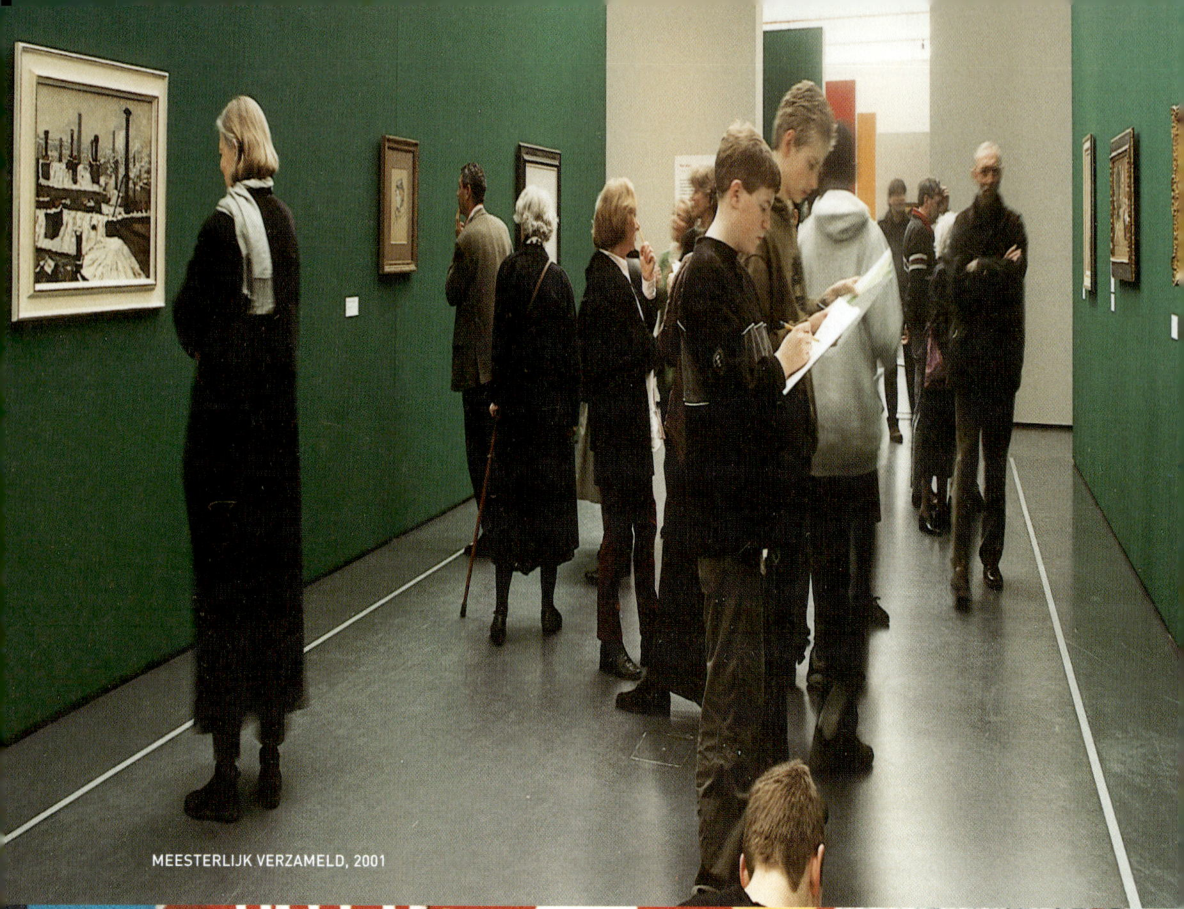

MEESTERLIJK VERZAMELD, 2001

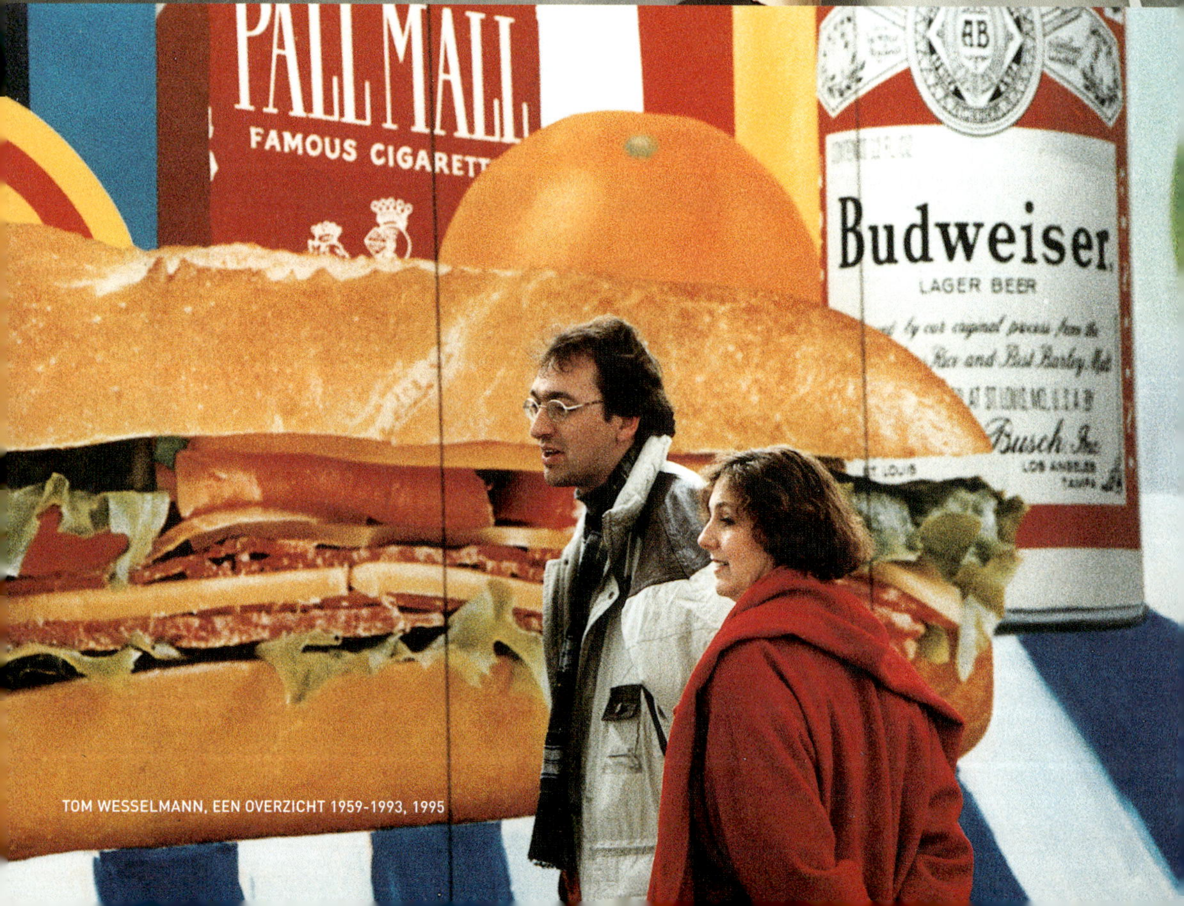

TOM WESSELMANN, EEN OVERZICHT 1959-1993, 1995

naast werken op papier van de Spaanse kunstenaar Arroyo. Er was avant-garde uit onverwachte hoek (*Hedendaagse kunst uit China*) naast verketterde staatskunst (*Sovjet-schilderkunst 1930-1970*). Er was kortom van alles wat, maar niet altijd kon de bezoeker eenvoudig vinden wat hij zocht.

Het jaarverslag signaleerde het probleem. "Teneinde de herkenbaarheid van het programma te vergroten, zullen de verschillende soorten exposities in de toekomst op vaste plekken in het gebouw worden gehouden. In hal 3, alwaar de kleinere klassieke en tekeningententoonstellingen plaatsvinden, is inmiddels een fotogalerie geopend in een zijarm. De galerie (op twee niveaus) wordt vanaf september 1995 een designgalerie, waarmee wordt aangesloten bij het streven Rotterdam als designstad te profileren. In samenwerking met Boijmans Van Beuningen wordt jaarlijks een grote expositie georganiseerd in hal 1 of hal 2, terwijl in de andere grote hal op dat moment een meer populaire expositie zal worden geprogrammeerd. Mini-exposities vinden plaats in de etalage op de hellingbaan door het gebouw en op de overloop van het auditorium naar hal 2."

Het staat nergens, maar de samenwerking met Museum Boijmans was door de gemeenteraad afgedwongen in ruil voor een aanvullende jaarlijkse subsidie van zes ton. De gemeente had aanvankelijk met lede ogen moeten toezien hoe Van Krimpen in zijn beleid geen rekening wilde houden met de belangen van Boijmans. Het hele idee van een kunsthal, die op afroep beschikbaar zou zijn voor het herbergen van andermans blockbusters, was door hem verlaten. De hal stond nooit leeg en de directeur had zo zijn eigen visie op de invulling van het programma. In een convenant voor de duur van twee jaar werd toen vastgelegd dat er regelmatig overleg moest zijn toen de directies van beide instellingen. Ook zou jaarlijks een grote tentoonstelling in de Kunsthal moeten worden georganiseerd in samenwerking met Museum Boijmans. Na die periode, werd de overeenkomst niet vernieuwd.

Het convenant was een compromis, waarin beide partijen zich maar moeizaam konden vinden. De *gute Nachbarschaft* stond in die jaren onder druk. De beide directeuren waren niet de beste buren, maar voor de staf maakte het weinig uit. De conservatoren hebben onderling altijd goed kunnen samenwerken.

De rode draad, waar zo lang naar gevraagd was, werd na verloop van tijd alsnog zichtbaar. Of beter gezegd: rode draden, want de Kunsthal liet zich niet op één noemer vastprikken. Duidelijk werd dat het zowel een plaats was voor tentoonstellingen van auto's als voor tentoonstellingen over Feyenoord en popfotografie, afgewisseld door kunstexposities: Warhol, pop-art en surrealisme. Daarnaast speelde de Kunsthal ook in op de opkomst van pretpark en beleveniseconomie, er moest bij voorkeur iets te doen zijn in de Kunsthal. Er moest geconcurreerd worden met allerlei vormen van publiekstrekkers.

Bij de Kunsthal werd het beleid niet door de markt bepaald, maar wel door de markt geïnspireerd. Soms letterlijk door ontwikkelingen in de internationale kunsthandel. Aan de hand van veilingcatalogi kon bijvoorbeeld snel worden vastgesteld welke kunst zich in een toenemende populariteit kon verheugen en welke uit de gratie raakte. Met die vinger aan die pols kon de Kunsthal snel en vaak verrassend inspelen op de publieksvraag. De kunstmarkt werd het geheime wapen van het nieuwe beleid.

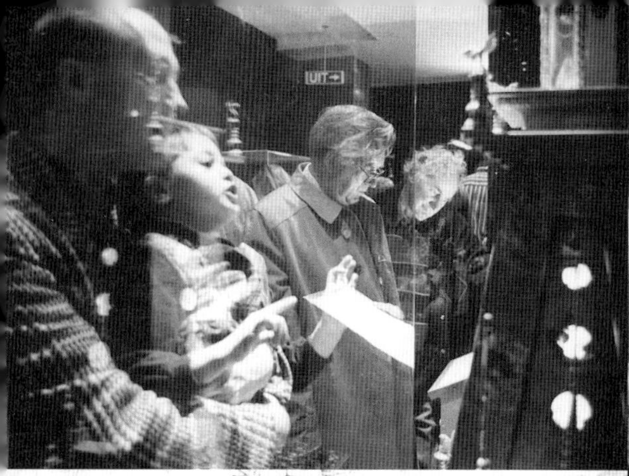
UIT →
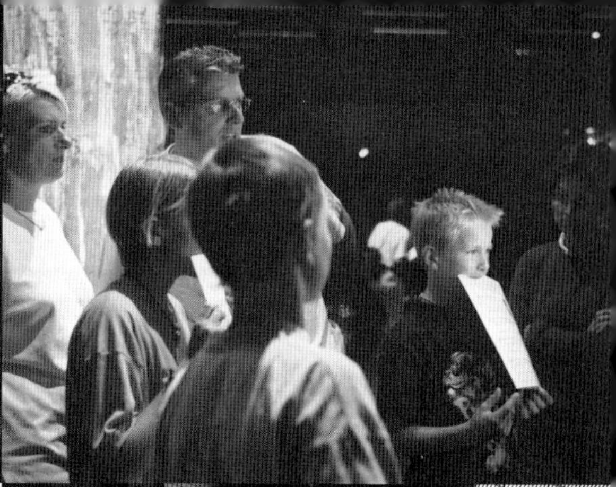
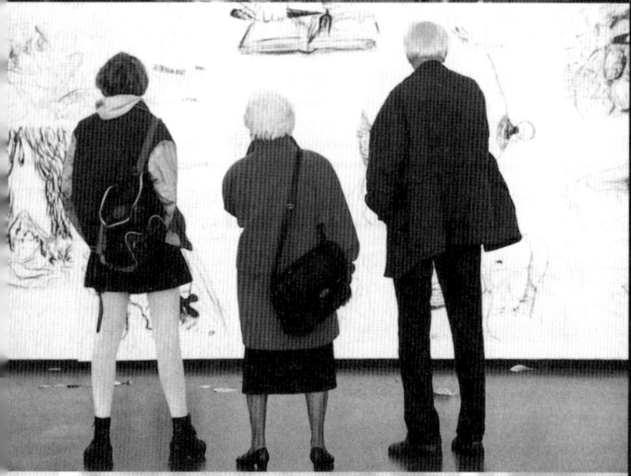
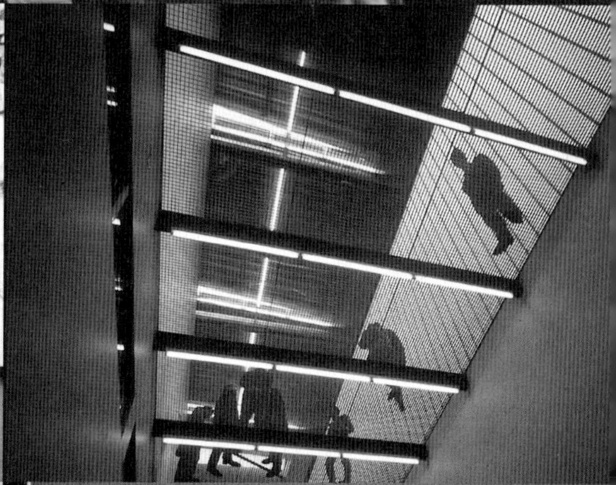
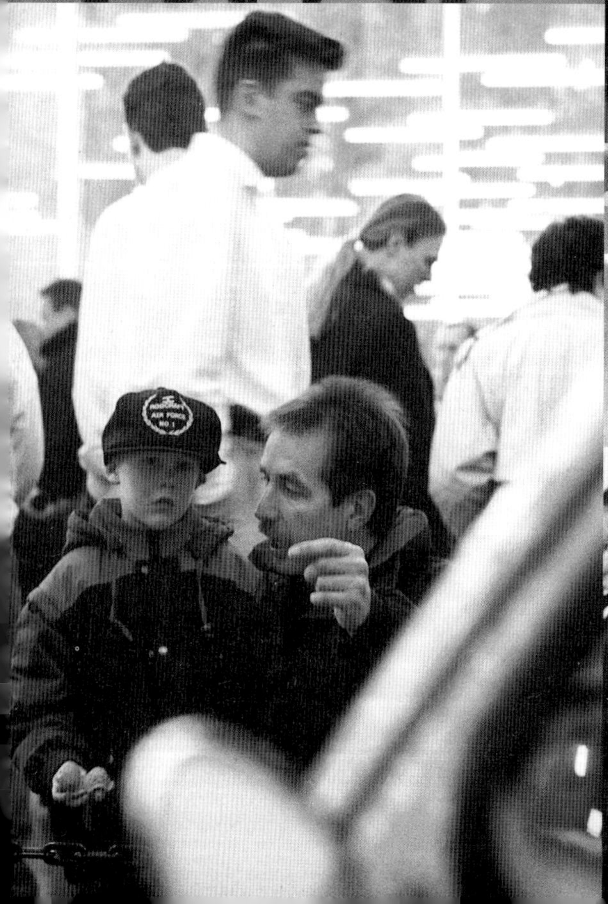
AIR FORCE
NO 1
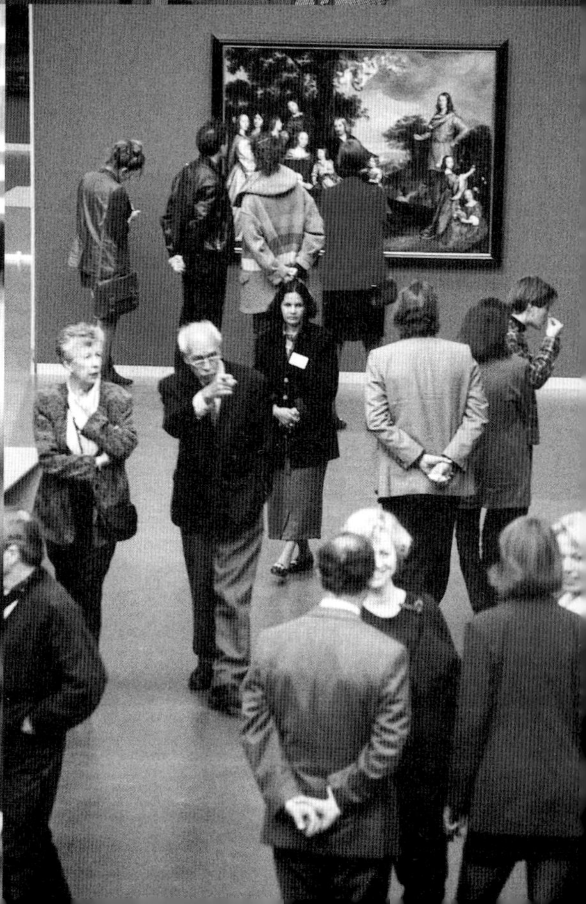

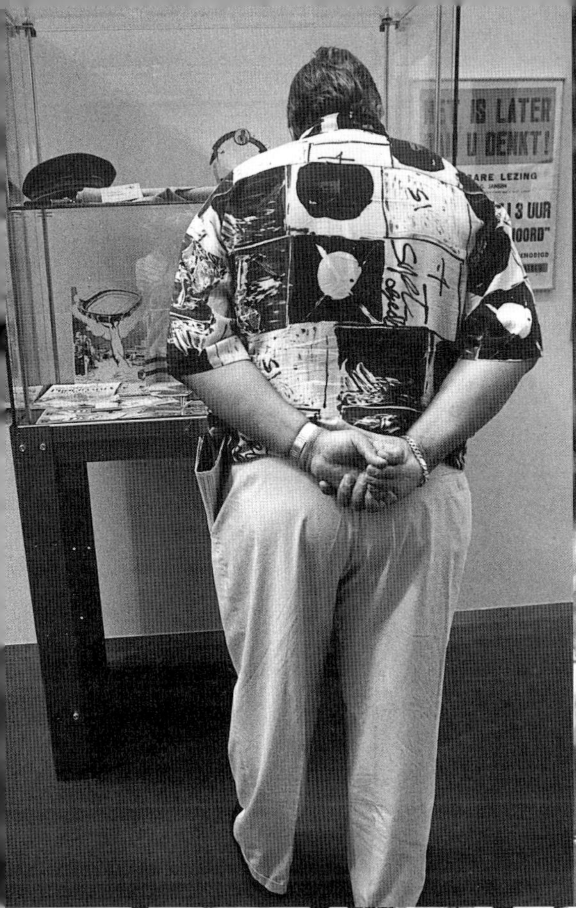
IS LATER
U DENKT!
ARE LEZING
3 UUR
OORD"

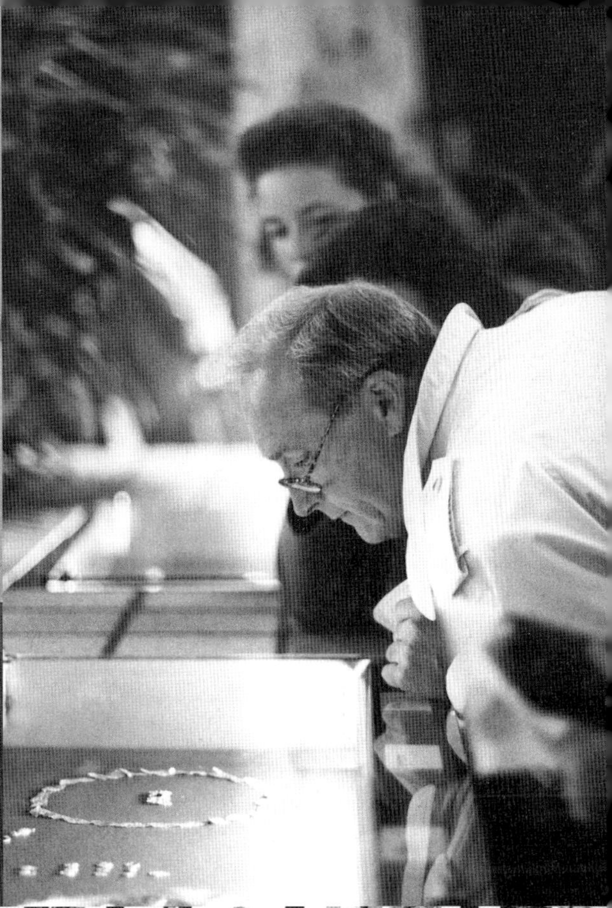

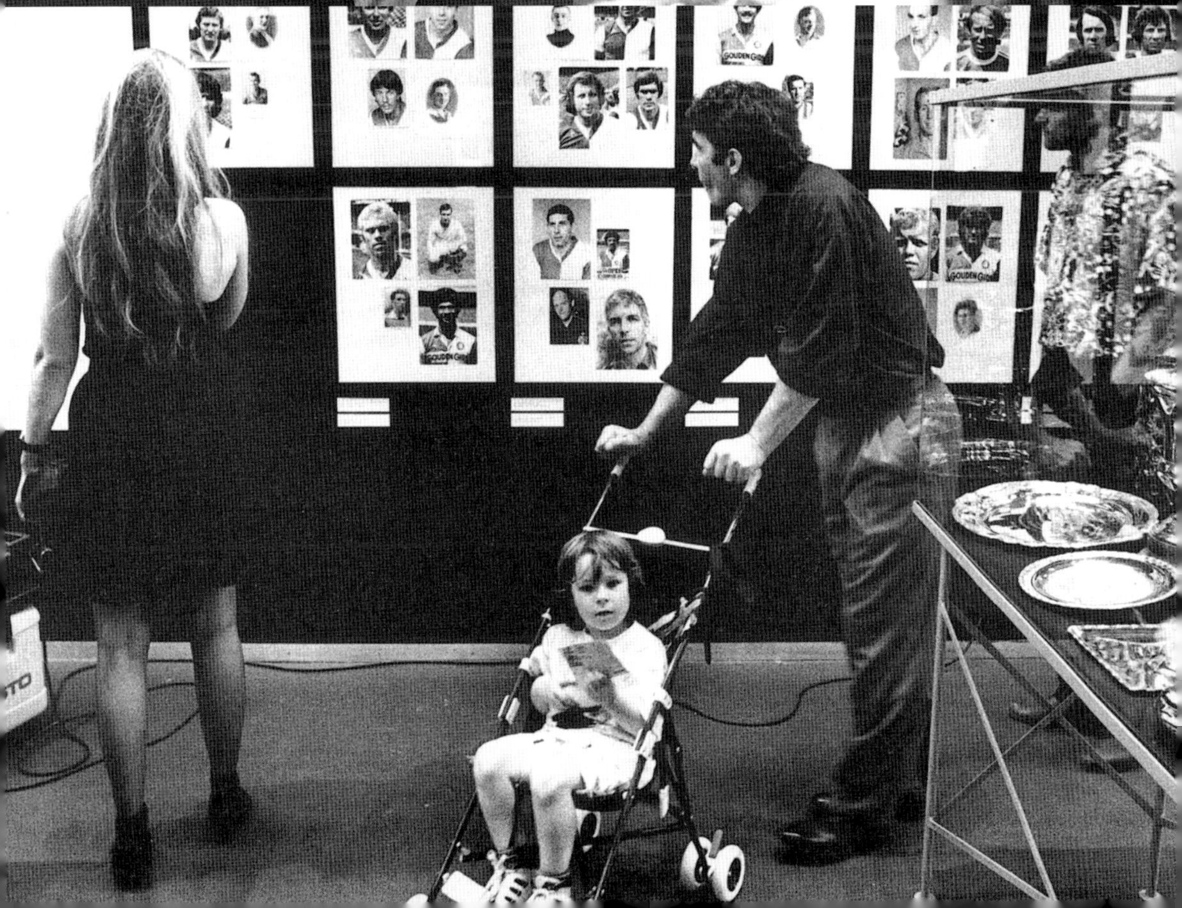
GOUDEN GIDS

LEREN VAN DE TOEKAN

Europa kent meer instituten zonder collectie, zoals het Palazzo Grassi in Venetië, het Palazzo Reale in Milaan en het Grand Palais in Parijs, instellingen waarmee de Kunsthal zich tot dusver nooit had kunnen meten. Het budget ontbrak om miljoenen in een tentoonstelling te kunnen investeren. Al te grote riscio's dienden te worden vermeden. Het financieel beleid was terughoudend; er werd geen geld geleend of extra subsidie aangevraagd voor ambitieuze projecten.

Die beperkte financiële armslag stond ook het ontwerpen van een coherent programma in de weg. Over het beleid werd niet zozeer gesproken, er werd vooral intuïtief gehandeld. Voor zover er sprake was van een strategie, was dat de strategie van het mogelijke. De Kunsthal maakte tentoonstellingen die niet te duur waren, maar die wel een maximaal rendement konden opleveren. Het zou een paar jaar duren voor de sleutel tot succes werd gevonden.

De eerste jaren was de druk groot. Er werden blunders gemaakt, want men was niet goed op de hoogte van de mores in de museumwereld. Een maand voor een opening werd nog achteloos gebeld met het Rijksmuseum of de Kunsthal nog even een schilderij kon lenen. Zo werkt dat natuurlijk niet en de kunstwereld heeft dat de Kunsthal ook goed laten weten. "De musea hebben natuurlijk enigszins afwachtend op het fenomeen van een assertief opererende Kunsthal gereageerd," sprak de directeur van het Rijksmuseum bij de opening van de lustrumtentoonstelling over de Haagse School. "Men heeft bruiklenen verleend, al of niet schoorvoetend, want bij alle élan ontbrak het aanvankelijk nog wel eens aan museale zorgvuldigheid. Wat

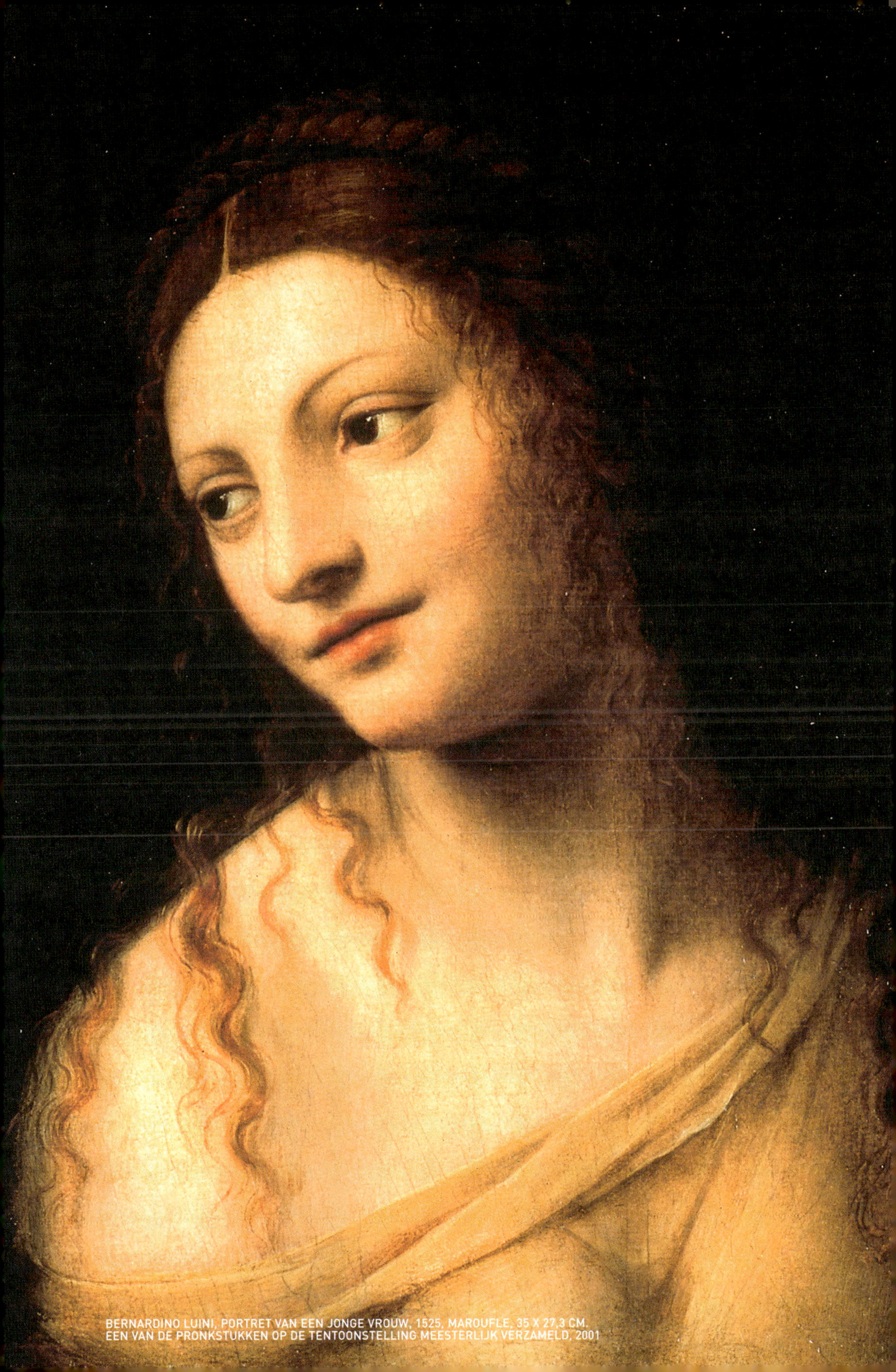
BERNARDINO LUINI, PORTRET VAN EEN JONGE VROUW, 1525, MAROUFLE, 35 X 27,3 CM.
EEN VAN DE PRONKSTUKKEN OP DE TENTOONSTELLING MEESTERLIJK VERZAMELD, 2001

vooral wennen was voor de musea waren de ongekende flexibiliteit en het improviseertalent dat de Kunsthal tentoonspreidde, en dat niet altijd aansloten bij wat de musea aan werkwijze en tempo te bieden hebben."

Inmiddels gaat het al weer jaren goed. Men kent de procedures en de eigenaardigheden van ieder museum. De een leent makkelijker uit dan de ander, maar in het algemeen is de samenwerking goed.

Eén ding stond vast: de Kunsthal moest slagen. Maar hoe? De kleine staf werkte hard en de Kunsthal kreeg veel publiciteit, maar toch was de teleurstelling groot toen er na drie jaar nog niet één werkelijk succesvolle tentoonstelling was gemaakt. Kort daarna diende Leonardo da Vinci zich aan. De eerste tentoonstelling in de Kunsthal die meer dan 100.000 bezoekers trok.

Wat was er gebeurd? Van Krimpen had ergens iets gelezen over een prachtige Da Vinci-tentoonstelling in Malmö, die drie jaar lang de hele wereld over zou reizen. Helaas was deze expositie zo kostbaar dat de Kunsthal hem niet kon betalen. Op zeker moment ontstond in het reisschema van de Da Vinci-tentoonstelling echter een gat van drie maanden, doordat een van de deelnemende instituten was uitgevallen. Kunstinstellingen plannen ver vooruit en geen museum is bij machte op stel en sprong, binnen de termijn van een half jaar, ruimte te maken voor een tentoonstelling die plotseling beschikbaar komt. De Kunsthal daarentegen ziet er niet tegenop iets te verschuiven of uit te stellen.

Hoe hoog het budget voor de rondreizende Da Vinci-tentoonstelling ook was, drie maanden niet exposeren betekent extra kosten voor tussentijdse opslag en derving van inkomsten. Een aanbod uit Rotterdam, ook al is het niet zo hoog, betekende voor de organisatie een bron van inkomsten en vermijding van de opslagkosten. Om het bod aantrekkelijk te maken werd ook een deel van de toeslag op de entreegelden toegezegd en nog een extra bedrag indien het bezoekersaantal een bepaalde grens overschreed.

Leonardo da Vinci, Uitvinder, wetenschapper en kunstenaar - in die volgorde - was een commerciële tentoonstelling met replica's en computers, een kermis van beweging en geluid. Zo werd ze ook in de publiciteit gebracht, als iets om je aan te vergapen en bij te verbazen. Het was een en al **universeel** en **genie** wat de klok sloeg. "De tentoonstelling in de Kunsthal Rotterdam probeert de universele geest van Leonardo da Vinci in zijn volle omvang te laten zien," proclameert de catalogus. "Leonardo de kunstenaar wordt hier getoond in zijn werken en in de omgeving van zijn school, zijn navolgers en zijn tijd. Leonardo da Vinci, de uitvinder, is onlosmakend verbonden met de waarnemer Leonardo. Bruggen, vliegtoestellen, een voorloper van de moderne automobiel, verschillende drijfwerken en de klok, aanschouwelijk gemaakt door modellen die in later tijd werden gerealiseerd, zijn de uiterlijke kenmerken van deze geweldige uitvindergeest. Die geest is overigens verder in belangrijke mate gedocumenteerd door de talrijke tekeningen en schetsen van Leonardo. Maar ook zijn activiteiten op het gebied van de anatomie en hydraulica worden in de tentoonstelling belicht. Voor het eerst in Nederland wordt daarmee de veelzijdigheid van het universele genie Leonardo da Vinci in een tentoonstelling voor een breed publiek toegankelijk gemaakt. De 230 objecten op deze tentoonstelling worden aangevuld met moderne multimedia-informatie, waarbij het publiek uit een

UITVINDINGEN VAN LEONARDO DA VINCI, MODELLEN OM AAN TE RAKEN
DE EERSTE HANDS-ON EXHIBITS IN DE KUNSTHAL, 1995

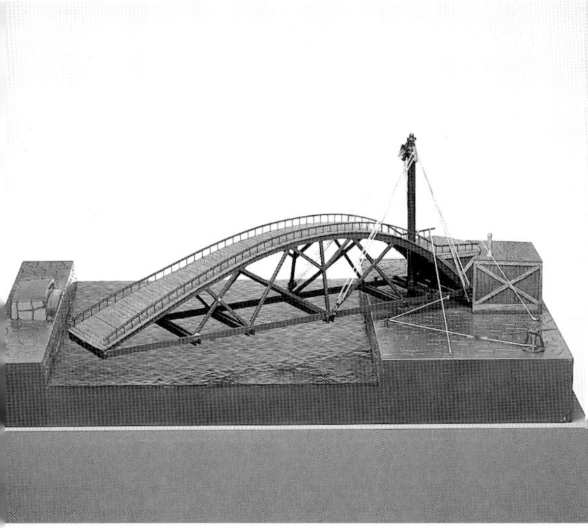

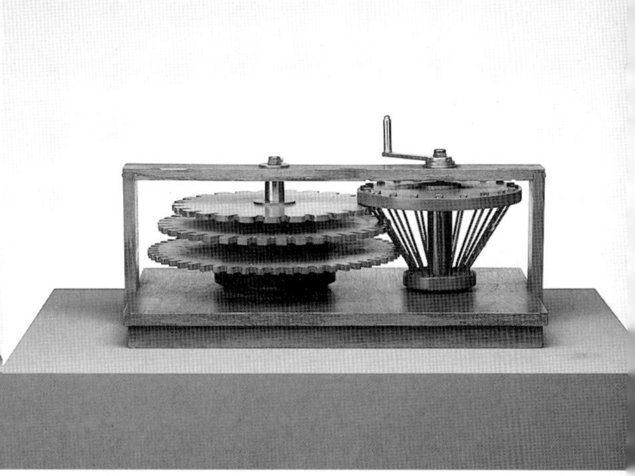

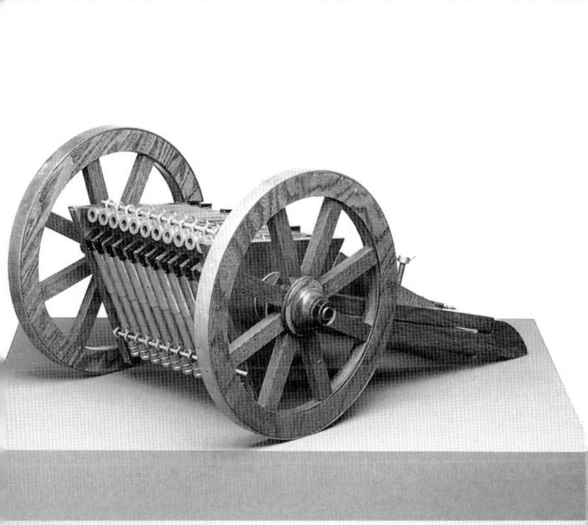

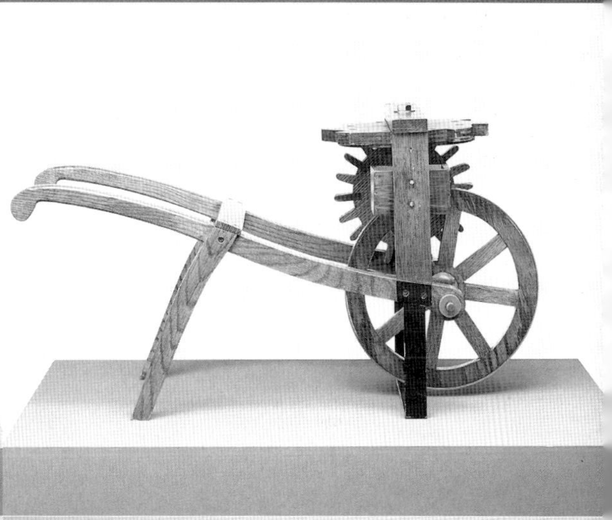

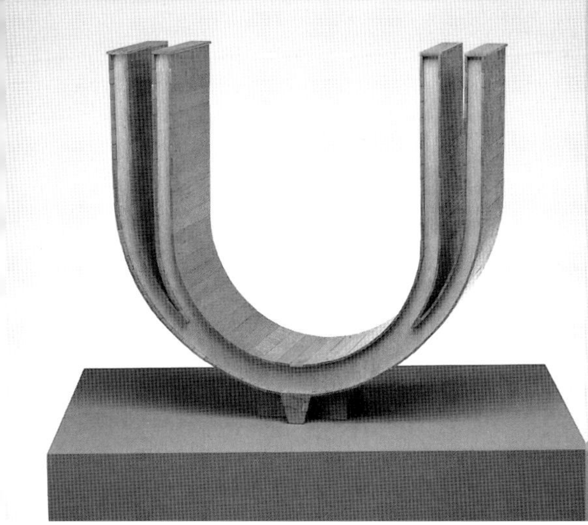

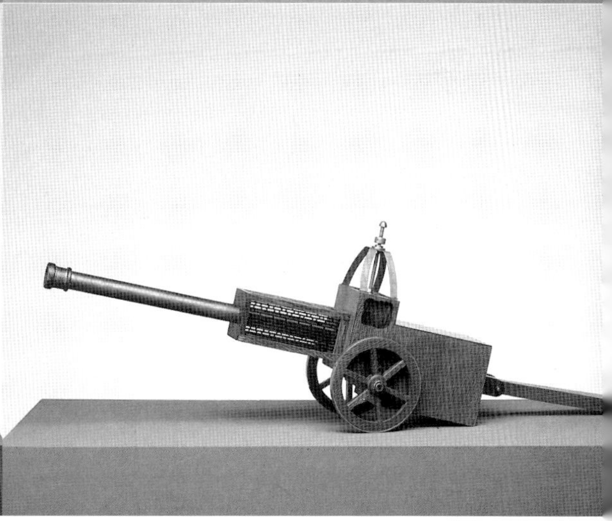

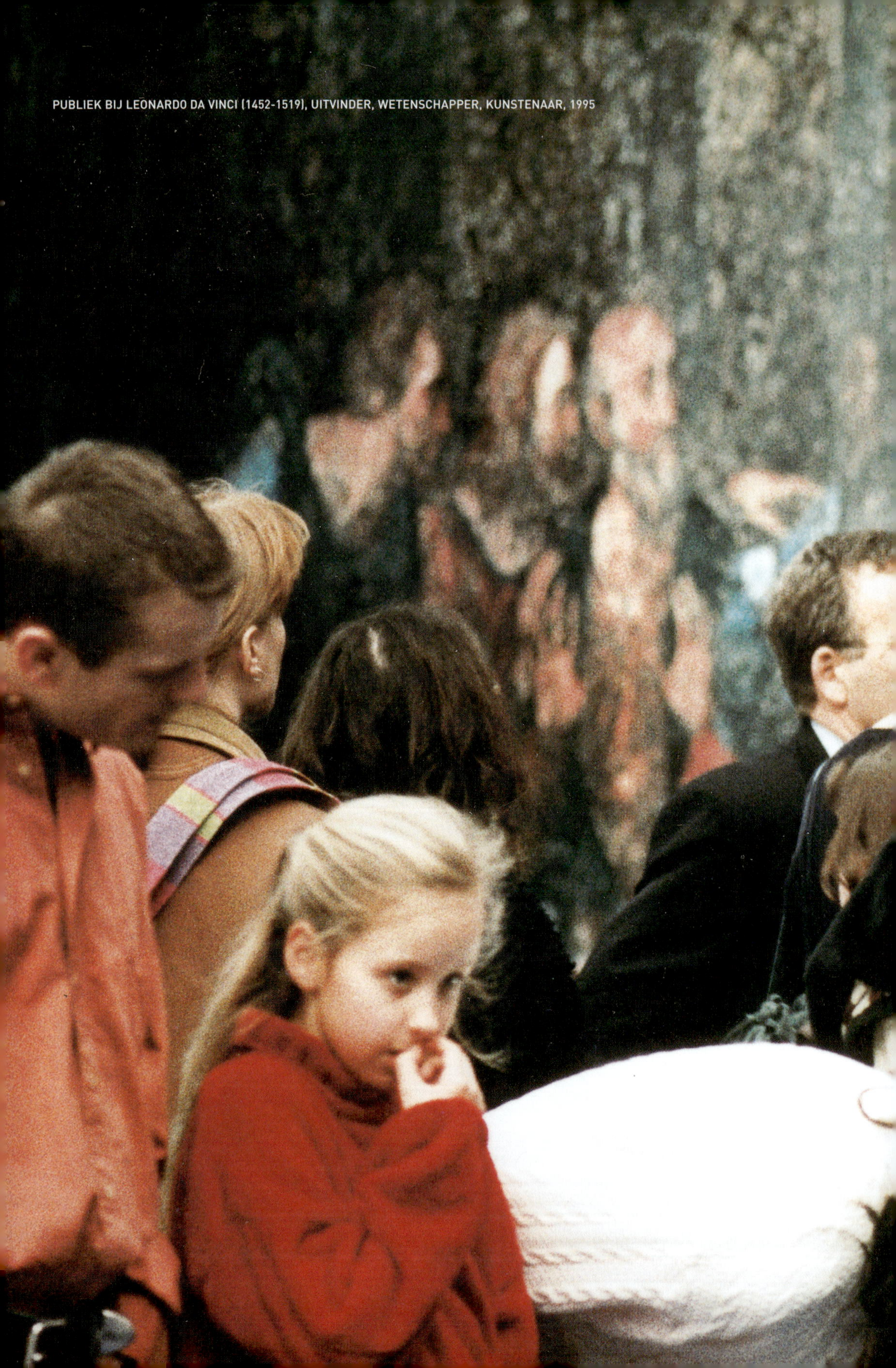
PUBLIEK BIJ LEONARDO DA VINCI (1452-1519), UITVINDER, WETENSCHAPPER, KUNSTENAAR, 1995

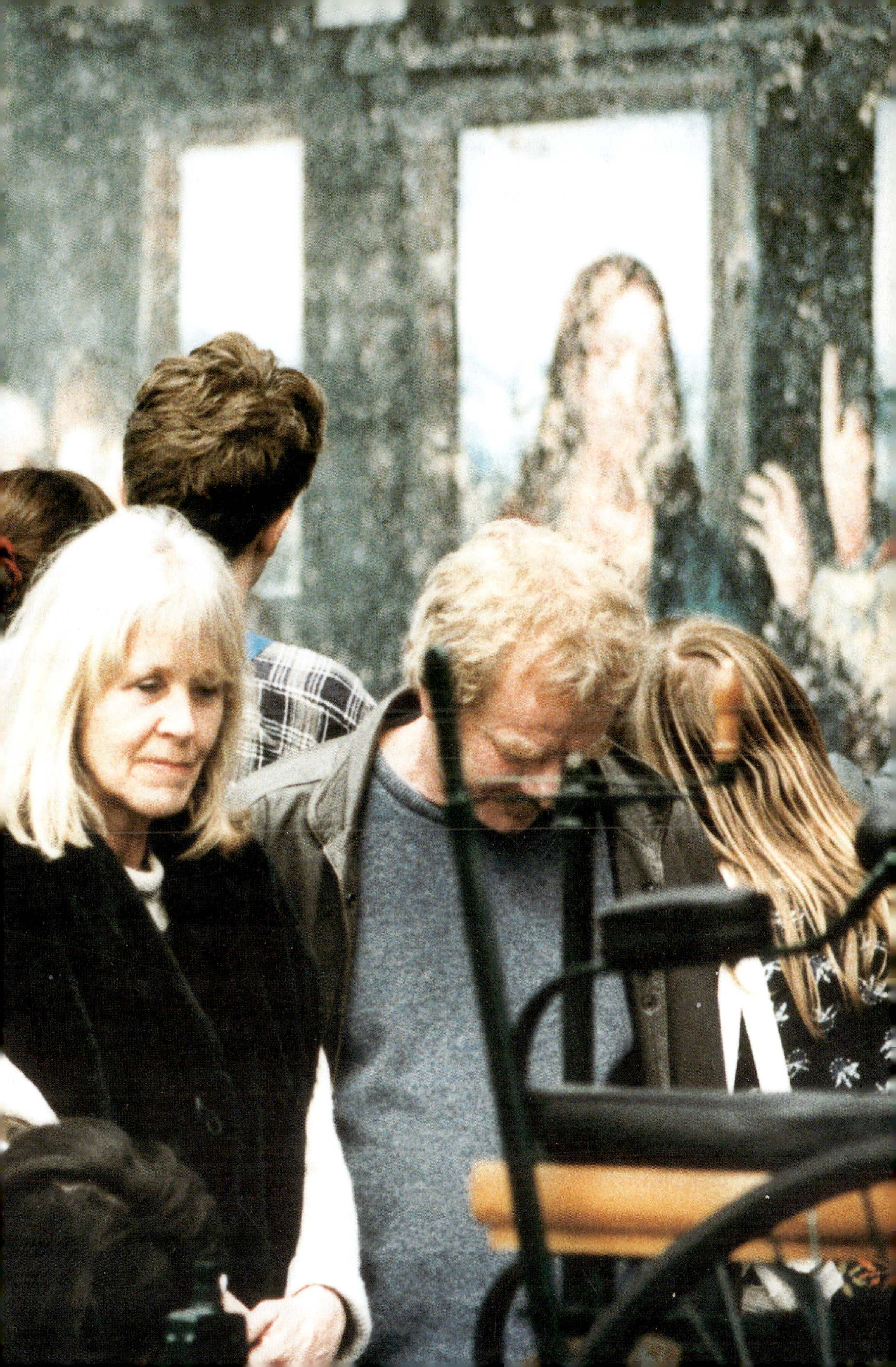

groot aanbod van beschikbare gegevens door middel van het computerscherm antwoord kan krijgen op vragen over de universele geleerde Leonardo da Vinci en zijn tijd."

Het was een meer educatieve dan artistieke tentoonstelling, maar de Kunsthal schaamde zich niet iets te brengen waar musea doorgaans ver van blijven. Al moeten aard en intentie wel duidelijk naar voren worden gebracht. In een van de Duitse expositieplaatsen was de directeur zo onverstandig geweest te verzwijgen dat de getoonde prenten geen originelen waren maar facsimile's. Toen dat uitkwam werd hij hard aangepakt door de Duitse museumwereld, waar verzwijgen gelijk staat aan oplichterij. De Kunsthal was gewaarschuwd.

Facsimile's waren het, geen originelen, zij het hoogwaardige facsimile's. Voor Nederland werd de expositie aangevuld met enkele bruiklenen. Al hebben ze bij Museum Boijmans diep moeten nadenken of ze hun enige echte Da Vinci wel moesten uitlenen aan die kermis van lering en vermaak.

"Voor de kunstwerken die alleen in de Kunsthal Rotterdam geëxposeerd worden," beklemtoonde Van Krimpen in het voorwoord, "danken wij in de eerste plaats de directie van het Museum Boijmans Van Beuningen in Rotterdam vanwege het onverwijld ter beschikking stellen van de enige geautoriseerde Leonardo die zich in Nederland bevindt (de tekening *Leda en de Zwaan*), aangevuld met vier tekeningen uit de School van Leonardo. Voorts ook dank aan het Teylers Museum in Haarlem, het Prentenkabinet van de Rijksuniversiteit Leiden en het Koninklijk Huisarchief in Den Haag, die werken op papier hebben uitgeleend die een verhelderend beeld geven van de grote invloed die Leonardo reeds in de 16e en 17e eeuw op kunstenaars heeft gehad."

Echt of niet echt, het publiek maalde er niet om. Het kwam met tienduizenden, jong en oud, maar vooral veel scholieren onder leiding van hun leraren wiskunde of bouwtechniek. Anders dan bij reguliere kunsttentoonstellingen kwam het publiek niet in de eerste plaats om iets te zien, maar om iets te beleven. De bezoekers wisten van tevoren dat ze niet alleen naar een tentoonstelling gingen bezoeken, maar dat ze ook ergens in verzeild zouden raken. De enscenering van Leonardo's verbeelding bleek de grote kracht van de tentoonstelling.

Een van de lessen die de staf hieruit trok was: hoeveelheid werkt. Vaak is het publiek teleurgesteld als een expositie maar een beperkt aantal stukken omvat. Zo niet hier. De tentoonstelling besloeg niet één hal, maar twee hallen. Dit was zoals tentoonstellingsmaker Wim van Sinderen het uitdrukte 'het Van der Valk-recept', het restaurant met de Toekan: geef het publiek meer dan het aankan. Hoe rijker het aanbod, hoe meer een groot publiek het gevoel heeft dat het waar voor zijn geld krijgt.

Hetzelfde principe werd twee jaar later toegepast bij de tentoonstelling *De Haagse School*: de schilderijen in de ruime daglichthal en de tekeningen en aquarellen in de benedenhal. Ook bij de grote Picasso-tentoonstelling in 1999 werd die opzet gevolgd. In alle gevallen bleek hoeveelheid een sleutel tot het succes.

Net als bij blockbusters in de cinema is het bezoek in de eerste weken van doorslaggevend belang voor het eindresultaat. Bezoek genereert bezoek. En om het bezoek op gang te brengen moet de publiciteit goed worden geregeld. De media moeten zo vroeg mogelijk worden geïnformeerd en ruimhartig van illustraties

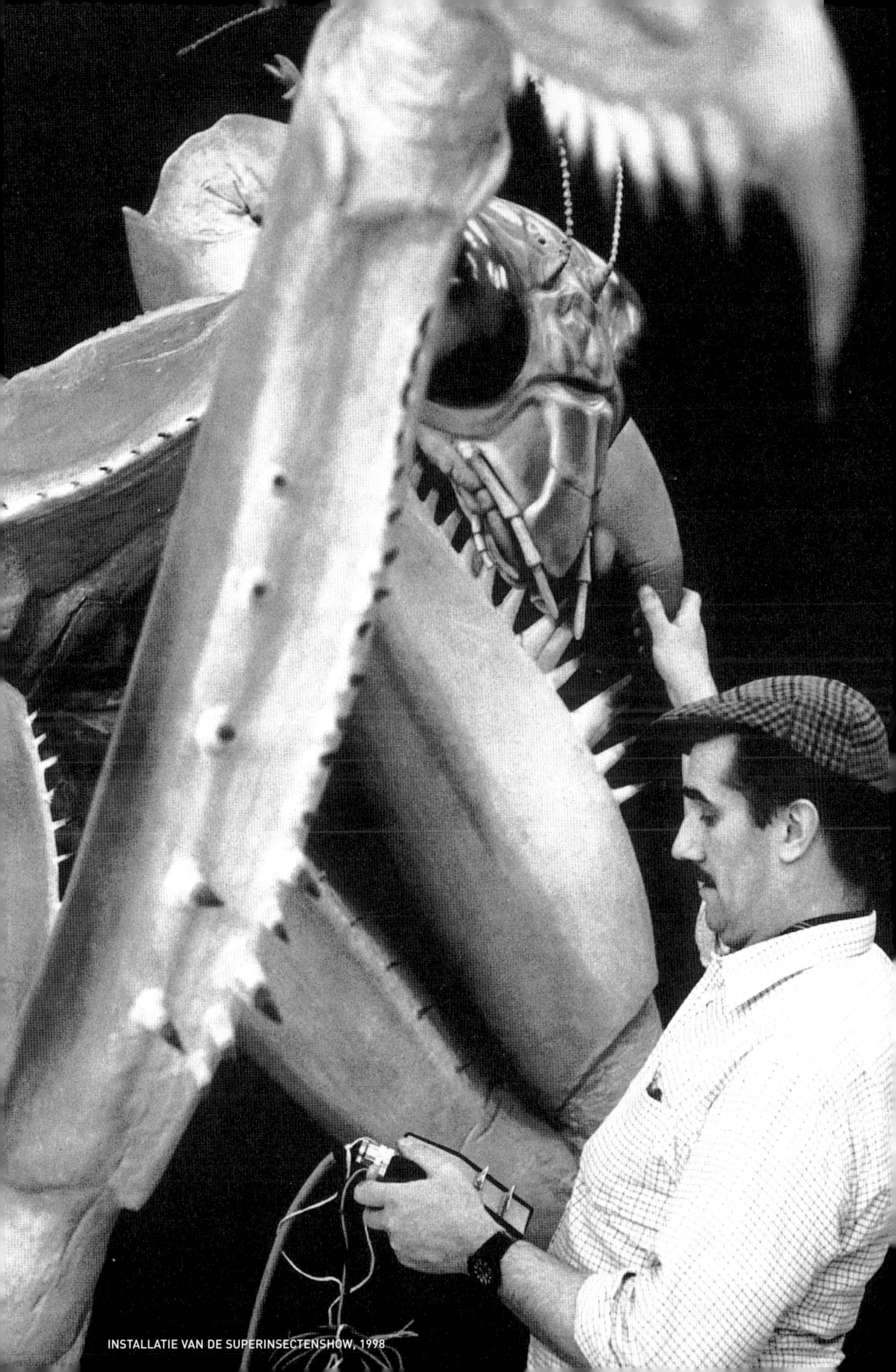

INSTALLATIE VAN DE SUPERINSECTENSHOW, 1998

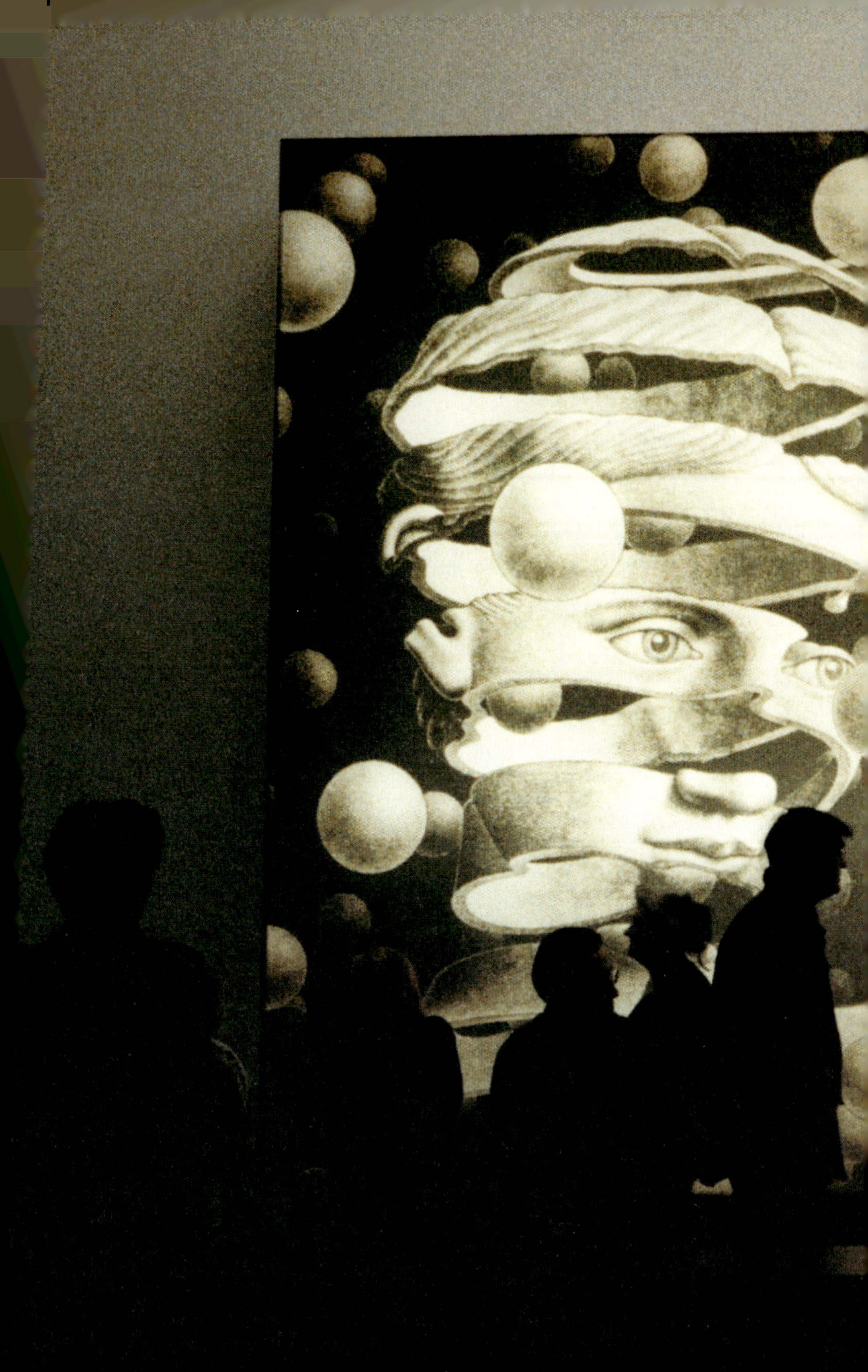

BLIEK BIJ TENTOONSTELLING 100 JAAR M.C. ESCHER, 1998

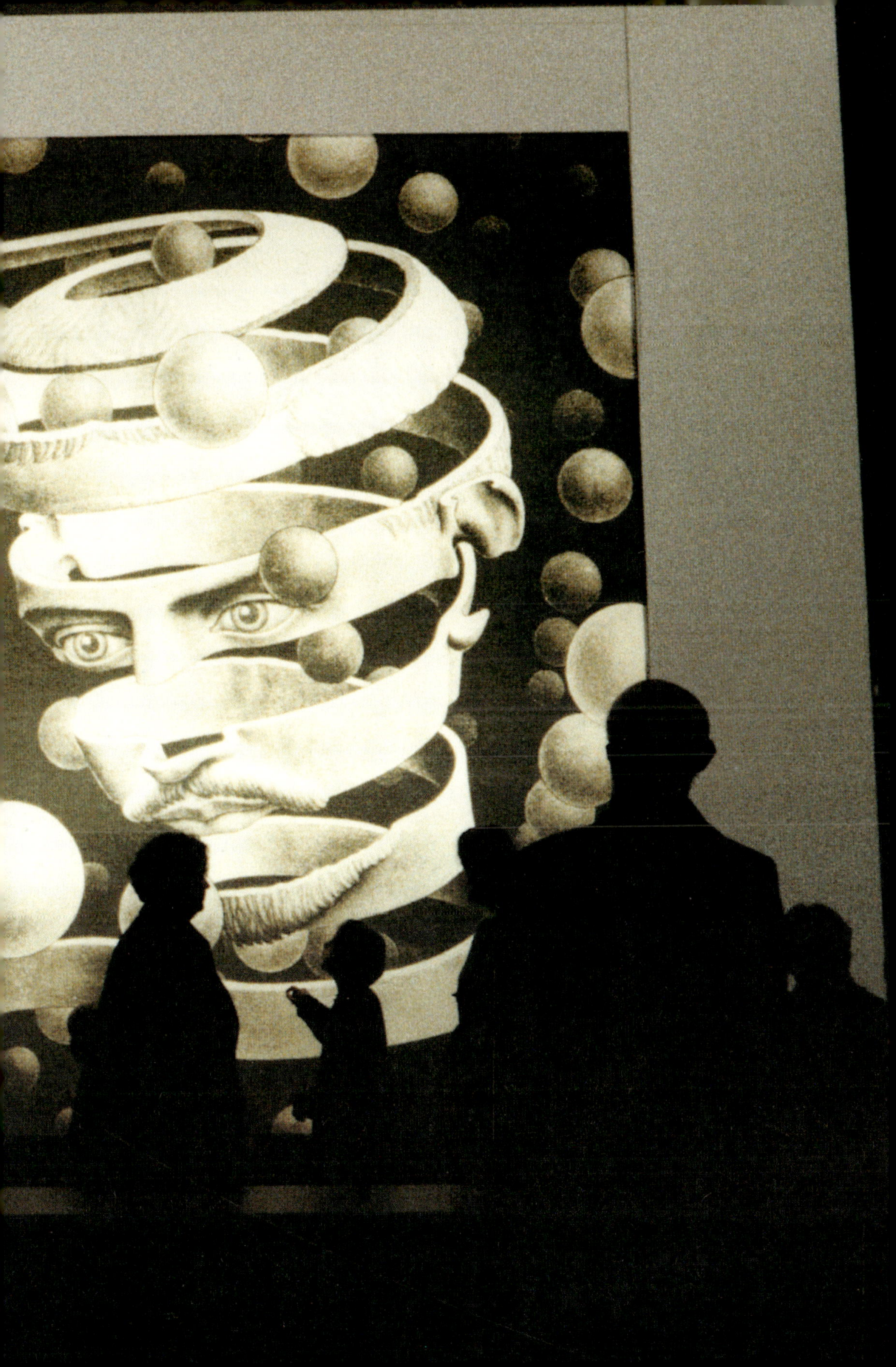

worden voorzien. Als een tentoonstelling publicitair goed wordt begeleid, dan valt net als in de filmindustrie na de eerste week al te voorspellen wat de uiteindelijke opbrengst zal zijn.

Leonardo da Vinci is een gouden naam, waarvoor de geschiedenis de marketing al heeft verzorgd. De naam is een begrip; het concept hoeft alleen nog maar te worden ingevuld. Na de eerste publiciteit doet de mondreclame het werk. Voor Leonardo da Vinci kwam het merendeel van de bezoekers van buiten Rotterdam, deels zelfs van buiten Nederland, vooral uit België.

Het succes van Da Vinci leidde bij de Kunsthal tot de vaststelling dat hier een heel terrein braak lag. Naast kunstzinnige tentoonstellingen boden tentoonstellingen met een educatief of verstrooiend karakter goede kansen een breed publiek te trekken. Vanuit dat idee werden later zulke verschillende exposities georganiseerd als *De Super Insecten Show* en *Star Trek*. Het bleken succesgrepen.

Maar waar ligt de grens tussen tentoonstelling en pretpark? Wanneer wordt kwaliteit opgeofferd aan populariteit, waar de auteurs van de eerste nota **Tentoonstellingshal** zo bang voor waren geweest?

Van Krimpen had een versie van *De Super Insecten Show* in Berlijn gezien en zijn kinderen hadden daar zo van genoten dat hij het besluit had genomen die tentoonstelling ook naar de Kunsthal te halen. Tentoonstellingsmaker Wim van Sinderen is toen naar een versie in Bonn gaan kijken, maar was het daar absoluut niet mee eens. Het concept had in zijn ogen niets meer met kunst te maken. Architect Erick van Egeraat, die de tentoonstelling in Rotterdam zou vormgeven, had weer een andere versie in Boedapest gezien, zo mogelijk nog slechter. *De Super Insecten Show* in 1998 werd bijna een breekpunt. Van Krimpen zette zijn plan door en met een gezamenlijke inspanning werd de tentoonstelling uitgebouwd tot iets dat leuker was dan het origineel. De staf van het Londense Natural History Museum, die *De Super Insecten Show* had bedacht en samengesteld, vond de enscenering in Rotterdam de meest geslaagde van de hele tournee.

De aanvankelijke scepsis maakte plaats voor enthousiasme.

Het was niet louter een aaneenschakeling van successen. Er waren ook pijnlijke mislukkingen, zoals de door de gemeente afgedwongen samenwerking met Museum Boijmans. Het plan was dat conservator Piet de Jonge jaarlijks één grote thematische tentoonstelling uit de collectie van het museum zou organiseren in de Kunsthal. De eerste was gewijd aan pop-art, maar op dat gebied was het museum niet al te rijk bedeeld. Gaandeweg groeide het besef dat de opzet groter en interessanter zou kunnen zijn als men de blik ook buiten de grenzen van het eigen depot ging richten. “Pop-art,” schreef Johan ter Molen, directeur a.i. Museum Boijmans Van Beuningen, “is een eerste poging om hardop te dromen hoe een vleugel in het enorme museum voor de *Collectie Nederland* er uit kan zien.”

Op papier leek het een goed idee: het collectieve kunstbezit als *musée imaginaire* met de Kunsthal als de aangewezen plaats om daar telkens een keuze uit te tonen. Bewust of onbewust werd daarmee alsnog de oorspronkelijke opzet van wethouder Linthorst voor een **Nationale Kunsthal** gerealiseerd. En wat was toegankelijker voor een breed publiek dan pop-art, met zijn vrolijke kleuren en overbekende thema's? De werkelijkheid leerde anders. Het jaarverslag meldt daarover: “De duur van de tentoonstelling was te lang (negen maanden), waardoor de aandacht verslapte." Het ontbeerde het flitsende, evenementachtige dat het kenmerk van de Kunsthal was geworden. "Het verdient aanbeveling," vervolgt het jaarverslag, "de samenwerking uit de verplichte sfeer te halen, zodat alleen samenwerking plaatsvindt, indien beide partijen daar enig voordeel in zien." Plannen voor soortgelijke tentoonstellingen over expressionisme en impressionisme werden geschrapt, alleen die over het surrealisme en over de collectie bronzen voorwerpen werden nog in samenwerking met Museum Boijmans gemaakt. Zonder veel succes.

Blijkbaar heeft het publiek er helemaal geen behoefte aan de *Collectie Nederland* in samenhang te zien. Wat elders in Nederland kan worden bewonderd, hoeft niet zo nodig naar Rotterdam te komen. Dat bleek niet alleen bij pop-art en surrealisme, maar ook bij *Hoogtepunten uit een Haagse collectie*. En eigenlijk had dat al duidelijk moeten zijn bij de allereerste tentoonstelling van de *Collectie Nederland*, de openingstentoonstelling *Het Koninklijk Paleis*, waarvoor het bezoek ook niet bepaald in vuur en vlam had gestaan.

De oorzaken zijn verschillend. *Het Koninklijk Paleis* had wel een concept, maar de presentatie was te willekeurig en de kunst te ongelijksoortig van aard. De hoogtepunten uit het Gemeentemuseum zijn het hele jaar door in Den Haag te bewonderen. Hetzelfde geldt voor surrealisme en pop-art uit de collectie Museum Boijmans op een steenworp afstand. De meerwaarde van de *Collectie Nederland* laat het hier afweten. Veel surrealisme buiten Museum Boijmans is er in Nederland niet te vinden. En het overzicht van de pop-art maakte op slag duidelijk dat er meer ontbrak dan aanwezig was. Van de grote namen werden niet meer dan enkele stukken getoond en vroege werken ontbraken bijna geheel. Om tot een kwantitatief volwaardige presentatie te komen werd de definitie van 'pop' zo opgerekt dat zowel Amerikaanse en Engelse pop-art als ook Nederlandse varianten en Franse nouveau réalisme kon worden getoond. Het resultaat was eerder een grillige keuze dan een representatief overzicht. De solotentoonstelling van Tom Wesselmann, die eerder in de Kunsthal te zien was geweest, had wel iets meer publiek getrokken, maar kon gemeten naar bezoekcijfers toch onmogelijk een succes worden genoemd. De conclusie kan alleen maar zijn dat Nederland, anders dan bijvoorbeeld Duitsland, geen land is waar pop-art hoog in aanzien staat. Nederlanders vinden pop-art te oppervlakkig, te vrolijk of te cynisch.

Ook grote tentoonstellingen van moderne kunst kregen niet het publiek dat ze verdienden. Het abstracte werk van Andy Warhol was een kostbare tentoonstelling over een minder bekend aspect van Warhol, maar het grote publiek liet het koud. De camouflageschilderijen die door kenners worden geprezen, trokken niet meer publiek dan de twintigduizend kunstliefhebbers die ook jaarlijks de KunstRAI bezoeken. Met zulke hoge kosten en lage cijfers moest de Kunsthal geld toeleggen en daarmee was het lot bezegeld van dit type tentoonstelling. In Rotterdam leken de taken voorgoed verdeeld: Witte de With voor de avant-garde, Museum Boijmans voor de moderne (en klassieke) kunst en de Kunsthal voor de grote publiekstentoonstellingen.

Wie probeert te analyseren welke soort kunst in staat is veel bezoekers te trekken, zal moeten constateren dat de grens te trekken valt aan het begin van de twintigste eeuw. Moderne kunst voordat die waarlijk modern werd. Wel de vroege Mondriaan,

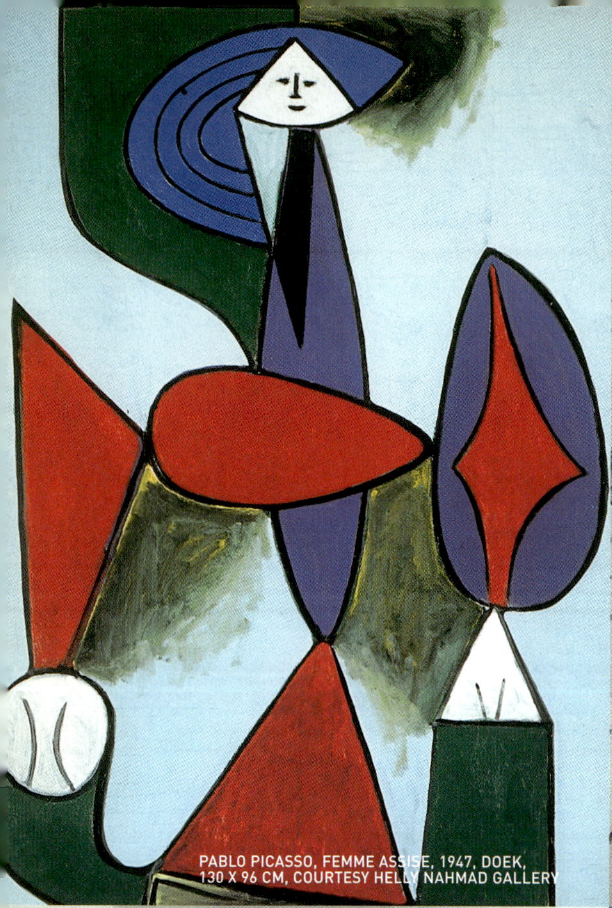

PABLO PICASSO, FEMME ASSISE, 1947, DOEK,
130 X 96 CM, COURTESY HELLY NAHMAD GALLERY

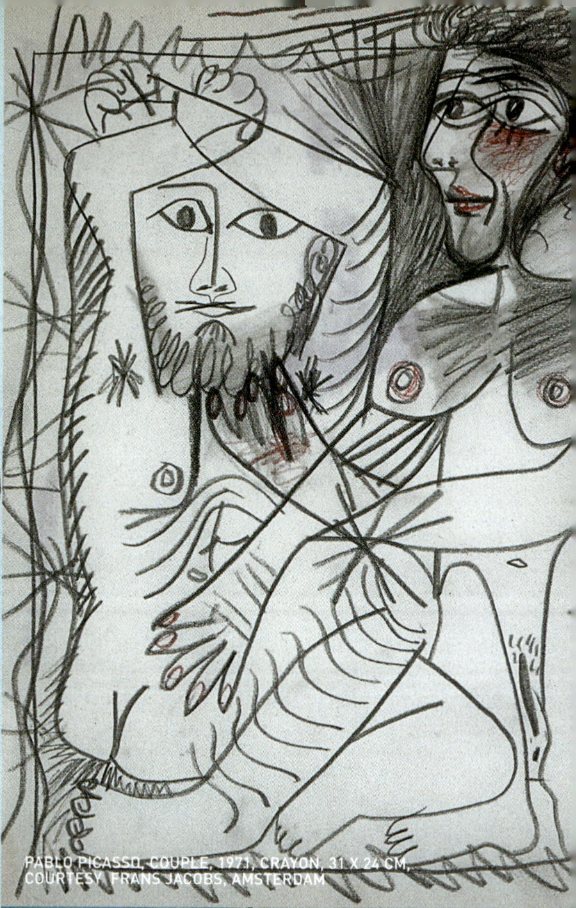

PABLO PICASSO, COUPLE, 1971, CRAYON, 31 X 24 CM,
COURTESY FRANS JACOBS, AMSTERDAM

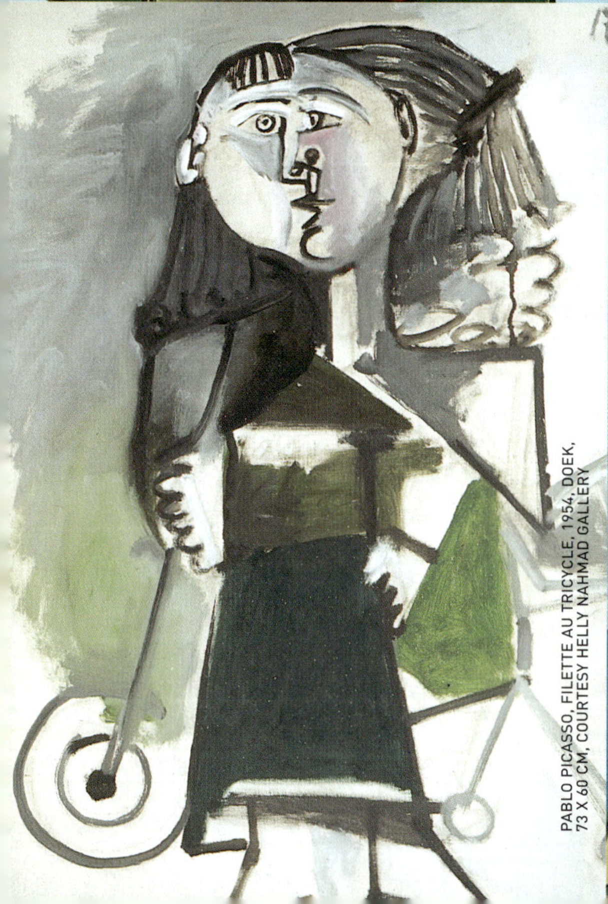

PABLO PICASSO, FILETTE AU TRICYCLE, 1954, DOEK,
73 X 60 CM, COURTESY HELLY NAHMAD GALLERY

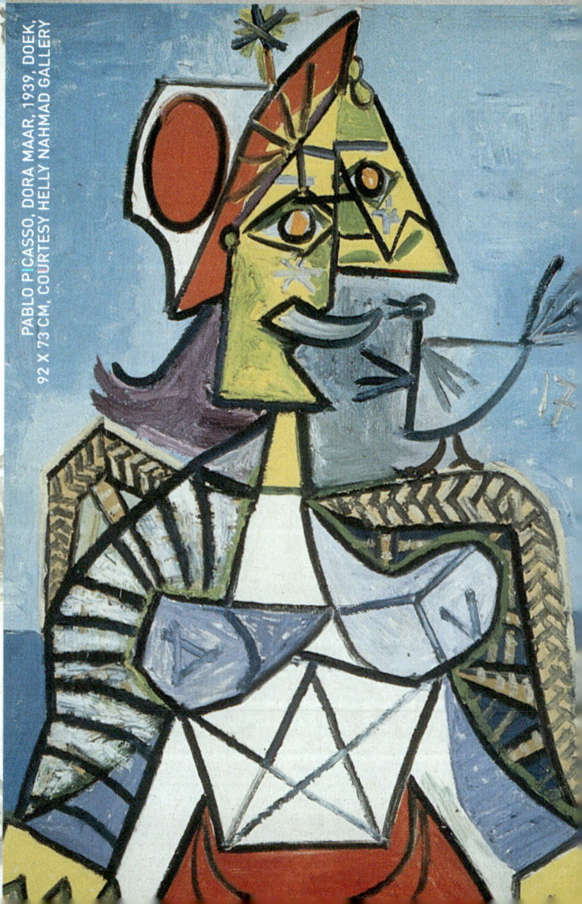

PABLO PICASSO, DORA MAAR, 1939, DOEK,
92 X 73 CM, COURTESY HELLY NAHMAD GALLERY

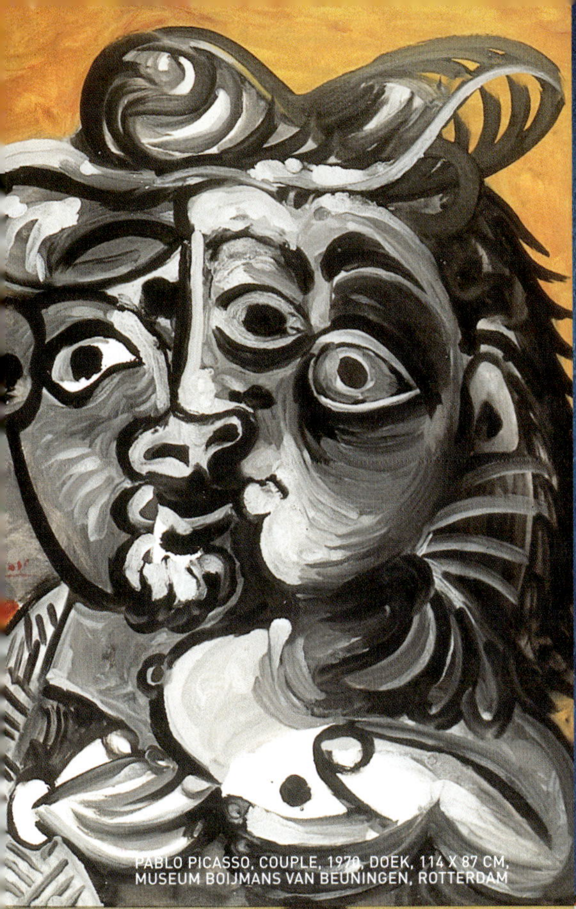

PABLO PICASSO, COUPLE, 1970, DOEK, 114 X 87 CM,
MUSEUM BOIJMANS VAN BEUNINGEN, ROTTERDAM

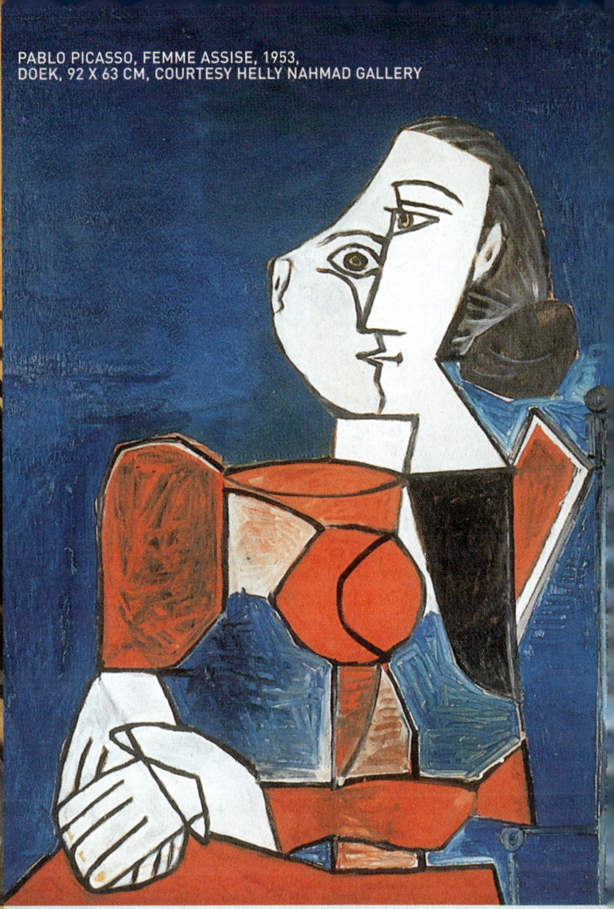

PABLO PICASSO, FEMME ASSISE, 1953,
DOEK, 92 X 63 CM, COURTESY HELLY NAHMAD GALLERY

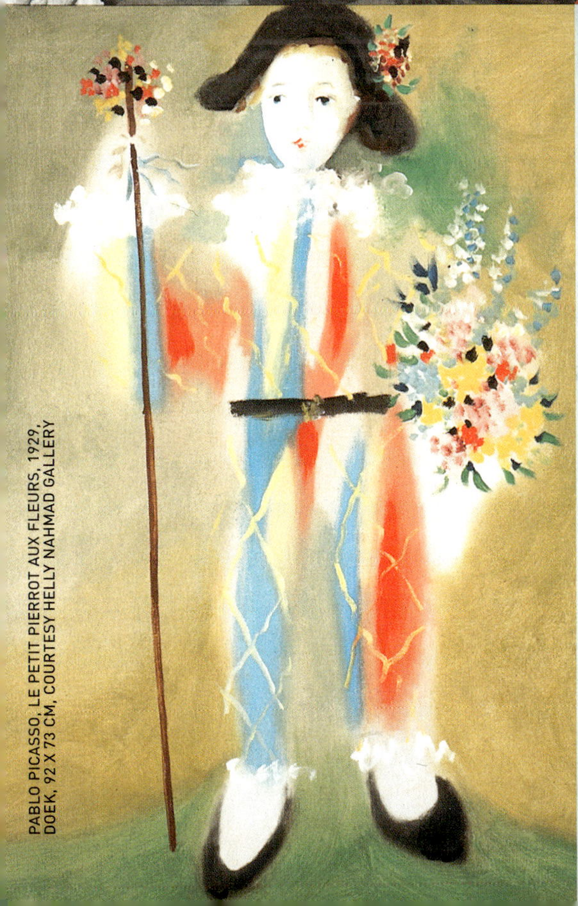

PABLO PICASSO, LE PETIT PIERROT AUX FLEURS, 1929,
DOEK, 92 X 73 CM, COURTESY HELLY NAHMAD GALLERY

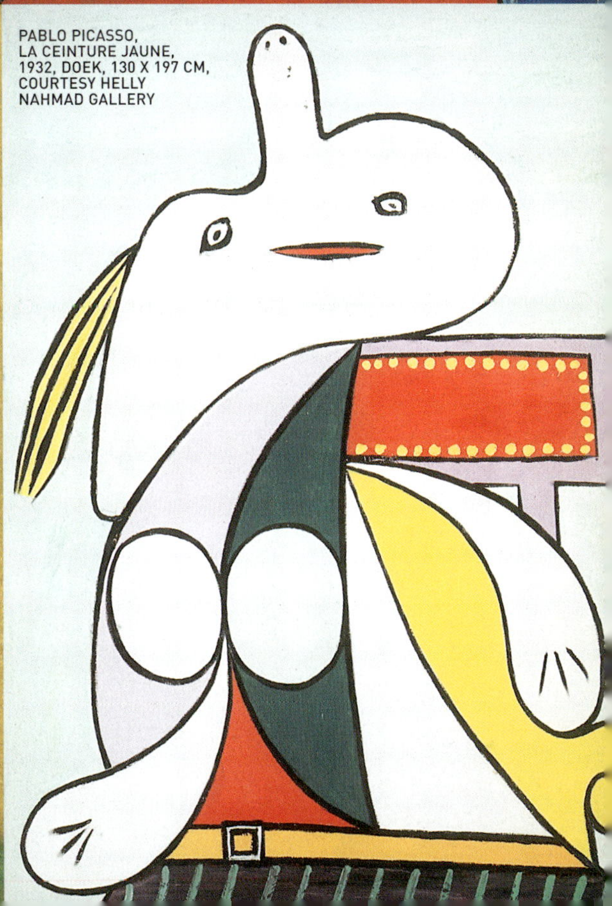

PABLO PICASSO,
LA CEINTURE JAUNE,
1932, DOEK, 130 X 197 CM,
COURTESY HELLY
NAHMAD GALLERY

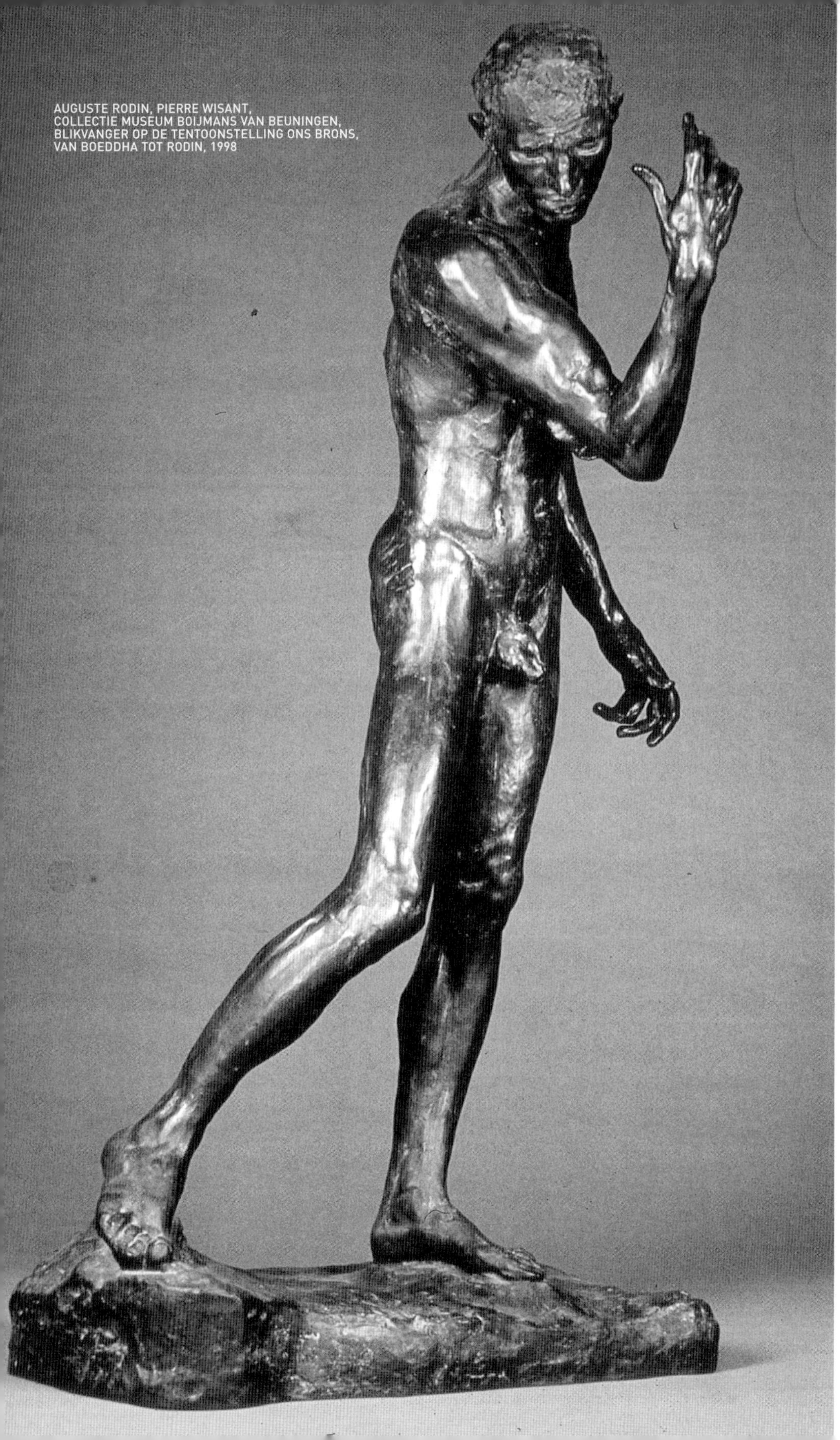

AUGUSTE RODIN, PIERRE WISANT,
COLLECTIE MUSEUM BOIJMANS VAN BEUNINGEN,
BLIKVANGER OP DE TENTOONSTELLING ONS BRONS,
VAN BOEDDHA TOT RODIN, 1998

niet de late Mondriaan. In het algemeen: figuratieve kunst, geen abstracte kunst. Tot aan het begin van de twintigste eeuw bood het schilderij een venster op de wereld. Een vaak verlokkend uitzicht. Daarna werd dat uitzicht versperd door de abstracte kunst. In de woorden van een Amerikaanse criticus: Mondriaan deed het raam dicht, Barnett Newman trok het rolgordijn omlaag, Ad Reinhardt deed het licht uit. Daarmee werd in de kunst niet alleen de wereld, maar ook het grote publiek buitengesloten.

De Kunsthal heeft nog geprobeerd de moderne kunst te behouden in de programmering van een reeks buitenbeentjes: Miquel Barceló, Wainer Vaccari, Eduardo Arroyo. Hedendaagse kunstenaars die niet tot de canon van de avant-garde behoren. Het soort moderne kunstenaars die niet door het Stedelijk Museum wordt getoond. Ook die pogingen moesten worden gestaakt.

De keerzijde van die beperkingen van het programma is dat de Kunsthal daarmee ook een deel van haar oorspronkelijke bezoekers verloor. Als bij het publiek het beeld ontstaat dat er in de Kunsthal niets meer gebeurt op het gebied van de hedendaagse kunst, dan blijft de harde kern van het kunstpubliek ook weg. Alleen kunst die rumoer veroorzaakt, zoals bijvoorbeeld *Sensation*, kan dan nog een trekpleister vormen. Als de Kunsthal die tentoonstelling na Londen en Wolfsburg zou hebben gebracht, zou het publiek ongetwijfeld zijn toegestroomd. Maar tegen welke prijs? En welk deel van zo'n publiek keert nog eens voor iets anders terug?

Dit is het dilemma waarvoor een instelling wordt geplaatst, die goeddeels haar eigen budget moet generen. Hoe maak je interessante tentoonstellingen waar voldoende publiek op af komt? Niet met sculptuur, niet met abstracte kunst, in het algemeen niet met moderne kunst. Een uitzondering als Picasso daargelaten.

Ook niet met het soort verplichte tentoonstellingen dat zijn oorsprong elders heeft. Voor tentoonstellingen van de stichting AIR of de Rotterdamse Kunststichting was altijd wel voldoende geld beschikbaar en de Kunsthal ontving daar een aantrekkelijke huur voor, maar publiek trokken ze niet echt en ze deden het profiel van de Kunsthal vervagen. Het laatste voorbeeld van dit type tentoonstelling was *Hulde aan de gulden*, georganiseerd in opdracht van het Museum voor Geld- en Bankwezen, over het afscheid van ons oude geld. Een kostbare tentoonstelling waarmee alles en iedereen zich bemoeide, zonder veel resultaat.

Het succes moest eerder gezocht worden in de hoek van het soort kunst waarvoor een groot publiek bestaat, dat op dit punt maar mondjesmaat wordt bediend. Net als bij bestsellers leidt succes hier tot meer succes. Zie het geval van de Breitnertentoonstelling. In Amsterdam had die al 160.000 bezoekers naar het Stedelijk Museum gelokt, toen de tentoonstelling daar noodgedwongen moest sluiten. Het schema van het museum stond verlenging niet toe. De Kunsthal bood aan de Breitnertentoonstelling in Rotterdam te prolongeren en trok daarmee in twee maanden nog eens 40.000 bezoekers.

"De Kunsthal is," zei Ronald de Leeuw, directeur van het Rijksmuseum, in een toespraak bij het eerste lustrum, "als ik het goed volg, bezig systematisch de Nederlandse kunstgeschiedenis van de 19de eeuw in kaart te brengen. We zagen de afgelopen jaren hier al *Passage Brussel*, waarin Willem Roelofs centraal stond, de van het Stedelijk overgenomen Breitnertentoonstelling, en de luministen."

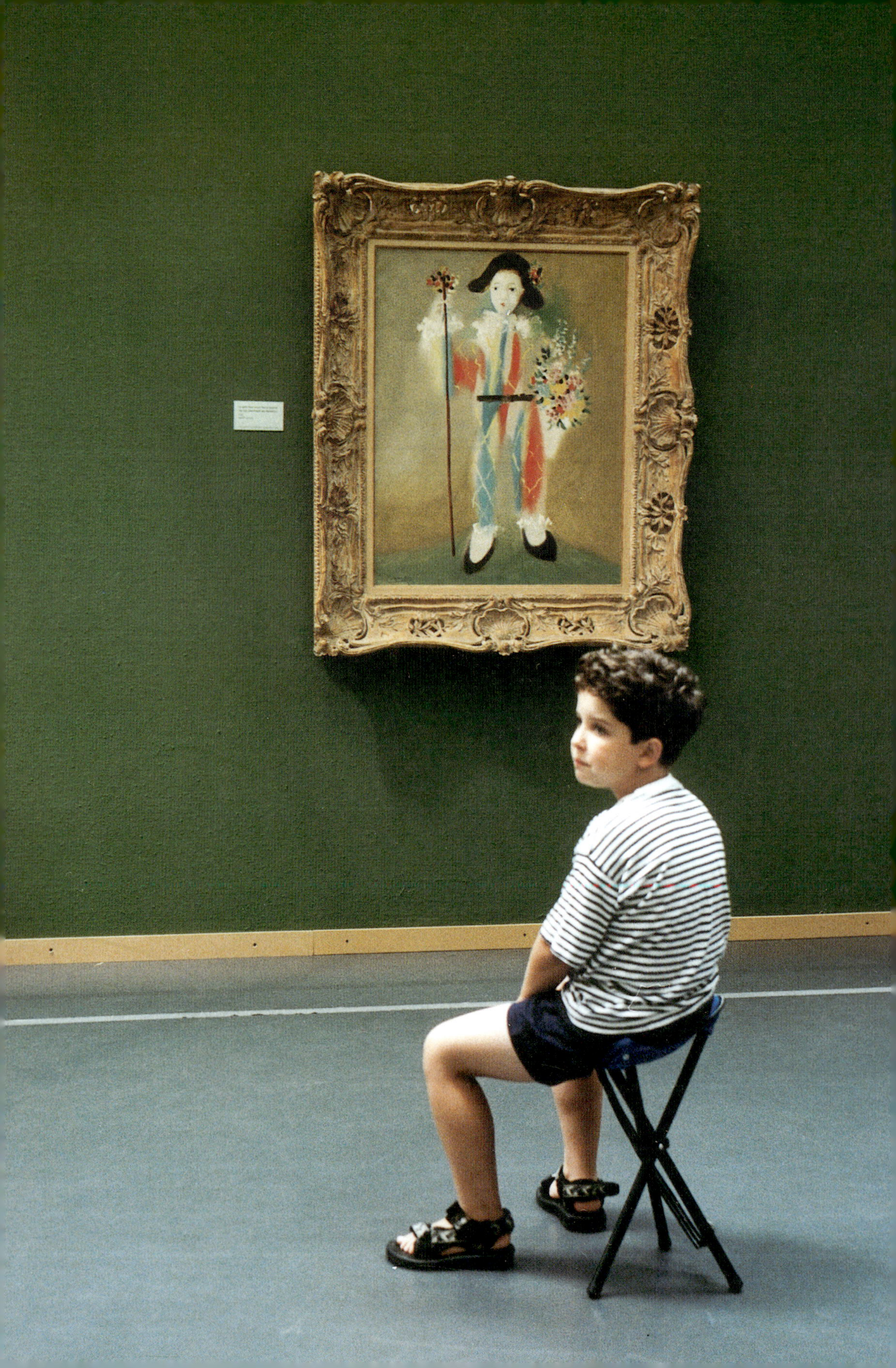

Daar kwam de Haagse School bij. Het zijn vaak onderwerpen waar de Nederlandse kunstwereld een beetje op neerkijkt, maar veilingcatalogi bewijzen dat het publiek er niet genoeg van kan krijgen. Het is sfeervolle kunst en dat spreekt een groot publiek aan. "De schilders van de Haagse School," sprak De Leeuw, "profileerden zich in de jaren zeventig en tachtig [van de negentiende eeuw] als de schilders van het warme grijs en stonden in hun werk een mistige, dampige atmosfeer voor. Dit maakte dat zij uitblonken in het treffen van de subtielste schakeringen in ochtendstemmingen en de inzettende avondschemering." Bij de schilders van de Haagse School werd de grijze toon tot een nationaal sentiment verheven.

Uitgeverij Waanders reageerde enthousiast toen ze werd benaderd met de vraag of ze een catalogus wilde maken bij de expositie van de Haagse School. Wat bleek? Een catalogus bij een kleine tentoonstelling over de Haagse School in Drenthe had zo goed gelopen dat men zeker wist dat hier een markt voor was. Dat is ook gebleken. De Haagse School in de Kunsthal trok meer dan 125.000 bezoekers.

De conclusie die uit deze ervaringen werd getrokken, was dat de Kunsthal beter te rade kan gaan bij instellingen die werkelijk contact hebben met de markt, instellingen als uitgevers en veilinghuizen, dan bij bepaalde gastcuratoren en musea die zich niet bezig houden met de vraag wat het publiek wil. Die letten hooguit op wat de kunstwereld of de wetenschap wil. De kritiek uit die hoek op de tentoonstelling van de Haagse School ging dan ook niet over de aantrekkelijkheid of de presentatie van die kunst, maar over het ontbreken van ook maar één nieuw wetenschappelijk inzicht. Alsof dat een voorwaarde moet zijn voor een expositie. Publieksvriendelijke tentoonstellingen kunnen heel goed naast wetenschappelijke presentaties bestaan. Ze maaien elkaar het gras niet voor de voeten weg.

Het topjaar voor de Kunsthal was 1998 met de grote Eschertentoonstelling. Een absolute uitschieter met 336.576 bezoekers, een verdubbeling ten opzichte van het jaar ervoor. Daarmee was de Kunsthal op slag de best bezochte kunstinstelling van Nederland geworden na de drie grote Amsterdamse musea: het Rijks, het Van Gogh en het Stedelijk.

Voor de in totaal 28 tentoonstellingen die dat jaar in de Kunsthal waren te zien, kwam driekwart van de bezoekers van buiten de regio. Alleen Escher trok al 200.000 liefhebbers. Die kwamen niet alleen voor de kunstwerken, maar vooral ook voor de manier waarop de wereld van Escher werd verbeeld. Net als bij Da Vinci was het allereerst een expositie van ideeën, niet in abstracto maar concreet gemaakt voor een nieuw publiek. De wetten van het pretpark waren hier toegepast op de kunst.

Van begin af aan had Van Krimpen betoogd dat de Kunsthal minimaal 150.000 bezoekers per jaar kon (en moest) halen, indien goed geprogrammeerd. Nu drong het besef door dat 200.000 bezoekers per jaar misschien wel haalbaar zou zijn bij een beleid van twee grote en goede tentoonstellingen per jaar, één in het voorjaar en één in het najaar, en daar omheen een reeks aantrekkelijke, kleinere tentoonstellingen.

Maar kan zo'n grote succestentoonstelling ook worden georganiseerd voor moderne kunst, hoe klassiek ook? Ooit was Van Krimpen in het kielzog van burgemeester Bram Peper en stichtingvoorzitter Neelie Kroes naar New York gereisd met het vaste voornemen terug te keren met de toezegging van een Picassoretrospectief. Bij het Museum of Modern Art werd het gezelschap ontvangen door de directeur,

Glenn Lowry. Het prototype van de nieuwe Amerikaanse museumdirecteur, kunsthistoricus én ondernemer, een man die in één adem praat over kunst en miljoenen dollars. Nadat Van Krimpen zijn verlangen kenbaar had gemaakt, werd daar door Lowry welwillend op gereageerd. Een Picassotentoonstelling? Dat was heel goed mogelijk, maar realiseerde Van Krimpen zich wel waarover hij sprak? Zo'n tentoonstelling vergde één miljoen aan honorarium, één miljoen aan kosten en één miljoen aan verzekering. In totaal drie miljoen dollar en daarmee een onmogelijkheid voor de Kunsthal. De droomtentoonstelling voor het laatste jaar van de twintigste eeuw ging ter plekke in rook op.

De meesterwerken uit het MoMA lagen buiten zijn bereik, maar daarmee was het plan nog niet geheel van de baan. In 1998 zag Wim Pijbes, adjunct-directeur van de Kunsthal, een advertentie voor een tentoonstelling in de Helly Nahmad Gallery in Londen: *Picasso - Artist of the Century*. Het betrof hier een Libanese familie van verzamelaars, waarvan de zoon een galerie was begonnen nabij Bond Street. In de loop der jaren waren veel Picasso's uit privébezit verworven, waardoor de galerie over een omvangrijke collectie kon beschikken. Het contact was snel gelegd en niet lang daarna was de zaak rond. De Kunsthal kon beschikken over zestig schilderijen, die de samenstellers zelf uit de verzameling mochten kiezen. Aangevuld met bruiklenen van particulieren en uit Nederlands museaal bezit kon daarmee een omvangrijke terugblik worden samengesteld. Zij het een terugblik met beperkingen, een sleutelwerk als *Les Demoiselles d'Avignon* zat er niet bij. Dat bleef in het MoMA.

Het plan van Van Krimpen werd gereserveerd ontvangen. Zijn verzoek aan Rudi Fuchs van het Stedelijk Museum om een paar Picasso's te mogen lenen, werd gehonoreerd met een brief die begon: "Ik ben niet zo gecharmeerd van uw plan..." Wat wilde Fuchs daarmee zeggen? Niets meer of minder dan dit: Picasso, dat doet het Stedelijk wel. Maar de werkelijkheid is dat het Stedelijk geen Picassotentoonstelling maakt, omdat het die niet meer kan maken. Afgezien van de late Picasso's op *La Grande Parade*, was Picasso daar in enige omvang voor het laatst te zien in 1967. Als het Stedelijk een Picassotentoonstelling zou willen maken, zou het zich verplicht voelen om daarop meesterwerken als *Les Demoiselles d'Avignon* te exposeren. Maar die worden niet uitgeleend, daarbij zijn de verzekeringskosten onbetaalbaar. Als het Stedelijk Museum het zeker niet zal doen, mag de Kunsthal het dan niet proberen zonder *Les Demoiselles d'Avignon?*

De pers reageerde al even koel. In *De ontvangst van de moderne kunst in Nederland 1910-2000* somt Jan van Adrichem het allemaal nog eens op. "Pers en kritiek hebben *Picasso, Kunstenaar van de eeuw* op drie, overwegend negatieve manieren besproken. In de eerste plaats was er scepsis over de motieven van de Kunsthal, die door sponsoring een mega-event zou hebben willen organiseren en via betaalde bezoeken vooral een groot kassucces zou hebben nagestreefd. Critici meenden dat de Kunsthal zich niet alleen in dienst had gesteld van de kunsthandel, maar ook - via de publiciteit en het verhoopte massabezoek - tegenover sponsors, bestuurders en politiek een bewijs van het eigen succes had willen leveren. De expositie zou niet meer dan een **opgeklopt retrospectief** zijn, waarbij de organisatoren ten onrechte zouden hebben geprobeerd het gebrek aan samenhang tussen de werken te verkopen als een kenmerk van Picasso's verscheidenheid."

Daarmee werd een belangrijk aspect over het hoofd gezien. Wat in de Kunsthal werd getoond, was niet alleen een greep uit het werk van een zeer productief kunstenaar in een veelheid aan stijlen over een periode van decennia, maar ook en vooral de kunstenaar als fenomeen. Picasso was niet alleen de maker van een reeks meesterwerken, Picasso was ook de eerste moderne kunstenaar. Modern in de zin dat Picasso evenzeer het product is van de media als van zijn kunst.

Zijn roem is niet alleen gebaseerd op zijn werk, maar ook op zijn leven, op zijn vrouwen, zijn huizen, zijn rijkdom. Bij Picasso viel voor het eerst de klassieke traditie van de Grote Kunstenaar samen met het moderne fenomeen van de Popster.
Het wezen van de mediaroem wordt uitgedrukt in een handvol superlatieven: de bekendste, de productiefste (de virielste), de rijkste, de beste. Picasso was dat bij tijd en wijle allemaal, maar hij was veel meer dan dat. Picasso was als kunstenaar zijn eigen school, zijn eigen atelier; hij was meester, gezel en leerling ineen. Alleen zo valt die enorme productiviteit en inventiviteit te verklaren.

De titel van de tentoonstelling was een programma: *Picasso, Kunstenaar van de eeuw*. Niet alleen de bekendste kunstenaar, niet alleen de beste kunstenaar, maar ook de kunstenaar die samenvalt met zijn tijd. “Picasso,” schreef Edy de Wilde, directeur van het Stedelijk Museum, in 1967, “personifieert het type van de 20ste eeuwse kunstenaar. Met de vrijheid en de autoriteit van het genie heeft hij het levensgevoel van onze tijd in al zijn genuanceerdheid in zijn werken geregistreerd.”

Als de totale kunstproductie van de twintigste eeuw onverhoopt zou worden vernietigd op het oeuvre van Picasso na, dan nog zouden we ons een goed beeld kunnen vormen van de voornaamste veranderingen in die eeuw op het gebied van de beeldende kunst. Niet alleen in schilderijen en sculptuur, maar ook in keramiek en etsen, litho’s en tekeningen, collages en foto’s. En dat in alle dominante stijlen: abstract en figuratief, realistisch en kubistisch, neo-klassiek en post-abstract.

De kunsthistoricus Robert Rosenblum heeft het kubisme eens bekeken alsof het pop-art was. Hij constateerde dat Picasso, Braque en Gris in hun werken op precies dezelfde manier elementen van *high art* vermengden met elementen van *low art*. Advertenties, kaartjes, opschriften en woordspelingen hadden in hun collages een soortgelijke functie als getekende lijnen en geschilderde vlakken. In het geval van Picasso gaat die vergelijking nog verder. Ook in zijn persoon waren high en low verenigd, ver voor de opkomst van Andy Warhol en diens navolgers.

“Picasso is weliswaar universeel bekend,” schreef Rudy Kousbroek lang geleden, “maar niet universeel bemind. Zijn beroemdheid is niet gebaseerd op waardering. Grappen over schilderijen van Picasso vormen al sinds verschillende generaties het noodrepertoire van tweederangs humoristen, waarop ze altijd terug kunnen vallen als ze niets beters weten te bedenken.”

Picasso belichaamt als geen ander het verhaal van de moderne kunst, van de breuk met de traditie, en zelfs wie zijn werk niet kent, is vertrouwd met zijn verschijning op foto of film.

Het was geheel passend bij die status van de kunstenaar-als-mediaster, die daarvoor niet bestond, dat de tentoonstelling werd uitgebreid met een kleine expositie van *Picasso en de fotografie*. Voor de verandering was hij nu eens niet de beeldenmaker, maar het onderwerp van andere beeldenmaker. Niet de kunstenaar, maar het model. De thematiek van deze fotografie is overigens dezelfde als die van zijn werk: de kunstenaar alleen, de kunstenaar met zijn vrouwen, de kunstenaar met zijn kinderen, de kunstenaar in zijn atelier.

Picasso, Kunstenaar van de eeuw. De titel was niet alleen programma, hij was evenzeer provocatie. De Kunsthal was al ver voor de opening gaan adverteren. De bedoeling was een grote voorverkoop te genereren, opdat de loop er de eerste weken goed in zou zitten. Het voordeel daarvan was dat er in de voorverkoop enkele duizenden kaarten werden verkocht, maar het nadeel was minstens even groot. Het publiek bleef weg, vanuit de veronderstelling dat er aan de kassa geen kaartje meer te koop was. Een nieuwe reeks advertenties moest het tij keren: **kaarten aan de kassa!**

Het bezoek kwam langzaam op gang, wat mede werd veroorzaakt door het paginagrote voorbeschouwing van Lucette ter Borg in *de Volkskrant*. De critica had lucht gekregen van de herkomst van de meeste schilderijen en haar voorbeschouwing ging meer over de kunsthandel dan over de kunstwerken. "Ruim driekwart van de aan de Kunsthal uitgeleende schilderijen," schreef ze, "is afkomstig van de Britse kunsthandel Helly Nahmad, een bekende op- en verkoper van Picasso's, en van de particulieren die via deze kunsthandel schilderijen hebben verworven. Zo figureert de Kunsthal in de 'grootste Picasso-tentoonstelling ooit in Nederland gehouden' vooral als uithangbord voor Nahmad." Ze besloot haar aanval met een misprijzende woordspeling op de titel, Picasso het **cliché van de eeuw**.

Het artikel verscheen op de ochtend van de persconferentie. Toen Van Krimpen de journalisten zag binnenstappen, allemaal met een exemplaar van *de Volkskrant* onder de arm, begreep hij dat het mis zou gaan. Maar hij had het risico ingecalculeerd. Met de ingelijste Volkskrantpagina onder de arm hield hij zijn openingstoespraak. Hij las voor uit de aanval van Lucette ter Borg, maar besloot met de opmerking dat niet de aanval het probleem was, maar de onnauwkeurigheid. De ene foto was gespiegeld, de andere op zijn kop afgebeeld.

Als een criticus over Picasso wil schrijven, dient hij de zorgvuldigheid in acht te nemen. Met loze beschuldigingen of slecht onderbouwde verlangens wordt ook de lezer geen dienst bewezen. Zo was er ook die andere critica, waarover Van Adrichem schreef: "Ze verlangde dat het overzicht in de Kunsthal niets minder dan de topstukken *Les Demoiselles d'Avignon* en *Guernica* zou omvatten. Met die eis discrediteerde ze, naar ik vrees, niet zozeer de expositie, maar vooral zichzelf als criticus."

Ondanks de kritische pers trok Picasso 125.000 bezoekers. Het publiek bleek enthousiast, na onderzoek, en dus was Van Krimpen dat ook.

Hij was al naar het Haags Gemeentemuseum vertrokken, waar hij directeur werd, toen zijn opvolger bij de Kunsthal, Wim Pijbes, hem naar zijn mening vroeg. De topstukken uit de collectie Gustav Rau, die in Parijs te zien waren onder de noemer *Fra Angelico à Bonnard*, waren door het uitvallen van een Italiaans museum plotseling beschikbaar gekomen. Wat mocht de Kunsthal daarvoor bieden, vroeg Pijbes. Van Krimpen schatte de kansen in en adviseerde wat de Kunsthal er maximaal voor zou mogen betalen. De rekensom is simpel: je schat het maximale aantal bezoekers en je weet wat de opbrengst is, afgezien van subsidies en sponsoring. De collectie Rau kostte een miljoen gulden en moest dus minstens 100.000 bezoekers trekken.

Meesterlijk verzameld. Vijf eeuwen Europese schilderkunst: de collectie Rau, zoals de keuze uit de collectie Rau ging heten, trok 106.000 bezoekers.

"Het beleid van de Kunsthal," signaleert Pijbes in het jaarverslag 2001, "is er in toenemende mate op gericht zich ook internationaal als vooraanstaand tentoonstellingspodium te ontwikkelen tot een niveau dat vergelijkbaar is met bijvoorbeeld Palazzo Grassi (Venetië), Grand Palais (Parijs) of Paleis voor Schone Kunsten (Brussel). De presentatie van de collectie Gustav Rau in 2001, aansluitend op het prestigieuze Musée du Luxembourg, vormde een belangrijke bevestiging van deze ambitie en betekende niet alleen een succesvolle tentoonstelling, maar tegelijkertijd een strategische keuze voor de toekomst."

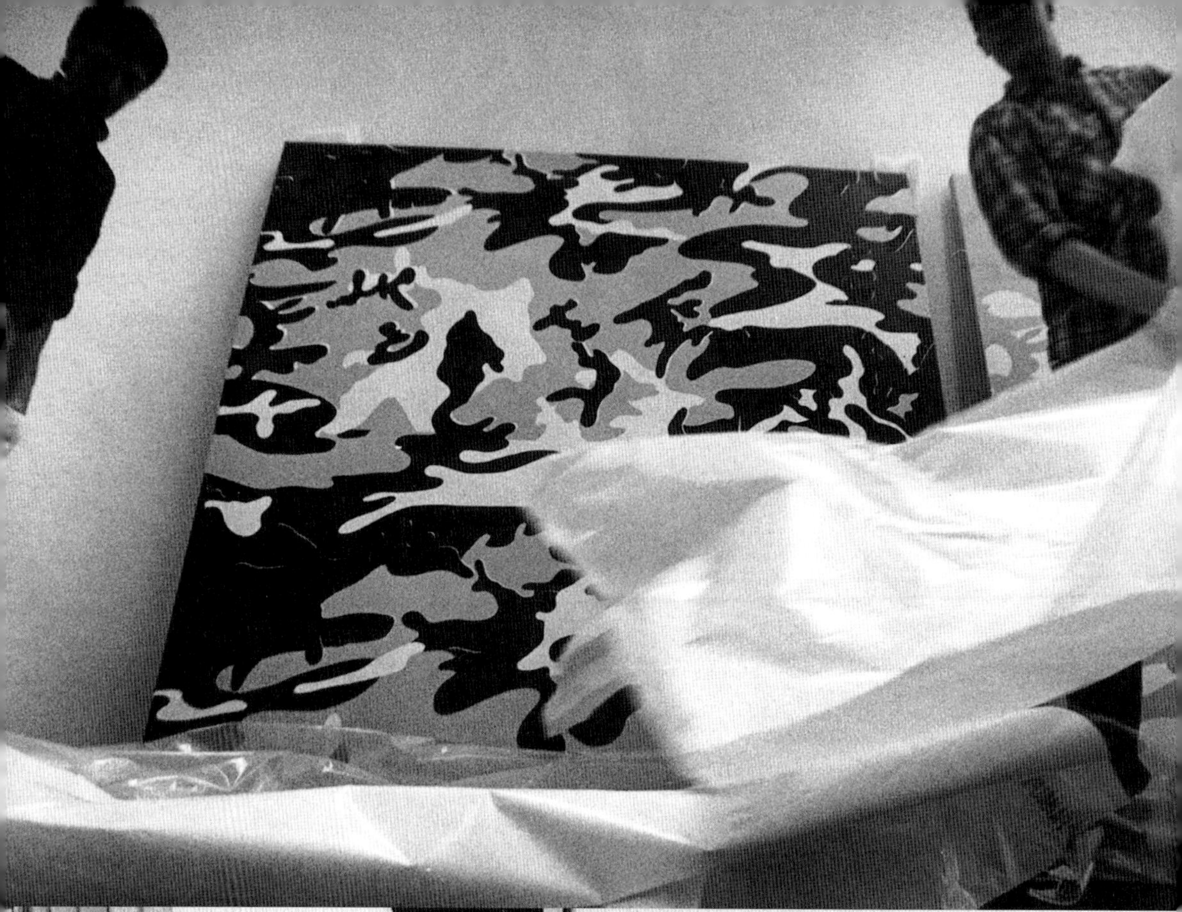

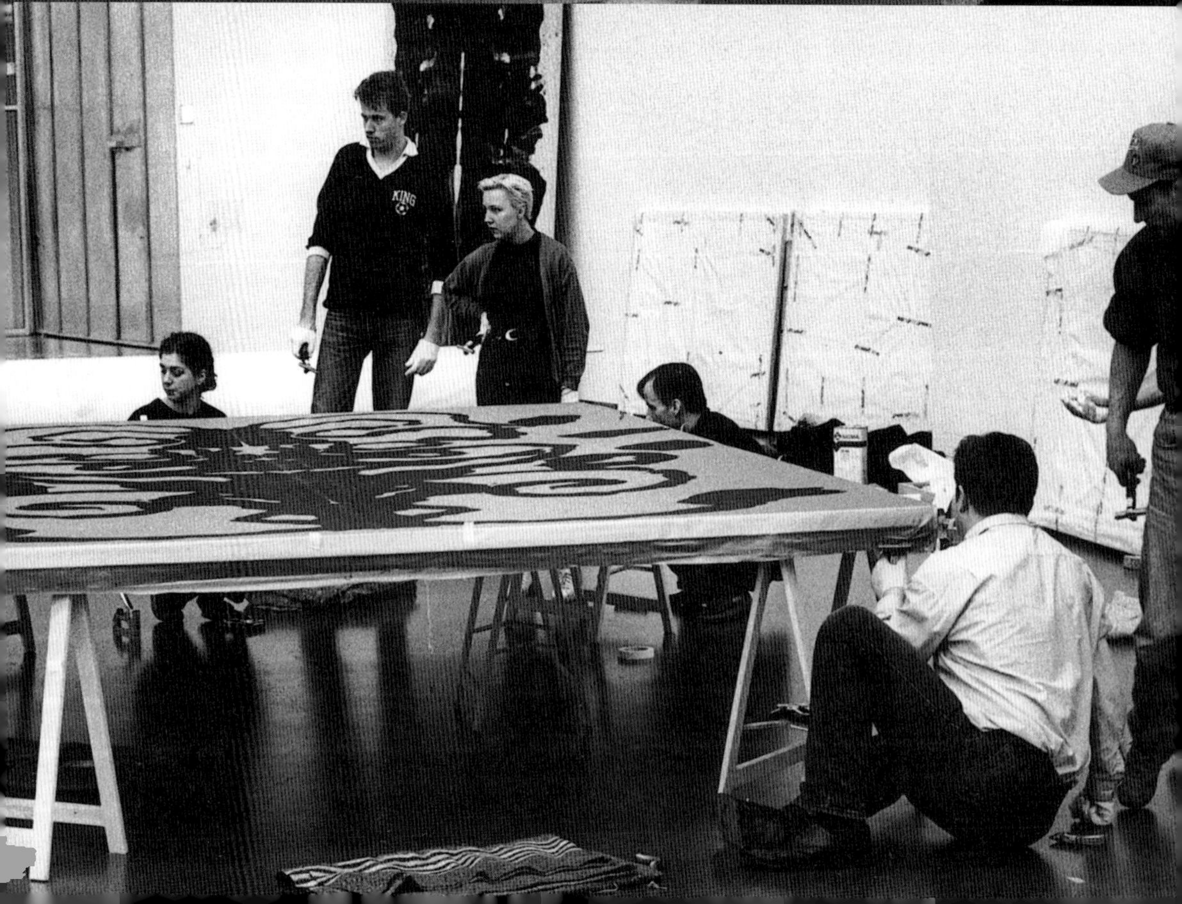
KING

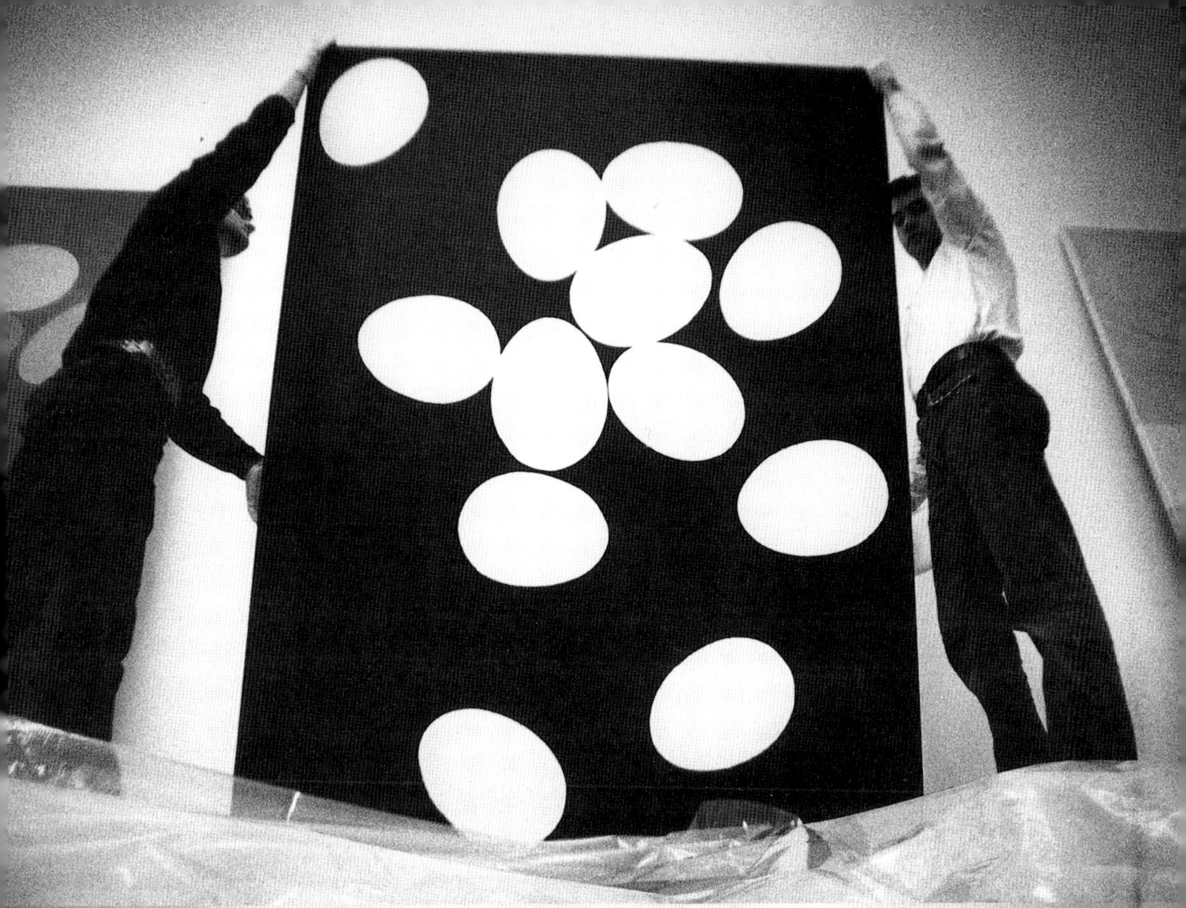

INRICHTINGSWERKZAAMHEDEN ANDY WARHOL, DE ABSTRACTE WERKEN, 1994

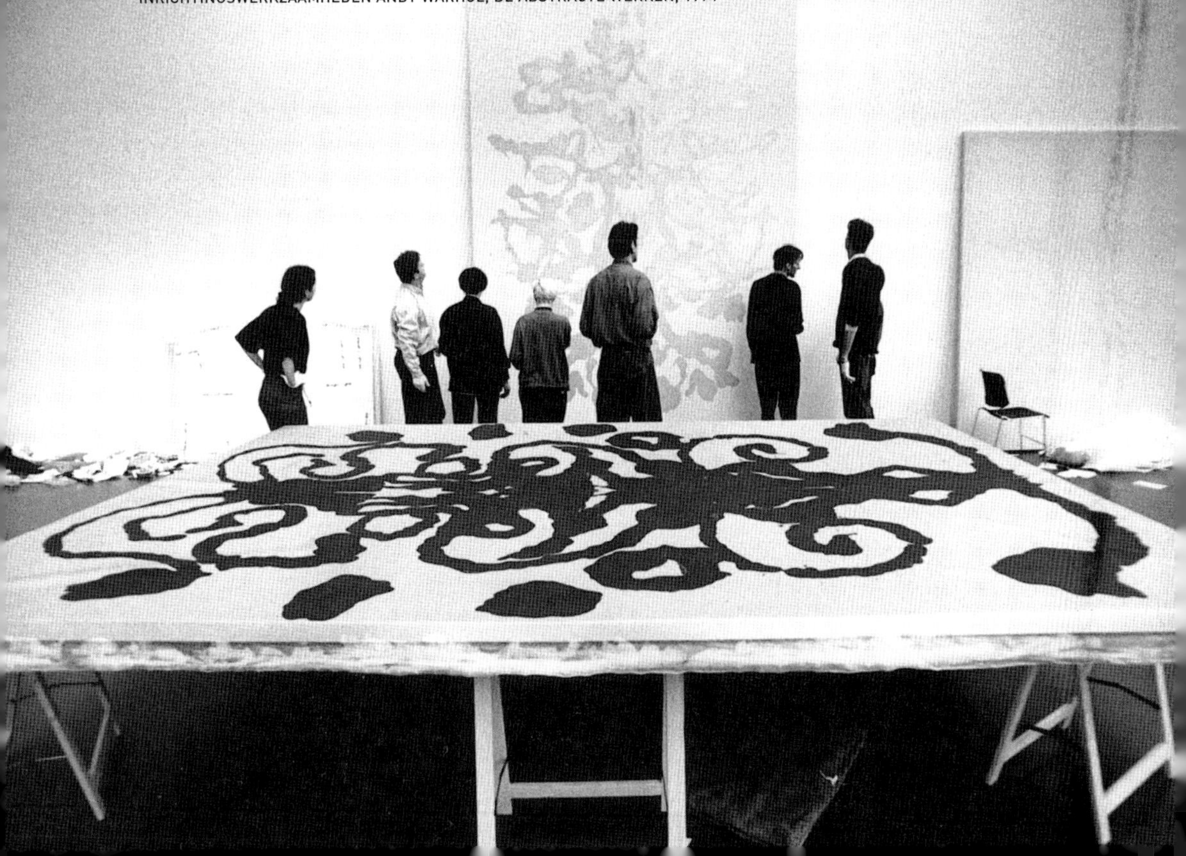

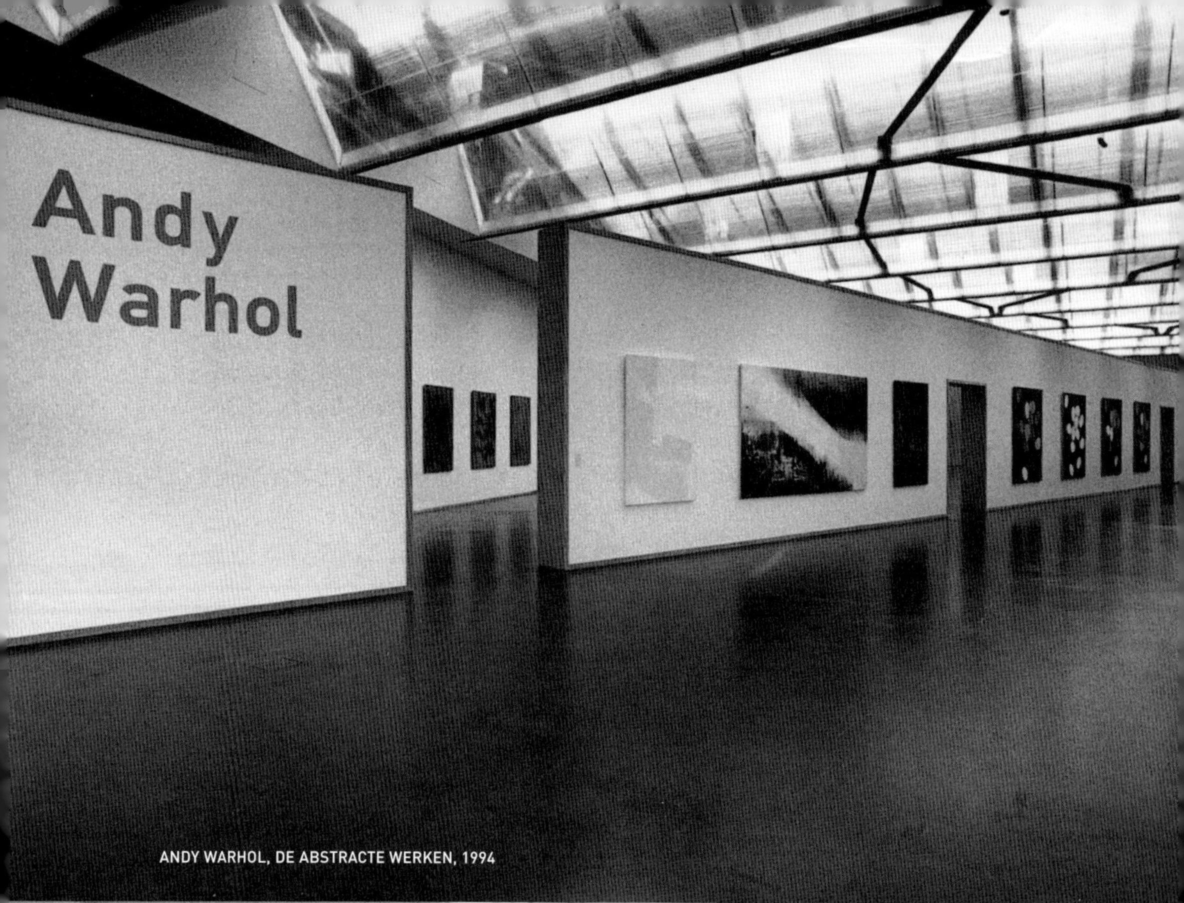

ANDY WARHOL, DE ABSTRACTE WERKEN, 1994

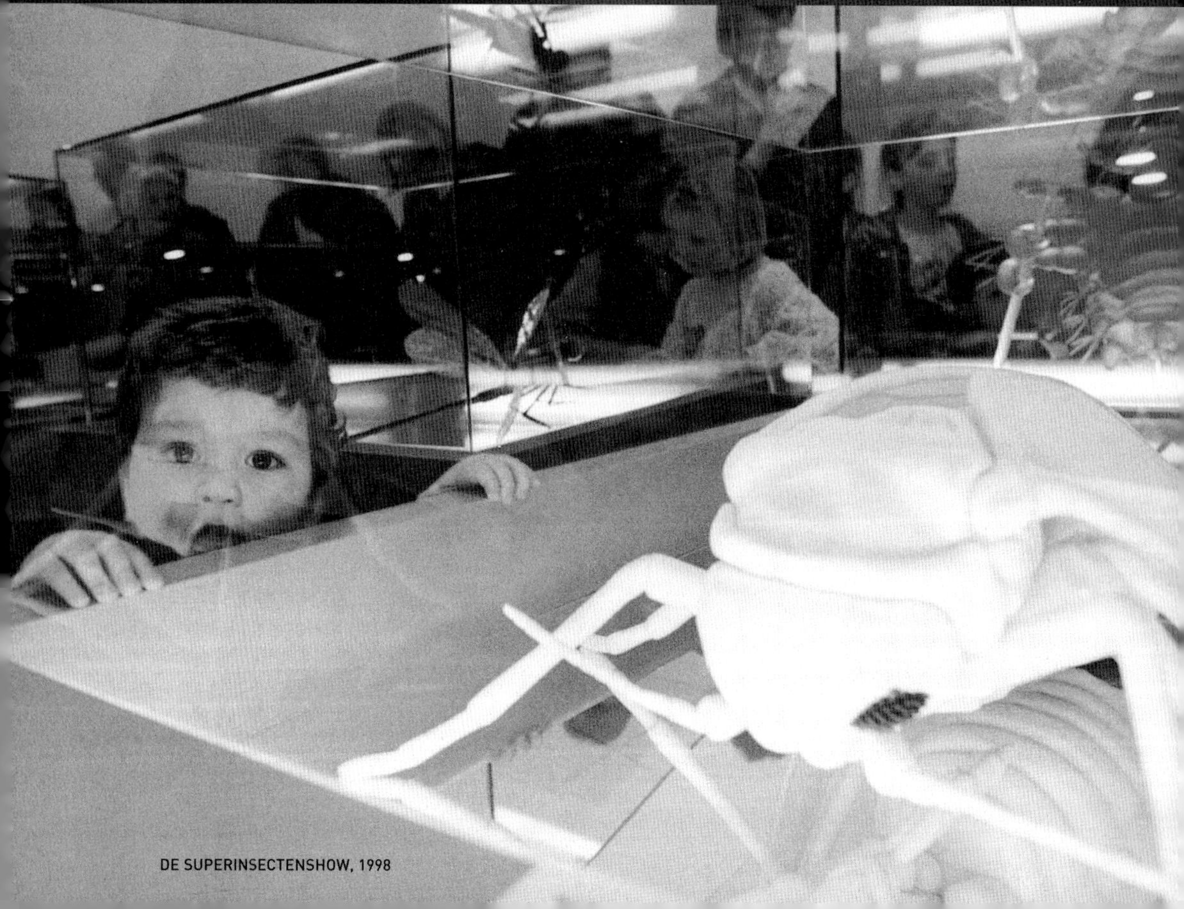

DE SUPERINSECTENSHOW, 1998

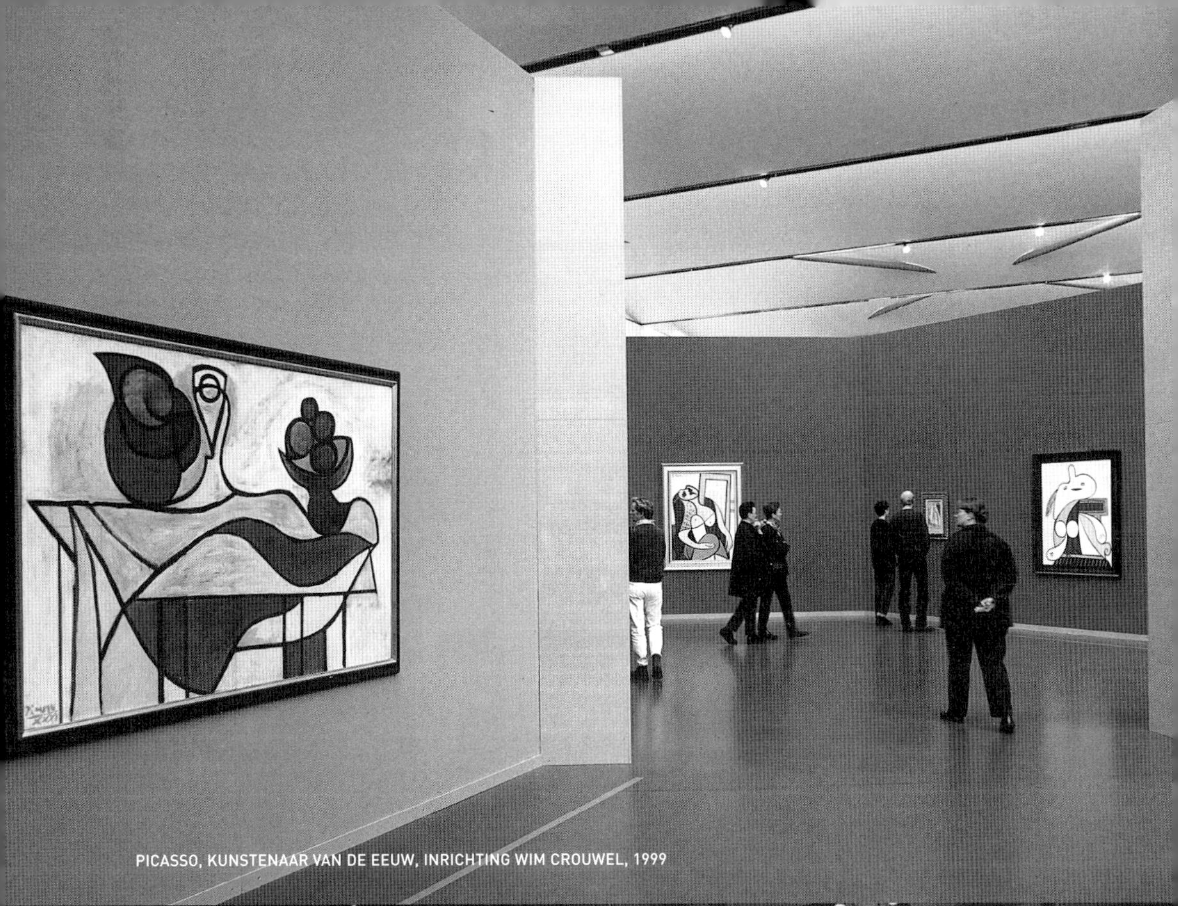

PICASSO, KUNSTENAAR VAN DE EEUW, INRICHTING WIM CROUWEL, 1999

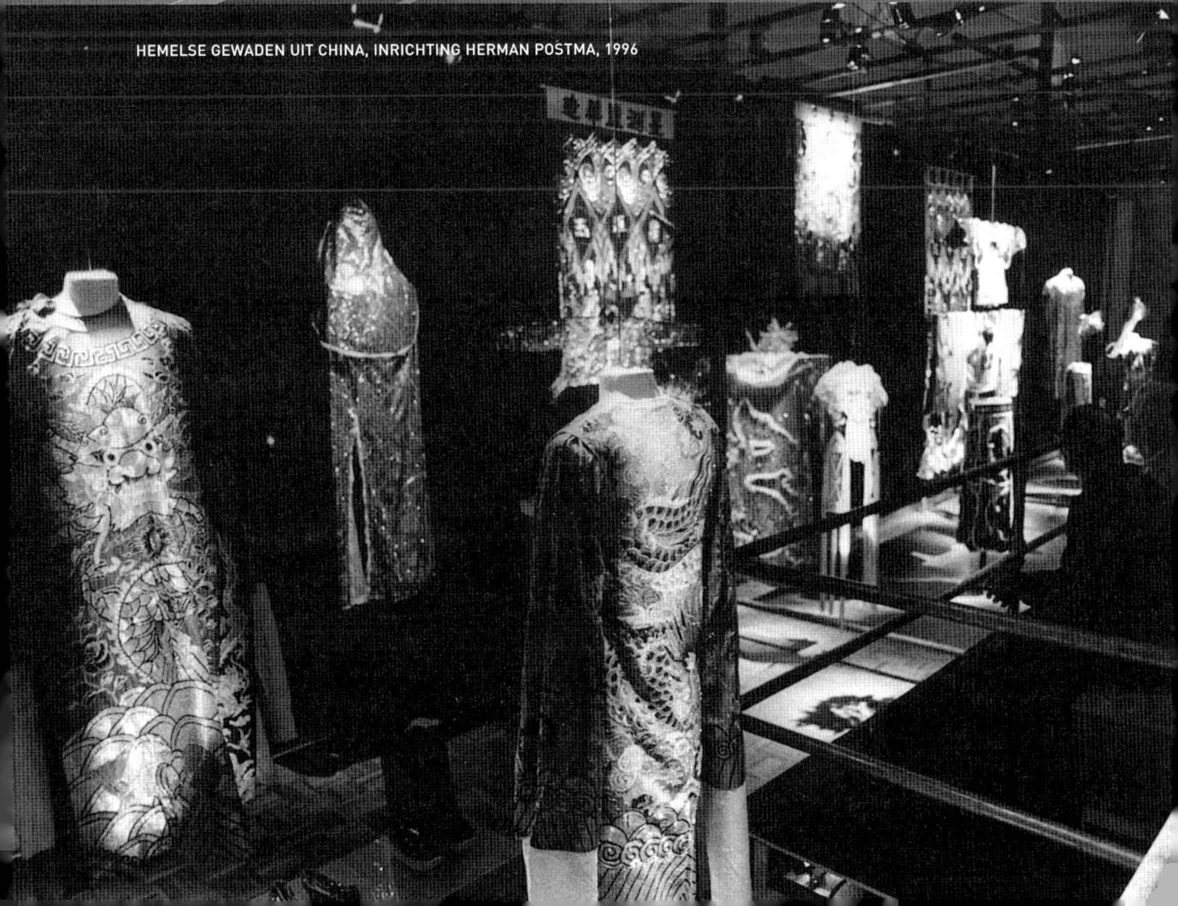

HEMELSE GEWADEN UIT CHINA, INRICHTING HERMAN POSTMA, 1996

FLASHBACK: EEN DORPS-CULTUUR

"Rotterdam," schreef Rem Koolhaas in *S,M,L,XL*, "is een stad die geen eisen stelt. Het is de doorsnee vernietigde en gereconstrueerde naoorlogse Europese stad; haar aantrekkingskracht leegte, neutraliteit, arbeidsethos, en de afwezigheid van geschiedenis, pretentie, belang, verleiding."

De geschiedenis was weggevaagd door het bombardement dat het hart en een deel van de noordoostelijke stadswijken had vernietigd. De stad was letterlijk een plattegrond geworden; het verleden was verdwenen. Na de oorlog werd het centrum herbouwd, goeddeels zonder fantasie, maar met enkele opmerkelijke bouwwerken: het Groothandelsgebouw en het winkelcomplex aan de Lijnbaan. Veel werd open gehouden, aangeharkt en gefatsoeneerd, volgens het nieuwe idee dat het stadscentrum groen behoeft en ruimte.

In de late jaren vijftig gold Rotterdam als een voorbeeld van de manier waarop de moderne stad moest worden ontworpen. Het concept was dat van de Zakelijke City, in *Stadstimmeren* als volgt omschreven: "In de Zakelijke City was slechts plaats voor een beperkt aantal functies. Deze werden verdeeld over specifieke sectoren van de binnenstad. Zo ontstond er een bestuurlijke zone rond het Coolsingel, een administratieve zone rond de Blaak, een zone voor de binnenscheepvaart in de Waterstad, en een winkelzone met de Lijnbaan als ruggengraat. De cultuur werd geconcentreerd rondom het Schouwburgplein. Door een aanzienlijke verlaging van de bebouwingsdichtheid veranderde het ruimtelijk beeld ingrijpend. Openheid en wijdsheid werden de beeldmerken van de Rotterdamse binnenstad."

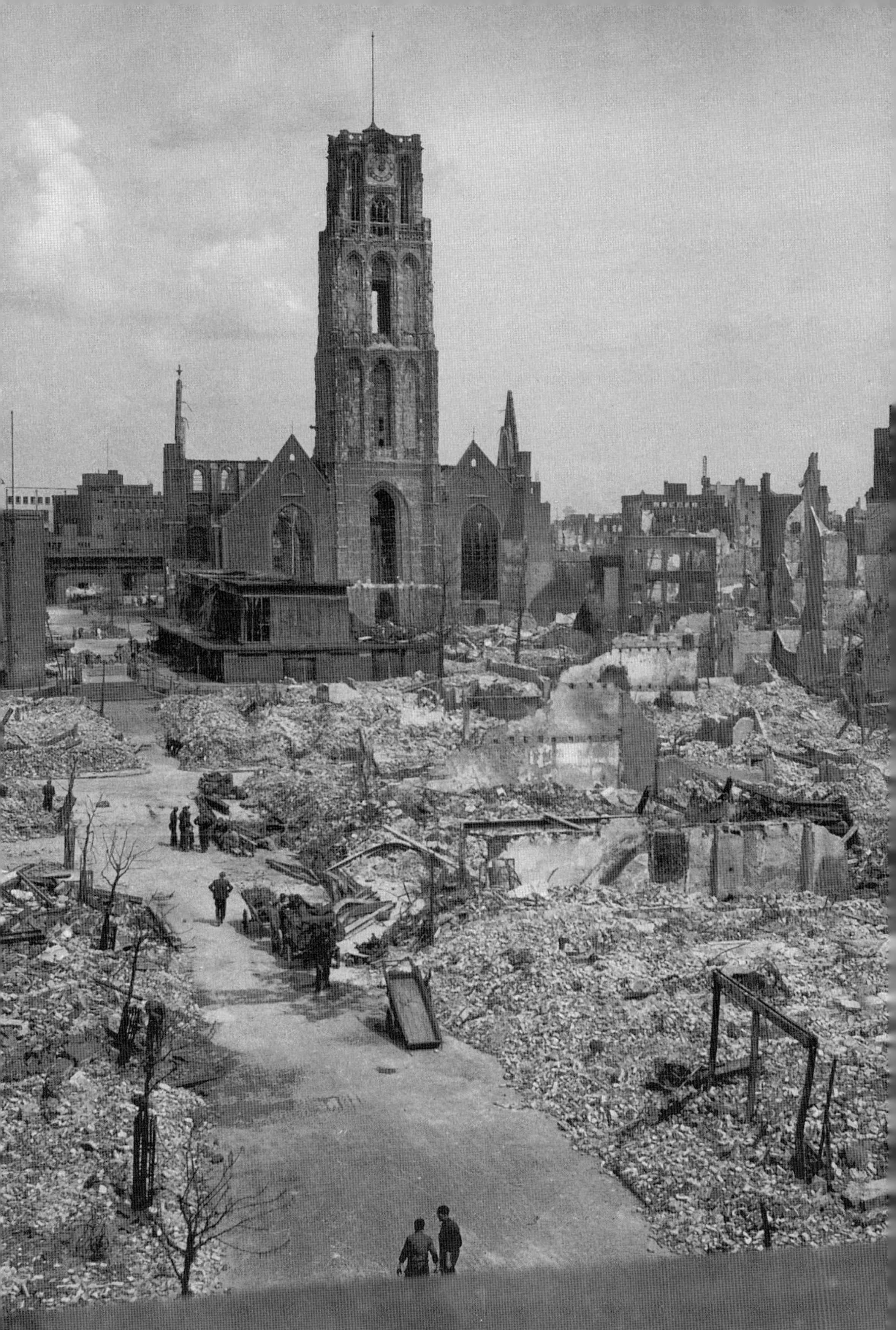

GROTE OF ST. LAURENSKERK NA HET BOMBARDEMENT VAN MEI 1940

Stadsplanners kwamen op studiebezoek. Breuer bouwde de Bijenkorf. De oude stad werd nieuw, nieuwer en nog nieuwer. Rotterdam werd een stad die zichzelf opnieuw moest definiëren. Steeds minder geschiedenis, steeds minder oude wereld. Iedere tien jaar is het stadsbeeld van de binnenstad totaal veranderd. Het maakte haar geliefd bij architecten; in Rotterdam kon alles wat elders niet kon. Geen stad in Nederland waar **grote werken** in hoger aanzien staan dan Rotterdam. Het lege hart werd opnieuw ingevuld, dichter en hoger dan voorheen. Rotterdam veranderde in de enige **Amerikaanse** stad in Nederland met een centrum vol wolkenkrabbers.

Begin jaren tachtig verplaatste de haven zich verder naar zee, waardoor nieuwe plekken openvielen die anders moesten worden ingevuld. Het hield een onverwachte uitnodiging in: de mogelijkheid het centrum naar de rivier te verplaatsen.

Rotterdam is een stad waar architectuur in hoog aanzien staat, anders dan beeldende kunst. Kunstpolitiek is altijd het sluitstuk van wederopbouw; pas in 1959 werd de gemeentelijke secretarieafdeling Kunstzaken opgericht, daarvoor bestond alleen een bureau Kunstzaken als onderdeel van de secretarieafdeling Onderwijs en Volksontwikkeling. Kunst was een onderdeel van cultuur en dat viel onder educatie.

Rotterdam was een stad zonder pretenties, een werkstad, waarheen aan het einde van de negentiende eeuw de landarbeiders uit Brabant, Zeeland en de Zuid-Hollandse eilanden waren getrokken om werk te vinden in de expanderende haven. Cultuur was voor hen niet van belang; het Rijk deed hier niets voor de kunst en de gemeente weinig.

Kunst was in Rotterdam altijd een zaak geweest van rijke particulieren, van de havenbaronnen en industriëlen die de stad groot hebben gemaakt. Wel was er sprake van een goede samenwerking tussen stad en mecenaat. De gemeentelijke collecties bestaan uit schenkingen, die graag in ontvangst werden genomen, maar waarvoor de passende behuizing altijd van latere datum is. Het Museum Boijmans was weliswaar al in 1847 opgericht met het legaat van de Utrechte collectie van F.J.O. Boijmans, maar het nieuwe, grote museumgebouw dateert van 1935. Een afdeling Moderne Kunst werd pas na de oorlog opgericht. De gemeente geloofde meer in gebouwen dan in verzamelingen; steen en specie waren tastbaarder dan ideeën.

De grote verzamelaars wantrouwden het gemeentebestuur, dat ze veel te socialistisch vonden. Ze gaven de voorkeur aan stichtingen die de kunstwerken in eigendom kregen, die het museum vervolgens mocht tonen en beheren. Wat de burgerij had geschonken, zou de gemeente op die manier nooit kunnen verkopen. Willem van der Vorm, verzamelaar en havenbaron, was een voorstander van het Amerikaanse model, waarin het museum gecontroleerd werd door de burgerij. Met de economische elite als trustees van het museum zou het belang van de kunst het best zijn gediend.

De eerste grote naoorlogse culturele manifestatie was *Rotterdam Ahoy* uit 1950 over de wederopbouw en de bloei van het havenbedrijf. Kunst was hier bijzaak, van net zo veel gewicht als de kermis die er eveneens toe behoorde. *Rotterdam Ahoy*, schrijft Jan van Adrichem in *Beeldende kunst en kunstbeleid in Rotterdam 1945-1985*, was in wezen niets anders dan één grote promotiecampagne voor Rotterdam. En met succes, want in de drie maanden dat zij duurde trok de manifestatie meer dan anderhalf miljoen bezoekers.

Onder supervisie van de architecten Van den Broek en Bakema werden in het Park aan de Maas tijdelijke paviljoens en stands opgebouwd naar ontwerp van gelijkgestemde architecten als Gerrit Rietveld en Aldo van Eyck. "Toen wij als architecten voor de bouw werden aangezocht," schreven de supervisors in *Forum*, "hebben wij allereerst enige principes ontwikkeld, waarop wij het geheel wensten te baseren: een duidelijke verbinding tussen stad en rivier, een onderschikking der gebouwen aan de expositie, gevarieerde samenstelling der gebouwen uit eenheidselementen, die later voor andere doeleinden zouden kunnen worden gebruikt, zoveel mogelijk collectiviteit in de vertegenwoordigde bedrijfstakken, een zo hoog mogelijk intellectueel en artistiek peil, ook in het onvermijdelijke vermaaksgedeelte."

Rotterdam Ahoy werd het model voor de Rotterdamse aanpak: groot en tijdelijk, in een mengvorm van kunst, commercie en vermaak. Vijf jaar later werd op dezelfde locatie *E '55* georganiseerd, dat door het dubbele aantal bezoekers werd bezocht: drie miljoen. Geen tentoonstelling over kunst, maar over de economische bloei van Nederland en de daadkracht waarmee dat was gerealiseerd. De opzet was, meldt de catalogus: "Ons eigen volk en de wereld te tonen, wat de energie van de Nederlanders in de tien jaren na 1945 tot stand heeft gebracht, zulks in weerwil van de beproevingen van de wereldoorlog en de tegenslagen van de watersnood; de betekenis laten zien van het wetenschappelijke speurwerk, het onderwijs, de vakopleiding en voorlichting op velerlei terrein, die nieuwe kansen en perspectieven openen voor Nederlandse energie; de jeugd inspirerend voorbeeld geven."

De kunstzinnige aankleding was rijker dan voorheen, met opvallende bijdragen van de Cobrakunstenaars Appel en Constant, maar het was precies dat: aankleding. Nog eens vijf jaar later werd op deze plek de *Floriade* geopend, ter gelegenheid waarvan de architect Maaskant de Euromast ontwierp. Wederom was het een uitstalling van **werk**, een en al kassen en machines voor land- en tuinbouw, ditmaal van een cultureel randje voorzien door een tentoonstelling van sculpturen in de open lucht. Weer iets tijdelijks, dat niet mocht worden behouden.

De toenmalige directeur van Boijmans Van Beuningen, Ebbinge-Wubben, die eerder het legaat Van Beuningen had binnengehaald, herinnerde zich de situatie aldus: "De *Floriade*-tentoonstelling was enorm groot en liep vanuit het museum helemaal tot aan de Maas door. De tentoonstelling besloeg het museumpark, ging dan verder tot over de Westzeedijk, in het Park tot aan de rivier. Toen B en W zagen hoe prachtig het park om het museum heen zich voor beelden leende, heb ik bepleit er een permanente beeldentuin van te maken. Dat is toen niet gelukt, wat echt een jammerlijke misser van het gemeentebestuur was."

Daarmee was de essentie van het gemeentelijke kunstbeleid geschetst. Alles kon en alles mocht in Rotterdam, maar exposities waren per definitie tijdelijk en bij voorkeur gesitueerd op die winderige, open plek waar ooit het Ahoy had gestaan. Een museumpark was een mooi idee, maar een permanente beeldentuin, dat ging een stap te ver. Wat niet bijtijds werd onderkend, was dat Rotterdam met dit kortzichtige beleid het gevaar liep een **wereldhaven met een dorpscultuur** te worden. Dit inzicht kwam pas met de jaren.

Als opvolger van de reeks tijdelijke manifestaties werd in de jaren zestig gedacht aan een Cultureel Centrum voor tijdelijke exposities, dat voor de verandering nu eens in het stadshart zou moeten komen. De Lijnbaan, het nieuwe winkelcentrum van Bakema, leek de gemeente de ideale plaats voor een toegankelijke expositieruimte. De achterliggende filosofie was eenvoudig: het winkelende publiek zou, bij wijze van pauze, tot een kunstzinnig bezoekje worden verleid. Kunst als koekje bij de koffie. Bakema ontwierp een zaal van twaalf bij zestig meter die als een brug over de Lijnbaan kwam te hangen tussen twee warenhuizen. Laagdrempeliger kon niet.

Maar beleidsbepalers en beleidsuitvoerders hadden verschillende ideeën over aard en opzet van de expositieruimte. De toenmalige wethouder van Kunstzaken, 'juffrouw' Zeelenberg, schreef in 1964: "Ik besluit deze nota met een opmerking dat het eventueel te stichten Culturele Centrum geen museum zal worden. Daarin komt een expositieruimte voor experimentele kunst. Uiteraard hoop ik dat er nauwe contacten zullen ontstaan tussen de leiding van dit centrum en de leiding van het Museum Boijmans Van Beuningen en zijn afdeling voor Moderne Kunst."

Het citaat is meer dan een momentopname; het is de mantra van het Rotterdamse gemeentebestuur. In de daaropvolgende decennia zou het weerklinken bij alle initiatieven op het gebied van de beeldende kunst: geen collectievorming, wel nauwe samenwerking met Boijmans Van Beuningen.

Toen het Lijnbaancentrum eenmaal was gerealiseerd, werd het beheer toebedeeld aan de Rotterdamse Kunststichting, waarvan Adriaan van der Staay directeur was. Hij haalde de Amsterdamse galeriehouder Felix Valk naar Rotterdam om een programma voor het Lijnbaancentrum te ontwikkelen. Het instituut werd in 1970 geopend en de doelstellingen waren, in het licht van de latere plannen met de Kunsthal, bescheiden, zij het niet zonder ambitie. Jaarlijks zouden zo'n zes tentoonstellingen moeten worden georganiseerd die elk ongeveer 20.000 bezoekers zouden moeten trekken, in totaal 120.000 per jaar. Het Lijnbaancentrum was nadrukkelijk bedoeld als publiekstrekker.

De experimentele kunst waarvan Zeelenberg een warm voorstander was geweest, werd van het programma afgevoerd. Dat zou een groot publiek maar afschrikken. In plaats daarvan werd onder aanvoering van Van der Staay gekozen voor de presentatie van massacultuur en experimenten met nieuwe manieren van exposeren. Het waren minder kunstzinnige dan sociaal-culturele tentoonstellingen die geacht werden het winkelend publiek aan te spreken. Het Lijnbaancentrum moest gaan fungeren als een laboratorium, waarin nieuwe technieken voor de culturele educatie van het publiek zouden worden ontwikkeld. **Laagdrempelig** moest het zijn, dat was het sleutelwoord, maar het bleek een luchtballon. Het publiek dat op de tentoonstellingen in het Lijnbaancentrum afkwam, bestond als altijd voor het overgrote deel uit reguliere museumbezoekers.

Een permanente beeldentuin was in dit beleid een onmogelijkheid; een gebouw extra was een heel andere zaak. Decennialang waren gemeente en architecten in overleg geweest over een uitbreiding van Museum Boijmans Van Beuningen. Allerlei opties waren de revue gepasseerd, van een overkapping van de buitenhof tot een uitbreiding die tuin en achtergevel van het oude gebouw van Van der Steur niet zou aantasten. Tenslotte werd eind jaren zestig begonnen met de bouw van een nieuwe vleugel, ontworpen door Bodon, die in 1972 in gebruik kon worden genomen. Wat bedoeld was als een eerste fase van de beoogde uitbreiding kreeg nooit een vervolg.

De ironie van de geschiedenis is dat die nieuwe vleugel nooit geheel naar tevredenheid heeft gefunctioneerd. Inmiddels is hij deels afgebroken en nadert uitgebreide nieuwbouw de voltooiing. Steen en specie, dat is het lied van de arbeid in de werkstad.

Rotterdam mocht in cultureel opzicht dan wel achter lopen, aan plannen maken was nu geen gebrek. In 1973 werd de Dienst Gemeentelijke Musea ingesteld. Een ambtelijke notitie van het jaar daarop inventariseerde de behoefte aan nieuwe expositie-, opslag-, en werkruimtes van de musea. In een aanvullende nota boog Van der Staay dit plan om tot iets dat meer is dan een zaak van gebouwen: 'Een nieuwe blik op de museumkwestie' (1974). Twee jaar later werkte hij zijn visie op het kunstbeleid verder uit in *Het nieuwe museum*.

Van der Staay was geen kunsthistoricus, maar socioloog, en zijn plannen droegen daar de sporen van. Kunst moest meer betrokken worden op de maatschappij. Hij wees op drie sociale ontwikkelingen die volgens hem bepalend zouden moeten zijn voor elk nieuw beleid. Ten eerste, de brede ontwikkeling van de massacultuur, *low culture* die zijn plaats opeiste naast *high culture*. Ten tweede, de opkomst van een technologische beschaving die gevolgen had voor perceptie en presentatie. En ten derde, het nieuwe fenomeen van een kunst zonder statuswaarde. De nieuwe toetssteen van de kunst heette **sociale relevantie**; kunst als onderdeel van een breder proces van beschaving. Het oude kunstbeleid van de bestaande musea beoordeelde hij als elitair en ouderwets; het nieuwe kunstbeleid moest gericht zijn op een zo breed mogelijk publiek. **Populistisch** was niet langer een scheldwoord in de heilige hallen van het museum, maar een geuzennaam. En, vervolgde Van der Staay zijn beleidsvisie, nu het Historisch Museum moest worden verbouwd en zowel het Maritiem Museum als het Museum voor Land- en Volkenkunde nieuwe gebouwen nodig houden, was dit dan niet het geëigende moment om alles met alles te verbinden? Ware het niet beter al deze instellingen op één plek bijeen te brengen? En was niet het Museumpark naast Boijmans Van Beuningen daarvoor de ideale locatie, waaraan nog zou kunnen worden toegevoegd **een leeg tentoonstellingsgebouw (...), een experimenteercentrum**. Het refrein klonk zo Rotterdams als maar kan.

Jan Riezenkamp, van 1974 tot 1978 wethouder Kunstzaken, liet de ideeën van Van der Staay door zijn ambtenaren onderzoeken, wat resulteerde in de *Museumnota I* (1977). De musea, was kort samengevat de conclusie, moesten meer Lijnbaanachtig gaan werken. Op het stadhuis was, geheel in de geest van de tijd, een sociologische wind gaan waaien.

Uiteraard was de stemming in Museum Boijmans Van Beuningen geheel anders; directeur Ebbinge-Wubben keerde zich fel tegen de gemeentelijke plannen. Wim Beeren, zijn toekomstige opvolger en uit dien hoofde bij alle stafvergaderingen aanwezig, was zo mogelijk nog meer gekant tegen het Lijnbaanmodel. Beeren zette zich aan het schrijven van een notitie voor Riezenkamp, waarvan de rode draad was: kunstwerken zijn geen illustraties van een thematiek; kunstwerken zijn autonoom en een ingetogen presentatie is niet per se ouderwets. In heldere bewoordingen zette hij de ideeën uit de Museumnota weg als een opgewarmd prakje van vroeger. "In de ideologie van het Museumplan, dat ik bij mijn entree aantref," schrijft hij, "huldigt men nog de standpunten van de vijftiger jaren, een melige middenstandsfilosofie over de cultuur waarbij de schuldige Adam, uit het paradijs verdreven, zijn heilstoestand bereikt in een rosarium." Maar Beeren was slim genoeg om de wethouder ook duidelijk te maken, dat zowel hij als het museum voorstander waren van verandering. Alleen wees de verandering die hij voorstond in een andere richting, in die van een prioriteit voor moderne kunst. Het aankoopbudget voor oude kunst werd bevroren, ten gunste van de afdeling Moderne Kunst.

"Om de mensen te stimuleren," schreef hij in zijn *Nota Aankoopbeleid*, "om hen ontvankelijk te houden, om hen niet te laten verstarren bij steeds herhaalde beelden, om nieuwe mededelingen (van visuele aard) goed over te brengen, dààrom alleen al is het nodig om het aantal eigentijdse kunstwerken in een museum uit te breiden. Het is uit de Cultuur-discussienota van Riezenkamp duidelijk dat de gedachten van het Rotterdamse Gemeentebestuur er naar uitgaan de musea - vooral door een educatieve opzet - te ontsluiten voor een groot publiek. M.i. kan die educatie alleen effectief zijn wanneer het publiek met drie verschijnselen in aanraking kan komen." Waarna hij die drie punten opsomde: 1) met de kunst; 2) met de kunst als een historisch gegeven; en 3) met de discussie over kunst. Dat wil zeggen, de plaats van de kunst in de maatschappij mag wel ter discussie worden gesteld, maar die discussie mag nooit de plaats innemen van het verzamelen, beheren en tentoonstellen van die kunst.

In *Museumnota II* (1978) werd al eerder zijn afkeer van een sociaal-cultureel beleid verwoord: "Wij begrijpen dat het voor de overheden moeilijk en lastig is om te oordelen over de functionering van specialistische instituten en om vandaar uit tot besluitvorming te komen. Maar wij vinden het niet juist dat te velen zouden menen, visionair, idealistisch, gemakkelijk, onverplicht, over diezelfde instituten te kunnen praten door ze in functie voornamelijk **cultureel** te verklaren. Door van collecties voorwerpen met name 'cultuuroverdracht' te verwachten. En door die instituten, als media van cultuuroverdracht, overhaast af te stemmen op een totaalpakket van cultuuroverdracht."

Uiteindelijk lagen daar twee totaal tegengestelde nota's, *Museumnota I* en *Museumnota II*, ter beoordeling door de gemeenteraad. Die koos, nadat haar de organisatorische gevolgen van *Museumnota I* duidelijk was geworden, voor *Museumnota II*. Waarmee alles min of meer bij het oude bleef.

Van Adrichem suggereert in zijn studie naar het Rotterdamse kunstbeleid, dat Riezenkamp niet in de eerste plaats de inhoud van het beleid had willen veranderen, maar er simpelweg meer greep op had willen krijgen. Riezenkamps interesse lag niet bij de verbetering, maar bij de reorganisatie. Toen hij daarvoor in de raad onvoldoende steun kon vinden, draaide hij om als een blad aan een boom. Hij liet Van der Staay en zijn plannen even nadrukkelijk vallen als hij hem daarin eerder had gesteund.

Nu het museumbeleid niet wezenlijk werd veranderd, bleef het Lijnbaancentrum de uitzondering op de regel. Hier werd in de jaren zeventig een reeks laagdrempelige tentoonstellingen georganiseerd over strips (*Wordt vervolgd*), over de motorfiets als cultureel fenomeen (*Motorrr*), over kinderspeelgoed (*Ontroerend goed*), afgewisseld met tentoonstellingen van *Recente kunst uit de Sovjet-Unie*, over *De vergankelijkheid van de roem* (nu vergeten schilders, die in de negentiende eeuw eerder beroemd waren) en over *Spontane architectuur*. Het programma was, in zijn

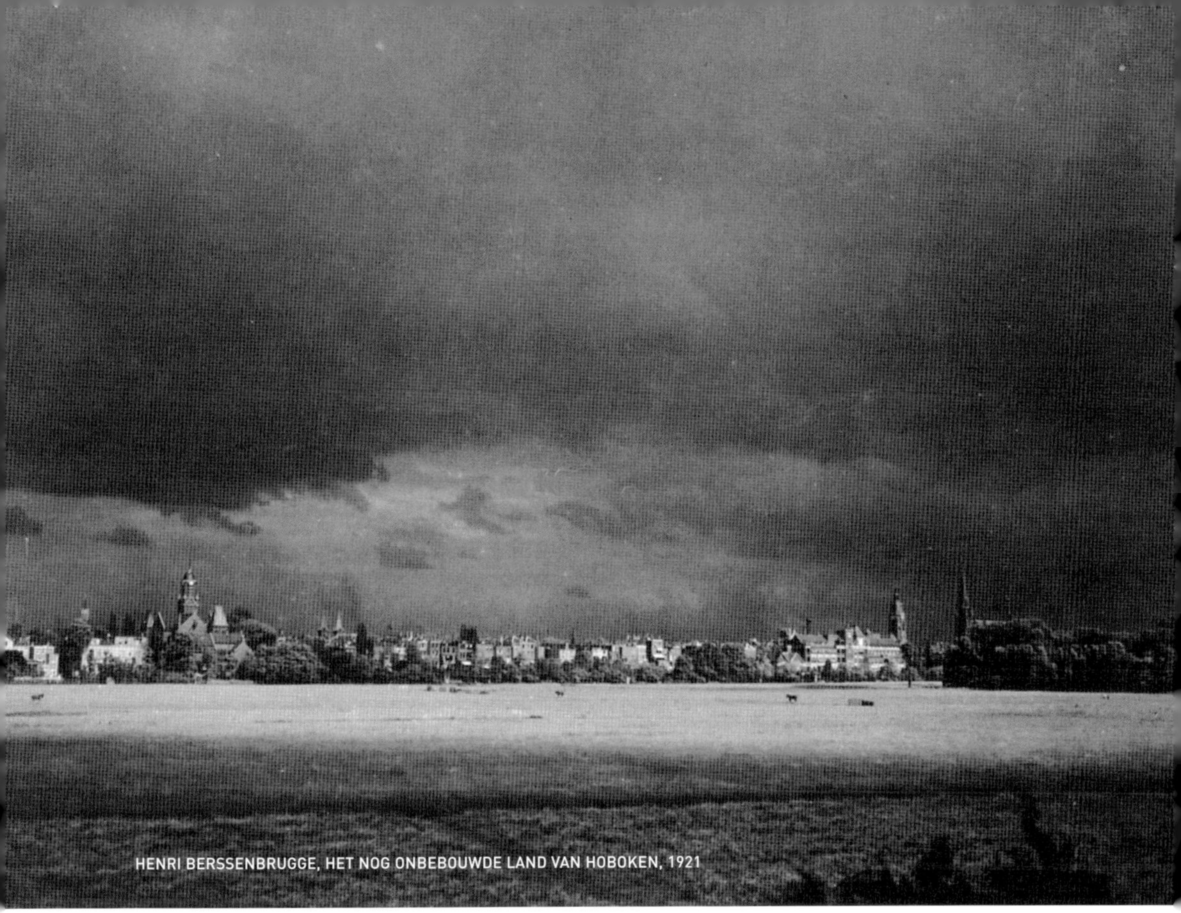

HENRI BERSSENBRUGGE, HET NOG ONBEBOUWDE LAND VAN HOBOKEN, 1921

afwisseling van *high* en *low*, een voorbode van wat later in de Kunsthal op grotere schaal zou worden uitgewerkt. Het Lijnbaancentrum bracht Kuifje, maar ook de vormgeving van Andrea Branzi en Ettore Sottsass; auto-ontwerpen van Giugiaro, maar ook de architectuur van Oud. Al werd de boventoon gevoerd door de massacultuur: UFO's, kabouters en de plastic tas.

Het stadhuis beviel het allemaal zeer. Het ging de bestuurders minder om wat er getoond werd dan om hoe het getoond werd. "De experimenten met technieken en methoden voor visuele communicatie," concludeert Van Adrichem, "werden door de gemeentelijke overheid zeer positief beoordeeld. Dit tentoonstellingsbeleid, dat op een breder publiek dan het kunstpubliek was gericht, paste goed bij de opvatting dat kunstbeleid een aspect van welzijnsbeleid was."

Als raadslid had Linthorst in de jaren zeventig gewaarschuwd tegen de grote bouwplannen in de museumsector, die een beslag legden op een flink deel van het beschikbare geld voor de cultuursector. Toen hij in 1982 wethouder werd moest er worden bezuinigd. Het eenvoudigst zou zijn geweest dat de musea hun bouwplannen opnieuw in overweging zouden nemen. De gemeenteraad was daar niet voor, Linthorst moest elders op zijn begroting ingrijpen.

De doorwerking van de oliecrisis van 1973 leidde begin jaren tachtig tot een reeks opeenvolgende bezuinigingsronden. Het ene na het andere initiatief werd teruggedraaid, afgeslankt of stopgezet. De Rotterdamse Kunststichting, onder Van der

Staay gegroeid van acht naar tachtig personeelsleden, moest drastisch bezuinigen. De Doelenzaal uit de jaren zestig, vrucht van wethouder Zeelenbergs vernieuwingsdrang, moest in 1982 de deuren sluiten en het jaar daarop adviseerde de Commissie Kunstzaken aan B en W ook de sluiting van het Lijnbaancentrum. Op 1 januari 1985 was dat een feit.

Vier jaar lang, van 1982 tot 1986 moest Rotterdam alle zeilen bijzetten om te voorkomen dat het een artikel 12 gemeente zou worden, hulpbehoevend en onder curatele gesteld van het Rijk. Rotterdam was zwaar getroffen door de economische teruggang. De scheepsbouw lag stil, de haven liep terug en het demografische profiel van de stad veranderde drastisch door de komst van grote aantallen Surinamers en Antillianen.

In die periode dat de politiek in het teken van de bezuinigingen stond, ging Joop Linthorst als wethouder Financiën uitsluitend over de begroting. Toen in 1986 een nieuw college aantrad, waarin Linthorst wethouder Financiën én Kunstzaken werd, betekende dat ook het begin van nieuwe investeringen in de stad. Er moest nog steeds worden bezuinigd, maar daarnaast was ook ruimte ontstaan om aan nieuwe dingen te kunnen denken. Dat resulteerde in een aantal ambtelijke nota's zoals *Vernieuwing van de stad*, over de uitbreiding van de binnenstad in de richting van de Maas.

De uitkomst van de analyse zoals die toen werd gemaakt, was dat de culturele infrastructuur moest worden versterkt. Dat had alles te maken met het imago van Rotterdam als **wereldhaven met een dorpscultuur**. Rotterdam wilde af van het beeld van werkstad; Rotterdam wilde net als bijvoorbeeld Düsseldorf een stad worden waar ook een dienstensector kon bloeien. Maar een stad die banken en verzekeringsbedrijven wil bewegen zich daar te vestigen, moet ook voor het hogere en middenkader van die bedrijven een cultureel aanbod creëren. Wie de dienstensector wil lokken moet een zeker leefklimaat scheppen; de werkstad moet ook cultuurstad worden. Uit zichzelf ontstaat dat niet zo snel, de gemeente moest dat kunstmatig bewerkstelligen.

"De belangstelling voor de bouw van nieuwe musea," schreef architect Cornelis van de Ven in *Museumarchitectuur*, "wordt niet zozeer gevoed door de kunst of de specifieke kwaliteiten van het aanwezige kunstbezit, maar eerder als uiting beschouwd van de economische aantrekkelijkheid waarmee de stad, streek of natie zich weet te onderscheiden."

Een en ander betekende niet dat Rotterdam ook daadwerkelijk behoefte had aan een nieuw museum, hooguit aan een kunstzinnige instelling. Wat dat betreft geen nieuws, dat had wethouder Zeelenberg al decennia eerder geconstateerd: wel een gebouw, maar geen museum; geen collectievorming en wel nauwe samenwerking met Boijmans Van Beuningen.

Linthorst koos voor een andere koers. Als Rotterdam nu eens iets nieuws zou neerzetten, iets wat in Nederland nog niet bestond, maar dat wel inspeelde op een nieuwe trend, dan zou dat instituut misschien wel een nationale uitstraling krijgen. En iets met een nationale uitstraling zou meer bezoek trekken dan weer een museum erbij. Met als bijkomend voordeel dat een nationaal instituut mogelijk ook op nationale financiering mocht rekenen. Of, zoals zo hoopvol werd geconcludeerd door

Van Blommestein en Verstegen in hun *Onderzoek naar de behoefte aan een Nationale Tentoonstellingshal*: "Uitgaande van de gedachte dat het totaal niet uit de gemeentelijke middelen beschikbaar gesteld zou kunnen worden, waren de stichtingskosten, dan wel de exploitatielasten door het Rijk te dragen. In het laatste geval kan naar rato van de bijdragen op nader overeen te komen voorwaarden tentoonstellingsruimte aan het Rijk ter beschikking gesteld worden."

Want veel geld was er niet voor nieuwe culturele bestemmingen, Linthorst had nooit anders meegemaakt. Zo juist was de Rotterdamse Schouwburg opgeleverd en daar straalde de soberheid vanaf. En het Maritiem Museum, dat begin jaren tachtig werd gebouwd, was ook niet bepaald een luxueus gebouw. Kunstgebouwen moesten in Rotterdam nu eenmaal een koopje zijn.

Het idee van een **Nationale Kunsthal** waarin een paar keer per jaar blockbusters zouden worden georganiseerd, die ook voor een publiek van buiten de regio aantrekkelijk zouden zijn, heeft het Rijk niet tot een breed gebaar kunnen verleiden. Uiteindelijk heeft Rotterdam zijn Kunsthal zelf moeten bouwen voor ongeveer dertig miljoen gulden (begroot was twintig miljoen), met een eenmalige bijdrage in de bouwkosten door het Rijk van vijf miljoen.

Zo werd het mooie nationale plan toch weer een gemeentelijk initiatief. Maar wie onderzoekt waar het publiek vandaan komt dat de Kunsthal trekt, die ziet dat die nationale ambitie meer dan waargemaakt is. Globaal gesproken komt eenderde van de bezoekers uit de regio, tweederde uit de rest van het land en een handvol uit het buitenland. Als het bedrag dat de gemeente jaarlijks aan subsidie kwijt is voor de Kunsthal, wordt afgezet tegen het bedrag dat de Kunsthal aan toegangsgelden genereert, dan blijkt dat de gemeente voor een koopje er een succesvolle instelling bij heeft gekregen. In 1996 werd er net zoveel geld aan de kassa opgehaald als aan subsidie was ontvangen. Het jaar daarop ook, en in 1998, een topjaar, kwam er zelfs twee keer zoveel aan entreegelden binnen als aan subsidie.

Het politieke idee achter de Kunsthal was dat van een **promotiemachine**, de generator van toerisme, het vliegwiel van de economie. De Dienst Gemeentelijke Musea had daar in het jaarverslag van 1984 al voor gepleit: "In het boek *The arts as an Industry* wordt geconcludeerd dat kunst een van de meest productieve industrietakken van New York is geworden. Het daar gemeten multiplier-effect bedraagt 2,7; ergo: iedere aan de kunst uitgegeven gulden heeft een economisch effect van Hfl 2,70. De kunst vormt dus een essentieel onderdeel van de stadseconomie, zelfs al zou het multiplier-effect in Rotterdam aanzienlijk lager liggen dan in New York. Voorshands zien wij overigens geen reden om te veronderstellen dat het effect in Rotterdam daarvan veel zal afwijken."

Kortom, een goed cultureel klimaat is geen tegemoetkoming aan een elite van verfijnde kunstliefhebbers; een goed cultureel klimaat is een dringende noodzakelijkheid voor een gezonde economie. Dat was taal naar het Rotterdamse hart.

Die zakelijke kijk was op een bepaalde manier een verfrissing vergeleken met de wat zweverige benadering van kunst als het goede, het ware en het schone dat het gemene volk zou verheffen boven het slijk der aarde. In het jaar dat de Kunsthal werd geopend, 1992, wijdde de kunsthistoricus Eddy de Jongh zeer toepasselijk zijn Huizinga-lezing aan dit thema: *Kunst en het vruchtbare misverstand.*

Dit is wat hij zei: "Wanneer in overeenstemming met het Verlichtingsideaal, zoveel mogelijk mensen in de gelegenheid werden gesteld te proeven van de boom van kunst en cultuur, zo was de gedachte, dan zou de samenleving, en zouden ook de onderste regionen daarvan, beduidend in beschaving toenemen. Gekust worden door de muze zou tevens voor het individu gunstige, zo niet wonderbaarlijke gevolgen hebben. Men werd er zedelijk meer mens door, een beter, of een gelukkiger mens."

En hij vervolgde: "Kunst kon zelfs als catharsis werken, als reiniger van de ziel, een uit de Oudheid stammend begrip dat halverwege de jaren zeventig nog figureerde in de nota kunstbeleid van het desbetreffende ministerie. Zulke zware woorden worden tegenwoordig misschien wat minder frequent gebezigd. **Catharsis**, **maatschappelijke relevantie**, **bewustwording**, termen uit cultuurnota's van enkele kabinetten geleden zijn ingeruild voor het inmiddels al weer half versleten trefwoord **kwaliteit**. Maar er wordt tussen het primaat van het kwaliteitsbeginsel bij het kunstbeleid en dat gene wat de **kwaliteit van het bestaan** heet nog steeds een duidelijke relatie gezien en daarmee heeft het oude ideaal zijn zoveelste verlengstuk gekregen."

Om uiteindelijk te concluderen: "Mij lijken deze misverstanden vruchtbaar, omdat ze het vuur brandend houden, anders geformuleerd: omdat de illusie die deze manier van denken in zich bergt, het kunstbedrijf, het artistieke leven en de kunstpolitiek hoe dan ook steeds heeft (...) gewiegd en gestreeld, dus gestimuleerd. Een niet onbelangrijk deel van de cultuur moet op zulke misverstanden berusten, op concepties met een ijl werkelijkheidskarakter (...) het is veelal wind, maar het is wind die de dingen soms, voor sommige mensen, op een aangename, zelfs nuttige en leerzame manier in beweging zet."

Anders gezegd: lang leve het misverstand. Uit wèlke naam de kunst ook wordt gestimuleerd - **morele verheffing**, **maatschappelijke relevantie**, of **economische groei** - het is om het even, zolàng de kunst maar wordt gestimuleerd.

Rotterdam blijft een lastige stad voor cultuur. Het is makkelijker groepen te missen dan te trekken. Studenten zijn er nauwelijks. Dat wil zeggen, er zijn wel studenten, maar dat zijn bèta- en gammastudenten. Het is al bedrijfskunde en econometrie wat de klok slaat, er zit nauwelijks een cultureel geïnteresseerde student tussen. Wie aan de Erasmus Universiteit studeert, gaat niet vanzelfsprekend naar tentoonstellingen en musea.

Ook het midden en hogere kader van de **dienstenstad** waar zo nadrukkelijk naar werd gelonkt, is een groep die niet makkelijk wordt bereikt. Het kader woont ver van de binnenstad in slaapsteden en maakt van daaruit niet zo snel de gang naar museum of tentoonstelling. Dan zijn er nog de vele buitenlanders in de stad, langzamerhand zo'n vijftig procent van de bevolking, maar die hebben zo hun eigen belangstelling, die zitten niet te wachten op de Kunsthal. Het politiek correcte verwijt is altijd dat dit de schuld is van de kunstinstellingen, die in hun programmering geen rekening houden met de smaak en cultuur van allochtone Nederlanders. Maar de vraag is meer of er wel een tentoonstelling valt te bedenken waar deze groepen in groten getale door aangetrokken zouden worden.

Hoe Rotterdams is de Kunsthal eigenlijk? De eerste jaren was het bezoek evenwichtig verdeeld tussen de helft uit de Rijnmond en de helft van daarbuiten. Later verschoof de balans naar veertig procent uit de omgeving en zestig procent van elders. Maar uit een publieksonderzoek, uitgevoerd in 2001, bleek dat voor *Meesterlijk Verzameld, de collectie Rau*, vijfentachtig procent van de bezoekers van buiten de regio afkomstig was. Als promotiemachine voor Rotterdam had de Kunsthal elke verwachting overstegen.

Alle musea in Rotterdam zijn ontstaan op basis van privaatinitiatief, alleen de Kunsthal - het tegendeel van het museum als bewaarplaats - is een gemeente-initiatief. De bouw van de Kunsthal en de aanleg van het Museumpark, dat veel kritiek heeft opgeroepen en nog oproept, zijn voorbeelden van het nieuwe Rotterdam, zoals dat zich aan het ontwikkelen is. In die zin zijn ze de vertaling van al die ambtelijke nota's uit de jaren tachtig. Al gaat het volgens Linthorst te ver om te menen dat de Rotterdammers gebouw en park ook in hun hart hebben gesloten.

In Rotterdam ligt de zaak anders dan in Groningen. Bij het Groninger Museum is op slag duidelijk dat het gebouw van Mendini waarin het museum is gehuisvest heeft meegeholpen aan de grote toeloop. Bij de Kunsthal is dat nauwelijks het geval geweest. "Het gebouw blijft grote vreugde verschaffen aan de architectuurliefhebbers," schrijft Van Krimpen in het jaarverslag 1999, "en grote ergernis aan de bezoekers."

De Kunsthal is architectonisch bruut en interessant, voor wie daar oog voor heeft. Het Groninger Museum is decoratief en lief: een snoepdoos uitgevoerd in goud en zoete kleurtjes, een fantastisch kitscherige ding, wat heel uitnodigend werkt. Het is een museum met een Disney-achtige kwaliteit. De Kunsthal van Koolhaas is allesbehalve Disney-achtig. Het doet geen concessies aan de heersende idee van wat aantrekkelijk is en hoe het hoort. De bezoeker moet van goede huize komen om dat gebouw te kunnen appreciëren. "Voor zover ik weet," schreef Wim Pijbes bij de opening van de Kunsthal in *Museum Management and Curatorship*, "is de Kunsthal het eerste publieke gebouw in zijn soort zonder een herkenbare voorkant, achterkant of zijkanten. Het is naar buiten gericht, letterlijk van binnen naar buiten." De Kunsthal is meer dan een simpele tentoonstellingsdoos; ze is pure beeldende kunst, de verstoffelijking van het credo van Koolhaas: **geen geld, geen details. Alleen een concept**.

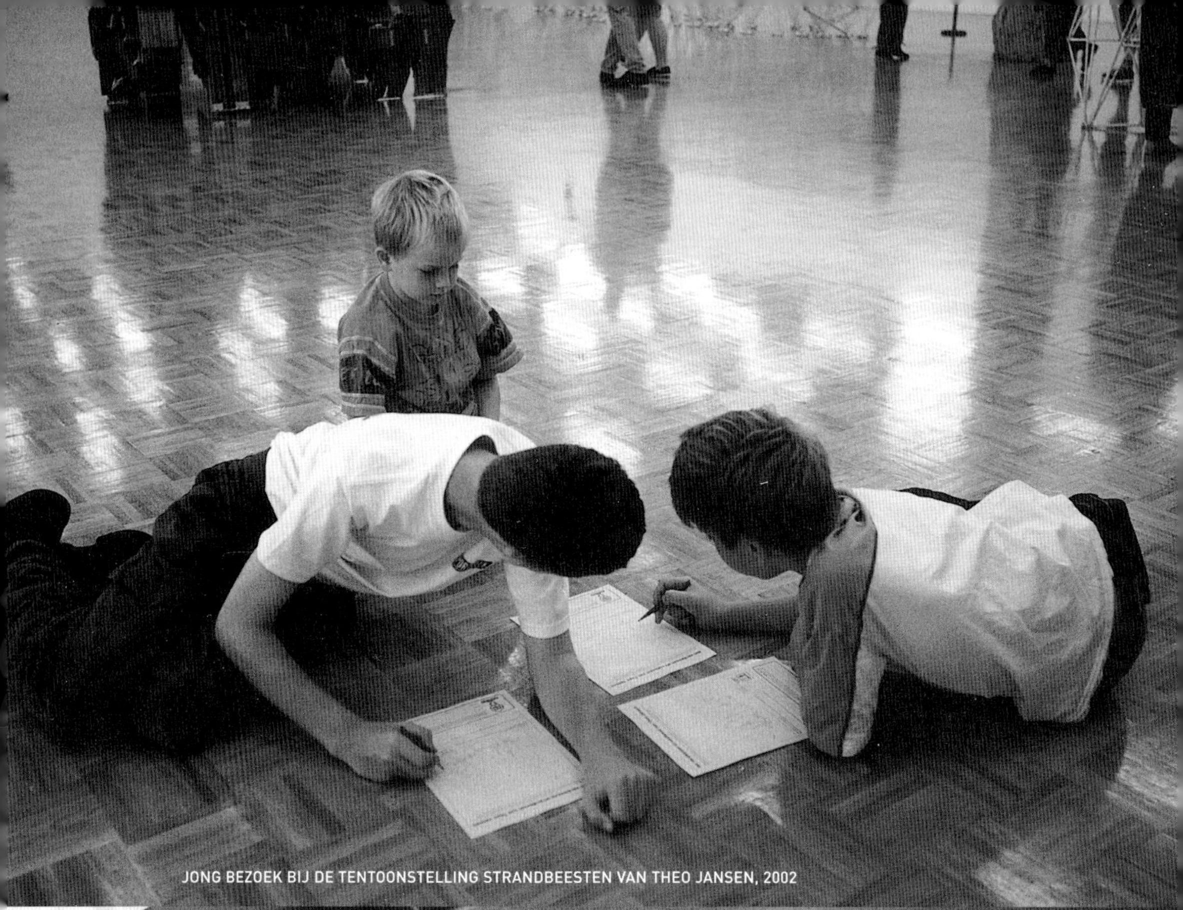
JONG BEZOEK BIJ DE TENTOONSTELLING STRANDBEESTEN VAN THEO JANSEN, 2002

ZEGER REIJERS' ZEEFDRUKKERIJ IN DE KUNSTHAL
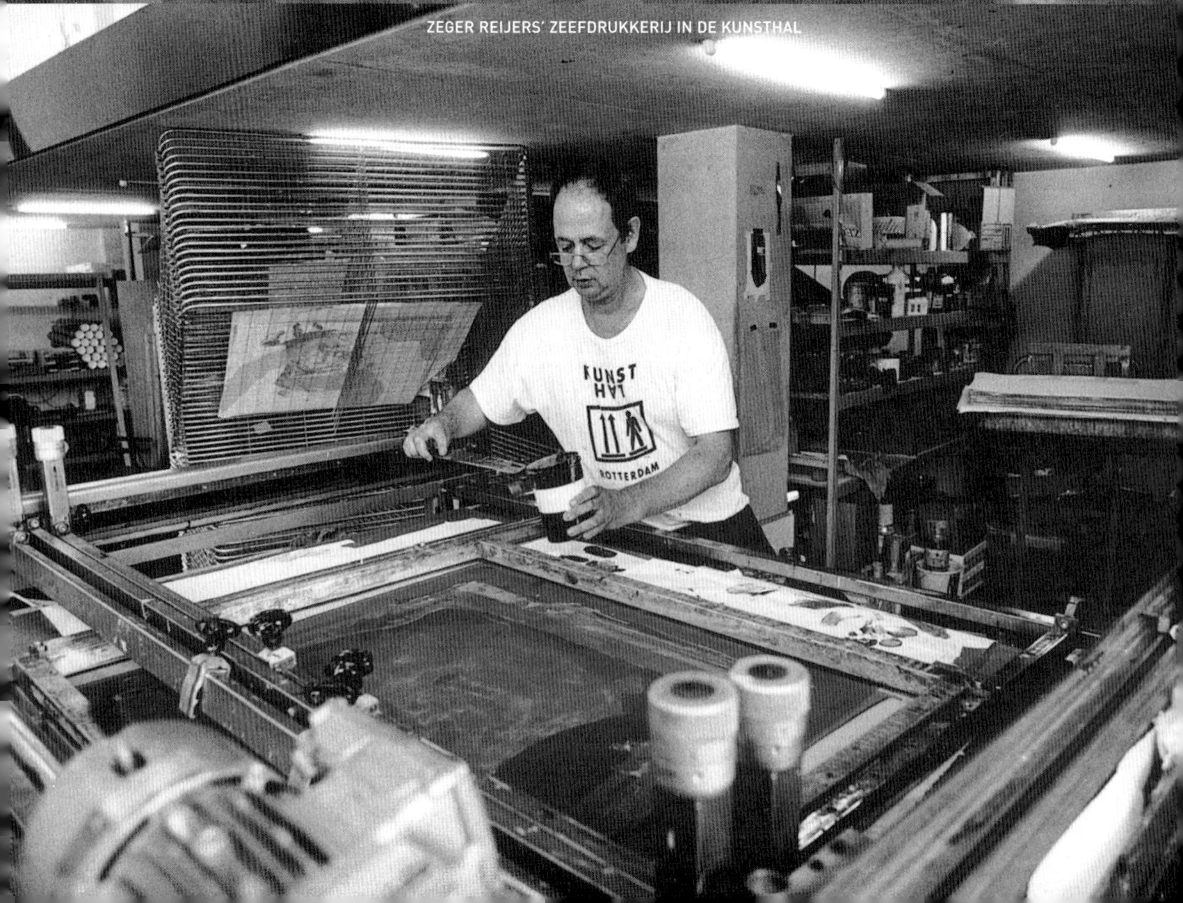

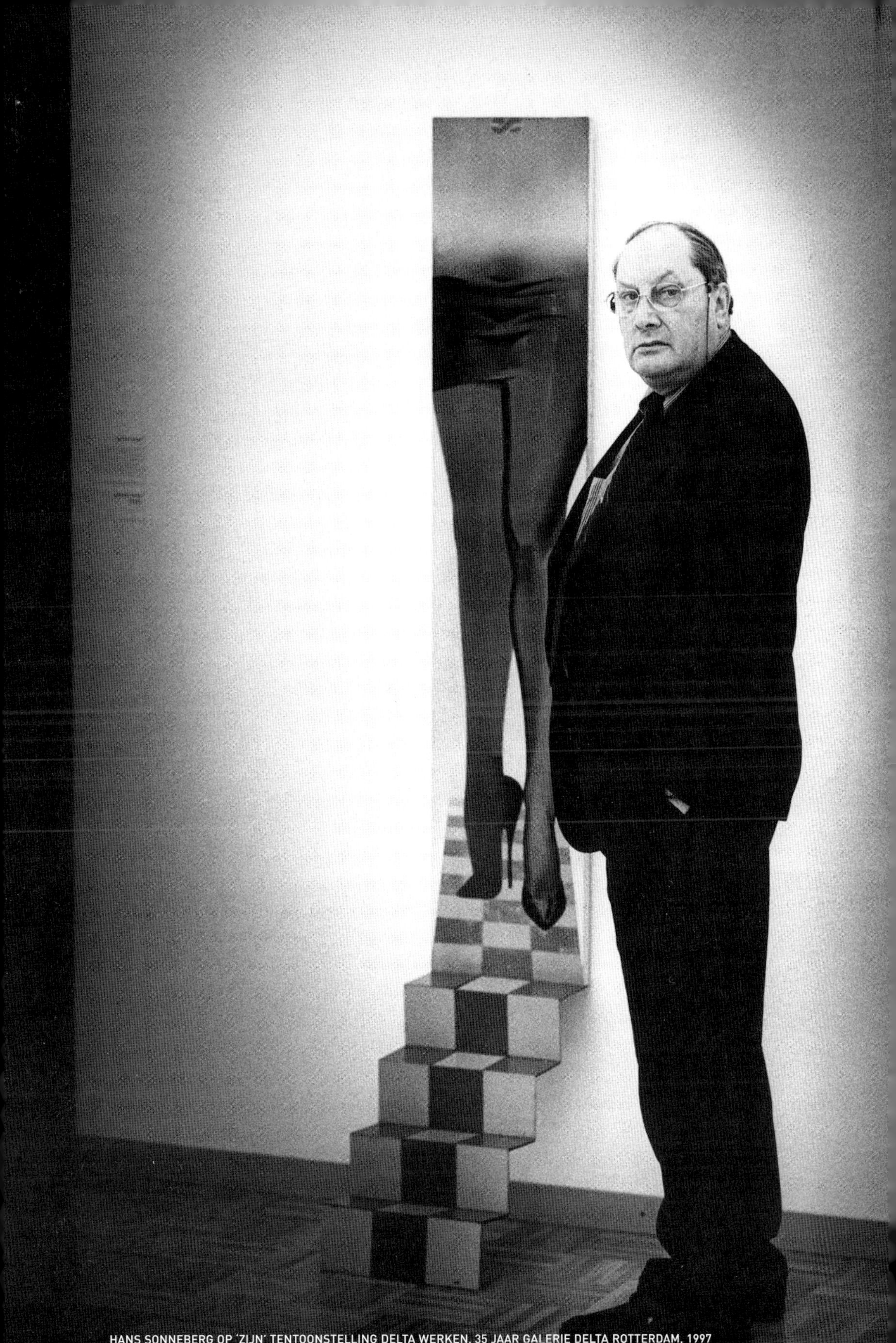

HANS SONNEBERG OP 'ZIJN' TENTOONSTELLING DELTA WERKEN, 35 JAAR GALERIE DELTA ROTTERDAM, 1997

RADICALISERING EN VERMOMMING

In de kunstmatige controverse tussen Amsterdam en Rotterdam die met enige regelmaat wordt opgeklopt, staat Amsterdam voor cultuur en Rotterdam voor handel, of naar keuze: Amsterdam voor praatjes en Rotterdam voor arbeid; Amsterdam voor pretenties en Rotterdam voor no-nonsense. Toen een handvol jonge Rotterdammers in 1978 besloot een blad te maken conformeerden ze zich aan dat beeld, zij het niet zonder ironie. **Hard Werken** was de titel en het klonk als een geuzennaam. Nog geen twee decennia later was het blad een legende en de gelijknamige ontwerpersgroep het onderwerp van een overzichtstentoonstelling.

Locatie was de lange, smalle, twee verdiepingen hoge galerij langs hal 1 en hal 2, ooit ontworpen als beeldengalerij, met een vloer van stalen roosters, die indien gewenst, kunnen worden verwijderd. In deze nu tot designgalerij omgedoopte ruimte werd een begin gemaakt met een reeks overzichten van Nederlandse ontwerpers. Na Hard Werken volgden exposities van onder andere Droog Design, Studio Dumbar, Gerard van den Berg, Marlies Dekkers en Jan des Bouvrie. Het Vormgevingsinstituut was dan wel in Amsterdam gevestigd, maar daar viel niets meer te zien, daar werd alleen nog maar gedacht. Wie het Hollandse ontwerp wilde aanschouwen, moest naar Rotterdam. Ook de nominaties voor de jaarlijkse Designprijs, georganiseerd door de Rotterdamse Kunststichting, werden de eerste jaren in de Kunsthal getoond.

Zijn vormgevers wetenschappers of kunstenaars? Geen van beiden, al hebben ze vaak de pretenties van de eersten en de praatjes van de laatsten. Het vak ligt er

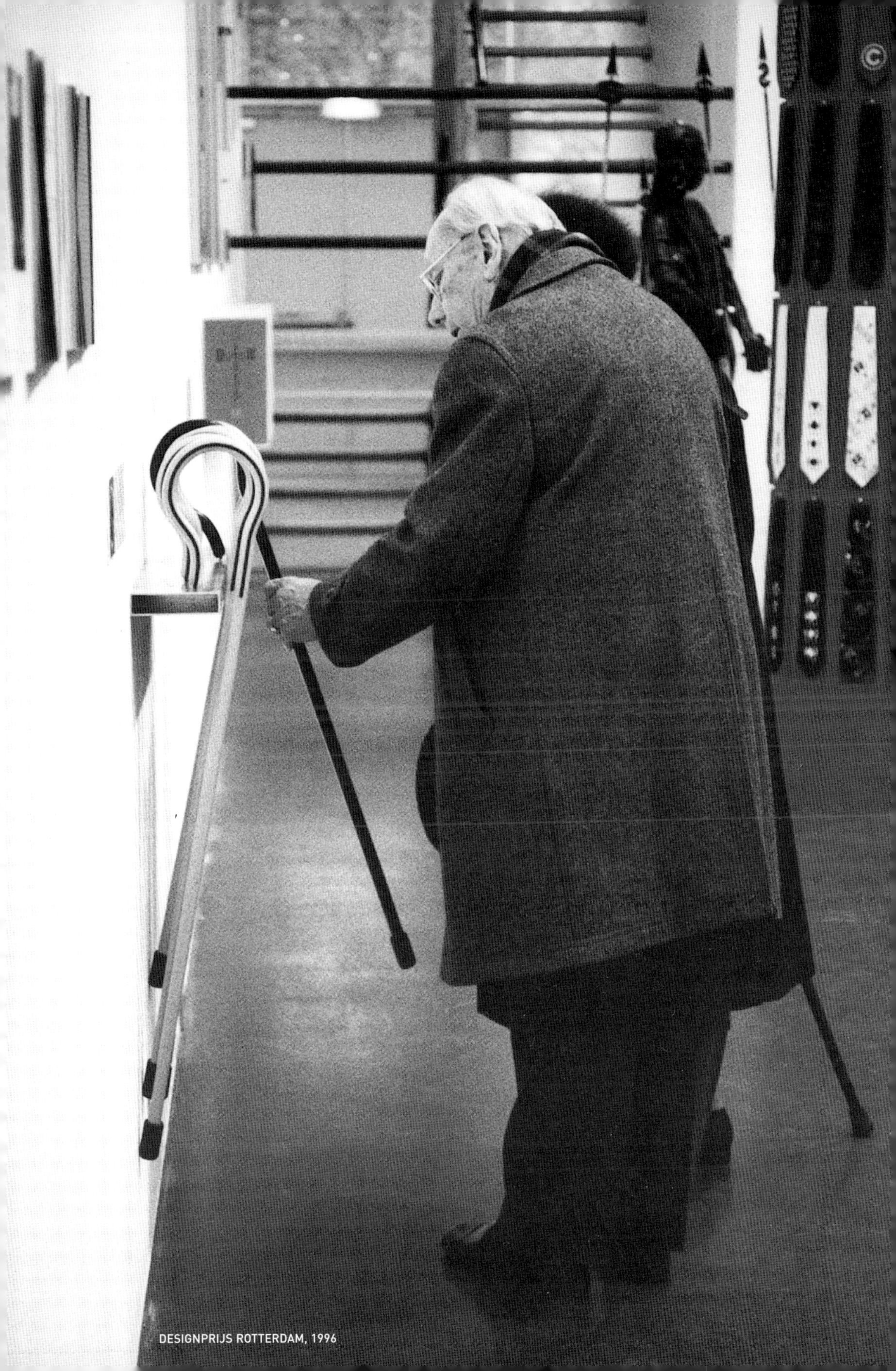

DESIGNPRIJS ROTTERDAM, 1996

tussenin, pikt van wetenschap en kunst wat het denkt te kunnen gebruiken. Aan de wetenschap ontleent het een voorkeur voor formules: een geheel van opvattingen samengebald tot een bezwering. Het voordeel van de formule is dat hij onwrikbaar oogt en precies, al blijkt die toverformule bij nadere bestudering zo lek als een mandje. De functie van de formule geldt dan ook niet voor de praktijk van het ontwerpen, maar het debat daarover. Het is een kaart die op tafel wordt gelegd om de tegenstander af te troeven.

Less is more is zo'n formule. Nergens is een bewijs te vinden waarom minder meer zou zijn. Het is dan ook geen bewijsvoering, maar een opvatting gebracht als een aforisme. Het is een cliché, in dit geval het cliché van het modernisme, maar het voordeel ervan is dat iedereen weet wat ermee wordt bedoeld. In het kaartspel dat elk debat nu eenmaal is, wordt die aas overspeeld door een joker: **less is a bore**. Inmiddels ook een cliché (van het postmodernisme), maar nog steeds bruikbaar als positiebepaling.

Hard Werken was eerst en vooral anti. Anti-soberheid, anti-terughoudendheid, anti-functionaliteit, anti-strengheid en anti-dienstbaarheid. (Samengevat: anti-Amsterdam.) De hele Hollandse typografische traditie werd door hen op zijn kop gezet. Hard Werken verwierp de regels en deed alles wat God (in de gedaante van de legendarische typograaf Stanley Morison) had verboden. Hun typografie was er een van overdaad, van ongebruikelijke letters, van onlogische spatiëring, van overborrelende dynamiek en onstuimige decoratie. Dat het de leesbaarheid vaak niet ten goede kwam, deed niet ter zake. Dit was typografie als illustratie.

De achtergrond van die houding (want dat was het, meer dan een concept of een programma) lag in de aard van hun opleiding. Henk Elenga, Gerard Hadders, Tom van den Haspel, Willem Kars en Rick Vermeulen hadden lessen gevolgd aan de Rotterdamse kunstacademie en daar bestond geen afdeling grafische vormgeving. Men deed beeldende kunst of publiciteit, daartussen lag niets. Aan die onderdompeling in de beeldende kunst hadden de studenten een lak aan regels overgehouden, of beter gezegd: in hun opvatting waren regels er uitsluitend om te overtreden. Als de klassieke typografie streefde naar onzichtbaarheid, dan streefde hun typografie naar expressie. Inspiratiebron was niet de *Neue Typographie* van Tschichold en Zwart uit de jaren twintig (zoals die dat wel was voor Wild Plakken, een vergelijkbare groep, zij het uit Amsterdam), maar Amerikaanse typografie uit de jaren vijftig, de typografie van **de slechte smaak** met zijn overdadig gebruik van scriptletters. Het revolutionaire elan van Hard Werken was allereerst cultureel, niet politiek zoals dat van Wild Plakken.

Aanvankelijk was het een lokale affaire. Het culturele leven in Rotterdam was in die tijd geconcentreerd rond Lantaren/Venster, een kunstlaboratorium waar van alles gebeurde. Niet alleen op het gebied van de beeldende kunst, maar ook op dat van theater, dans, muziek, performances, film en video. Bij die door de Rotterdamse Kunststichting gefinancierde activiteiten hoorde ook een grafisch atelier en daar ontstonden de eerste affiches voor dansproducties, toneeluitvoeringen, exposities en - misschien wel de bekendste - voor Film International.

De eerste opdrachtgever van buiten de eigen kring was uitgeverij Bert Bakker, gevestigd in Amsterdam, maar van oorsprong Haags. Rick Vermeulen had daar ooit stage gelopen en was uiteindelijk terechtgekomen op de afdeling productie. Naast de gebruikelijke hand- en spandiensten mocht hij incidenteel zelf een boekomslag ontwerpen en via hem raakte ook Gerard Hadders bij de uitgeverij betrokkken. Niet veel later zouden ze het merendeel van de titels van een gezicht voorzien. En wat voor gezicht.

Het mildste wat over hun eerste omslagen gezegd kan worden, is dat ze opvallend waren. Boekhandelaren haatten de ontwerpen, auteurs verwierpen ze, maar dat nieuwe gezicht maakte de boeken van Bert Bakker wel onmiskenbaar tot boeken van Bert Bakker. In een tijd waarin de ene paperback niet van de andere te onderscheiden viel, was dat zeker een verdienste.

Hadders en Vermeulen haalden hun inspiratie uit de massamedia. Ze namen een voorbeeld aan de televisie met zijn snelle opeenvolging van sferen en emoties. Typografie was in hun opvatting nadrukkelijk vluchtig, onderdeel van het carrousel van stijl en mode. Drukwerk was niet als architectuur voor de eeuwigheid bedoeld; niet zelden werd een herdruk van een ander omslag voorzien. Voor Hard Werken was de cultuur van onze tijd allereerst een wegwerpcultuur. Omslagen moeten bovenal aandacht afdwingen, dat is hun functie; hebben ze die eenmaal gekregen dan is hun functie vervuld.

Op dat uitgangspunt, afkomstig uit de wereld van de publiciteit, valt niet veel af te dingen. Een product dat niet opvalt, bestaat ook niet en is binnen de kortste keren product-af. De consequentie daarvan is wel dat deze vormgeving alle concurrentie wil overstemmen. De kleuren zijn feller, de typografie opvallender, de effecten nadrukkelijker, met als gevolg dat ook het visuele lawaai toeneemt. Het is op zijn ergst de typografie van de ghettoblaster en op zijn best de typografie van de walkman, die voor de passant alle muziek, hoe mooi ook, reduceert tot geslis en gebonk. Men andere woorden, de boodschap is te luid voor wie er niet van is gediend en niet luid genoeg voor wie ervan houdt.

Zo snel gaat - dankzij de computer - de ontwikkeling van **baanbrekende** vormgeving tegenwoordig, dat het oeuvre van Hard Werken op een curieuze manier al weer klassiek oogt. Zo vaak is dit alles inmiddels gedaan, verspreid en nagevolgd dat hun ontwerpopvatting een andere plaats heeft gekregen in het typografisch universum. De boekhandels die het werk vroeger verketterden, loven het nu. Van uitzondering is ze regel geworden en vergeleken met de vormgeving van veel nieuw drukwerk oogt ze bijna behoudend.

Alle kunsten kunnen, metaforisch gesproken, worden teruggebracht tot twee categorieën: poëzie of architectuur, vluchtig of solide, gedachte of gebouw. (Schilderkunst is dan **poëzie**, beeldhouwkunst **architectuur**.) Maar in welke categorie valt dan een bastaardkunst als design? Is het de gedachte die hier telt, het concept, of is het de uitwerking daarvan, de structuur van woord en beeld?

Die vraag werd opgeroepen door de tentoonstelling *Studio Dumbar, Behind the Seen*. Even woordspelig als de titel is het werk. De ontwerpers lenen, vervormen, goochelen en jongleren met het typografisch ideeëngoed dat het een aard heeft. Af en toe lijkt het meer op een circus met drie pistes, waarin van alles tegelijk gebeurt, dan op de strenge discipline die het grafisch ontwerp traditioneel is. Gert Dumbar en zijn studio willen dan ook allesbehalve traditioneel zijn.

De terugblik bood een heterogeen beeld. Dumbar ontwierp affiches en huisstijlen, catalogi en pictogrammen; de studio werkte net zo gemakkelijk voor cultuur als voor commercie. In het dagelijks leven zijn Dumbars vingerafdrukken overal te vinden: bij het Holland Festival en bij het Rijksmuseum, bij de PTT en bij het NOB, bij de NCRV en bij de politie, bij het GAK en bij het Nationale Toneel.

Hoewel de vormgeving in handen is van een groot aantal individuen blijft de Dumbar-stijl altijd herkenbaar. Bij de grote klanten wat terughoudender dan bij de kleine, bij cultuur wat extravaganter dan bij commercie, maar toch: typisch Dumbar.

Wat het laatste decennium in de wereld bekend is geworden onder de noemer Dutch Design staat voor de aanval op de strenge, rationele Zwitserse stijl. Dutch Design spot met alle regels; verboden bestaan slechts om te worden overtreden. Eenvoud wordt vervangen door complexiteit, helderheid door gelaagdheid en traditie door vernieuwing.

De Dumbar-stijl gaat uit van de filosofie van het teveel. Waarom één kleur gebruiken als je er ook tien kunt gebruiken? Waarom je beperken tot één lettertype als er zovele zijn? Waarom naast een horizontaal arrangement van tekst ook niet een verticaal en een diagonaal? Waarom naast schots niet ook scheef? De grafische formule van Studio Dumbar is even herkenbaar als de muziek van The Modern Jazz Quartet: klapje, veegje, belletje.

Gert Dumbar begon zijn loopbaan als een overtuigd modernist. Letters waren schreefloos, bij voorkeur geselecteerd uit de familie Univers, hun ordening was rationeel en **onzichtbaar**. Sindsdien heeft hij ontdekt dat er meer is tussen hemel en aarde. Hij wil emotie overbrengen, betovering, spontaniteit en theater. Daartoe dienen alle middelen worden ingezet.

In zijn bijdrage aan de catalogus zet Dumbar zich af tegen de goede smaak en de daarbij behorende techniek met een citaat van Rudi Fuchs: “Er bestaat een vergissing over wat werkelijk waardevol is in de kunst: avontuur en de kans schipbreuk te lijden, of het in toenemende mate reukloze resultaat dat uiteindelijk eindigt in goede smaak.”

Interessant, maar heeft Dumbar de reikwijdte van die uitspraak wel overzien? Dumbars design opteert voor poëzie, maar is die keuze logisch of zelfs maar haalbaar? Het fundamentele verschil tussen poëzie en architectuur is dat je in poëzie niet kunt wonen. Het gedicht heeft geen **nut** anders dan het de maker behaagt; architectuur kan nooit al te eigenzinnig zijn, omdat ze onderworpen is aan de eisen van gebruik. Gangen die doodlopen, deuren die geen toegang bieden, kamers die gekanteld zijn, het ontwerp kan misschien wel worden uitgevoerd, maar niet bewoond.

Dumbar haakt naar de status en vrijheid van de kunstenaar, maar het gekozen medium is daarvoor ongeschikt. Het grafisch ontwerp is niet zelfstandig, het is een intermediair tussen mededeling en publiek; het is een manier om die informatie te organiseren en te communiceren. Grafisch ontwerp is niet autonoom, het vervult een functie. Het is architectuur, geen poëzie.

Veertig jaar geleden ging de discussie in de ontwerpwereld over de tegenstelling vormgever - stylist. Een vormgever was iemand die vanuit een probleemstelling tot een oplossing kwam; een stylist was iemand die de **tekens** van een stijl aan een ontwerp toevoegde. Het zal duidelijk zijn: in die controverse droegen de vormgevers witte hoeden en de stylisten zwarte.

Jan des Bouvrie voert **stylist** als eretitel. Hij is, opmerkelijk voor iemand die doorlopend in de publiciteit is, bescheiden in zijn claims. Voor hem geen hang naar het hogere, geen ambitie voor het kunstenaarschap zoals andere ontwerpers die koesteren; integendeel, hij benadrukt keer op keer zijn status als middenstander, hij is de man die iets maakt voor een publiek en die luistert naar zijn klant.

Elke beroemde ontwerper is allereerst een meester in het bespelen van de publiciteit. Voor de kwaliteiten van het werk aan bod komen, kennen we de kwaliteiten van de man, van zijn ideeën evengoed als van zijn kleding. Zijn naam is een merk, en zijn verschijning zijn signatuur. Dat gold voor Raymond Loewy (snorretje), dat geldt voor Philippe Starck (baret), en dat geldt voor Jan des Bouvrie (warrig kapsel). Ontwerpen is één talent, het ontwerp vervolgens aan de man brengen is een heel ander talent. Wie beide heeft, is in het bezit van de sleutel tot succes.

Wat het werk van Des Bouvrie nu precies inhoudt, toonde de Kunsthal. Hoewel de twee lange, smalle gangen als expositieruimte weinig flexibel zijn, was voor deze expositie een goede oplossing gevonden. Boven was een keuze uit de meubelontwerpen opgesteld en beneden een reeks kamers gecreëerd waarin toepassingen werden getoond. Op die manier werd het een tentoonstelling over ontwerpen die zelf nadrukkelijk ontworpen was.

Enige ironie is Des Bouvrie niet vreemd. De man van wie gezegd wordt dat hij Nederland wit heeft gemaakt, liet alle stoelen en banken wit bekleden. Op een glazen verhoging stonden ze smetteloos te wezen, gereed voor inspectie in streng gelid, terwijl aan de tegenover liggende wand grote foto's hingen van weer andere ontwerpen. Ter wille van het contrast waren die donker, voorzien van zwarte bies en zilveren lijst, als staatsieportretten. Het geheel had iets aristocratisch - de lakeien tegenover de familiestukken - al werd de gewichtigheid in toom gehouden door zelfspot. Het was alsof Des Bouvrie zich, conform zijn imago, presenteerde als de koning van het Nederlands ontwerp, maar met een knipoog die niemand kon ontgaan.

In al zijn beknoptheid liet dit overzicht de ontwikkeling in het werk duidelijk zien. Wat eind jaren zestig was begonnen in het voetspoor van het modernisme had zich eind jaren tachtig bekeerd tot het postmodernisme, maar altijd met mate. De kracht van Des Bouvrie is precies dat wat in de ogen van zijn critici zijn zwakte is: de afwezigheid van extremen. Hij adapteert in eenvoudige vormen wat elders als nieuw en nooit-vertoond wordt gebracht. Des Bouvrie is de man van het midden bij wie bruikbaarheid voorop staat. Hij is geen uitvinder, maar toepasser.

Hij heeft gelijk. Wie een stoel verlangt zal daar doorgaans op willen zitten; wie een tafel koopt zal die willen gebruiken. De vorm van tafel en stoel zijn in de loop der tijden niet wezenlijk veranderd. Er is in de jaren twintig nog wel een debat geweest over het aantal poten dat onontbeerlijk is (één voor de tafel, twee voor de stoel), sindsdien beperkt de arbeid van de ontwerper zich tot maat, materiaal en detaillering. De oplossing is gegeven; wat rest is de uitvoering, de stilering.

Het oeuvre van Des Bouvrie bleek verrassend consistent. Wie mocht hebben gedacht dat er in zijn werk sprake is van een breuk tussen de modernistische en de postmodernistische vormtaal, werd door dit overzicht gecorrigeerd. In 1969 toen hij voor fabrikant Gelderland de Kubusbank had ontworpen, trots middelpunt van de tentoonstelling, kwam hij ook met een bank op de markt in het beproefde idioom van leer en chroom. Zo succesvol als de ene was, zo mislukt was de ander, althans in commerciële zin. De uitgangspunten van dit ontwerp, dat hier slechts als foto aanwezig was, keren terug in een twintig jaar later ontworpen en bekroonde fauteuil Lotus (1990). Ook hier weer de modernistische erfenis van verchroomde buis en zwart leer, zij het uitgevoerd in de geest van de clubfauteuil, onder het postmodernistische credo **something old and something new**.

Het succes van de ontwerpen van Des Bouvrie schuilt voor een belangrijk deel in deze strategie van het dubbelspoor. Naast de eenvoudige vierkante vormen (maar wel met afgeronde hoeken) die zijn werk vanaf het begin kenmerkten, werkte hij ook in een alternatief idioom van gebogen vormen. Naast de symfonieën van textiel (bank, fauteuil, poef) waarvan de constructie onzichtbaar is, waren er vanaf het begin ook ontwerpen waarvan de constructie beeldbepalend is. Naast het principe van herhaling van en variatie op een grondvorm hanteert hij het principe van combinatie van tegenstellingen.

Ook de tentoonstelling kende een dubbelspoor. Na de *grande parade* van ontwerpen in de bovenzaal, volgde de kleine parade van toepassingen in de benedenzaal. De kleur van elke kamer was de aanduiding van een sfeer: groen was de tuin, blauw was de slaapkamer, zwart-wit de werkkamer, met daartussen twee frivole varianten: een kamer betegeld in zilver en goud, en een witte kamer met grote rode stippen. Geëxposeerd werd niet meer dan een bed of bank met toebehoren (nachtkastjes en lampen of bijzettafeltjes) met op de tegenover liggende muur een kunstwerk. De inrichting vormde zo een spiegeling van die op de verdieping daarboven en demonstreerde bij alle eenvoud haar veelzijdigheid. De kamers waren variaties op elkaar, zoals Des Bouvrie's ontwerpen variaties zijn. De kubusbanken die zo succesvol waren in stof, werden gekopieerd (of geciteerd) in banken met flanken van rotan. De pootjes die het zo leuk deden bij stoel A keren terug bij stoel B.

Wie, zoals Jan des Bouvrie, goed luistert naar de wensen van zijn klanten, die luistert ook goed naar de lokroep van de mode. Kleuren en materialen die op zeker moment als **eigentijds** gelden, worden door hem vlot omarmd. Vormen die als **speels** furore maken of als **klassiek** van alle tijden zijn, worden toegepast als daar vraag naar is. Zo doken nu spitse tafelpootjes op die herinnerden aan de hoorntjes van Starck, zoals in het vroeger werk armleggers à la Oud of dubbele sleden à la Aalto en Breuer opdoken. Des Bouvrie is naar eigen zeggen een goed verkenner van de markt: jaarlijks maakt hij minstens een wereldreis om op de hoogte te blijven van wat elders speelt. Wat geen incident is, maar een patroon komt in aanmerking voor een vaderlandse variant. Zijn ontwerpen zijn precies wat meubels moeten zijn, een beetje van nu en een beetje van toen. Des Bouvrie heeft zich de lijfspreuk van Raymond Loewy eigen gemaakt: MAYA, wat staat voor Most Advanced, Yet Acceptable. Het is nadrukkelijk geen kunst, maar toegepaste kunst.

Design bleef in de Kunsthal niet beperkt tot de Design Galerij, voor grote overzichtstentoonstellingen werd met liefde een gehele hal ingeruimd. *Het elektrische huis* (1998) was zo'n tentoonstelling waarop niet het bijzondere werd getoond, maar het banale. Zelfs voor een expositie van gebruiksvoorwerpen is dat ongewoon. Museale presentaties van design leggen, net als bij kunst, de nadruk op het nieuwe, het experimentele, het radicale. Bij *Het elektrische huis* ging het niet om een collectie uitzonderlijke voorwerpen, maar om een overzicht van de apparaten waarmee iedereen is opgegroeid. Stofzuiger, handmixer, strijkijzer, koffiemolen, waterkoker, broodrooster, tafelventilator, straalkacheltje en theelichtje. Dit was de antropologie van het nabije, de archeologie van het huishouden, de sociologie van alledag. Wie de tentoonstelling bezocht wandelde zijn eigen verleden binnen, waaraan de inrichting in omgekeerde chronologie het hare toe bijdroeg. De bezoeker begon bij de jaren zeventig en verdween langzaam in de geschiedenis van het elektrische huishoudelijke apparaat in Nederland.

Alle uitgestalde hulpjes in de huishouding waren anoniem. Dat wil zeggen, ze hadden wel een naam en een nummer, maar de ontwerpers waren veelal niet bekend. Aanvankelijk kregen mannen op fabrieken, in tekenkamer of werkplaats, van de directie een klusje toegeschoven; industrieel ontwerper was nog geen beroep. De inspiratie van het ontwerp lag vaak in het buitenland, niet zelden Amerika, waar de elektrificering van het bestaan al eerder was begonnen. Zo'n apparaat van daar, dat was misschien ook wel iets voor hier, maar vaak te duur om te importeren. Imiteren was een vruchtbaarder oplossing. Veel vrees voor processen was er niet; voor zover er geprocedeerd werd, was dat voornamelijk onderling, want ook de Nederlandse ontwerpen leken wel klonen van elkaar.

Het waren kleine fabriekjes die ze produceerden: strijkijzers en rechauds, later ook straalkacheltjes. Een enkeling was in de negentiende eeuw begonnen als metaalverwerkingsbedrijf, met de opmars van de elektrificatie werden de oude waterketels eenvoudig van stekker en warmte-element voorzien. Weer anderen produceerden stofzuigers onder een veelheid aan merknamen. Tientallen jaren beheersten ze de thuismarkt tot Philips zijn assortiment ging uitbreiden en de bedrijfjes overnam of kansloos maakte. De toekomst was aan de industrieel ontwerper die het Duitse vocabulaire beheerste, de vormentaal waarin alle dingen op elkaar gingen lijken: de stofzuiger op de heteluchtkachel, de kachel op de radio. Tot de marktonderzoekers aan de macht kwamen en de consument de gezellige retro-ontwerpen gaven waaraan die behoefte zou hebben. Van apparaten, ingesteld op nut, waren het accessoires geworden, decoratieve objecten voor keuken en huiskamer.

Vandaar ook de populariteit van de stroomlijn, een Amerikaanse vinding om de luchtweerstand te verminderen. Nuttig voor auto's, vliegtuigen, boten en treinen, maar nogal overdadig voor stofzuigers, strijkijzers en ventilatoren. Toch was de consument er dol op. Niet omdat het strijkijzer nu vanzelf streek, maar om de boodschap van moderniteit die al deze apparatuur uitstraalde. Voor alles wilde de nieuwe consument laten zien dat hij (of vaker een zij) van zijn tijd was.

Om dat nieuwe, radicale en wetenschappelijke van de elektrische apparatuur te onderstrepen, werd de keuken omgetoverd tot een laboratorium. Alles van email en chroom, zoemend en pruttelend als aggregaat en retort: broodrooster en perculator. Later, toen het nieuwtje eraf was, moest die vormgeving worden getemd. De apparatuur moest naar kleur en vorm aan de keuken worden aangepast om geruisloos in het decor te kunnen worden opgenomen.

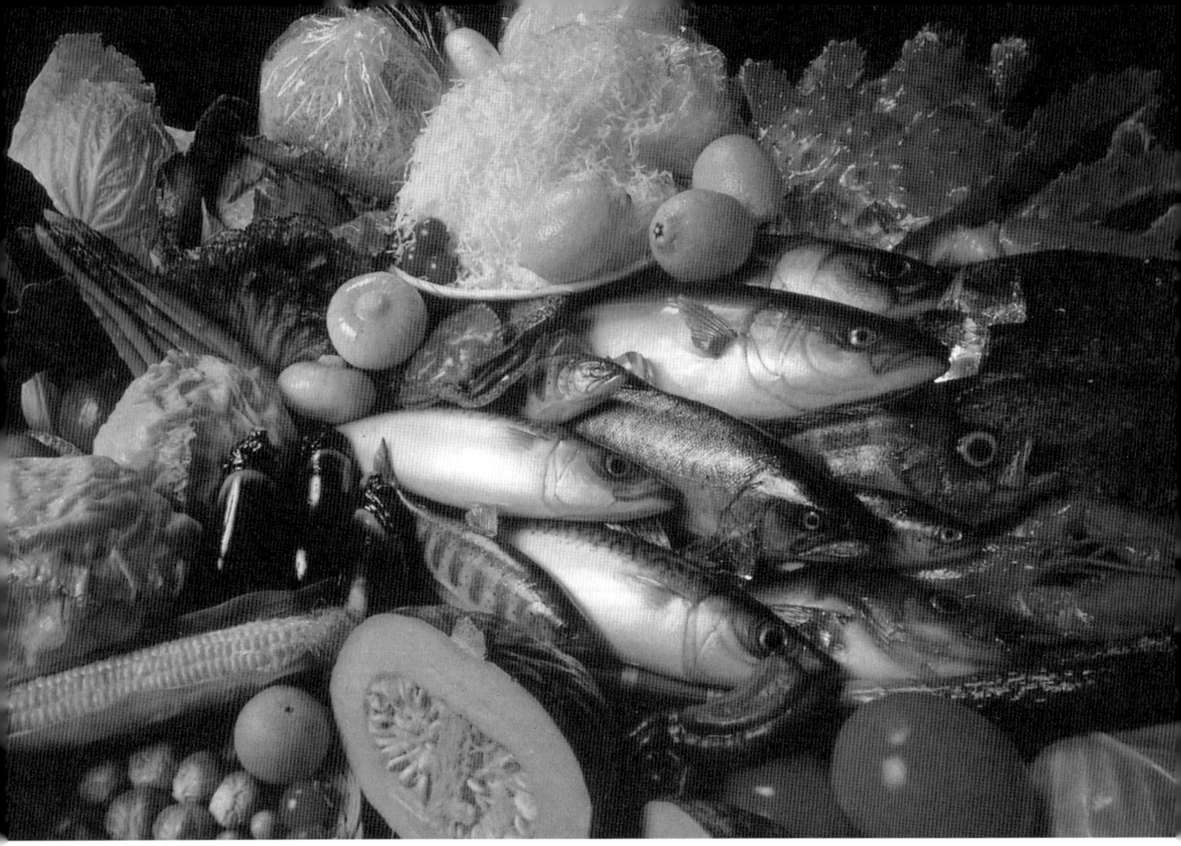

JAPANSE KUNSTGERECHTEN, 1999

De cyclus van het ontwerp is in het kort die van toevoeging, radicalisering en vermomming. De eerste ontwerpen gingen uit van het bestaande (indien voorhanden) waaraan simpel een elektrisch element werd toegevoegd. Daarna werd door een begaafd ontwerper een eigen vorm voor het apparaat bedacht. Vervolgens werd het ontwerp opgezadeld met overbodige verwijzingen naar een traditie om maar de grootst mogelijke groep consumenten te bereiken. Het straalkacheltje werd nu voorzien van imitatie-sintels die gloeien voor de gezelligheid.

De tentoonstelling maakte in een oogopslag het taaie leven van het oude ontwerp duidelijk. De torpedo- of cilinderstofzuigers gingen tientallen jaren mee. De enige verandering in het ontwerp bestond uit een verandering in materiaal en decoratie. Die huid was de directe omkleding van de ronde motor en stofzak. De vormveranderingen die vanaf de jaren zestig zichtbaar werden, waren niet ingegeven door enige technische noodzaak, maar door de wil van de fabrikant het apparaat een modieuze uitstraling te geven. Op het moment dat de rechthoek gepropageerd werd als de vorm van nu, was de cilinder op slag verouderd. Toen oranje de modekleur werd, was zwart, groen en donkerrood op slag lachwekkend.

Meer nog dan door de apparatuur werd het verhaal verteld door het reclamemateriaal. De reclamefoto voor een citruspers uit 1965 toonde een dame in een jurk zo geel (zonnig, opgewekt) als de fruitschaal en de citrusvruchten voor haar. Glimlachend kweet zij zich van haar taak. Glimlachend, dat wil zeggen: moeiteloos, opgewekt, liefdevol. Wat zij uitperste was geen sap, maar vloeibare liefde voor man en kinderen die op de foto niet zichtbaar, maar wel voelbaar aanwezig waren. De huisvrouw was de dienster van het gezin, haar taak was er wel lichter op geworden maar niet anders. Het huishouden was haar plicht, alles wat dat voor haar lichter maakte was een geschenk.

De moeiteloosheid en de lichtheid van de arbeid vertaalden zich op dat reclamemateriaal in de kleding. Het waren nette jurken en pakjes die de dames droegen; uitgaanstenue en avondjurk, niet het schort van de sloof. Het territorium van de huisvrouw was niet langer de keuken, haar enig recht niet langer het aanrecht, vanaf de jaren zestig werd de huiskamer door haar geannexeerd. Voortaan mocht ze **gezellig koffiezetten in de huiskamer**.

Wat opviel op de expositie was hoe vroeg alles al bestond. De taken van de huisvrouw werden eenvoudig geïnventariseerd en voor elke taak werd een instrument ontworpen. Hoe vertederend die eerste ontwerpen soms ook zijn, ze verschillen niet wezenlijk van de oplossing waarmee we dagelijks van doen hebben. De ochtend begint nog steeds met het zingen van de waterkoker, het gieren van de koffiemolen en het plokken van de broodrooster. De kleur mag per seizoen verschillen, de vorm per jaar variëren, de functie is nog niet vervangen door iets dat het nu beter doet dan tientallen jaren geleden. Het nieuwe is niet meer dan een kopie van het oude.

In de hiërarchie van de kopie staat imitatie op de laagste sport en vervalsing op de hoogste. Daarboven ligt het onbereikbare ideaal van het origineel. We kennen de positieve kopie en de negatieve kopie, de kopie als hommage en de kopie als plagiaat. We zijn omringd door kopieën in alle soorten en maten, van kopieën naar een origineel tot kopieën zonder origineel, van imitaties van kopieën tot kopieën van kopieën. Het origineel is schaars geworden.

Op het eerste gezicht lijkt de kunst van het kopiëren typisch Japans, maar dat is een cliché. Onze hele voorstelling van het **typisch** Japanse is een parade van clichés.

Kunstgerechten was een tentoonstelling van voedsel dat wel op voedsel lijkt, maar het niet is. Het is allemaal bedrog, nep- en namaakvoedsel voor de ogen, niet voor de tong. Het is echter dan echt: het blijft altijd mooi, oogt altijd vers en gaat nooit verloren. Maar wat is de status van voedsel dat niet geconsumeerd kan worden? Is het kunst, decoratie of reclame? **Context is everything**.

In de context van de Kunsthal doet het denken aan vroege werken van Claes Oldenburg als *Hamburger*, *Popsicle*, *Price* (1962), *Bacon, Lettuce and Tomato* (1963) en *French Fries with Ketchup* (1963), ook gerechten van verf en vinyl (en hout en kapok), maar zonder de verwarrende suggestie van echtheid. Oldenburg maakte reusachtige uitvergrotingen, waarin het materiaal duidelijk als materiaal herkenbaar was en als zijn tegendeel werd gepresenteerd: stevig als slap, zacht als hard, voedsel waaruit alle fut was verdwenen.

Sushi, sashimi, tempura en hun soortgenoten hebben wel de vrolijke kleuren van pop-art, maar het zijn precies de kleuren van de hapjes waarna ze verwijzen. Daarbij zijn ze niet groter of kleiner dan hun voorbeelden, maar precies even groot. Het zijn geen kunstwerken, al zijn ze kunstig vervaardigd, want ze hebben een functie. Buiten de context van de Kunsthal vullen ze vitrines van Japanse eethuizen, als reclame en menu ineen. Het zijn tekens, maar tekens met een moeilijk te determineren karakter: afwisselend icoon, index en symbool. Als icoon belichamen ze hun voorstelling, als index verwijzen ze naar de eetwaar die binnen te verkrijgen is, en als symbool representeren ze het begrip **eten**.

Waar wij massaal de sushi hebben ontdekt als toppunt van verfijning en traditie, hebben de Japanners zich even enthousiast gestort op die twee grote verworvenheden van de westerse cuisine, de Biggu Makku en de Makku-furai (patat frites). Japanse toeristen op zulke verschillende locaties als Waikiki en Parijs staan geduldig bij McDonald's in de rij voor hun favoriete voedsel als ze heimwee hebben. McDonald's is zelfs zo populair in Japan dat er imitators zijn opgestaan, zoals MosBurger die behalve het standaard menu ook gerechten serveert als de **rijstburger**, een soort ontmoeting van oost en west in de vorm van kimpira, bacon en zeewier op een **broodje** van geperste en gegrilleerde rijst.

Typisch Japans is niet de imitatie, maar de integratie van het vreemde in de eigen cultuur. Vroeger het eten uit China en Korea, nu dat uit Amerika, Italië en Frankrijk. In de hiërarchie van het eten hebben noedels de laagste status in Japan, daarboven staan sushi, tempura en sashimi. Een aparte status is weggelegd voor westers eten; het is niet beter, maar anders: exotisch. Het is modieus eten.

Oorspronkelijk was de vitrine van het Japanse eethuis gevuld met eetbaar voedsel, je kreeg wat je zag. Maar in een cultuur waar het rauwe - vis en vlees - de kaart domineert, was de frisheid er snel van af en kreeg de geur van bederf de overhand. Echte etenswaar moest voortdurend worden ververst en het oude vernietigd, een weinig economische oplossing.

De eerste replica's in Japan waren kopieën van menselijke organen. Ze kwamen uit het Westen, waren van was en werden gebruikt in het medisch onderwijs. Vanaf de jaren twintig werd die techniek toegepast voor de vervaardiging van etalage-eten. Model was het eetbare product, bijvoorbeeld een grote garnaal, waar met gelatine een mal van werd gemaakt. In die mal werd hete was gestort; voor de was hardde, werd de vorm bestreken met een mengsel van was en verf; als de vorm was gestold, werd de make-up vervolmaakt.

Maar de replica's van was werden onder hete lampen in volle restaurants langzaam zacht, flets en stoffig. Plastic volgde na de Tweede Wereldoorlog als materiaal, zoals was na de Eerste Wereldoorlog zijn intrede had gedaan. Tegenwoordig is bijna alles van kunststof, waarbij een grote vindingrijkheid aan de dag wordt gelegd in de manier van vervaardiging. Een bord spaghetti bestaat uit één lange, gekleurde en keurig gearrangeerde draad. Een glas bier bestaat uit een glas gevuld met bierkleurige gelatine met een uitsparing voor een manchet van was, dat met een garde wit en schuimig is geklopt. Hoewel alles uit deze keuken nep en namaak is, bewijst de keukenuitrusting goede dienst. Er wordt in pannen geroerd, in ovens gebakken, gesneden, geföhnd en gemonteerd. Het is een keuken voor de eeuwigheid, waarin het idee van voedsel wordt gebalsemd.

Zoals de uitstalling van de replica's in de restaurantvitrine een driedimensionaal menu vormen, zo bestaat er ook een menu van replica's: *Replica Foods, sample menu for restaurants*, uitgegeven door Iwasaki. Het is een catalogus van schotels ingedeeld naar categorie. Western dishes, Spaghetti, Pizza & Rice, Meat & Fried,

Toast, Sand (!) & Salad, Drink & Snacks, Juice & Tea, Sundae, Anmitsu & Hot Cake, Shaved Ice, Beer & Ice Cream, Japanese dishes, Sushi, Chinese dishes, Chinese Style Noodle, Korean dishes, Parts for Western dishes, Parts for Drink & Snack, Parts for Japanese & Chinese dishes.

Het is een opsomming die doet denken aan een zekere **Chinese encyclopedie**, die de schrijver Borges citeert in *De analytische taal* van John Wilkins, waarin het dierenrijk is opgedeeld in de volgende categorieën: *(a)* dieren die aan de keizer toebehoren, *(b)* gebalsemde dieren, *(c)* tamme dieren, *(d)* speenvarkens, *(e)* zeemeerminnen, *(f)* mythische dieren, *(g)* loslopende honden, *(h)* dieren die in deze opsomming voorkomen, *(i)* dieren die trillen alsof ze kwaad zijn, *(j)* ontelbare dieren, *(k)* dieren getekend met een fijn penseel van kameelhaar, *(l)* andere dieren, *(m)* dieren die zojuist een bloemenvaas hebben gebroken, *(n)* dieren die op een afstand op vliegen lijken. Een even uitputtende als onnavolgbare indeling.

In het Japanse denken is **drank** blijkbaar van een andere orde dan **bier**, **sap** of **thee**; **sushi** blijkbaar iets anders dan **Japanse schotels**; de delen radicaal anders dan het geheel.

De verwarring komt voort uit de aard van het materiaal. We moeten niet denken aan keuken, menu of restaurant, maar aan staalkaart, code en magazijn. Dit **menu** is de catalogus van het onderdelenhuis.

De traditionele presentatie van Japans eten, op een gelakt dienblaadje vol gelakte kistjes met kleurige hapjes en stokjes heeft ook wel iets van een doe-het-zelf kit, alsof de eter een en ander zelf moet monteren. Het is niet **af**, geen maaltijd zoals wij die kennen, maar een in principe eindeloze reeks afzonderlijke hapjes. Een doos vol LEGO.

Roland Barthes zag er in zijn boek *l'Empire des Signes* nog iets anders in: een palet. Voedsel dat aan tafel wordt klaargemaakt is gearrangeerd als op de tafel van een kalligraaf. De kok hanteert zijn stokjes als een pen: hij beschrijft de substanties, hij accentueert de hiërarchie, hij transformeert de grondstof tot een gerecht. Niet tot een eindproduct, schrijft Barthes, maar tot opeenvolgende stadia in een proces van verandering. Je eet wat hij schrijft.

Wat doet voedsel in een museum? Of preciezer, wat doet namaakvoedsel in de Kunsthal? Het vestigt de aandacht op wat het allemaal ook is als het niet gegeten kan worden: kleur, vorm, cultuur. Japans voedsel is allereerst een teken en dan pas een hapje. Maar een teken van wat?

De Kunsthal wil zich onderscheiden van andere kunstinstellingen door permanente aandacht voor design. Maar hoe dat te exposeren? Een parade van voorwerpen is een meer of minder aangename visuele prikkeling; ze is geen verhaal. Design wordt op een tentoonstelling geïsoleerd van de context en ontdaan van zijn nut. Het **gewone** wordt getransformeerd tot het **bijzondere**. Alle aandacht gaat uit naar de esthetiek, niet naar de vraag die de ontwerper zich stelde en het antwoord dat het voorwerp geeft. Niet de parade van voorwerpen vormt de essentie, maar de toelichting. Elke expositie van design zonder verklarende tekst houdt het raadsel intact.

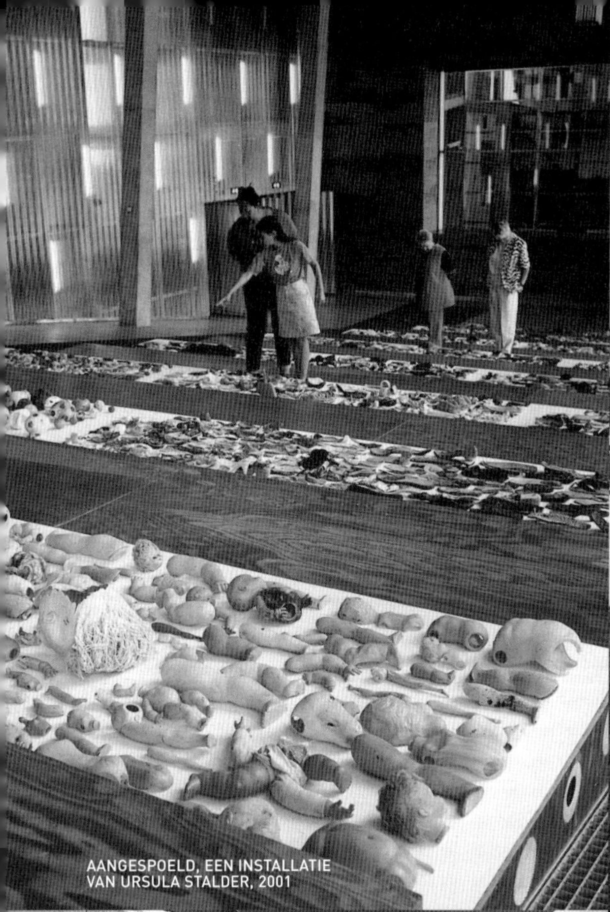

AANGESPOELD, EEN INSTALLATIE
VAN URSULA STALDER, 2001

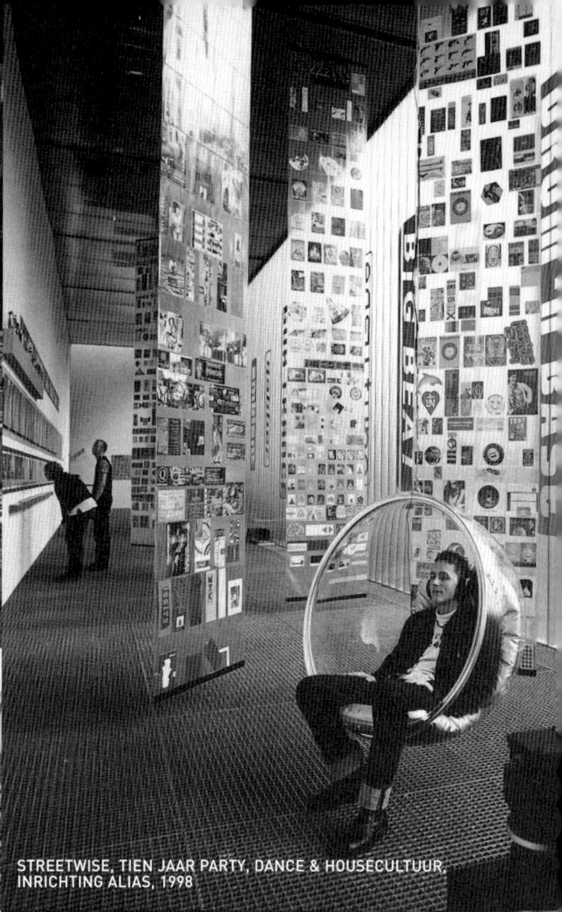

STREETWISE, TIEN JAAR PARTY, DANCE & HOUSECULTUUR,
INRICHTING ALIAS, 1998

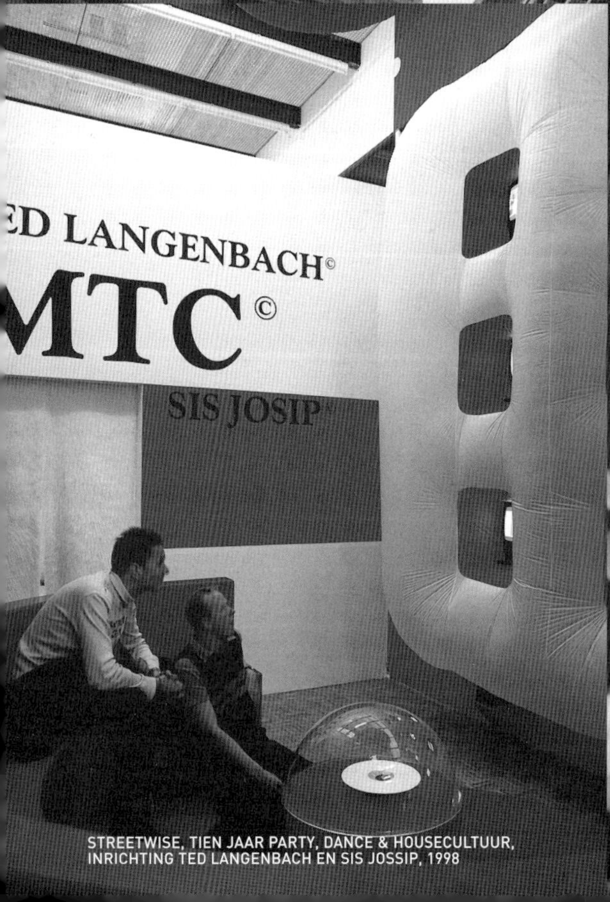

STREETWISE, TIEN JAAR PARTY, DANCE & HOUSECULTUUR,
INRICHTING TED LANGENBACH EN SIS JOSSIP, 1998

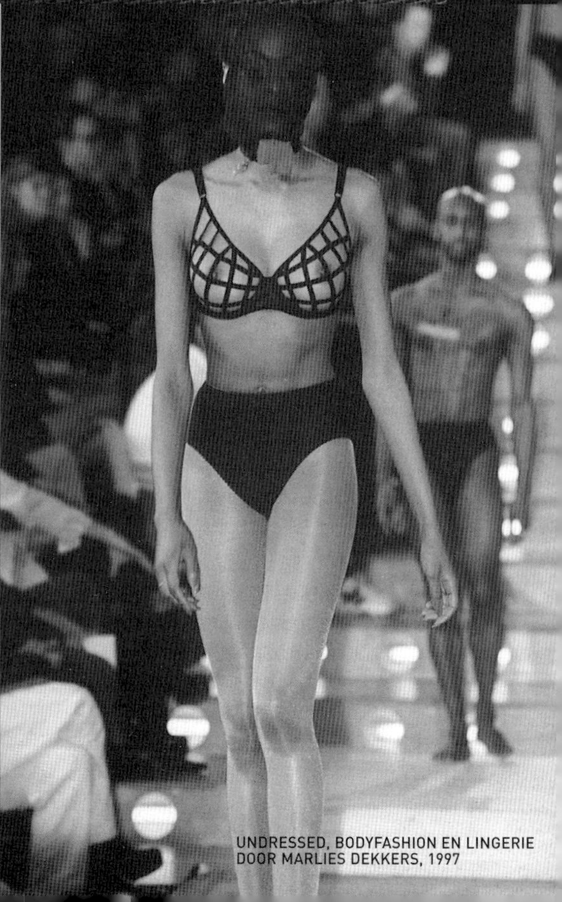

UNDRESSED, BODYFASHION EN LINGERIE
DOOR MARLIES DEKKERS, 1997

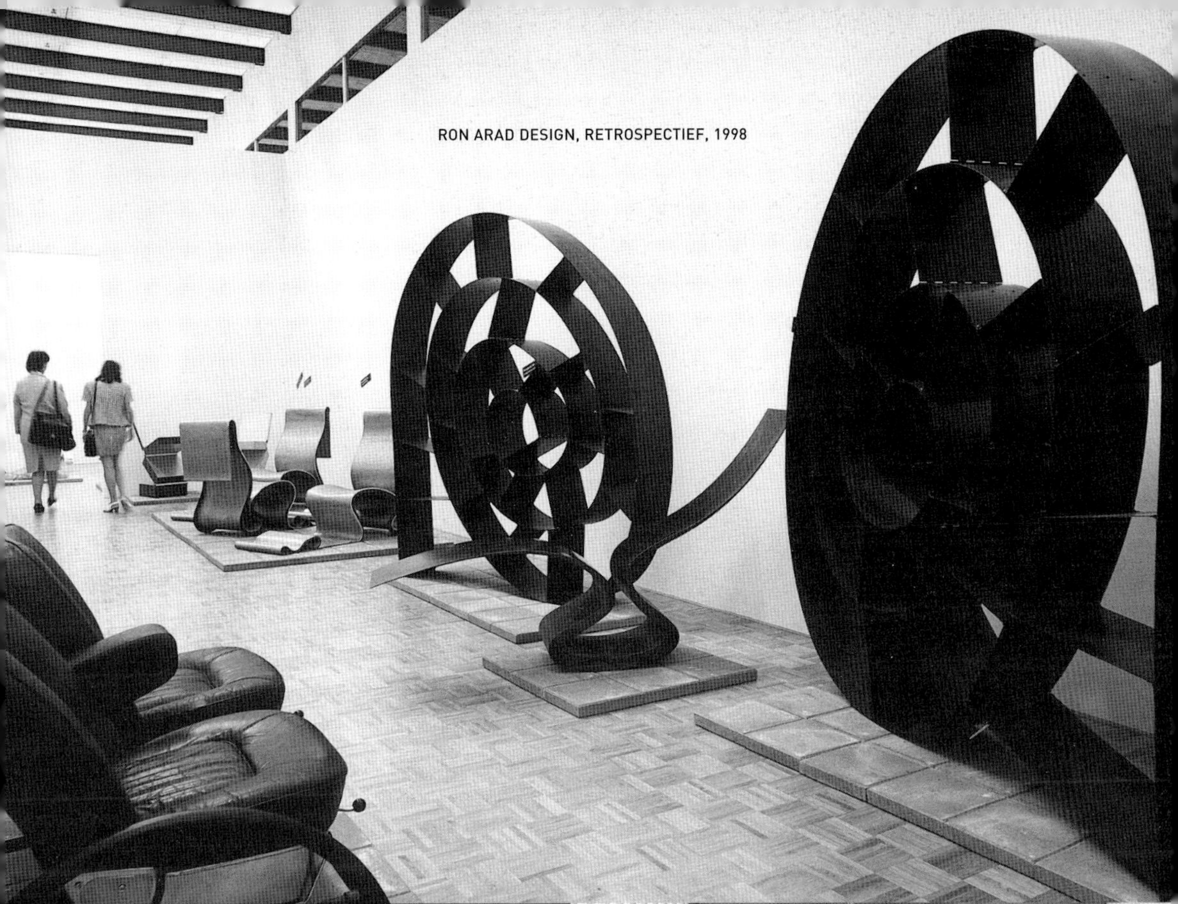

RON ARAD DESIGN, RETROSPECTIEF, 1998

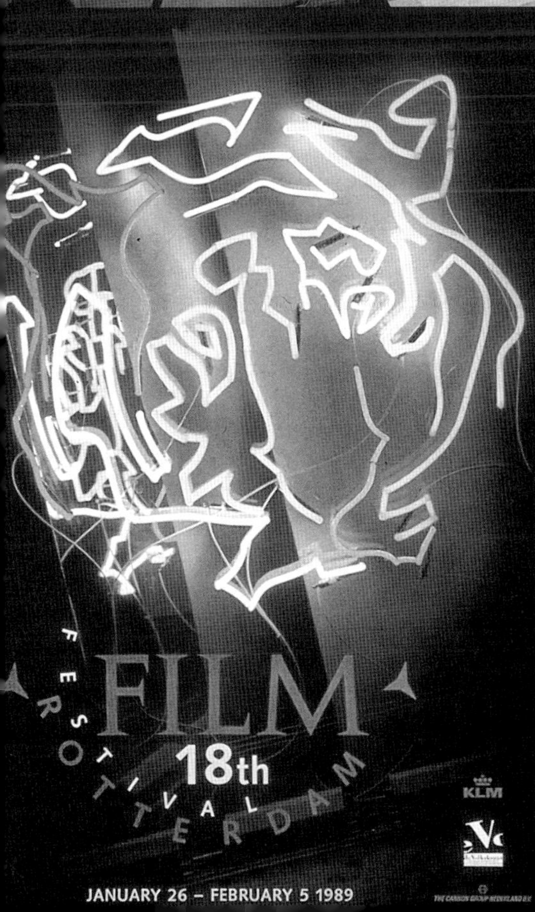

AFFICHE FILMFESTIVAL ROTTERDAM 1989, ONTWERP HARD WERKEN

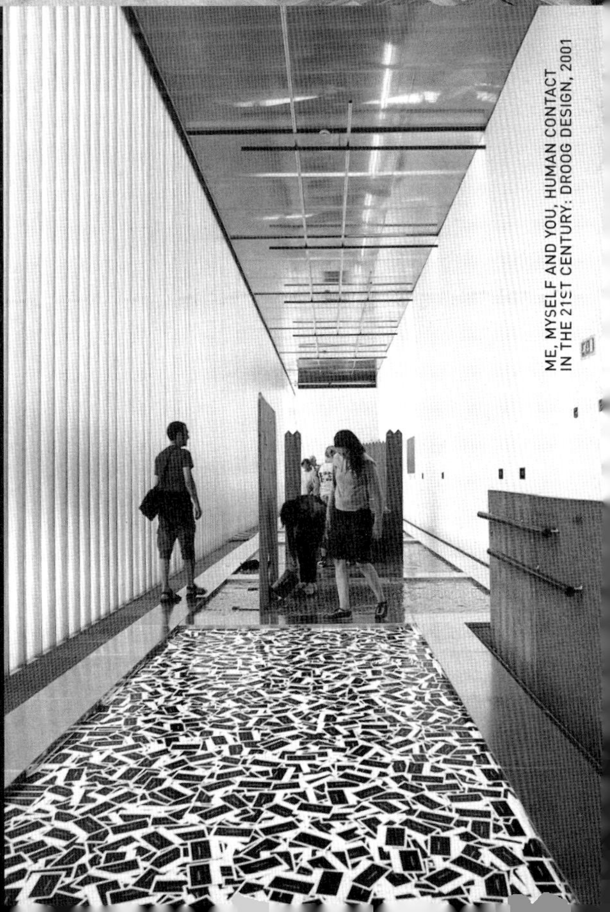

ME, MYSELF AND YOU, HUMAN CONTACT IN THE 21ST CENTURY: DROOG DESIGN, 2001

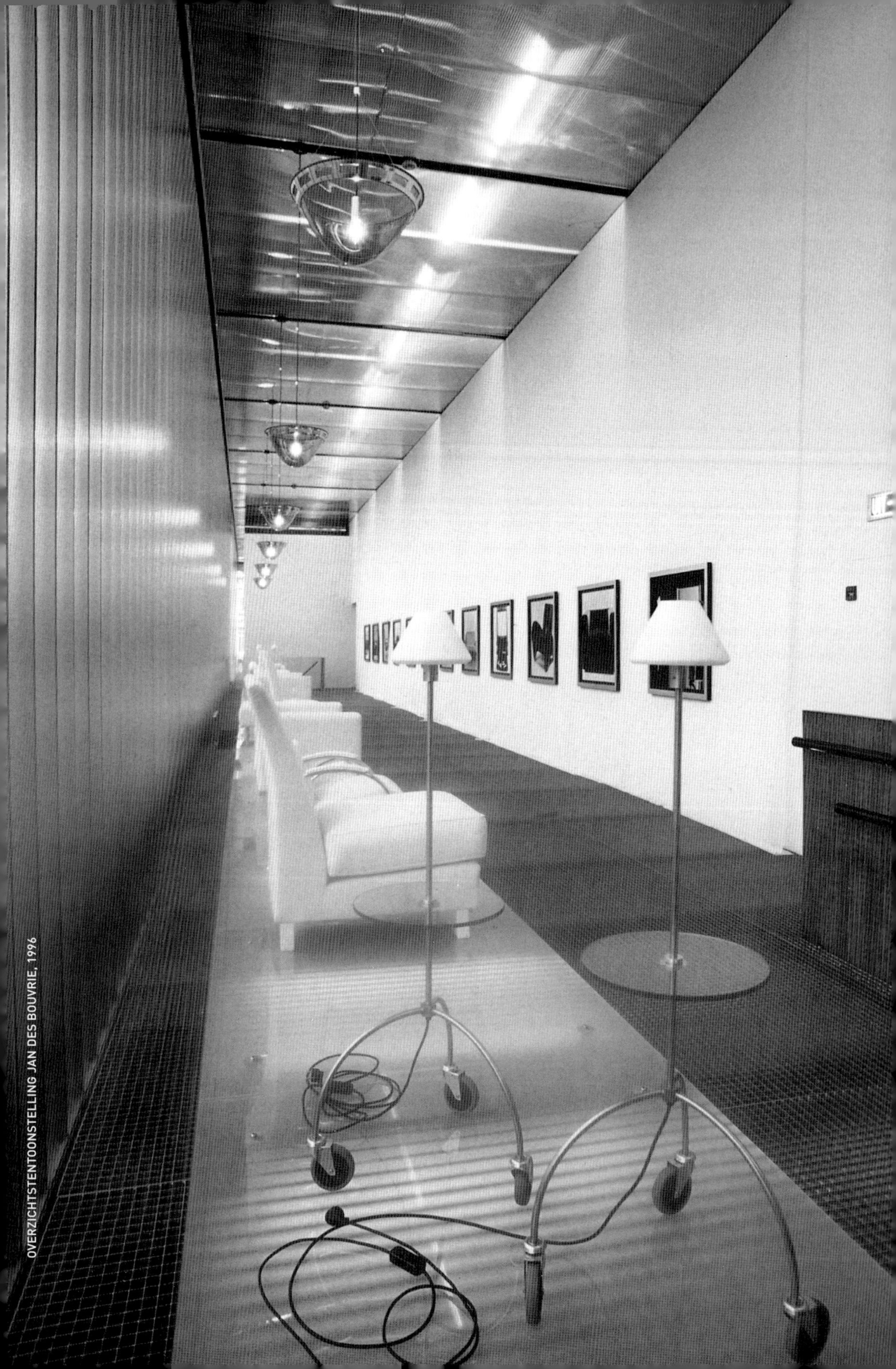

OVERZICHTSTENTOONSTELLING JAN DES BOUVRIE, 1996

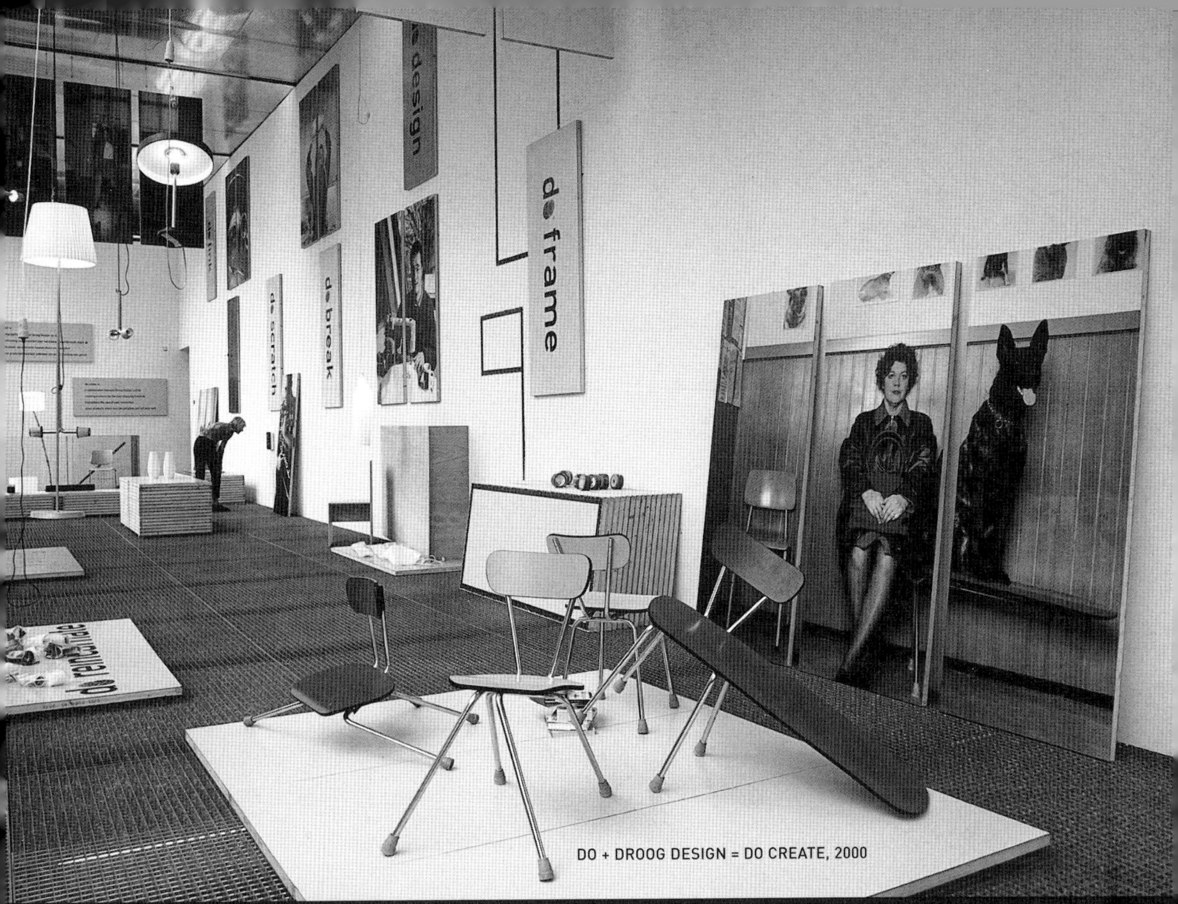

DO + DROOG DESIGN = DO CREATE, 2000

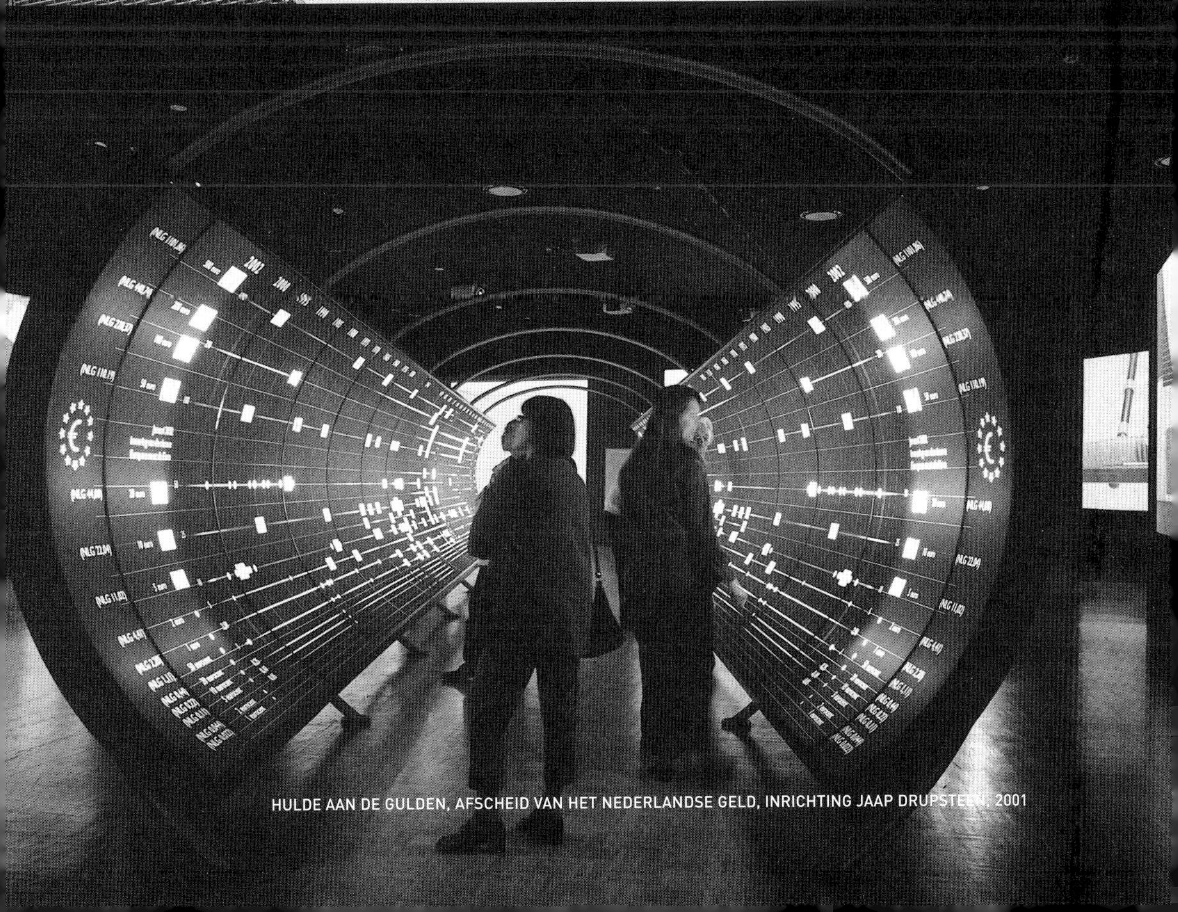
HULDE AAN DE GULDEN, AFSCHEID VAN HET NEDERLANDSE GELD, INRICHTING JAAP DRUPSTEEN, 2001

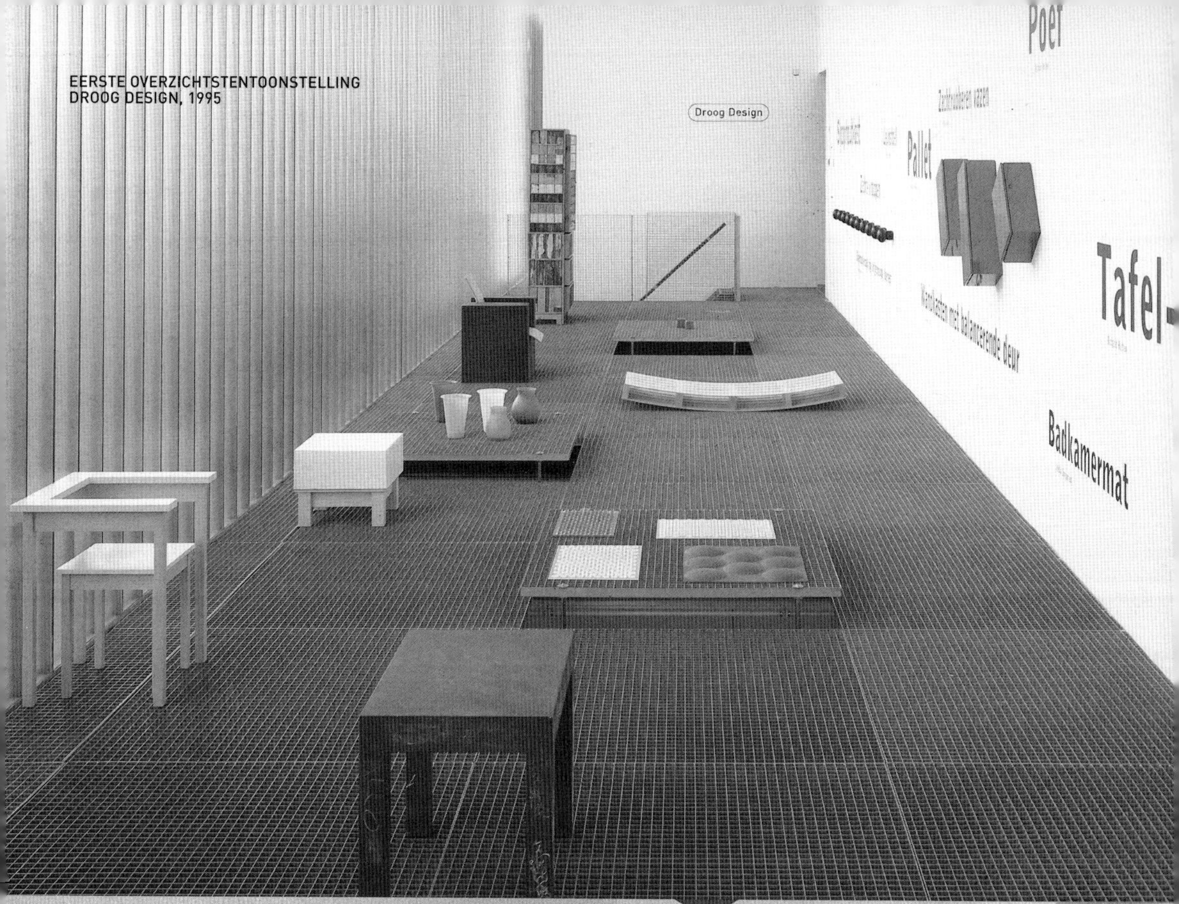

EERSTE OVERZICHTSTENTOONSTELLING
DROOG DESIGN, 1995

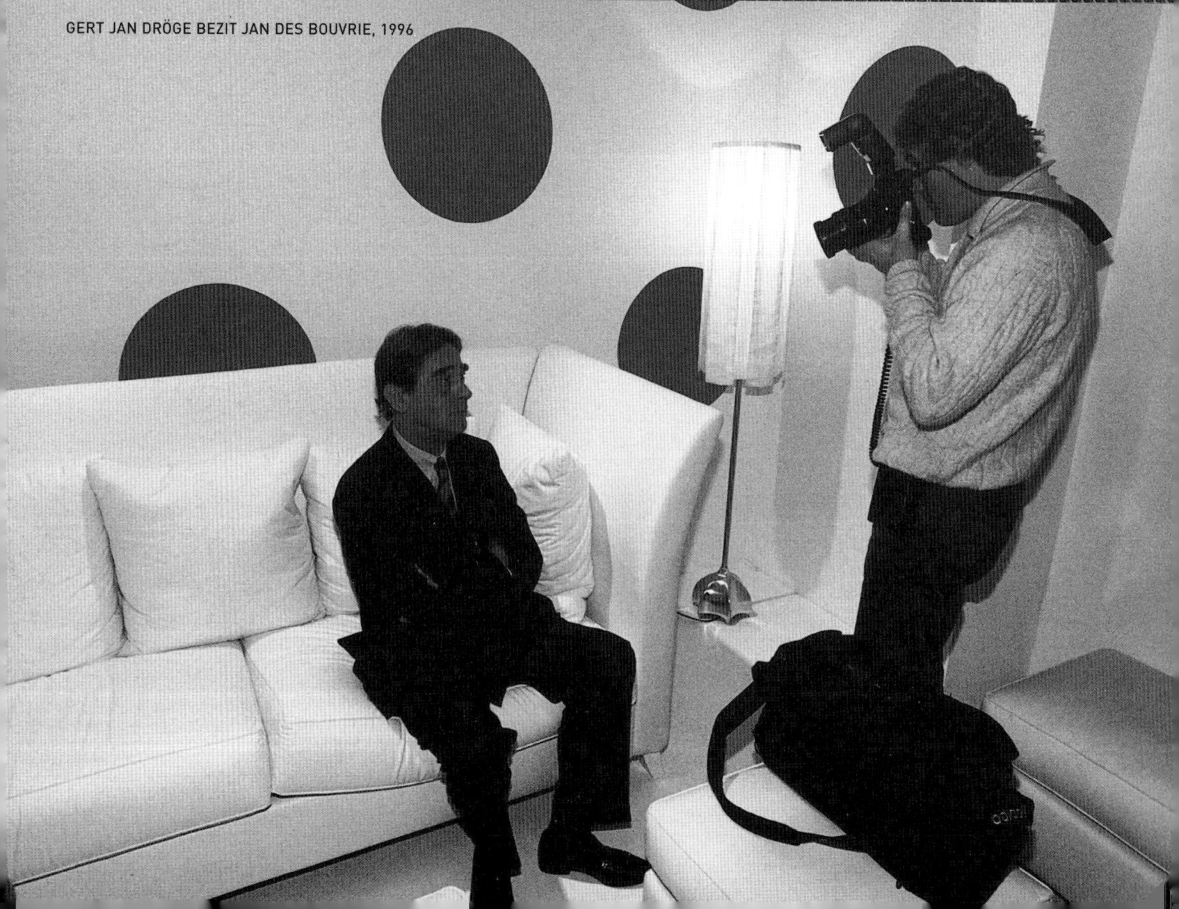

GERT JAN DRÖGE BEZIT JAN DES BOUVRIE, 1996

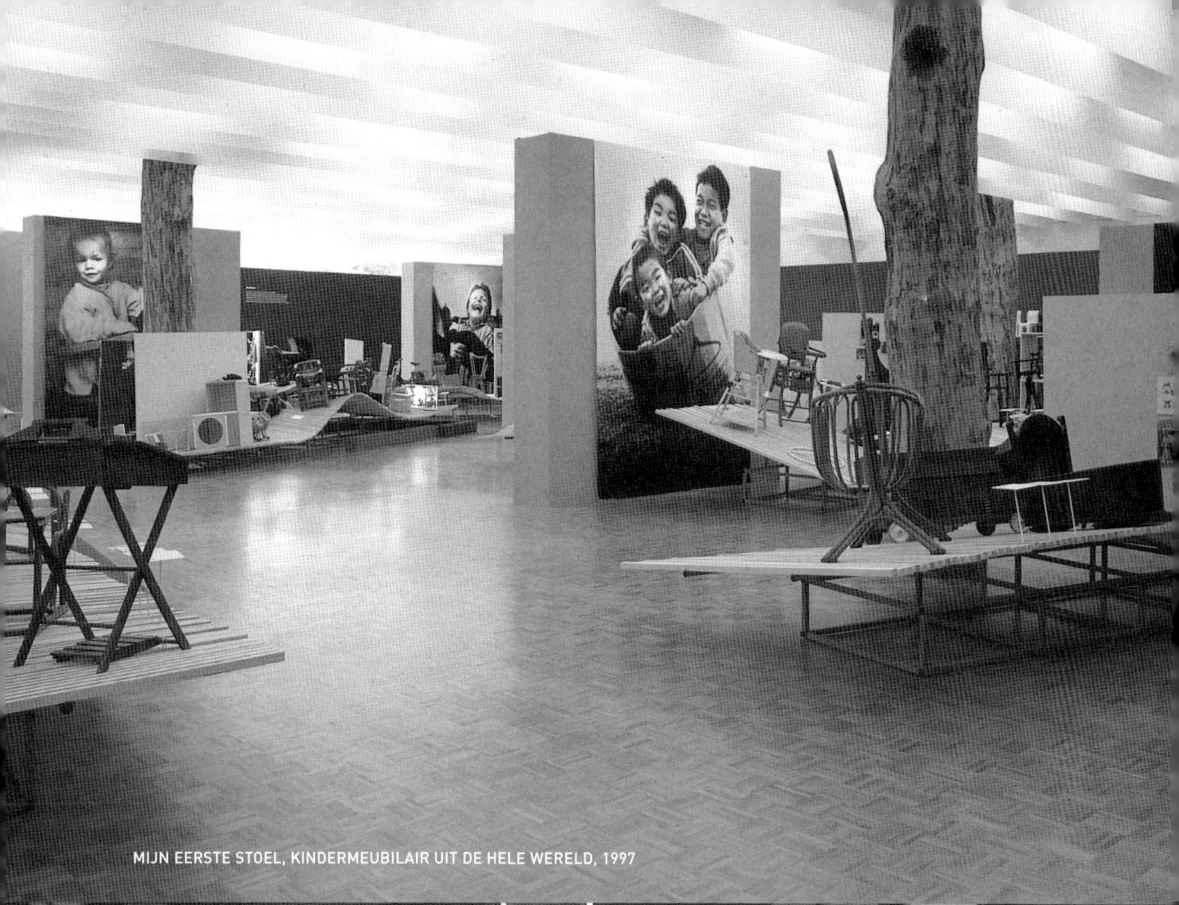
MIJN EERSTE STOEL, KINDERMEUBILAIR UIT DE HELE WERELD, 1997

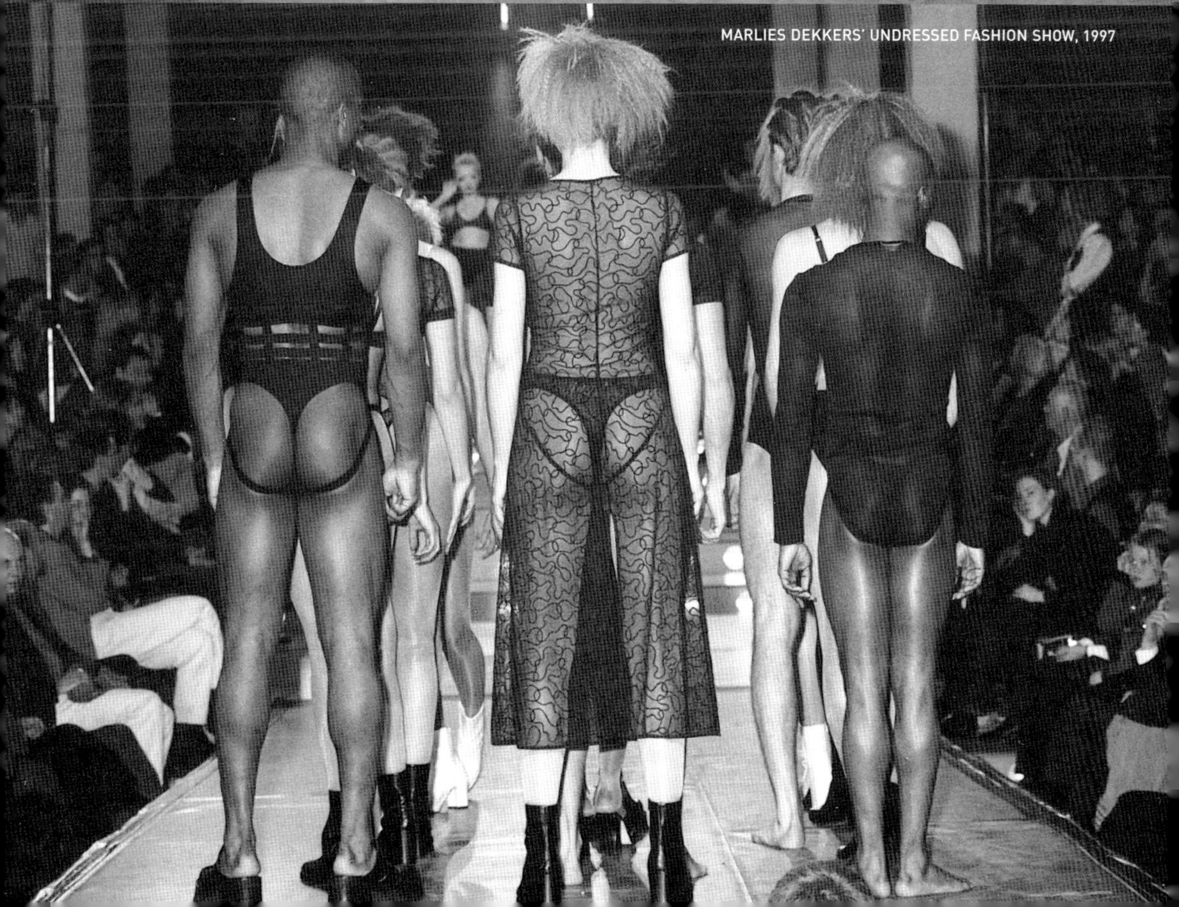
MARLIES DEKKERS' UNDRESSED FASHION SHOW, 1997

VAN MENSEN, SPIEGELS EN DE DOOD

De Kunsthal is geen centrum voor fotografie, maar er is wel altijd fotografie te zien. Dat was zo bij de opening en dat is sindsdien zo gebleven. Er is zelfs een speciale fotogalerie ingericht naast hal 3, die aan de parkzijde doorloopt tot in de hoge ruimte van hal 2. Dit is de locatie voor kleine exposities, grote worden uiteraard in een van de hallen georganiseerd.

Waar musea vaak huiverig zijn voor kant-en-klare tentoonstellingen, waarbij hun naam niet eens in de catalogus staat, heeft de Kunsthal die gêne nooit gekend. Ze schaamt zich er niet voor tentoonstellingen uit het buitenland over te nemen. Mits zo'n tentoonstelling niveau heeft en bijvoorbeeld is samengesteld door het Folkwang Museum in Essen, gewijd aan het oeuvre van grootheden als Germaine Krull of Irving Penn. De Kunsthal hoeft in een dergelijk geval nauwelijks iets te organiseren, alleen maar financieel te participeren. Maar zelfs dan is succes niet verzekerd, altijd dreigen voetangels en klemmen.

Wie iets te vroeg brengt, krijgt te maken met de wet van de remmende voorsprong. Zo bracht de Kunsthal als eerste in Nederland een tentoonstelling van de Japanse fotograaf Nobuyoshi Araki. Het had de afsluitende tentoonstelling moeten zijn van galerie Perspektief, de Rotterdamse fotogalerie die opging in het Nederland Fotoinstituut. Perspektief moest onverhoopt eerder sluiten, waarop Araki aan de Kunsthal werd aangeboden. Dat was een hele leuke, heftige tentoonstelling. Zo heftig dat de suppoosten het publiek tegenhielden met de waarschuwing: "Daar kunt u maar beter

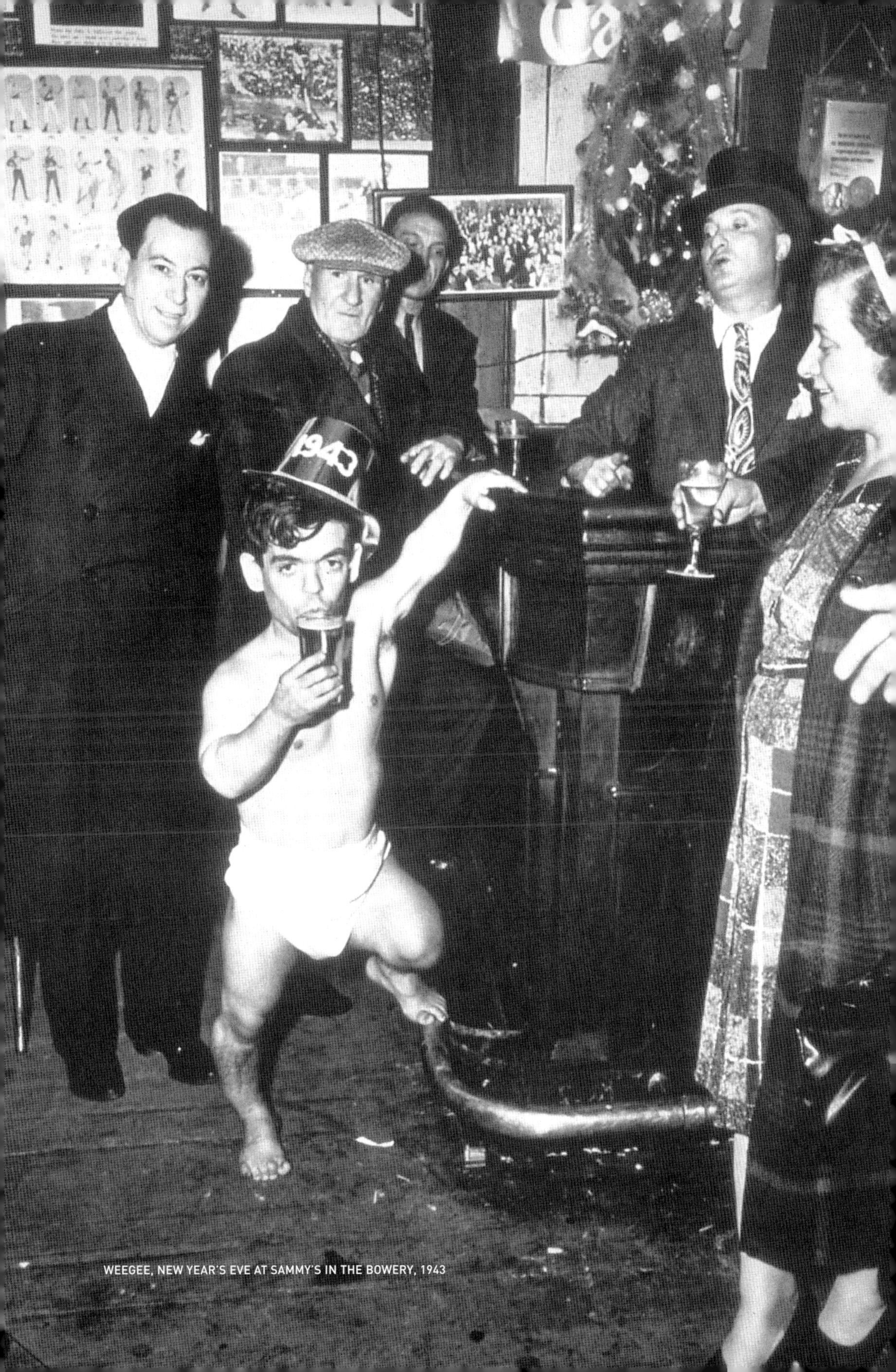

WEEGEE, NEW YEAR'S EVE AT SAMMY'S IN THE BOWERY, 1943

niet naartoe gaan." Maar het moment was verkeerd gekozen; de naam van Araki was op dat moment nog niet zo bekend in ons land. Als de Kunsthal nu een grote Araki tentoonstelling zou brengen, dan zou daar beslist meer publiek op afkomen dan in 1993 het geval was.

Op het eerste gezicht lijkt er niet veel lijn te ontdekken in het beleid, dat is de schaduwzijde van improvisatie. Wim van Sinderen, die de eerste negen jaar verantwoordelijk was voor de fototentoonstellingen, koos als onderliggend thema het **mensbeeld** in de fotografie, een noemer die even vaag als weids is. Alles kan aanleiding zijn voor een tentoonstelling, het winnen van een prijs, de publicatie van een boek, een aanbieding van galerie of museum. Nederlandse fotografen als Cas Oorthuys, Ed van der Elsken, Henri Berssenbrugge of Anton Corbijn worden afgewisseld door buitenlandse als Edward Steichen, Manuel Alvarez Bravo, Alfred Stieglitz of Tina Modotti. Kiest Van Sinderen de ene keer voor een retrospectief van Magnum coryfee Martin Parr, een ander moment biedt hij ruimte voor de debuuttentoonstelling van Dana Lixenberg. Beroemde grootheden afgewisseld door onbekende fotografen, Irving Penn naast Jacques Meijer. Het enige dat de tentoonstellingen, klein en groot, verbindt is een dunne draad: hoe kijken mensen naar mensen?

Willen we een antwoord krijgen op die vraag dan moeten we wat dieper ingaan op oeuvre en achtergrond van een aantal zeer verschillende fotografen. Wat beweegt ze en waaruit bestaat hun werk?

De Weegee-tentoonstelling was afkomstig van Bilderwelt in Berlijn, een galerie die zijn oorsprong vindt in het circuit van socialistische clubhuizen. De Nederlandse agent van Bilderwelt probeerde die tentoonstelling ook hier onder te brengen, maar de musea die werden benaderd vonden DM 10.000 te veel geld. Voor de Kunsthal was dat geen probleem, die weet precies wat haar budget is en kan snel op aanbiedingen ingaan.

Weegee (1899-1968) was in zijn tijd een persmuskiet als vele anderen, altijd te vinden op de plaatsen van ellende en misdrijf om slachtoffer en toeschouwers te vereeuwigen voor de ochtendbladen. Het verschil tussen hem en zijn tijdgenoten was dat hij meestal als eerste arriveerde en in retrospectief een beter fotograaf blijkt dan zijn collega's. Niet voor niets is zijn werk opgenomen in de collectie van het MoMA.

Weegee's uitvalbasis was de politiepost. Hier dronk hij koffie, rookte zijn sigaar en grapte hij met de agenten, tot, zoals hij schreef, de telex **zijn lied van misdaad en geweld begon te zingen**: "Een lichaam drijvend in de East River, DBA (dood bij aankomst)... Een pasgeboren baby levend aangetroffen in een vuilnisbak... Een man bij de eerste hulp van het Bellevue ziekenhuis met zijn pik in een fles (Dàg, dokter Kinsey!)." Wat spectaculair leek, werd snel bezocht en vastgelegd, waarna Weegee zijn ronde langs de redacties maakte; een paar dollar hier, een paar dollar daar, het leven van de freelancer was een scharrelbestaan. Een schaduwleven in dienst van dood en duisternis, met als enig lichtpuntje de credit bij het fotografisch verslag: Weegee, the famous.

Hij was misschien wel de ultieme voyeur, een man die slechts via de lens aan het leven kon deelnemen. Daarmee werd hij de chroniqueur van een wereld waarvan de meeste mensen geen weet hebben.

"Het was altijd nacht in mijn dagdromen over de journalistiek," schreef Tom Wolfe eens. Weegee is in niet geringe mate verantwoordelijk voor dat beeld. De grote flitser van zijn Speed Graphic camera wierp maar weinig licht op het tableau. De gezichten sloegen wit en de lichamen veroorzaakten groteske schaduwen, terwijl de achtergronden zwart dichttrokken. Het zijn geen realistische beelden, maar karikaturen, spookverschijningen eigen aan de nacht. Dit bestaan en deze bewoners verdwijnen op toverslag bij het krieken van de dag. In het zonlicht is geen plaats voor zwervers, alcoholisten, gangsters en strippers. Het leven van alledag kent een andere bezetting: die van arbeid en spel, van winkelen en flaneren, van conversatie en rust. In die wereld was Weegee niet geïnteresseerd; goed nieuws is geen nieuws.

Niet dat in het oeuvre van Weegee zoveel nieuws valt te ontdekken; met de krantenkoppen van die dagen houdt hij zich niet bezig. Wat hij fotografeert, is eigenlijk altijd hetzelfde: dood en verderf, de onfortuinlijke kanten van het bestaan. De reden dat deze foto's ons na zoveel jaar nog boeien, ligt dan ook niet in de nieuwswaarde, maar in het esthetisch arrangement. De beste foto's zijn geslaagde foto's omdat ze iets onthullen dat zonder dat beeld verborgen zou blijven. Niet de scène, maar het detail spreekt boekdelen.

Weegee was als zovele Amerikanen een immigrant. Als Usher Fellig was hij op tienjarige leeftijd vanuit Oostenrijk naar de Verenigde Staten gekomen, waar de immigratiebeambte op Ellis Island zijn voornaam veranderde in Arthur. Vanwege zijn instinct voor de juiste tijd en plaats vergeleken de meisjes van het persbureau waar hij zijn carrière begon, hem met het **Ouija** bord waarmee men denkt de toekomst te kunnen voorspellen. **Weechee** was de uitspraak; **Weegee** was zijn eigen transcriptie.

Geletterd was hij niet. "Mijn schrijfmachine is kapot," zo begint hij zijn autobiografie Weegee by Weegee. "Ik bezit geen woordenboek en ik heb nooit beweerd dat ik kan spellen." Toch tikte hij zelf de bijschriften voor zijn foto's op een machine in de kofferbak van zijn auto, waarbij hij een sardonisch gevoel voor humor etaleerde. **No cover charge**, voor een lijk in een bar na sluitingstijd. **One-way ride**, voor een dode naast een kinderwagen. **Special delivery**, voor een lijk naast een brievenbus.

Het was een cynisme dat goed viel bij de geharde redacteuren van de sensatiepers en Weegee ontwikkelde een scherp oog voor het rijm van beeld en tekst. (**Simply add boiling water**, op de gevel van een brandende soepfabriek.) En waar de werkelijkheid te kort schoot, hielp hij die een handje. Een huilende baby leverde meer op dan een lachende; een speld veranderde de lach in een traan. Ook schroomde hij niet een lijk fotogenieker te arrangeren en het juiste accessoire daaraan toe te voegen. Het verhaal gaat dat hij voor zijn foto's van vermoorde gangsters altijd een parelgrijze hoed bij zich had. Het publiek hield ervan de hoed van de dode te zien. Weegee ontdekte dat mensen graag gefotografeerd willen worden; waar hij zich ook maar met zijn camera vertoonde, blikte men gewillig in de lens.

De reactie van de toeschouwer vormde het contrapunt van de handeling. Steeds vaker werd bijzaak hoofdzaak op de foto's en hoofdzaak bijzaak. De aanwezigheid van de camera fungeerde als het belletje van Pavlov. Wat er verder ook moge gebeuren: men kijkt recht in de lens en lacht bij voorkeur. Op 28 juli 1940 om vier uur 's middags zijn op het strand van Coney Island duizenden mensen verzameld die allemaal naar de hoog opgestelde camera van Weegee kijken. En lachen. En zwaaien.

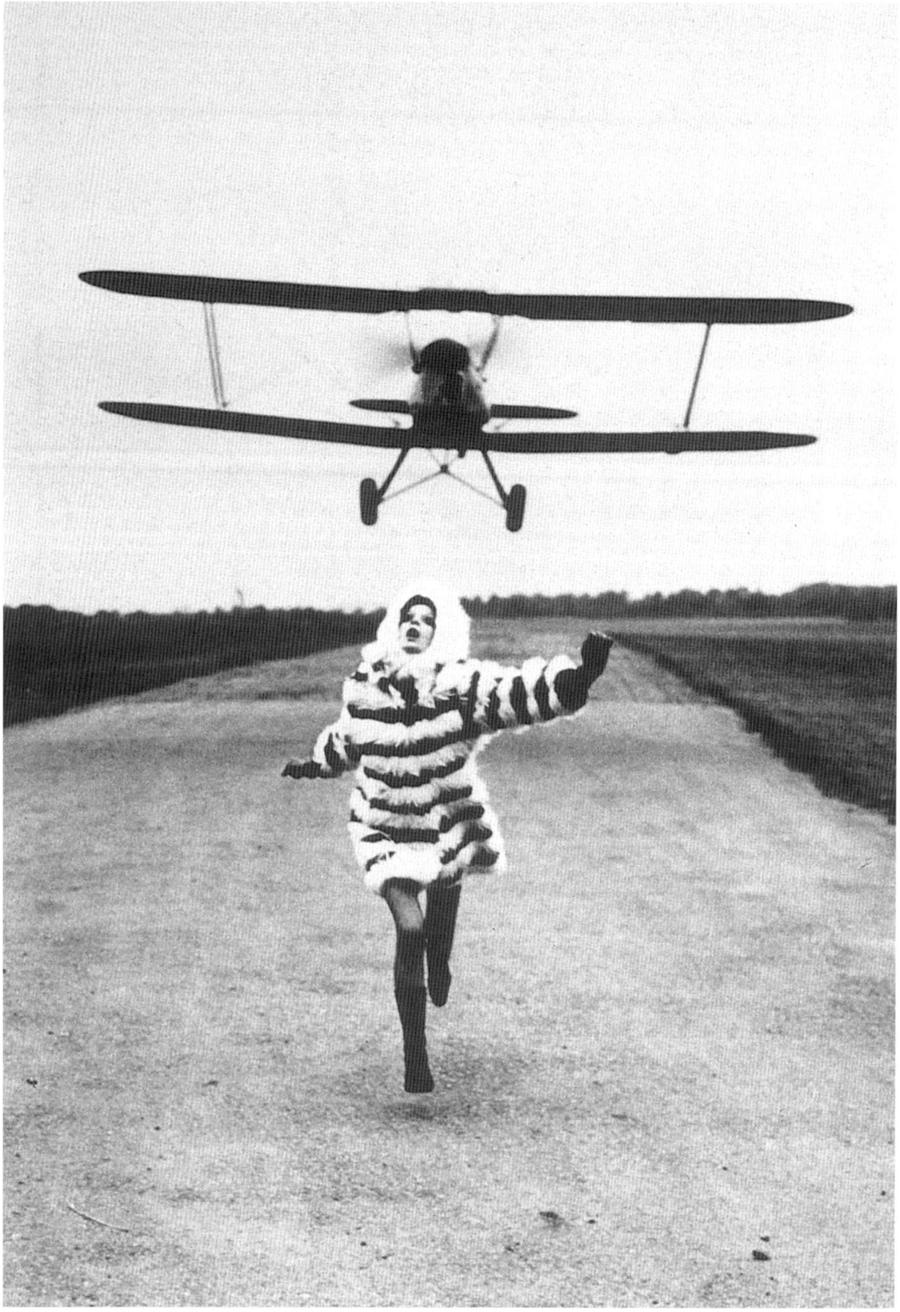

HELMUT NEWTON, HOW TO MAKE THE FUR FLY, 1967

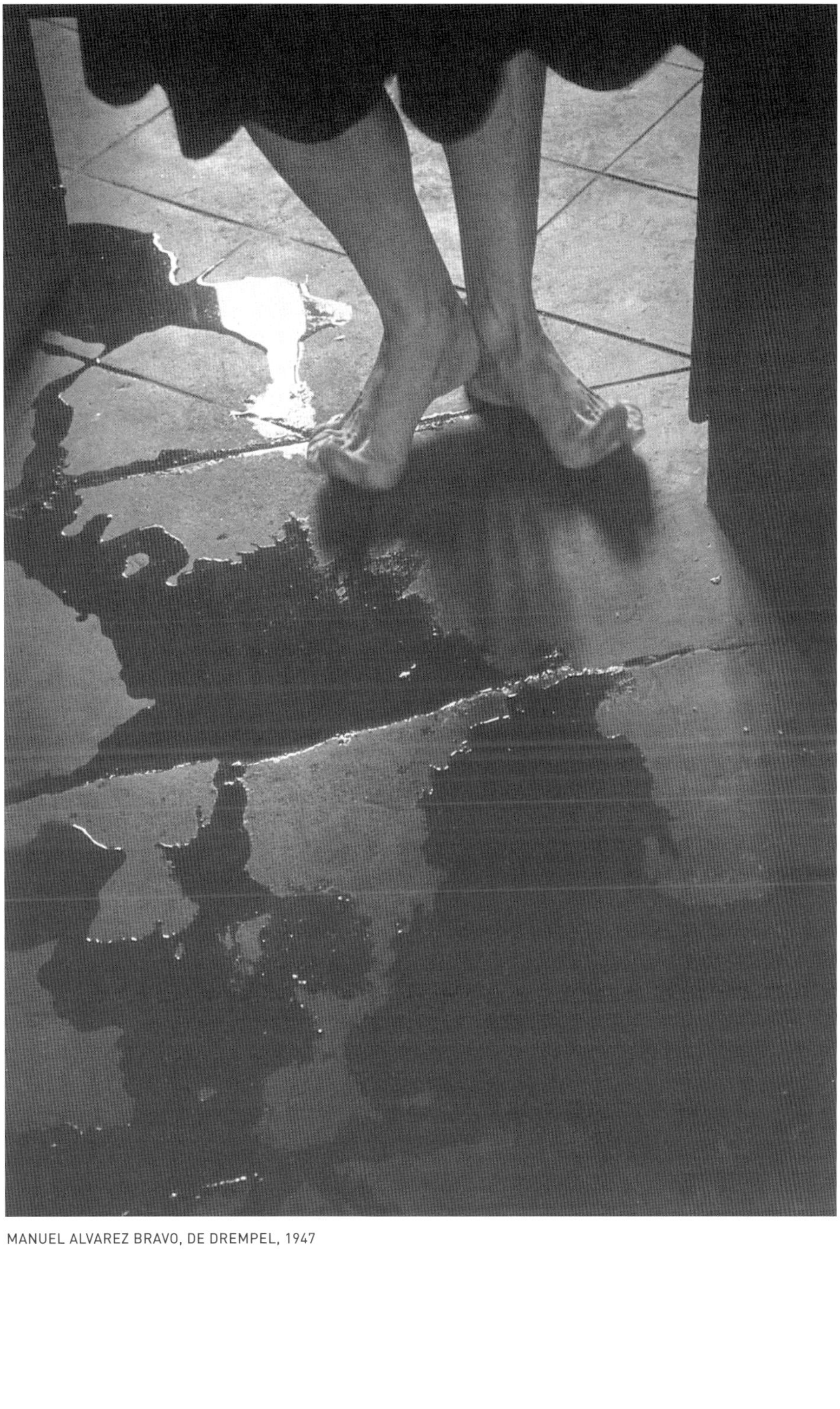

MANUEL ALVAREZ BRAVO, DE DREMPEL, 1947

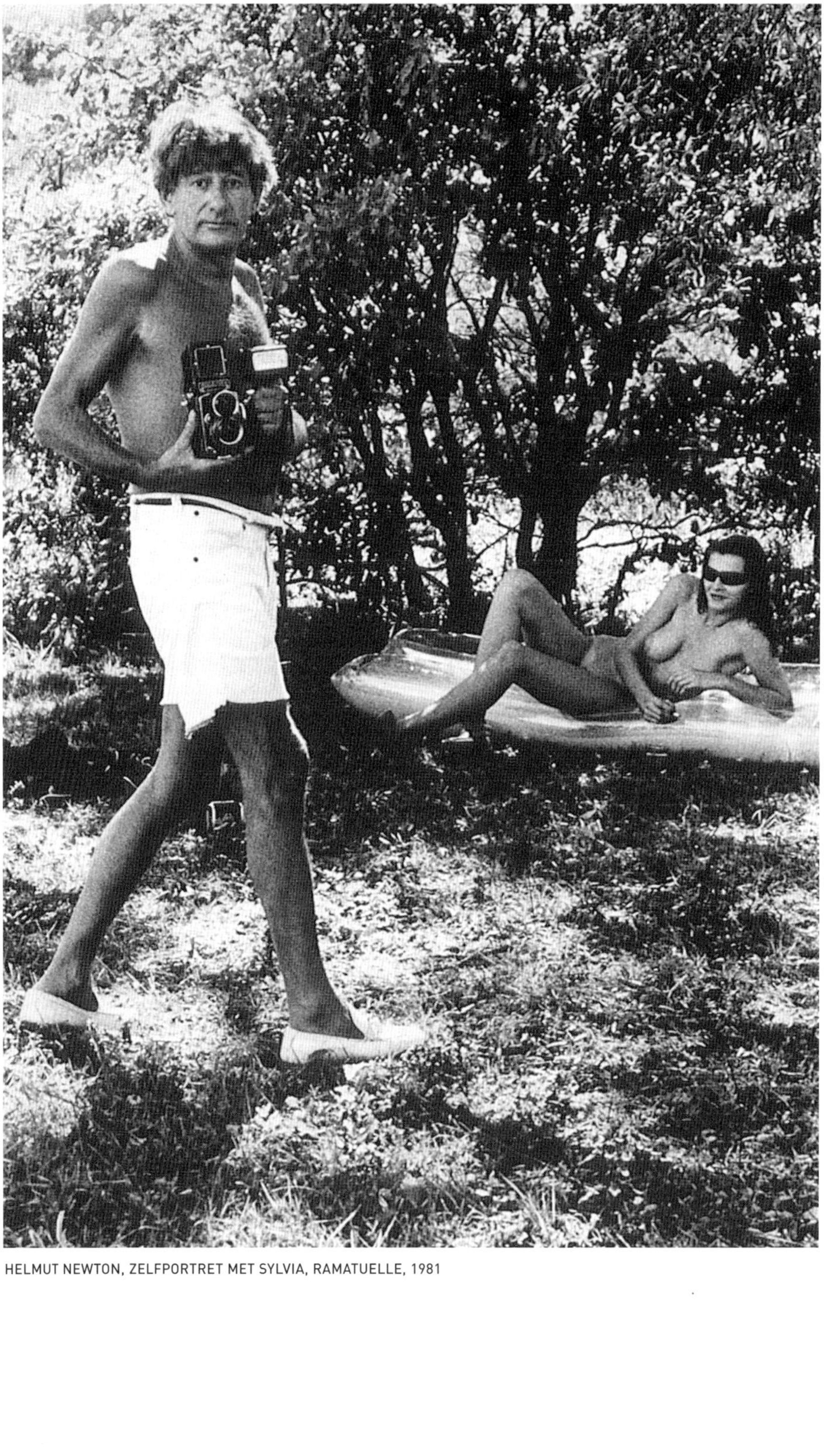

HELMUT NEWTON, ZELFPORTRET MET SYLVIA, RAMATUELLE, 1981

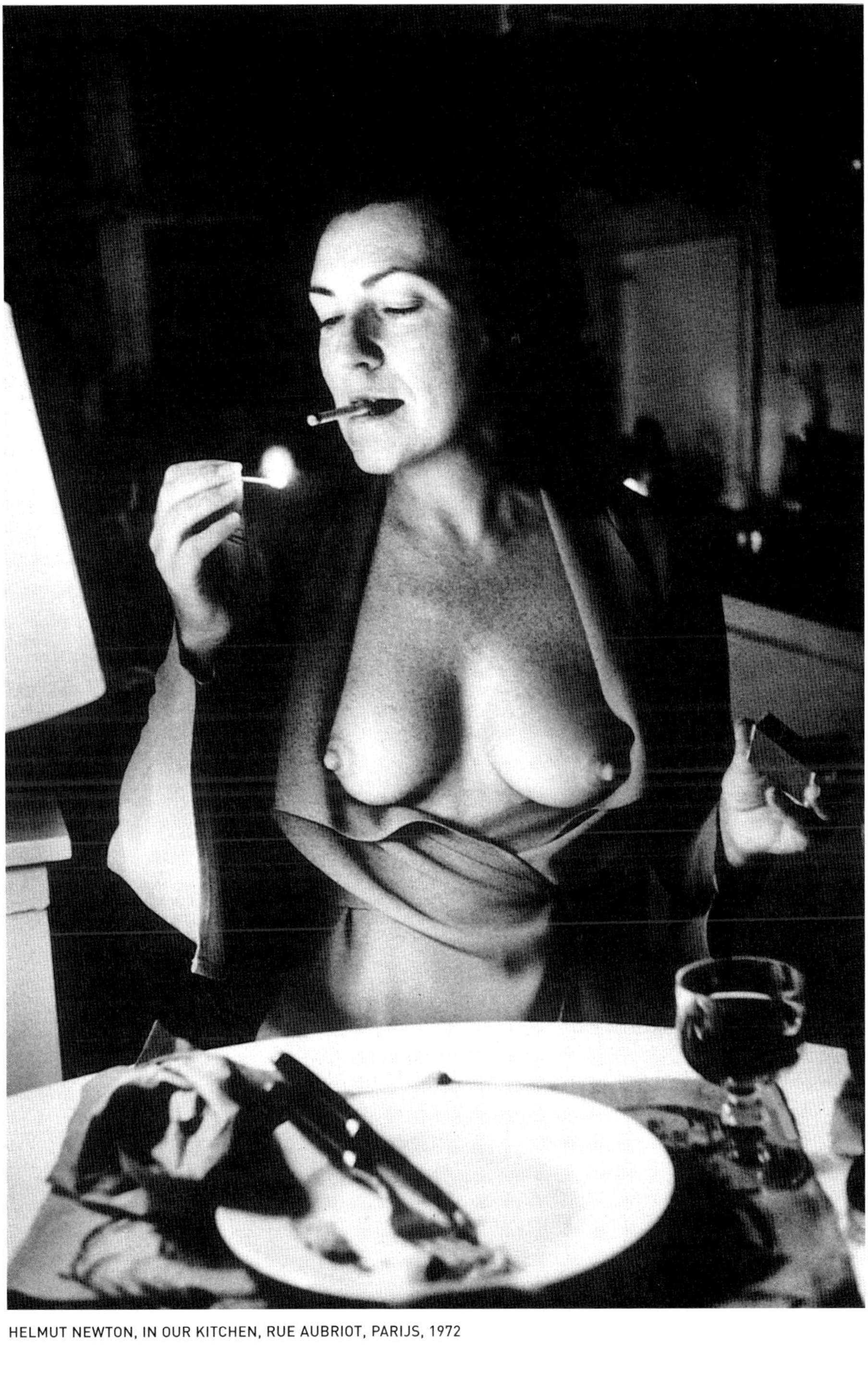

HELMUT NEWTON, IN OUR KITCHEN, RUE AUBRIOT, PARIJS, 1972

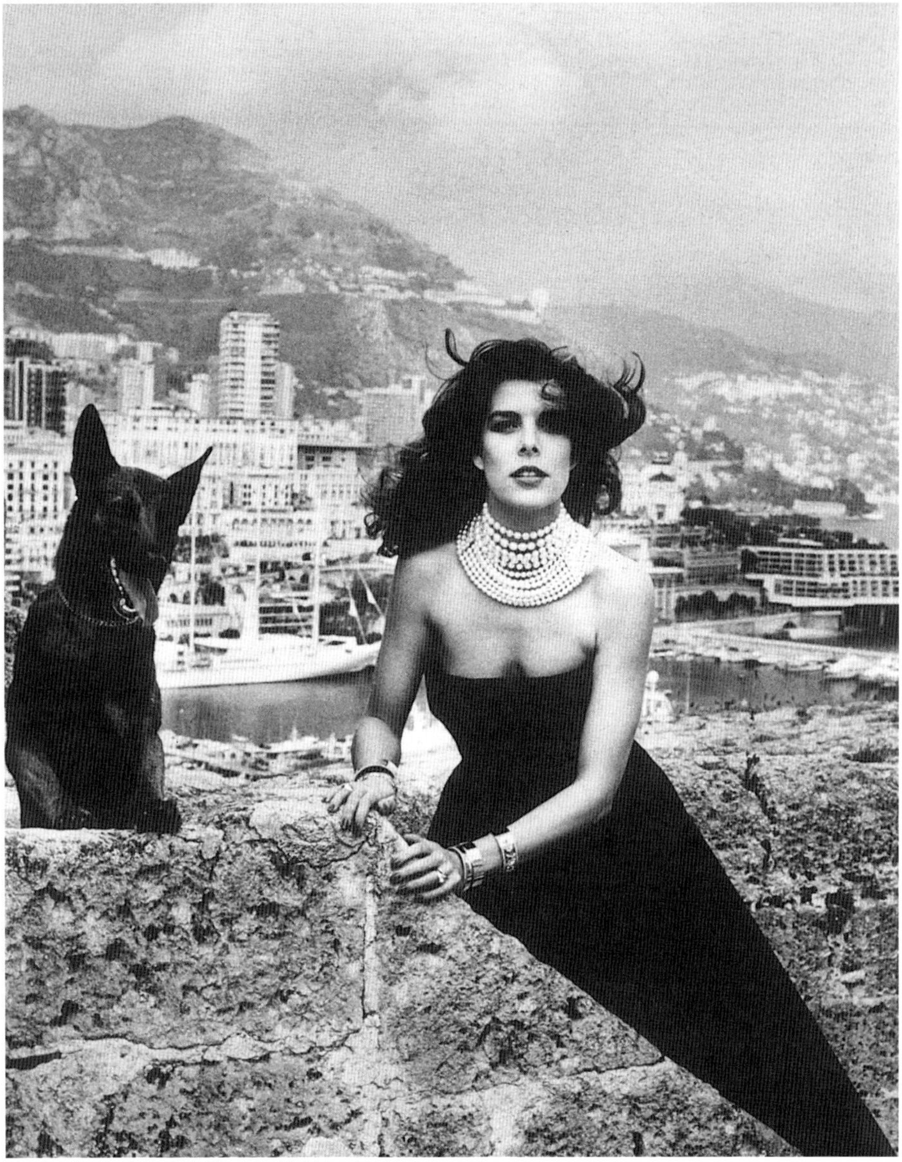

HELMUT NEWTON, PRINCESSE CAROLINE ON THE RAMPARTS OF THE PALAIS PRINCLER, 1988

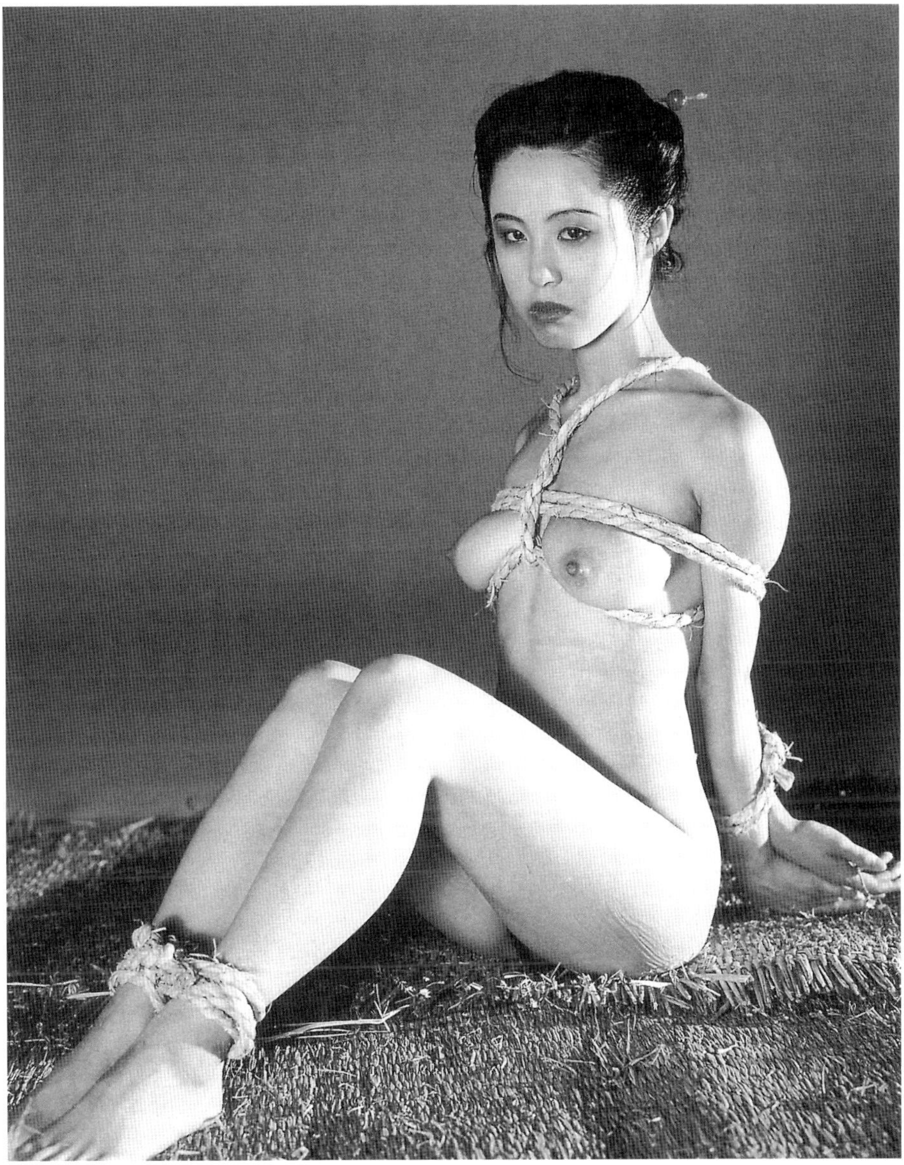

NOBUYOSHI ARAKI, TOKIO NAAKT, 1993

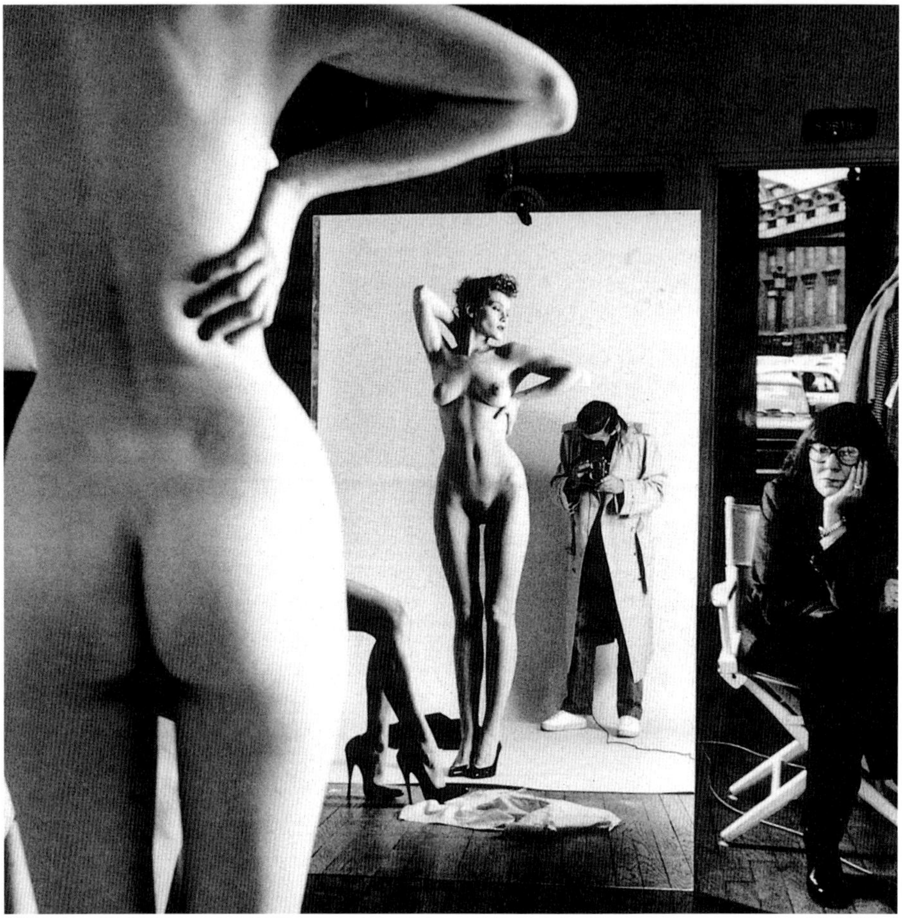

HELMUT NEWTON, ZELFPORTRET MET ECHTGENOTE EN MODEL, 1981

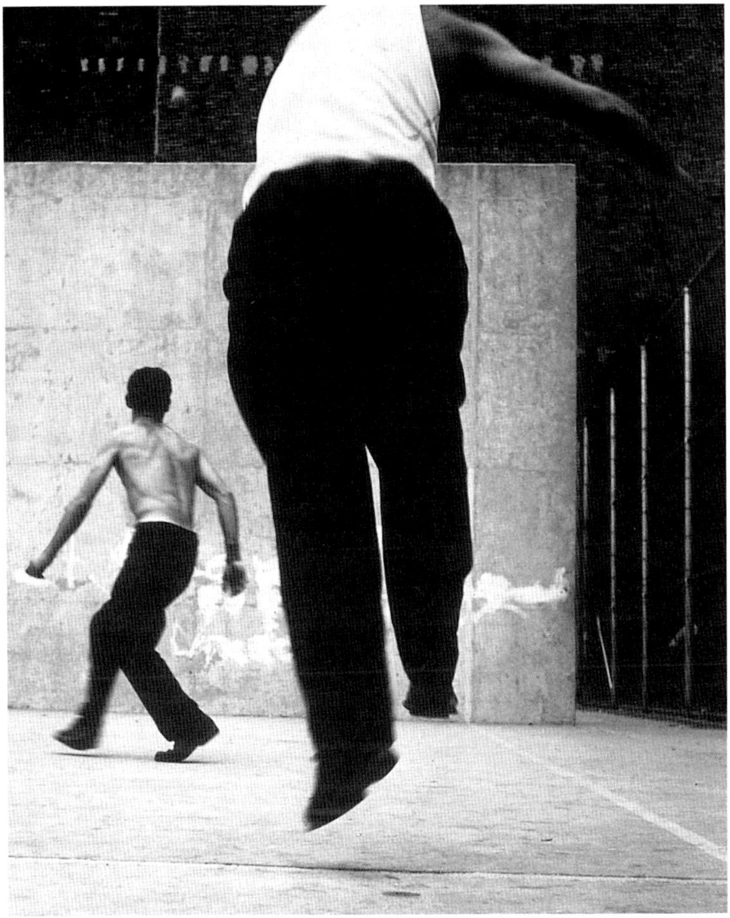

LEON LEVINSTEIN, HOUSTON STREET, NEW YORK, CA. 1969

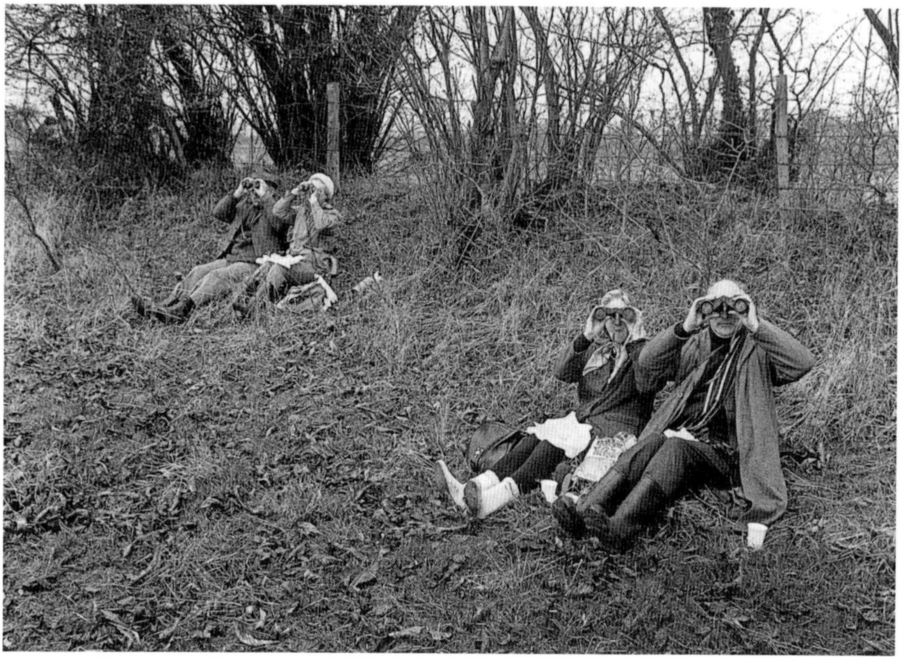

MARTIN PARR, THE SURREY BIRD CLUB, 1972

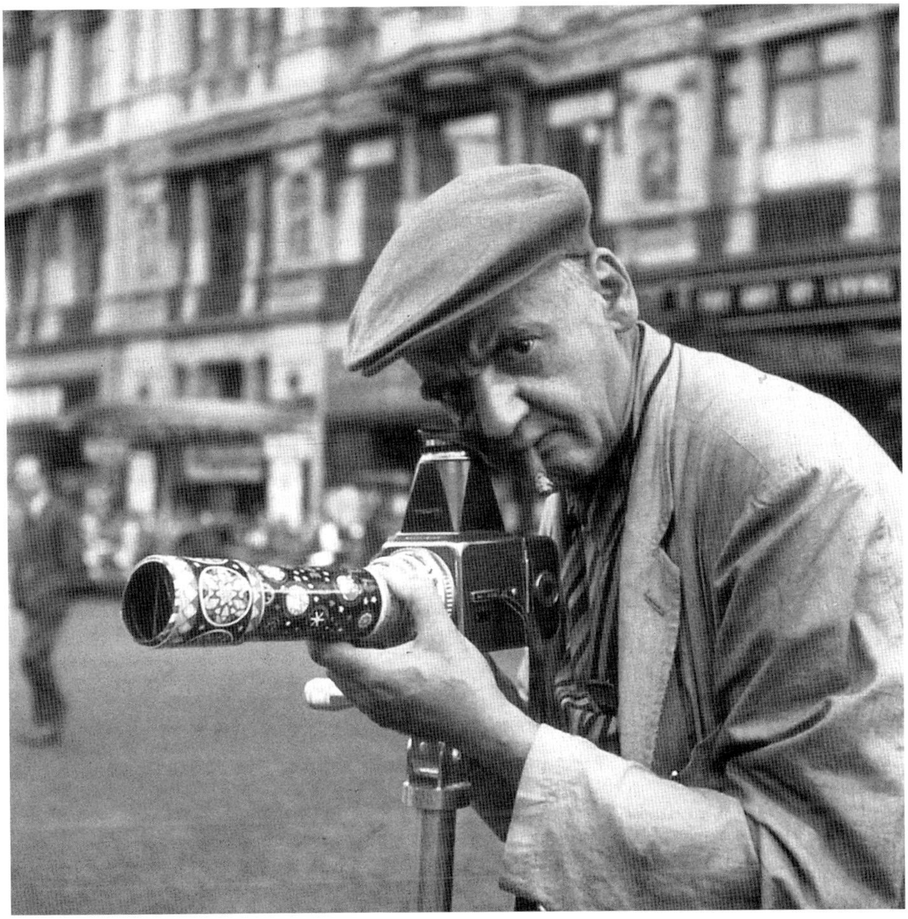

WEEGEE AAN HET WERK

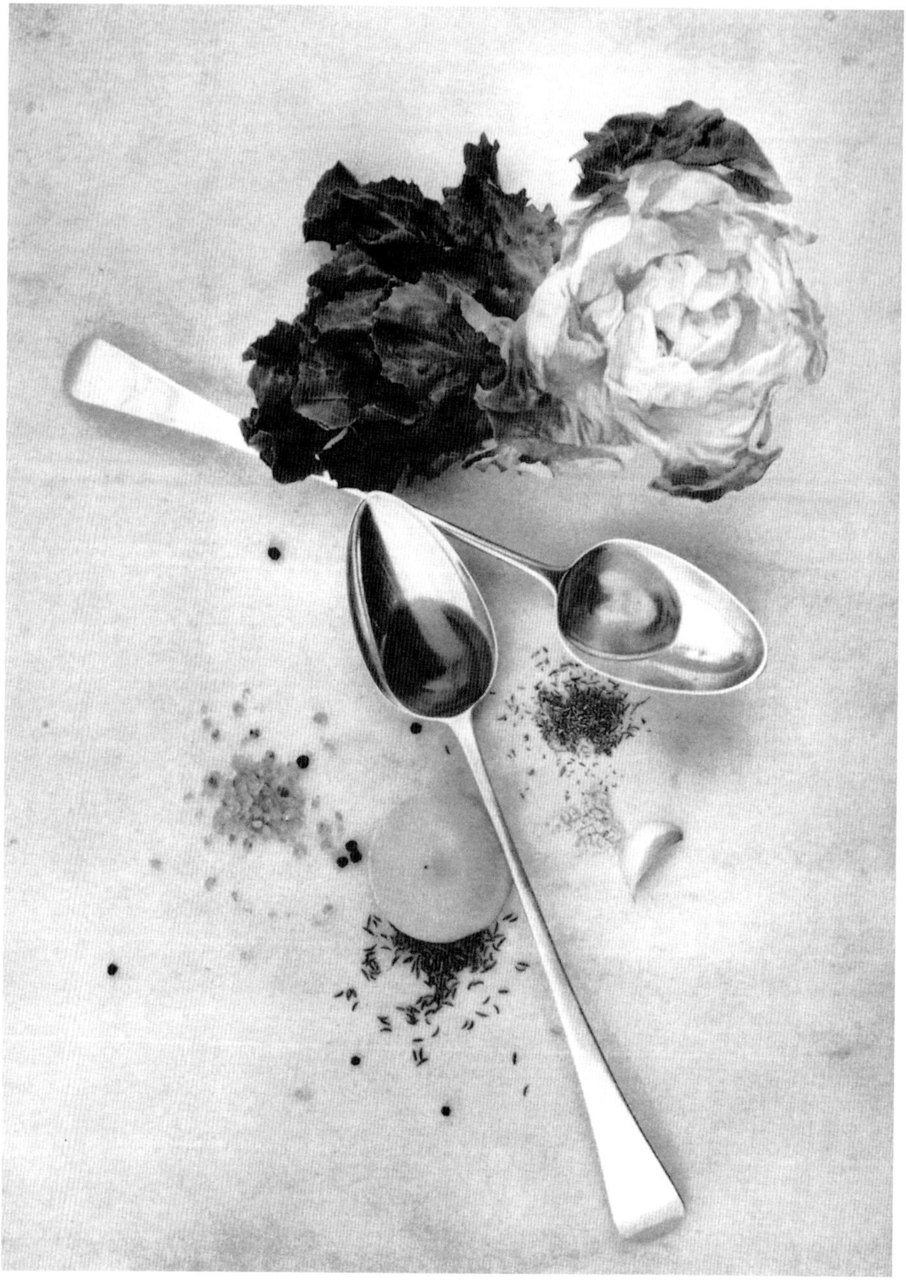

IRVING PENN, SALAD INGREDIENTS, NEW YORK, 1947

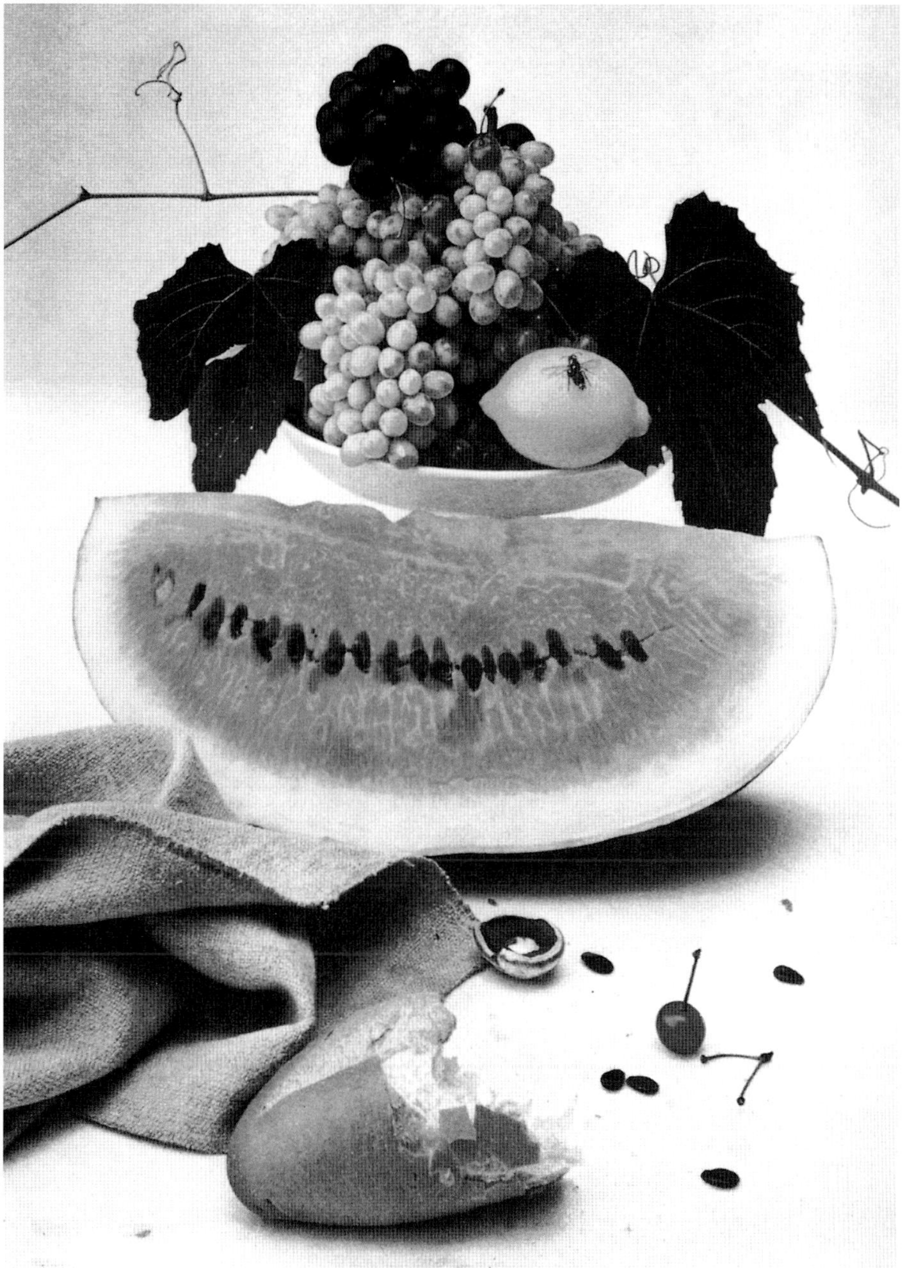

IRVING PENN, STILL LIFE WITH WATERMELON, NEW YORK, 1947

De beroemdste foto in deze serie is ongetwijfeld die van de drenkeling. Plaats van handeling is wederom Coney Island, het jaar is eveneens 1940, maar de gelegenheid geeft geen aanleiding tot vrolijkheid. Op de voorgrond krijgt een drenkeling zuurstof toegediend, artsen en redders knielen om hem heen. Op de achtergrond staat geduldig het publiek dat meer aandacht heeft voor de camera (let op het vogeltje!) dan voor het drama. Tot zover is er niets bijzonders aan de hand.
Maar tussen de redders bevindt zich ook een meisje, haar aanwezigheid op die plek doet vermoeden dat ze familie is. Haar bovenlichaam dat ongetwijfeld zoëven nog over de drenkeling was gebogen, is nu opgericht: ze kijkt in de lens en glimlacht. De macht van het medium wint het van de nabijheid van de dood. Roem overwint verdriet.

De aantrekkingskracht van deze foto's in de crisistijd ligt voor de hand. Men ontvluchtte de eigen zorgen door zich te verdiepen in die van een ander. Hoe slecht men het ook had, zo slecht als de figuren op de foto's zeker niet. Elk vermaak is ook leedvermaak; elke ramp een ander overkomen is een ramp ontlopen.

Maar crisis duurt niet eeuwig en niets is veranderlijker dan de publieke belangstelling. De lezers krijgen genoeg van dode gangsters die op die foto's allemaal eender worden. Ze willen voortaan seks en vrouwen.

Hoewel Weegee slim genoeg was om ook in de jaren veertig emplooi te vinden voor zijn fotografie, werd wel duidelijk dat een tijdperk voorbij was. Zijn boek *Naked City* (1945), een ode aan de nachtzijde van New York, is een terugblik en een afsluiting. Het vestigde zijn roem en Hollywood kocht de rechten op de titel voor een speelfilm over de anonieme verhalen van de grote stad. ("Er zijn acht miljoen verhalen in de *Naakte Stad* en dit is er één van.") Weegee volgde zijn boek naar Hollywood, waar hij een contract kreeg als **adviseur** bij de opnamen en zich verdiepte in de filmwereld. Het resultaat was een handvol korte films en een boek met de voorspelbare titel *Naked Hollywood* (1953).

Zo eensluidend als de titels zijn, zo verschillend is hun inhoud. Voorbij was de tijd van aandacht voor de zelfkant, het onderwerp was nu de roem geworden. De persmuskiet van voor de oorlog, de shutterbug, veranderde in de jaren vijftig in de paparazzo. De lezer wilde nog steeds grote foto's zien in de krant aan de ontbijttafel, maar niet langer die van de ellende om de hoek. De welvaart was begonnen en hij wilde horen van het goede leven, van roem en rijkdom, en waarom de sterren desondanks tòch niet gelukkig zijn. Want leedvermaak is van alle tijden, al komt het in soorten en maten.

Het dagblad verloor terrein aan de televisie en de geïllustreerde tijdschriften met hun staalkaart van goed nieuws, luilekkerland en ander moois. Voortaan was de dagdroom in kleur, met roze als overheersende tint.

Rampen en oorlogen speelden zich nog uitsluitend ver weg af en de gepubliceerde foto's daarvan waren bij voorkeur van de abstracte soort. Overzichten van verwoesting zonder bloed en pijn; kapotte gebouwen eerder dan kapotte mensen. En toen met de Vietnamoorlog het realisme weer terugkeerde in de persfotografie, waren het zelden de bloedigste foto's die de voorpagina haalden. Niemand wil onpasselijk worden aan het ontbijt.

Weegee heeft deze ontwikkeling niet meer meegemaakt. Hij maakte in de jaren vijftig en zestig **experimentele** foto's, waarop gezichten waren vervormd of vermenigvuldigd. Karikaturen waren het, maar onschuldiger dan de karikaturen van het bestaan waarop zijn reputatie was gebaseerd.

Wat bewoog Weegee af te zien van materieel comfort, van een gezinsleven, van een regulier bestaan? De sleutel ligt in de geschiedenis van de immigrant. Arthur Fellig was gebrekkig opgeleid en het Engels niet goed machtig; wilde hij deel hebben aan de Amerikaanse Droom, dan moest hij het succes zoeken buiten de gebaande paden van kennis en taal. De camera werd, zoals hij dat noemde, zijn moderne lamp van Aladdin. Zij heeft hem alles gebracht waar hij als jongen ooit naar hunkerde: roem, geld en vriendschap.

Wat is de definitie van een foto? In de beroemd geworden formulering van Roland Barthes: een boodschap zonder code. Met andere woorden, een foto geeft wel een beeld van een situatie, maar vertelt ons niet hoe die moet worden geïnterpreteerd. Het beeld toont niet meer dan wat zich voor de lens bevond. Anders dan een tekening of een schilderij is een foto altijd letterlijk, een analogie van de werkelijkheid. Wil een foto een specifieke betekenis overdragen, dan moet altijd een beroep worden gedaan op een theatraal repertoire van poses, belichting en attributen. En vooral op iets dat buiten de foto als zodanig valt: op tekst, al is het maar zo miniem als een bijschrift.

Het werk van de Amerikaan Leon Levinstein (1910-1988) is, anders dan dat van Weegee, lang onbekend gebleven. Hij publiceerde geen boeken, geen reportages in tijdschriften; tentoonstellingen had hij nauwelijks. Drie foto's in de catalogus van *The Family of Man* uit 1955, een enkele in de jaarboeken van *U.S. Camera* uit 1951 en 1956, een handvol in de collectie van het Museum of Modern Art - dat was het zichtbare deel van zijn oeuvre.

Ook zijn leven was goeddeels onzichtbaar. Hij had weinig vrienden, geen vriendinnen, geen kinderen. Hij bewoog zich door het leven als een handelsreiziger, in pak, hemd en das. Woonde in kleine, vervuilde appartementen waarvan de badkamer doubleerde als donkere kamer. De afdrukken die hij maakte, tonen de sporen van dat bestaan: kruimels, as en vetvlekken. Leon Levinstein was een man alleen.

Geld verdiende hij als ontwerper bij een klein reclamebureau in een ondergeschikte functie. Dat was werk. Fotograferen was iets anders: een obsessie. Elke dag na het werk en ieder weekend verkende hij de stad met zijn camera. Nooit sprak hij met de mensen die hij fotografeerde en nooit fotografeerde hij iemand die hij kende. Zijn onderwerpen waren even anoniem als hijzelf. Mensen in de grote stad. Mannen met hoeden en petten, sigaren en sigaretten. Vrouwen met hoeden en bontkragen. Voorbijgangers in het leven van alledag.

Levinstein had een voorkeur voor het naamloze. Hij fotografeerde liever de rug dan het gezicht, liever de huid dan de blik, liever het gebaar dan de persoon. Beelden met veel zwart, een beetje grijs, weinig wit. Een sombere kijk op het bestaan.

Hij ging niet op pad met een vooropgezet doel, maar liet zich door de beelden overvallen. Al had hij een voorkeur voor bepaalde locaties aan de rafelrand van de stad: de Lower East Side van Manhattan en het strand van Coney Island in Brooklyn. Hij zocht niet, hij vond: Een man slapend op straat, een krant als matras. Een hand met een versleten koffer, een touw als handvat. Een clown in de coulissen, verstard in de dood die slaap heet.

Soms is hij zelf op zijn foto's aanwezig, niet als onderwerp, niet als spiegelbeeld of reflectie in een ruit, maar als schim, als een schaduw die over de voorstelling valt. In India fotografeert de fotograaf een fotograaf, verdiept in zijn werk. Het is een verkapt zelfportret: de waarnemer die onzichtbaar blijft, maar voelbaar aanwezig is in al het werk.

Zijn werk is geen aanklacht, geen protest tegen politiek en economie. De armoede die hij soms registreert, is de armoede eigen aan die tijd en plaats. Levinstein was meer de antropoloog van het gewone leven in de grote stad. Zijn enige onderwerp is de mens in zijn tijd. Hoe ze zitten, hoe ze liggen, hoe ze staan.

Niets was hem te min als onderwerp. Een lucifer kust een sigaar. Een peuk schuilt in een handpalm. Een hand rust op een schouder. De wereld is niet meer dan een optelsom van details: hoed, stoel en schaduw. Het leven stokt in de camera: mensen slapend op het strand. Zwarte vlekken, onscherpe plekken, en daartussen de glimp van een gelaat. Een gezicht zo dichtbij dat het een landschap wordt, van heuvels en dalen, van zand gevangen in olie. De rug van een zonnebader, beeldvullend, als een walvis op het droge. Alle aandacht gaat uit naar de wervels en vetrollen, de nekplooien en de poriën, de vouwen in de huid.

Nu eens lijkt het beeld neutraal. Een liggende vrouw op het strand ontpopt zich als een studie in structuur. Korrelig zand, gevlochten zitting, het patroon van de tas, de ribbels van het badpak, de matte glans van de huid.

Dan weer oogt het grimmig: de benen van de man op de voorgrond versperren als tralies de toegang tot het leven daarachter, tot die tientallen baders aan de vloedlijn.

Mensenlevens worden gevangen in een kader. Soms letterlijk zo, in ramen waaruit gekeken wordt, kozijnen waarop geleund wordt, in vensters als aquaria. Een leven achter glas, mensen als een onbekende diersoort.

Levinstein was een amateur, maar een amateur van een hogere orde: de professionele amateur. Hij voelde zich misschien miskend als fotograaf, maar hij verzette zich ook tegen mogelijke roem. Bijna elke poging van bewonderaars om zijn werk meer bekendheid te geven, wist hij afdoende te saboteren. Hij wilde wel, maar ook niet. Het moest op zijn voorwaarden, anders niet. Vanaf het moment dat hij zijn eerste camera had, in 1941, tot aan zijn dood ging hij zijn eigen weg; niets en niemand kon hem tegenhouden. Zijn eerste aanvraag voor een Guggenheim-beurs, in 1954, werd afgewezen. Zijn tweede eveneens, zijn derde ook, evenals zijn vierde. Het weerhield hem niet. In 1975, 65 jaar oud, ontving hij alsnog een beurs. Te laat en toch nog op tijd.

In de jaren zestig experimenteert hij met kleur. Het bekomt hem niet. Het is allemaal te zonnig, te vrolijk. De dia's worden pas deel van zijn oeuvre als ze worden afgedrukt in zwart-wit, ontdaan van alle frivoliteit.

"Vanwaar die voorkeur voor sombere plekken?," werd hem ooit gevraagd. Voor treurige locaties als de Lower East Side en Coney Island? "Dat," antwoordde Levinstein, "is waar het leven is."

Het leven.

Wie zijn biografie kent, hoe summier ook, kan niet anders dan zijn werk interpreteren als een reeks vragen: Wat is leven? Hoe leven andere mensen? Wat zoeken ze bij elkaar? Het zijn vaak paren en stelletjes op zijn foto's, mannen met vrouwen, een leven om jaloers op te zijn. Is dit het paradijs in zwart-wit, of juist het tegendeel daarvan: de hel?

"Ik ben een camera," schreef Christopher Isherwood, "met de sluiter open, volkomen passief, registrerend, niet denkend. Registrerend: een man die zich scheert bij het raam aan de overkant en de vrouw in de kimono die haar haar wast. Op een dag moet dit alles worden ontwikkeld, zorgvuldig afgedrukt, gefixeerd." Het leest als een signalement van Leon Levinstein.

Als Levinstein het type vertegenwoordigt van de fotograaf als anonymus, dan staat daartegenover het fenomeen van de fotograaf als ster. Maar ook de sterfotograaf heeft onbelichte kanten. Naast het publieke werk bestaat er vaak een schaduw-oeuvre van privaat werk. De Kunsthal mag graag verrassen met onbekend werk van bekende fotografen, wat niet zonder risico is.

Waaraan denken fotoliefhebbers bij de naam Helmut Newton? Aan grote naakten in extreme poses met lange benen gestoken in hoge zwarte pumps. Een en al voyeurisme, fetisjisme en exhibitionisme. Als je Newton dan voor het eerst in Nederland toont en je komt met een expositie van foto's waarop hij in het ziekenhuis aan tal van slangen ligt na een hartaanval, of die naaktfoto's van hemzelf en zijn vrouw op leeftijd, dan is dat niet de glamour die het publiek van Newton verwacht. Het probleem was, achteraf bezien, dat ook dat bekende deel van het oeuvre in Nederland nooit op een fatsoenlijke manier was getoond.

De dubbeltentoonstelling met foto's van Helmut Newton en Alice Springs was waar het de publiekstoeloop betrof dan ook een tegenvaller. Waarschijnlijk was de timing ongelukkig. Het was te vroeg. Het publiek wilde het glamourwerk uit de modebladen zien, niet het privé-album van de fotograaf en zijn vrouw.

Us and them. De **wij** zijn Helmut Newton en zijn vrouw June Browne, die fotografeert onder de naam Alice Springs, de **zij** zijn hun modellen. De eerste sectie is omvangrijker dan de tweede. **Wij** omvat vier delen: portretten van Helmut Newton door Alice Springs. Zelfportretten van Springs. Portretten van Alice Springs door Helmut Newton. Zelfportretten van Newton. **Zij** bestaat uit een duo-presentatie: telkens twee foto's van hetzelfde model naast elkaar, eenmaal gefotografeerd door Springs en eenmaal door Newton. Ideaal vergelijkingsmateriaal: portretten, zelfportretten, dubbelportretten.

Het portret is een eenvoudige vorm. De een legt de ander vast in poses die (vindt de fotograaf) karakteristiek zijn, vertederend, humoristisch of sentimenteel. Sentiment hier niet opgevat als **weekheid**, maar als emotionele herinnering: de vreugde om het nieuwe buitenhuis, de angst over de hartaanval (en de vreugde na het herstel. Het zijn prentbriefkaarten, van evenveel betekenis voor de zender als voor de ontvanger.

Het zelfportret is geen briefkaart, maar de registratie van een stemming: een notitie in het dagboek. De techniek beperkt de mogelijkheden. De fotograaf heeft maar vier middelen tot zijn beschikking: de zelfontspanner, de draadontspanner, de gestrekte arm, of de spiegel. Alice Springs kiest bijna altijd voor de spiegel, een enkele keer strekt ze haar arm om de camera op zichzelf te richten. Newton kiest vaak voor de draadontspanner, zeker als hij met iets of iemand op de foto gaat; het stelt hem in staat een houding aan te nemen: iemand te worden, niet **zichzelf** te betrappen.

Van al die middelen is de spiegel het meest privé. De spiegel bevindt zich meestal in bad- of slaapkamer, plaatsen waar vreemden niets te zoeken hebben. Het zijn transformatieplaatsen: van dag naar nacht, van gekleed naar naakt, van nacht naar dag, van naakt naar gekleed. De spiegel is niet alleen privé, de spiegel maakt ook ijdel. Het onderwerp is hier model en fotograaf tegelijk. Anders dan bij de gestrekte arm, de draadontspanner of de zelfontspanner is de fotograaf hier getuige van zijn pose. Hij weet hoe hij eruit ziet en dat moment wil hij (of zij) ook vastleggen. Het zelfportret is een soort vanitas: een manier om het verstrijken van de tijd (de aftakeling van het lichaam) mee vast te leggen. Het portret is een fictie, elk portret toont iets anders, afhankelijk van plaats, tijd en stemming.

Elke fotograaf is per definitie een voyeur, elk model een exhibitionist. Op deze tentoonstelling wisselen ze van rol: de fotograaf wordt het model (van zichzelf, van de ander); het model wordt fotograaf. Maar er is een groot verschil tussen deze en alle andere modellen: Newton en Springs zijn zich hun rol maar al te zeer bewust. De pose is geposeerd, geïroniseerd; het is een imitatie van de poses die ze hun modellen dagelijks laten aannemen.

Het gebruik van de spiegel is ook een manier om verschillende dingen tegelijkertijd vast te leggen: fotograaf en model, jezelf en de ander, voorgrond en achtergrond, rug en gezicht. De spiegel plaatst het model heel nadrukkelijk in een specifieke omgeving. De fotograaf in de studio. Het echtpaar in de slaapkamer. De waarnemer in de waarneming.

Daarbij is de spiegel formeel beschouwd een kader. Het beeld wordt afgesneden van de omgeving; de spiegel isoleert het fragment waarop de aandacht moet vallen. Op de foto's van Newton en Springs omvat het kader van de spiegel vaak nog andere kaders: schilderijen en tv-toestellen. De foto wordt een universum van uitsneden: de spiegel, het tv-scherm, een schilderij op de achtergrond. De foto kan zo worden opgevat als een reeks manieren van vastleggen, van vlakken die spiegelen of uitsnijden, spiegelen én uitsnijden.

Het grote verschil tussen de foto's van Alice Springs en die van Helmut Newton is dat hij zich lijkt te verlustigen in dit soort complicaties van waarneming en vastlegging, terwijl zij naar de grootst mogelijke eenvoud streeft. Springs kiest niet de dubbelzinnige voorstelling (hèt kenmerk van Newton), maar de eenduidige afbeelding.

Meer nog dan uit **us** spreekt het verschil in aanpak uit **them**. We zien telkens hetzelfde **model** (eerder vriend of beroemdheid, soms beide, dan professioneel model) op twee verschillende manieren gefotografeerd. Persoon of icoon? Dat is de vraag. Newton probeert telkens een imago te creëren, terwijl Springs zoekt naar de huiselijke kant van het model. Zo is de modeontwerper Karl Lagerfeld bij hem een elegante poseur en bij haar een keurige heer. Prinses Caroline van Monaco is bij hem een juweel-behangen vorstin en bij haar een alledaagse moeder met kind. Catherine Deneuve is bij haar een mooie, koele vrouw en bij hem een onverwachte vamp, de hoer achter de maagd.

Natuurlijk wordt er vals gespeeld. De portretten zijn niet op dezelfde momenten gemaakt, vaak liggen er vele jaren tussen. Daarbij maakt Newton zijn portretten meestal in opdracht van tijdschriften die van hem een bepaald soort fotografie verwachten, terwijl Alice Springs haar foto's maakt onder andere omstandigheden. Vaak zal geen sprake zijn geweest van een opdracht, is de foto niet meer dan een uitvloeisel van een ontmoeting. "Ik kan de waarheid en de eenvoud in de portretten van Alice Springs zien," schrijft Newton in de inleiding bij de catalogus. "Wat mijzelf betreft, herken ik de manipulatie en regie in mijn foto's."

Voor Newton wordt een portret interessanter als er iets van wordt afgehaald (kleding) of iets aan wordt toegevoegd (een betekenisvol attribuut. Springs is tevreden met wat zij ziet. Newton wil **Newtons** maken; Springs geen **Springs**, maar portretten waarin de modellen zichzelf herkennen. Zij is goed maar conventioneel; hij is beter maar **onbetrouwbaarder**. Zo aanwezig als hij is in zijn beelden, zo afwezig is zij in de hare.

Elke foto bestaat uit hoofd- en bijzaken. De fotograaf die kijkt en componeert zal proberen de bijzaken tot ondersteuning van de hoofdzaak te maken. De bijzaken vormen de bevestiging (in het hiërarchische model) of de ontkenning (in het ironische model) van wat de fotograaf wil uitdrukken. Fotograferen is structuren, de fotograaf kijkt door zijn zoeker en moet beslissen wat hij hoe in beeld wil brengen. Op een geslaagde foto is sprake van een overtuigende samenhang, elk detail is onmisbaar voor het geheel.

Voor de camera van Irving Penn veranderen de resten van een karige lunch in een speels schilderij van Miró. *Fish Bones on a Plate (a frugal lunch)* toont een visgraat in een halve cirkel op een bord gedrapeerd in gezelschap van een half gegeten olijf en wat broodkruim. Een mediterraan landschap met de vis als zee, het brood als strand en de olijf als zon. Geen pretentieus kiekje voor aan de muur van een galerie, maar de redactionele illustratie voor aan artikel in *Vogue*. Want, zoals Penn lang geleden bescheiden opmerkte: "Voor de moderne fotograaf is niet de foto, maar de gedrukte pagina het eindproduct."

Het is allemaal even kenmerkend voor deze fotograaf: de zorgvuldige compositie, de nadruk op structuur, de associatie met schilderkunst en de nederige opstelling van de maker. Bij alles wat hij fotografeerde moest hij rekening houden met de beperkingen van de techniek; reproductie was in de jaren veertig - toen hij begon - een andere zaak dan nu. Het was dan ook een goed idee om op de tentoonstelling *Still Lifes* naast de afdrukken van de stillevens aan de muur ook hun reproductie in de pagina's van *Vogue* te tonen. Een leerzame les over bedoeling en resultaat.

Er bestaat een anekdote die een helder licht werpt op de ambities en obsessies van Irving Penn. In 1941, jaren voordat hij beroemd zou worden bij *Vogue*, toen hij nog werkzaam was als art director bij het warenhuis Saks Fifth Avenue, nam hij ontslag om te gaan schilderen in Mexico. Na een jaar kwam hij tot de conclusie dat hij als schilder niet goed genoeg was. Hij spoelde de verf van zijn doeken en bewaarde het linnen als tafellakens.

In alle foto's die hij daarna heeft gemaakt, is - bij alle trouw aan het medium - een referentie aan de schilderkunst traceerbaar. Niet zelden duikt het linnen op, als tafellaken of servet, maar ook als het ontbreekt lijkt het zijn structuur aan de omgeving te hebben geleend. Ook in de portretten gaat het altijd minder om de personen dan om de structuur. Penn verkiest de kleding boven de persoon, tastbaarheid boven zichtbaarheid. De ultieme illusie is die van aanraakbaarheid.

Penn noteerde een herinnering: "In een museum staat een *Kleine Man* voor een Hollands stilleven. Hij bestudeert het, verrukt. Een vlieg rust op een korst brood, een muis knabbelt aan de kaas, een slang staat op het punt een slak te verorberen, een vijg is zojuist opengereten, een schaal met fruit heeft een aantal insecten aangetrokken, een bij zuigt het nectar uit de bloemen in de vaas."

Die *Kleine Man* is uiteraard de jeugdige Penn en wat hij van de Hollandse meesters leerde, vinden we later terug op de foto's van de *Grote Man*. Toppunt van illusie bij de fijnschilders was de vlieg op het fruit; hij leek niet bij de voorstelling te behoren, maar als bij vergissing op het linnen geland: slachtoffer van dezelfde illusie als de toeschouwer.

Ook de stillevens van Penn kennen hun vliegen en andere insecten. Op *Summer Sleep* (1949) slaapt een vrouw achter een hor, onbereikbaar voor de vliegen op de voorgrond. De textuur van het gaas doet denken aan linnen, met hetzelfde effect als bij de schilderijen: de vliegen lijken op de voorstelling te zijn neergestreken, niet daar deel van uit te maken.

Still Life with Watermelon (1947) heeft niet alleen een servet van grof linnen en de watermeloen uit de titel maar ook een schaal fruit met de **kunsthistorische** vlieg. De aanwezigheid van het insect accentueert de rijpheid van het fruit (welhaast ruikbaar) en het onvermijdelijk naderende verval.

De vlieg is het teken van realisme, van de opgeschroefde illusie, maar niet het enige. Penn heeft een heel repertoire aan trucs, die allemaal hetzelfde doel dienen. *Salad Ingredients* (1947) lijkt niet meer dan een gevisualiseerd recept: twee lepels, één met azijn en één met olie, een pluk sla, zout en peper, een halve citroen en wat kruiderij. Onnodig te zeggen dat de compositie voorbeeldig is. Maar wat de foto tot leven doet komen is de lichtreflectie in olie en azijn. De lepels worden kassen, de vloeistoffen irissen, het geheel een gezicht. Het stilleven ontpopt zich als een portret (van een salade).

Dat vermogen tot transformatie in Penns werk is een surrealistisch element. De ogen in de sla-ingrediënten doen denken aan de ogen uit *Optician's Window* (1939 en 1942), of aan de eierdooiers op *Cholesterol's Revenge* (1994). De dingen zijn niet wat ze lijken, dat is duidelijk. Hoe langer je kijkt, hoe meer je ziet. De croissant verandert in een krab. Het stilleven van mozzarella, tomaat en olijf in de Italiaanse vlag. De glazen (en sigaretten) op *Two Liqueurs* (1951) in een liefdesgeschiedenis. De *Pear with Seeds* (1993) in billen. De kalkoen gevuld met eend en kip in een obsceen naakt, een en al naakte huid en donkere holten.

Tot de jaren zeventig gaan de stillevens over lekker en luxe: smakelijk eten en drinken en andere goede dingen des levens. Het glanst en het glimt; het zegt: eet mij, neem mij; het draait allemaal om consumptie. Na die tijd gaat Penn ook rommel fotograferen. Sigarettenpeuken, een vertrapt pakje, oude machines, blokken en beenderen.

Het resultaat is hetzelfde. Onder zijn handen worden peuken monumenten van materiaal en kleur. Het banale wordt geësthetiseerd. Tabak en as, vuil en vloeipapier veranderen in een wereld van grijzen, witten en zwarten. En weer is het die surrealistische truc van schaalverandering die wat gewoon is ongewoon maakt, wat ons zo vertrouwd is verandert in iets dat niet eerder zo is gezien.

Het geheim van Penn schuilt in het overgangsgebied dat hij op zijn stillevens creëert. Of het nu om voedsel gaat of om rommel, de voorstelling wordt nooit op een schone ondergrond geënsceneerd. Altijd zijn er kruimels, kringen, vlekken, touwtjes, as en tabak. *Street Findings* (1999), een verzameling gevonden peuken, die in de studio zijn gefotografeerd, zouden een heel ander effect sorteren (te bedacht, te ongeloofwaardig) als het hier alleen peuken op een witte ondergrond betrof. Juist de as en tabak, veertjes en draden maken het overtuigend, even echt als abstract, even zeer gevonden als gearrangeerd. Wat Penn ook fotografeert - mensen, mode, naakten of stillevens - altijd gaat het om hetzelfde: compositie en textuur.

Hij weet alles naar zijn hand te zetten, ongeacht wat hij fotografeert, ongeacht in opdracht van wie. Het fijnste eten of het smerigste afval, het vrije werk of de commerciële opdracht, de modefoto of het pack shot - voor zijn camera worden het allemaal overtuigende Penns. De reclamecampagnes voor Clinique ademen dezelfde luxe als de redactionele pagina's van *Vogue*; zijn bouwwerkjes van eigentijdse make up zijn even adembenemend als zijn zeventiende-eeuwse stillevens van vlees en fruit.

"In de stamboom van beelden," schreef de critica Rosalind Krauss, "hangt de foto dichter bij handafdrukken, dodenmaskers, slagschaduwen, de lijkwade van Turijn, of de sporen van meeuwen op het strand." Alle fotografie is bevriezing. De sluiter klikt en het moment verandert in de eeuwigheid; het heden is definitief verleden geworden. Wat de foto vastlegt is de herinnering aan een moment dat onherroepelijk voorbij is. Waar film erin slaagt bij elke vertoning het verleden te actualiseren tot een herschapen heden, spreekt fotografie slechts van wat geweest is en voorgoed voorbij. Film is altijd nu; fotografie is altijd toen.

PARK EN BEELD, PAAL EN PERK

"Wat is er mis met het Rotterdamse Museumpark?," vroeg Gretha Pama zich af in *NRC Handelsblad* van 27 oktober 2001. En ze gaf zelf maar alvast het antwoord: "Bijna alles, zo komt naar voren uit correspondentie tussen de betrokken instellingen die er de afgelopen jaren over is gevoerd. Vijf musea zijn betrokken: rond het park liggen Kunsthal Rotterdam, Museum Boijmans Van Beuningen, Chabotmuseum, Natuurmuseum en het Nederlands Architectuurinstituut. "Het Museumpark", begint een vier jaar oude notitie ten behoeve van een gesprek tussen de museumdirecteuren en de verantwoordelijke wethouder "**is eigenlijk nooit echt gereed gekomen**. Vijf jaar na aanleg ontbreken **verlichting, fietsenrekken, een autowerende afsluiting en bewegwijzering**. Bomen gaan dood doordat de schelpen op de grond de watertoevoer belemmeren en de aarde laten verkalken."

Het idee was zo mooi geweest. "Het Museumpark," schreef Stadsontwikkeling in een nota uit 1986, "is een unieke ruimte, vlakbij de centrumruit. Heel anders dan het landschapspark aan de Maas kan het Museumpark betekenis krijgen als stadspark met een eigen identiteit: een platform voor het uitwisselen van ideeën. Een park waar informatie en stedelijke recreatie vorm wordt gegeven door het versterken van het museale karakter en ruimte te bieden voor tijdelijke manifestaties, die hierop gericht zijn. De locatie Museumpark is zo geschikt door de nabijheid van de andere musea, hierdoor versterken deze functies elkaar en levert het geheel meer op dan de som der delen."

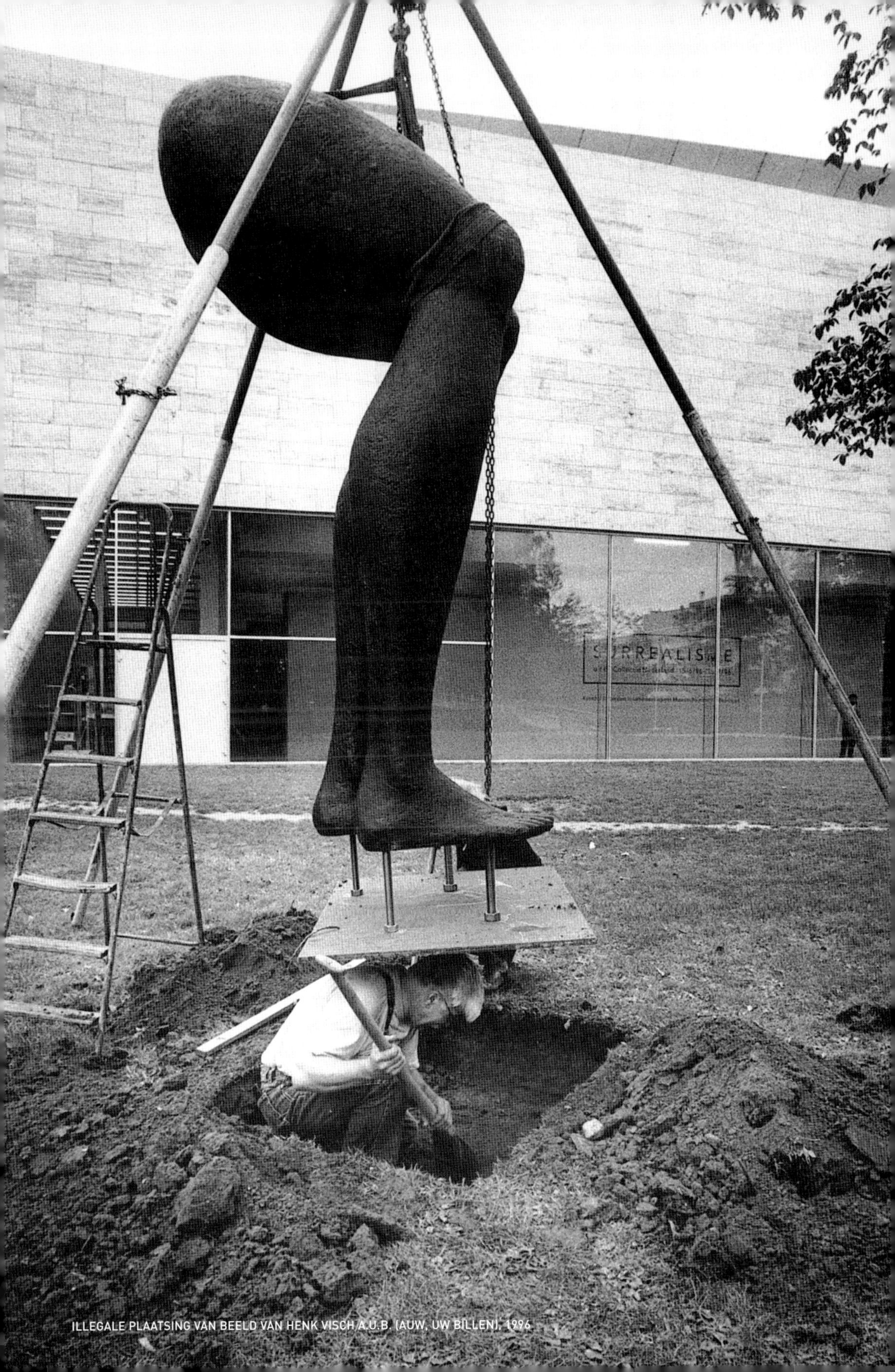

ILLEGALE PLAATSING VAN BEELD VAN HENK VISCH A.U.B. (AUW, UW BILLEN), 1996

De gemeente zag het park als sleutel in de ontwikkeling van het Nieuwe Rotterdam. Een stadspark dat de wandelaar op terloopse wijze van het oude stadscentrum naar het nieuwe centrum aan de Maas zou voeren. En anders dan het landschapspark betrof het hier niet alleen een oase van groen, maar een oase van activiteiten, van straattheater, van openlucht concerten, van ideeën uitwisseling. Met andere woorden, een cultuurpark.

Het gebied van het Museumpark is gelegen tussen de Mathenesserlaan aan de noordzijde, het Academisch Ziekenhuis Rotterdam aan de westzijde, de Westzeedijk aan de zuidkant en het Melkoppad aan de oostzijde. "Park is een misleidend begrip," schreef Koolhaas in *S,M,L,XL*; "de locatie is een driehoekig overschot - 440 meter lang, 130 meter breed - tussen vier verschillende condities: het noorden wordt bepaald door een mini-Siedlung van vooroorlogse witte villa's tegenover het baksteen en koper van Museum Boijmans (een gebalsemde frontlinie in het eeuwige conflict tussen moderniteit en traditie); de westelijke horizon door een ziekenhuistoren uit de jaren zestig, met zijn wit-geëmaileerde huid een van de laatste werken van Jean Prouvé; het oosten door de rozentuin van Museum Boijmans; het zuiden door de stedelijke straatweg op een dijk van zes meter hoog."

In het ontwerp dat Koolhaas voor het Museumpark maakte, werd de opdracht geïnterpreteerd als een paradox van spanning en ontspanning. Nog uitgaande van het idee dat OMA het geheel zou ontwerpen, zowel het Architectuur Museum als de Kunsthal en het park daartussen, werd de zone gesplitst in vijf gelijkwaardige situaties. Twee gesloten extremen (gebouwen) aan weerzijden en daartussen drie secties in de openlucht. Naast Museum Boijmans kwam een wit **voorportaal**, een boomgaard van appelbomen geplant volgens een diagonaal raster op een ondergrond van witte schelpen. Naast de bakstenen somberte van Museum Boijmans moest dit gaan werken als een overbelichte plek, een effect dat nog versterkt zou worden door een spiegelwand tegen de verhoging op de achtergrond. Dan volgt het podium, een zwart geasfalteerde ophoging naast de rozentuin, plaats voor tijdelijke manifestaties, Spartaans gedecoreerd met zwart bamboe en gele bloemenslingers. Een luie trap leidt van het podium naar de romantische tuin, dichtbegroeid en vol van kleur, met een keienlint dat als een artificieel beekje uitmondt in een vijver. Het park is hier een zee van bloemen overspannen door een zwarte brug die de wandelaar naar het blauwe plaveisel voert aan de voet van de Kunsthal.

Het concept was dat van de dramatische enscenering. Eerst een verblindende flits, dan duisternis, vervolgens de bloemenpracht en dan, halverwege de brugboog, de onthulling van de Kunsthal. Een reeks sensaties als een hersenspoeling die de bezoeker moet voorbereiden op de kunstzinnige presentaties die op hem wachten aan het eind van de reis. Wie het park betreedt, laat de stad achter in het voorportaal, stelt zich open en wordt ontvankelijk voor al het nieuwe wat hem wacht.

Een prachtig concept dat Van Krimpen aanvankelijk ook van harte toejuichte. "Met groot vertrouwen," schreef hij bij de opening van de Kunsthal, "zie ik dan ook de toekomst van het Museumpark tegemoet, niet alleen op het gebied van de uitvoerende kunsten, die in het openluchttheater in het park een prachtig platform tegemoet kunnen zien." Maar in de praktijk heeft het Museumpark nooit gefunctioneerd.

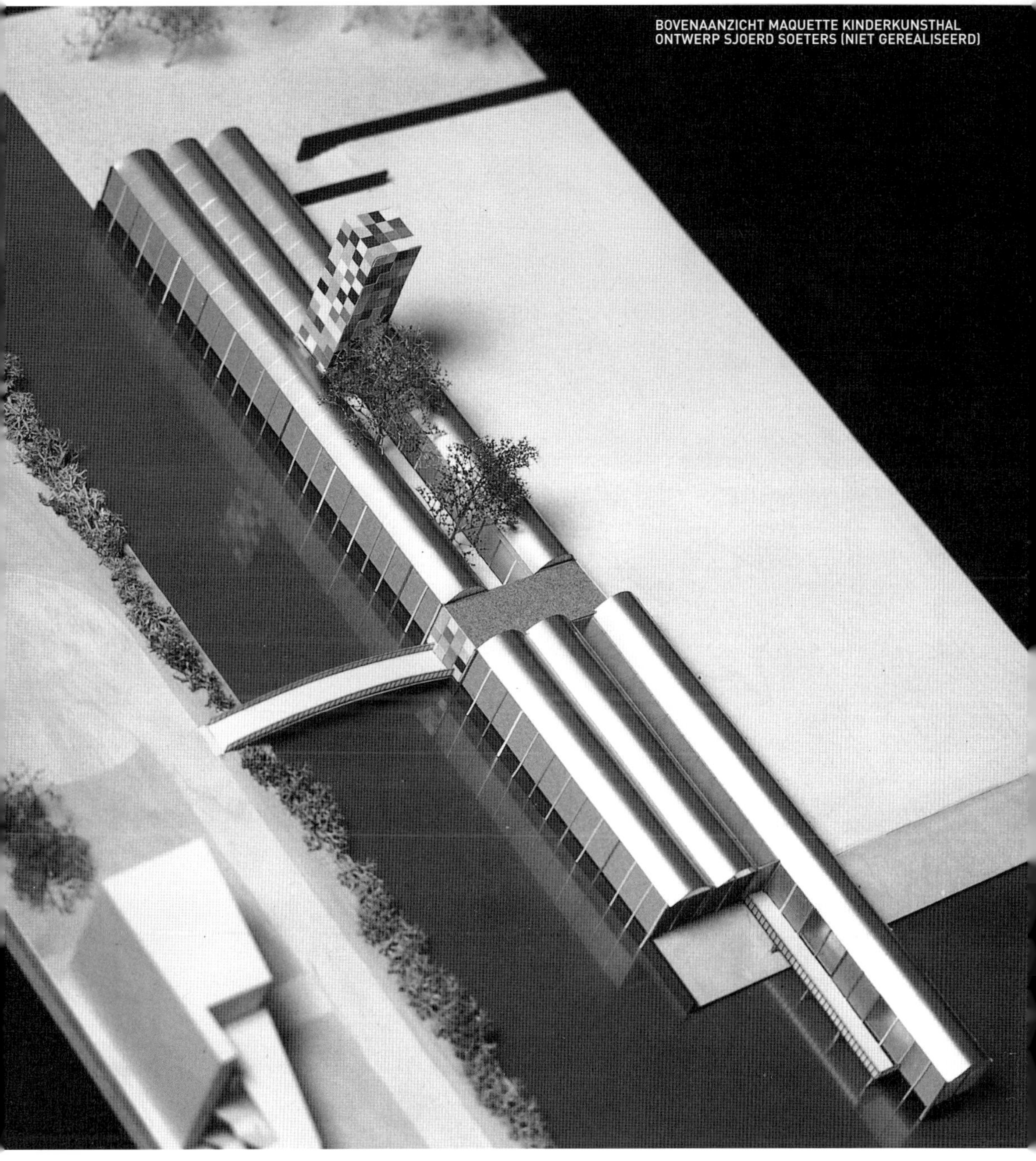

BOVENAANZICHT MAQUETTE KINDERKUNSTHAL
ONTWERP SJOERD SOETERS (NIET GEREALISEERD)

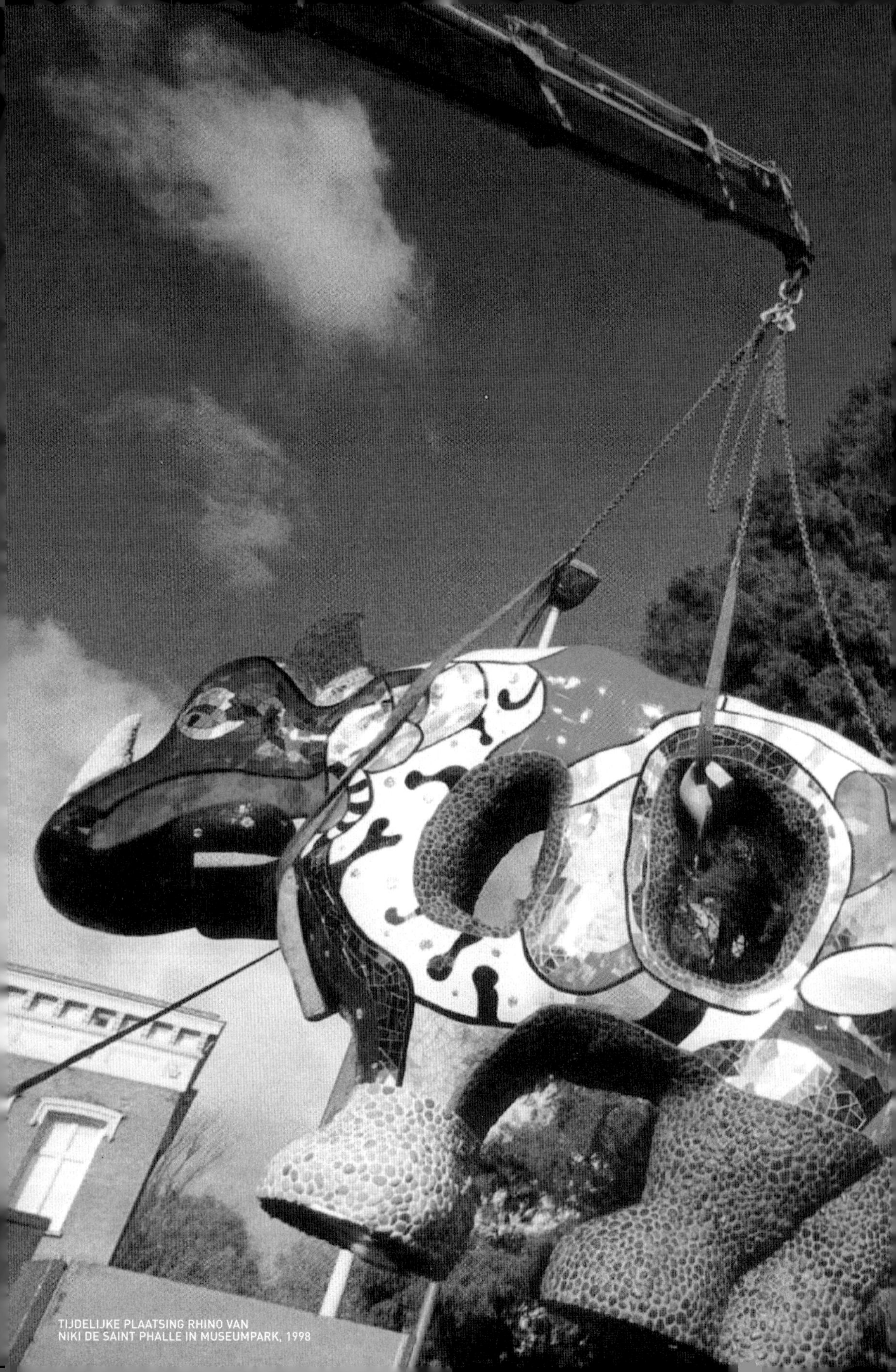

TIJDELIJKE PLAATSING RHINO VAN
NIKI DE SAINT PHALLE IN MUSEUMPARK, 1998

illevens
cher

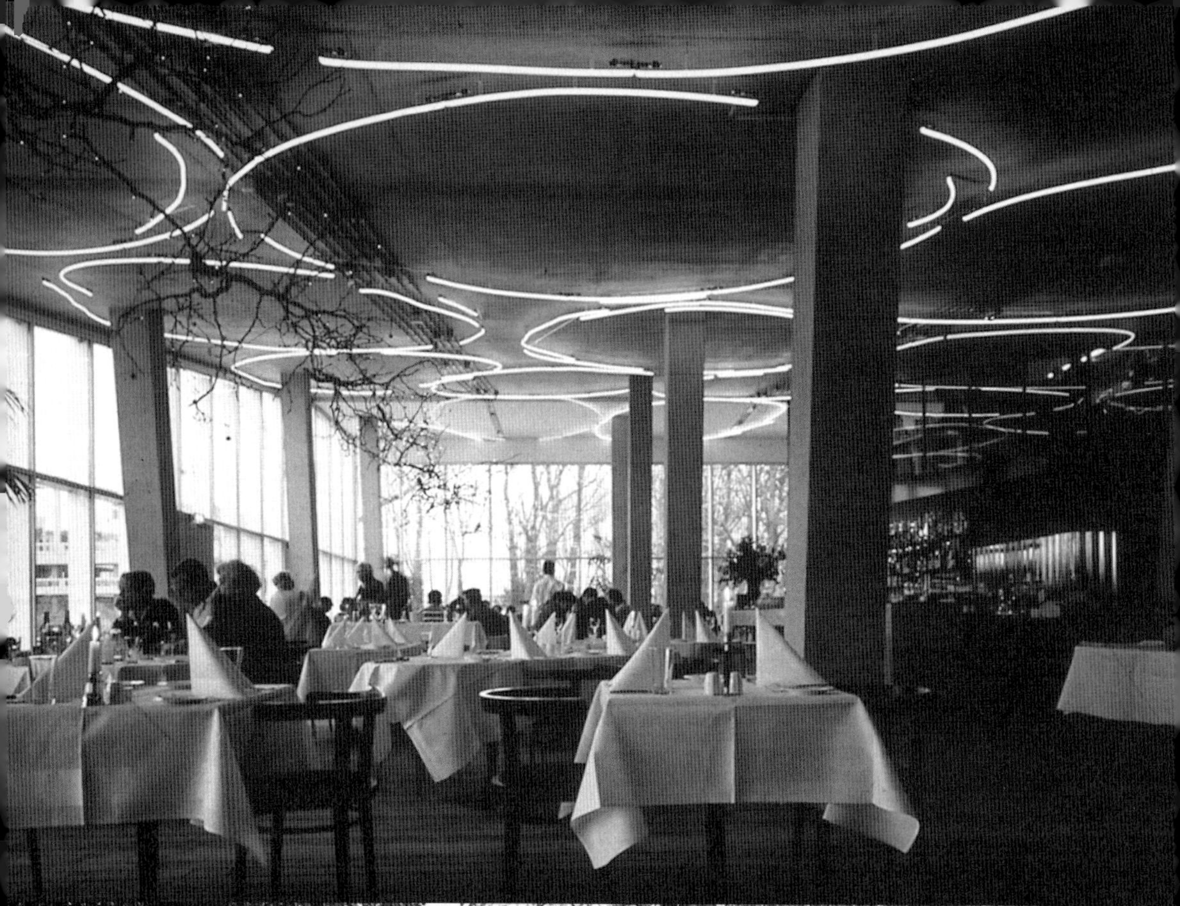

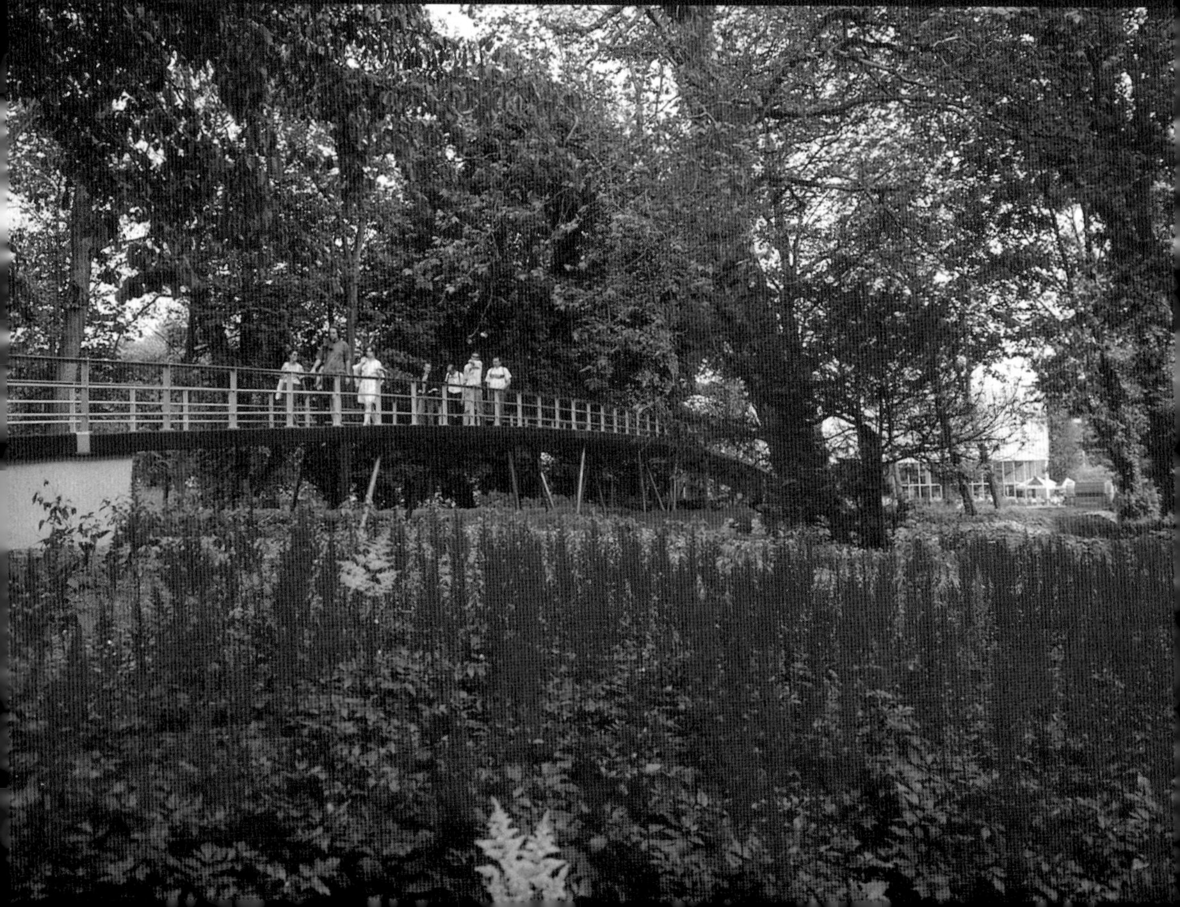

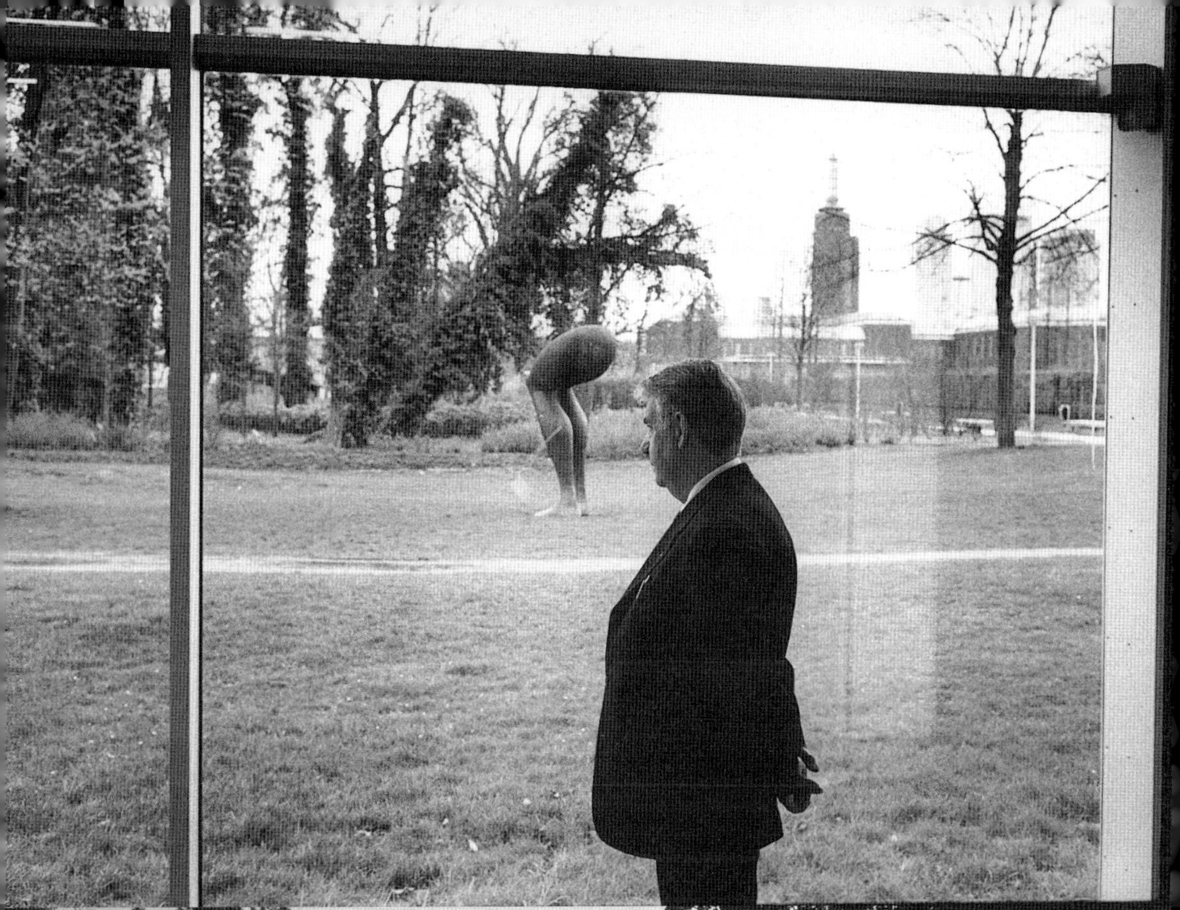
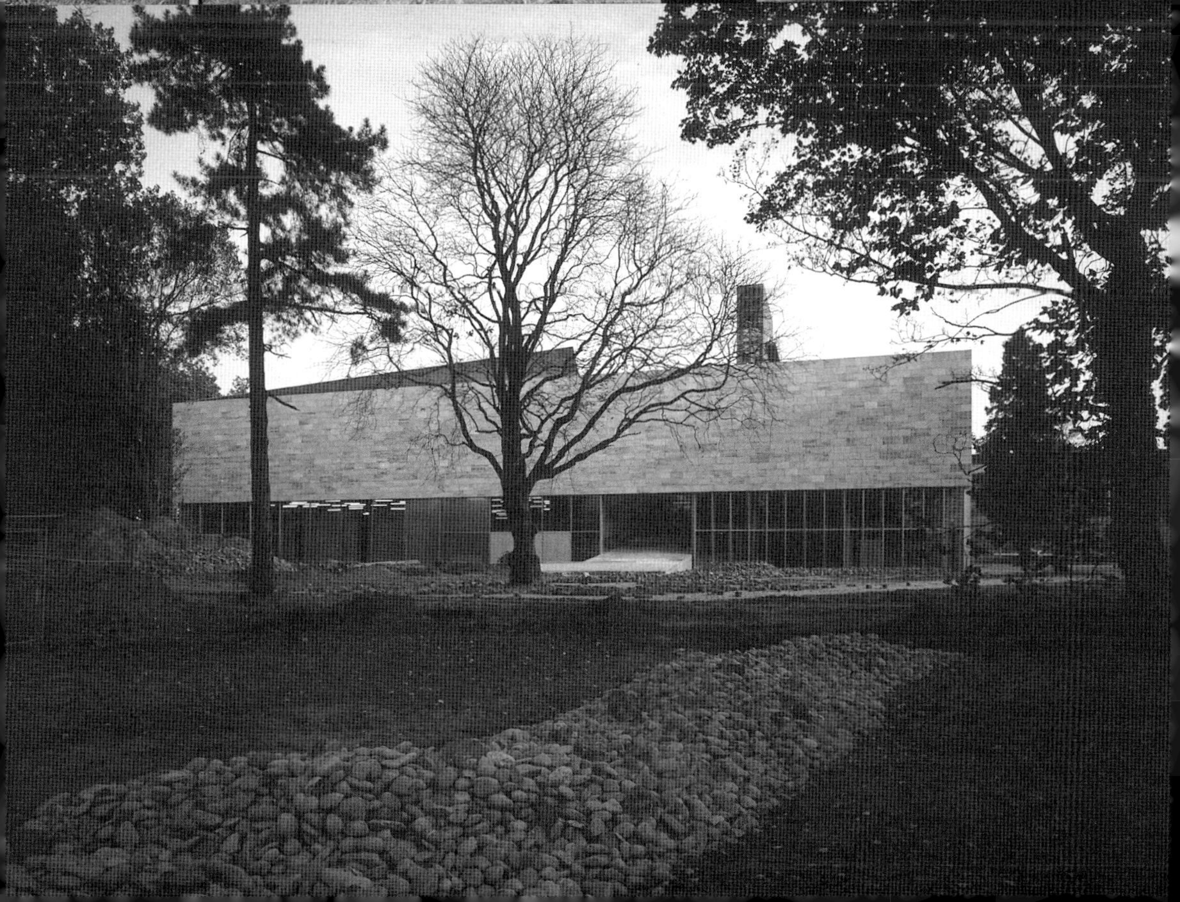

Het eerste jaarverslag van de Kunsthal uit 1994 toont een topje van de ijsberg. "Wethouder Van de Muysenberg heeft, op nadrukkelijk verzoek van de directeuren van de instellingen rond het Museumpark, een onderzoek laten doen naar de beleving van het Museumpark. De resultaten daarvan zijn aanleiding geweest OMA (Rem Koolhaas) een opdracht te geven verbeteringen m.b.t. de leefbaarheid van het park aan te brengen. Met name de verlichting laat veel, zoniet alles, te wensen over. Ook de onafzienbare asfaltoppervlakte vraagt om nadere voorzieningen, teneinde het park mensvriendelijker te maken. De Kunsthal en het Natuurmuseum, die het meest te lijden hebben onder de ontoegankelijkheid en onvriendelijkheid van het park, vragen om dringende maatregelen, als een verhard pad aan de zijde van het Architectuurinstituut, een permanente verlichting (geen 1000 W halogeen spots!) van het pad en de definitieve beplanting van de daarvoor voorziene stroken in het **zwarte** plein. De in de zomer van 1994 gehouden manifestaties op het plein hebben voor de aan de Westzeedijk gelegen instituten een averechtse uitwerking gehad. Was de route daarheen al moeilijk, nu was ze praktisch afgesloten. Ook was enige synergie van de evenementen en de kunstinstituten niet te constateren."

De eigen identiteit, waar Stadsontwikkeling op hoopte, laat nog op zich wachten en van een uitwisseling van ideeën is geen sprake geweest. Het geheel bleek minder dan de som der delen. Met de loskoppeling van het Architectuurinstituut, anders dan in het plan-Koolhaas door Jo Coenen in een vijver gesitueerd, is er geen sprake meer van een driehoek. Het Museumpark is een keurige rechthoek geworden, links en rechts ingetoomd door het Sophia Kinderziekenhuis en de tuin van Museum Boijmans, boven en onder door de Mathenesserlaan en de Westzeedijk.

Uit het volgende jaarverslag spreekt nog geen verbetering van de situatie. "Ondanks toezeggingen bleek het niet mogelijk in het verslagjaar reeds een aanvang te maken met de werkzaamheden. (...) De verhouding met Gemeentewerken, afdeling Parken en Plantsoenen, blijft moeizaam (...)." Wel worden voorbereidingen getroffen voor de stichting van een Kinderkunsthal op het **zwarte** plein, die met een brug direct zal worden verbonden met het naastgelegen Sophia Kinderziekenhuis.

De Kinderkunsthal, herinnert Van Krimpen zich, was bedacht om het parkprobleem op te lossen. Het ontwerp van het park acht hij van een afschuwelijk design: allemaal tekentafelwerk. En, hoewel een verklaard liefhebber van design, beschouwt hij het park als een dood geboren ontwerp. De verlichting is niet goed. Mensen durven er 's avonds niet doorheen. Ook hij zou 's avonds zijn dochter er niet heen durven sturen om de hond uit te laten. Kortom, het park - bedoeld als hoofdtoegang tot de Kunsthal - is een schandaal. In de winter is het in het geheel niet bruikbaar. Als het begint te regenen, bevriest de brug en daar mag geen zout over worden gestrooid, want dat is slecht voor het milieu in het park.

De Kinderkunsthal moet aan een deel van die klachten een einde maken; het is een manier om dat park te laten functioneren en een mogelijkheid om de kinderen daar te kunnen stallen als de ouders de Kunsthal bezoeken.

In het oorspronkelijke plan van Hein Reedijk uit 1987 voor Kunsthal Hoboken was al een visioen geschetst van een flanerende en zich vermakende massa, voor wie het park zou functioneren als een culturele speeltuin. Tot elke prijs moest worden voorkomen dat het Museumpark een doodse vlakte zou blijven. "Hiertoe," schrijft

Reedijk, "dient het Museumpark tussen de Mathenesserlaan en de Hobokenhal op een dusdanige manier ingericht te worden dat ook als in de hal geen blockbusters getoond worden, het gebouw ook als permanente voorzien een logische afsluiting vormt van een aantal functies in de cultureel recreatieve sfeer. Bij deze functies, die in de vorm van paviljoens gerealiseerd zouden kunnen worden, wordt gedacht aan een artcafé met terras, galerie, de Archiefwinkel, een gespecialiseerde boekwinkel. Verkennende gesprekken hierover maken duidelijk dat bij betrokkenen voor een dergelijke opzet interesse bestaat."

Van die gesprekken en interesse is sindsdien niets meer vernomen. Toen Van Krimpen **zijn** Kunsthal mocht neerzetten, droomde hij ook nog wel van een komen en gaan van bezoekers in het park, maar het idee van paviljoens was verschrompeld tot het idee van een bookshop en een restaurant, dat ook 's avonds geopend zou zijn. Overdag zou het functioneren als museumrestaurant en 's avonds als een toprestaurant dat liefhebbers uit stad en land zou trekken. Dat was al te optimistisch bedacht: mensen gaan daar 's avonds niet heen, mensen gaan 's avonds dat park niet door.

De rauwheid van het park is precies de kwaliteit die Koolhaas bevalt. Dat mensen daar 's avonds niet doorheen durven acht hij niet van belang: de Kunsthal is per slot van rekening 's avonds ook niet open. Wat dat betreft, vindt de architect, kent Nederland een bizarre cultuur. De musea gaan dicht op het moment dat de mensen uit kantoor komen.

Het jaarverslag van 1996 meldt een lichtpuntje: "De toegezegde verbeteringen aan het Museumpark worden schoorvoetend uitgevoerd. Lantarenpalen geplaatst." Maar het jaar daarop is het weer mis. "De verlichting in het park blijft, ondanks beloften, zorgelijk. In drie bomen werd een permanente kerstverlichting aangebracht, terwijl het verblindende halogeenlicht tegenover het Architectuurinstituut werd verdubbeld. De hoop is nu gevestigd op de Dienst Stedebouw en Volkshuisvesting, die een inventarisatie maakt van de situatie in het park en parallel met de ontwikkeling van de Kinderkunsthal op het asfaltplein verbeteringen wil aanbrengen."

Het rapport van de Dienst schetst allereerst de problematiek: "De aanleg en het functioneren van het Museumpark zijn anders uitgevallen dan aanvankelijk voorzien was. Ook zijn de groeicondities van de beplantingen tegengevallen en vinden er veel vernielingen plaats." En wat de tijdelijke manifestaties betreft, die blijken wel heel tijdelijk: alleen in de maanden juli en augustus en dan voornamelijk in de weekenden. De rest van het jaar fungeert het park uitsluitend als een doorgangsruimte met alle problemen van dien. "Een van de belangrijkste en breed gedragen constateringen is dat als er geen evenement gehouden wordt het terrein weinig tot geen waarde heeft als verblijfsgebied en zeer negatief beleefd wordt."

Bij nadere beschouwing blijkt elk onderdeel zijn eigen problematiek te hebben. Het rapport is een litanie van misbruik, vernieling en misverstand. Roept u maar.

De bloementuin? "Ten gevolge van te sterke bodemverdichting tijdens de aanleg van het park, slechte afwatering en lichttoetreding zijn op bepaalde plaatsen de groeicondities voor de vaste planten niet optimaal en blijft het beoogde effect van de beplanting achter. Doordat buiten de paden gelopen wordt, worden op bepaalde plaatsen de beplantingsstroken sterk aangetast."

De verlichting? "Verlichting in bomen is beheertechnisch ongewenst. Bovendien werd de verlichting aan de bomen en onder de brug herhaaldelijk vernield."

De brug? "De ruimte onder de brug is dankbaar in gebruik genomen door de daklozen. Deze vernielen regelmatig de verlichting. Tevens ontstaan uitgesleten paden door de beplanting en wordt veel zwerfvuil en afval achtergelaten onder de brug."

De paden? "Het pad met houtsnippers wordt ten gevolge van de grondgesteldheid op bepaalde tijden niet afgewaterd waardoor delen van het pad onbruikbaar zijn. Veel paden zijn naderhand spontaan ontstaan door looprichtingen van parkbezoekers."

De keienrivier? "In het aanvankelijk ontwerp lagen op het keienlint stukken gestold glas, als decoratieve keien in de stroom. Deze glaskeien waren enerzijds scherp en zijn allemaal door bezoekers meegenomen."

Het evenemententerrein? "De ruimte heeft een negatieve uitstraling en functioneert niet als verblijfsruimte als er geen manifestatie gehouden wordt. (...) De luie trap die naar het podium gaat was tevens bedoeld als tribune. Deze wordt tijdens manifestaties echter nooit gebruikt."

Het voorportaal? "De groeicondities voor de appelbomen zijn bijzonder slecht gebleken ten gevolge van de toepassing van schelpen en de plaatsing in dichte verharding. Ondanks herhaaldelijke inboeten zijn de bomen niet tot wasdom gekomen. Thans zijn alle appelbomen verwijderd."

Als bijlage is aan het rapport een reeks interviews met betrokkenen toegevoegd. Riek Bakker, de voormalige directeur van de Dienst Stedebouw en Volkshuisvesting, heeft lof voor het ontwerp, maar kritiek op de uitvoering. "Het Museumpark is in principe een goed en spannend ontwerp. Je moet uiterst voorzichtig zijn met het aanbrengen van veranderingen. Het probleem met het park is dat het nooit echt een kans heeft gehad om uit te groeien zoals het destijds bedoeld was. Dit is grotendeels te wijten aan de Dienst Gemeentewerken. Hoewel de opdrachtgeverrol goed gedefinieerd was, haalde Gemeentewerken alle rollen (aannemer, uitvoerder en beheerder) door elkaar. Het park is in technisch opzicht slecht aangelegd en daarna slecht onderhouden. Het is tot op heden niet duidelijk wie de leiding en het zeggenschap heeft over het beheer van het park."

"Iedereen weet dat het Museumpark van oudsher een problematische plek is. Waarom plaatsen we er geen hek omheen?"

Kirstin Feireiss, toenmalig directeur van het Architectuurinstituut, zag geen heil in de suggestie uit het rapport om in het park een dependance van het NAi in te richten. "Het NAi voelt niets voor een buitenprogrammering in het Museumpark. Het park is teveel design."

Rem Koolhaas wijst op het verschil tussen droom en daad. "Het idee was om een bruut, maar mooi park in het centrum van Rotterdam te ontwerpen, dat af en toe zeer intensief gebruikt wordt. In Rotterdam heerst een andere beleving van de openbare ruimte dan in andere steden. Het barre was de leidraad voor het Museumpark.

"Het schelpendeel werkt goed. De romantische tuin is uitgelopen op een fiasco. Er is zeer veel tijd besteed aan overleg vooraf, maar alles blijkt nu een farce. De kloof tussen gemaakte afspraken en het daadwerkelijk doen is enorm. Het verrassingselement van de tuin is geheel teniet gedaan. Het verlichtingsplan is nu slechts een fractie van wat er ooit voorzien was.

"Het probleem van het Museumpark is dat het moeilijk te begrijpen is. Romantisch en bruut zijn kennelijk lastige concepten. Slechts twintig procent ziet eruit zoals het bedoeld is. Het park is een geestverschijning geworden van het oorspronkelijke concept."

Hij wordt opvallend genoeg niet boos en legt de schuldvraag niet bij anderen, maar doet een verrassende aanbeveling: "Wat nodig is, is een grondige analyse van wat wel en niet werkt. Alles wat niet werkt moet radicaal verwijderd worden. Eventuele wijzigingen of een herprogrammering zijn niet uitgesloten. Een sociologische inventarisatie, hoe en door wie wordt het park werkelijk gebruikt, is van groot belang."

In de daaropvolgende jaren wijden de jaarverslagen van de Kunsthal geen woord meer aan de situatie van het park. Tot dat van 2001: "De Kunsthal heeft met een aantal Rotterdamse collega-instellingen het voortouw genomen om de situatie in en rond het Museumpark structureel te verbeteren." De gemeente heeft het rapport blijkbaar in een lade opgeborgen en met de aanbevelingen niets gedaan. De musea kiezen nu voor het offensief en zoeken de publiciteit.

Wat de directeuren verlangen is niet een **bruut maar mooi** park, maar een eenvoudig **familiepark**, waar mensen **ook naartoe komen als er geen manifestaties zijn**. De nieuwe wethouder, geciteerd door *NRC Handelsblad*, antwoordt dat de bureaucratie een oplossing van de problemen in de weg staat. "Er zijn twee wethouders, voor binnenstad en buitenruimte, en er is de centrumadviesraad die zich er alle(n) mee (kunnen) bemoeien. Onbekend is bij haar waar de bevoegdheden liggen met betrekking tot parkaanleg en planvorming. (...) Het is dus van belang eerst duidelijkheid te krijgen omtrent de status van het park in bestuurlijke zin."

Hieruit spreekt dat het Museumpark vanaf het begin was verdoemd. Als niemand weet wie verantwoordelijk is voor zo'n project, dan heeft het geen kans van slagen. De plannen kunnen nog zo mooi zijn, het succes staat of valt niet met het ontwerp, maar met de uitvoering, het onderhoud en het toezicht.

Er is nog een gemiste kans. In de al eerder aangehaalde studie van Stadsontwikkeling waarbij de structuur van het Museumpark wordt geschetst, staat nogal verscholen een opmerkelijk zinnetje: "Naast deze hoofdstructuur wordt een slingerend pad door het park toegevoegd, dat een beeldenroute zou kunnen worden."

Beeldenroute. Het is die Rotterdamse evergreen die om de paar jaar opduikt in nota's en plannen voor de kunstzinnige aankleding van de stad. Al in 1955 had de Rotterdamse Kunststichting zoiets georganiseerd, *Beelden op de Lijnbaan*, een sculptuurtentoonstelling in het winkelcentrum. Het was niet zonder moeite tot stand gekomen; voor elk bedrijf dat het een leuk plan vond, waren er andere die hun bedenkingen hadden. Middenstanders houden niet van beelden voor hun nering, die verhinderen een goed uitzicht op de etalage. Daarbij zijn ze, dat is van alle tijden, als de dood voor bloot, zelfs als het bloot van brons is. Toch was de manifestatie van *Beelden op de Lijnbaan* een succes en kreeg ze een vervolg in de jaren 1957, 1959 en 1963.

De plaatsing van beelden in de openbare ruimte leek het middel bij uitstek om de bevolking op een achteloze manier met kunst in aanraking te brengen. Een groot deel van de Rotterdammers meed de musea en daarom pleitte de Commissie voor

Kunstbeleid al in 1957 voor meer sculptuur in de parken en plantsoenen van de stad. Het plan leek werkelijkheid te worden met het voornemen van de Commissie Stadsverfraaiing om vanaf 1960 een reeks sculpturen van hoog artistiek gehalte aan te kopen. Op die manier zou de stad op een even terloops als vanzelfsprekende manier veranderen in een kunsthistorisch overzicht. Flaneren werd bladeren in de kunstgeschiedenis.

De eerste aankoop, in 1961, was *l'Homme qui Marche* van Rodin, de tweede een Henri Laurens (1963), de derde in datzelfde jaar de *Miereneter* van Calder, vervolgens - nadat de naam was omgedoopt tot Commissie Beelden in de Stad - een Rickey (1971) en een Philip King (1973). Eerder al had de Bijenkorf de stad een Zadkine en een Gabo geschonken, nu werd een ontwerp van Picasso als beeld uitgevoerd door de Noor Carl Nesjar aangekocht door het Bouwcentrum.

Het was een goed idee, dat zoals zo vaak, minder goed werd uitgevoerd. De gekozen locaties deden de beelden geen goed en niet zelden kwamen ze terecht in buitenwijken als Hoogvliet. Museum Boijmans-directeur Ebbinge-Wubben had ten tijde van de *Floriade* al geconstateerd dat juist het Museumpark zich zo goed leende als beeldentuin en hoe jammer het was dat de opstelling een tijdelijk karakter had.

Zijn opvolger, Wim Beeren, ondervond nog meer weerstand toen hij de gemeenteraad voorstelde een neonsculptuur van Dan Flavin aan te kopen. De tijdgeest was veranderd; in de jaren zeventig oordeelde de politiek dat kunst niet **elitair** mocht zijn, maar vooral **sociaal relevant** moest zijn. De kunst moest naar de wijken worden gebracht, weg van de gepriviligeerde binnenstad. Beeren, wiens eerste optreden in de gemeenteraad dit was, kenschetste de discussie achteraf als **barbaars**.

Na 1980 werd van de Commissie Stadsverfraaiing niet veel meer vernomen. Wat niet wil zeggen dat het afgelopen was met het idee van beelden in de stad. Nog in 1988 had Reyn van der Lugt namens de Rotterdamse Kunststichting een grote manifestatie georganiseerd, *De stad als podium*. Maar het meer voor de hand liggende idee - het park als podium - werd niet uitgewerkt. Het kronkelpad kwam er; de beeldenroute niet.

Als de overheid het laat afweten, krijgt het particulier initiatief een kans. Van Krimpen besloot op eigen houtje een begin te maken met een beeldentuin, dan maar zonder gemeentelijke toestemming. Nu de sculptuur van Henk Visch niet in de tuin maar op het dak was beland, zocht hij naar een tweede beeld van Visch voor in de tuin. Na afloop van de KunstRAI in Amsterdam liet hij het bronzen beeld van Visch *AUB*, wat daar geëxposeerd was geweest, naar Rotterdam vervoeren en in de nabijheid van de Kunsthal plaatsen. Wie de rekening daarvoor moest betalen, was hem van later zorg. Uiteraard maakte de gemeente bezwaar en eiste dat het beeld verwijderd zou worden. Het staat er nog steeds en de rekening is inmiddels voldaan.

Aanvankelijk minder succes had de poging van Wim Pijbes om die overvaltechniek na te volgen. In de zomer van 2001 stond de *Miereneter* van Calder op het Lange Voorhout in Den Haag, daartoe uitgeleend door de gemeente Rotterdam voor de jaarlijkse beeldententoonstelling. De Kunsthal verzocht de Internationale Beeldencommissie de *Miereneter* na afloop van de zomerexpositie niet terug te plaatsten in Hoogvliet, maar in het Museumpark te situeren tussen de Kunsthal en het Natuurmuseum. Het plan werd goed ontvangen, maar uiteindelijk kon het geen doorgaan vinden vanwege de **technische complexiteit van de handelingen**. Ter gelegenheid van het tienjarig jubileum verstrekte de Kunsthal aanstonds aan kunstenaar Tom Claassen de opdracht voor een bronzen beeldengroep. Vanaf Pasen 2003 verfraaien drie metershoge konijnen alsnog het gazon tussen de Kunsthal en het Natuurmuseum.

"Plannen worden niet gestimuleerd," zegt Pijbes, "maar tegengewerkt. Pogingen om van het Museumpark ook een beeldenpark te maken, zijn op niets uitgelopen. Dat is vreemd voor wie bedenkt dat Rotterdam een traditie kent van beelden in de openbare ruimte. Het mag wel, zolang het maar tijdelijk is."

Volgens hem is dat altijd zo geweest. "Er heerst", zegt hij "een permanente waan van de dag in Rotterdam. Dat was al voor de oorlog zo; eigenlijk al vanaf de Gouden Eeuw. Wat voor plannen er ook worden gemaakt, ze beklijven niet. Het enige dat beklijft is de voortdurende drang tot verandering. Die drang tot verandering is de Rotterdamse ziekte. Verandering ligt besloten in de aard van de stad."

"Rotterdam gaat er prat op een dynamische stad te zijn," schrijft Wim van Es in het voorwoord bij *Stadstimmeren* (1990), de zoveelste Rotterdamse manifestatie over bouw en braak, over plannen maken en uitvoeren. Vol trots vervolgt hij: "Wereldhaven aan de rand van Europa. Al eeuwen immigratiedoel van een nu zeer gemengde bevolking. Het kan zijn dat de spreekwoordelijke daadkracht van zijn bewoners dáár iets mee te maken heeft. Weinig gezamenlijke geschiedenis leidt in ieder geval tot minder behoudzucht." Het blijvende wordt in Rotterdam gevoeld als een bedreiging.

De Kunsthaldirecteur geeft niet op. In het jaarplan 2002 schrijft hij opgewekt: "De Kunsthal werkt momenteel aan de ontwikkeling van een grootschalige, internationale, publieksvriendelijke en tegelijkertijd spraakmakende beeldenmanifestatie, die recht doet aan en past bij de omliggende culturele instellingen in het Museumpark. De beoogde manifestatie sluit aan op een rijke Rotterdamse traditie om op deze locatie grootschalige evenementen te houden."

Het was allemaal zo hoopvol begonnen. Toen de eerste paal voor de Kunsthal werd geslagen, had Van Krimpen een toespraak gehouden waarin hij de hoop uitsprak dat na een lange periode van **stadstimmeren** nu de tijd zou aanbreken voor het **stadsflaneren**. "Daarom," sprak hij bevlogen, "komt er ook een Museumpark, daarom komt er een schitterend restaurant in de Kunsthal dat altijd open is. Je moet in de stad kunnen verblijven."

Het heeft niet zo mogen zijn. De Kunsthal kwam er, inderdaad mèt een restaurant, maar 's avonds is dat niet open en voor flaneren is het Museumpark nog steeds niet geschikt. Het blijft vooralsnog meer een wilde tuin dan het beloofde cultuurpark.

WORDS WORDS WORDS

Over publiciteit niet te klagen. Al voor de opening werd er druk geschreven over het concept en de plannen. Na de opening was dat niet anders. "Je kan geen blad openslaan," zei Van Krimpen in een interview, "of de Kunsthal staat erin." Een beetje overdreven, maar niet veel. Van begin af aan heeft de Kunsthal haar publiciteit goed verzorgd. Het ene na het andere persbericht werd de wereld ingezonden en, dank zij de luiheid van de gemiddelde journalist, vaak letterlijk tot nieuwsbericht gebombardeerd. Veel gratis publiciteit bespaart op de advertentiekosten, waar trouwens nimmer op bezuinigd werd. Het beleid zoals Van Krimpen dat aan het begin van zijn directoraat had geformuleerd, steunde op de drie P's van Programmering, Presentatie en Publiciteit. Ze waren misschien niet allemaal even belangrijk, maar ze konden niet zonder elkaar.

Bij de opening zorgde allereerst het gebouw van Koolhaas voor aandacht in de pers. *De Standaard* uit België formuleerde het beknopt: "De Kunsthal is een lucide bouwwerk van Rem Koolhaas."

In *De Architect* publiceerden Lootsma en De Graaf een groot artikel, 'In dienst van de ervaring', vol lof over wat de architect had bedacht en neergezet. De kaalheid en de ornamentloosheid werden geprezen als voorbeelden van de filosofie van de **nieuwe armzaligheid** en het enige voorbehoud dat werd gemaakt, was de vraag of de programmering wel tegen het gebouw bestand zou zijn. Dat wil zeggen: of het gedurfde niveau van architectuur zijn evenknie zou krijgen in een al even bevlogen reeks tentoonstellingen. Want dat werd door iedereen onderkend: een zo uitge-

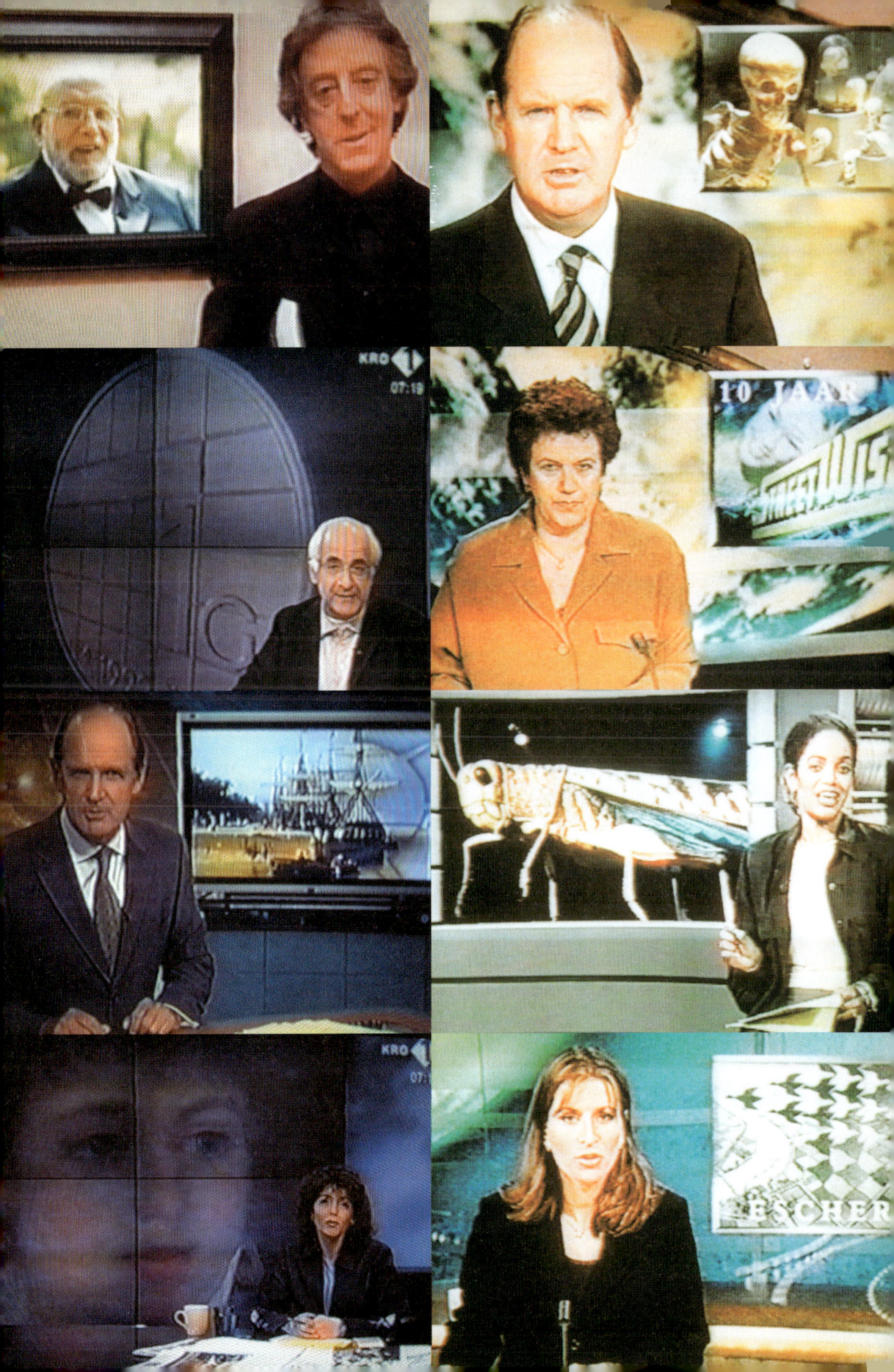
KRO
07:19
10 JAAR
KRO
ESCHER

sproken gebouw als de Kunsthal zou de concurrentie aangaan met elke tentoonstelling, ongeacht aard en omvang.

"Koolhaas," schreef Deyan Sudjic in *The Guardian*, "heeft weloverwogen zijn best gedaan om van het museum zelf het mooiste kunstwerk te maken." "Het is", vervolgt hij, "eigenlijk helemaal geen museum, meer een installatie over het thema van de onmogelijkheid coherente architectuur te bouwen voor een incoherente wereld. Het ligt aan een snelweg aan de rand van Rotterdam als een pompstation. Het adverteert het feit dat het modern is met zijn gefractioneerde façade van zwart glas en zichtbare oranje stalen balken, alsmede door een groot elektrisch billboard. Om aan te geven dat de Kunsthal cultuur biedt en geen loodvrije benzine en een drive-in wasbeurt, omvat de externe reclame een curieuze sculptuur van een kameel op het dak, hoewel dat een toevoeging is van het laatste moment waarmee Koolhaas ongelukkig is."

"Het hedendaagse kunstmuseum", stelt Sudjic, "wordt - hier en elders - welbewust ontworpen als een gebouw dat zelf aandacht genereert. Het museum van nu kent ook een andere opzet dat het museum van vroeger. De directeur van de Kunsthal schreef een programma van eisen dat evenveel nadruk legt op het café-restaurant en de boekwinkel als op de tentoonstellingsruimten, en accepteerde daarmee de nieuwe definitie van het museum."

In het vaktijdschrift *Museum Management and Curatorship* besloot Wim Pijbes zijn beschouwing over het gebouw met een wenk. "Zelfs meer dan bij een museum met een permanente collectie, zal de kwaliteit van de tentoonstellingen in de Kunsthal slechts zo goed zijn als haar directeur." Tien jaar later was hij zelf die directeur.

De lof was niet unaniem, met name de in Rotterdam gevestigde dagbladen waren minder gecharmeerd van de onconventionele architectuur. "Een gebouw met de allure van een sporthal in aanbouw," schreef Henk Spaan in zijn column in het *Algemeen Dagblad*. Het typeert de gewapende stemming, de Rotterdamse angst voor alles wat pretenties heeft. In de lokale publiciteit werd door de Kunsthal dan ook snel de nadruk gelegd op de laagdrempeligheid en het no-nonsense karakter, getuige krantenkoppen als: **Bedrijven en cultuur samen in Kunsthal**, **Kunsthal Rotterdam wordt podium voor grote publiek**, en **Bedrijfsleven en kunst vinden elkaar in Kunsthal Rotterdam**. Het zakelijke krijgt de nadruk boven het artistieke; zo betoogt stichtingsvoorzitter Neelie Kroes in de pers: "Er moet een economische basis zijn om je op het gebied van kunst en cultuur te profileren. De zakelijke achtergrond van het stichtingsbestuur draagt bij aan dat profileren. Er komen uitsluitend tentoonstellingen, multifunctioneel en verscheiden en op niveau."

In *HP/De Tijd* had Henri de By juist zijn twijfels geventileerd over een programmering die met zo weinig gemeentelijke subsidie vooral op sponsoring was aangewezen. "Het ligt voor de hand", schreef hij, "dat het bedrijfsleven alleen al op grond van het te verwachten aantal bezoekers meer interesse zal tonen in de expositie *Architectuur in LEGO* dan in de tekeningen die de Catalaanse schilder Miquel Barceló tijdens zijn verblijf in Mali maakte."

De By had ook aarzelingen over de breedheid van beleid: "In de Kunsthal staan voor 1993 evengoed een tentoonstelling over Nederlandse auto-ontwerpen en een sieradenbiënnale gepland. Onderwerpen waarbij de liefhebber van high culture al snel het spookbeeld van een met een lichte kunstsaus geserveerde AutoRAI dan wel een opgewaardeerde bijouterie voor ogen komt." Hij woog het een tegen het ander af, maar kon niet anders dan zijn artikel besluiten met een vraagteken. "De vraag blijft: is dit cultuur voor de massa, met een achterliggende educatieve boodschap zoals die voornamelijk in de jaren zeventig klonk? Of is dit massacultuur, het spookbeeld uit de jaren tachtig van de grootste gemene deler?"

De *Haagsche Courant/Het Binnenhof* gaf het nieuwe instituut het voordeel van de twijfel. "Uit de praktijk zal nog moeten blijken, of de gekozen opzet is vol te houden. Als formule echter is de aanpak van de nieuwe Kunsthal Rotterdam zonder meer een succes te noemen, gemeten althans naar het aanbod waarmee directeur Wim van Krimpen en de zijnen zich presenteren."

Al een paar maanden na de opening publiceerde het *Rotterdams Dagblad* een bericht met de kop **Kunsthal denkt aan schrappen van "Kunst".** De krant citeerde Van Krimpen, uit wiens koker dit ideetje kwam: "Kunsthal klinkt te veel naar kunst en te weinig naar hal." Blijkbaar werd de nieuwe instelling als afwerend en elitair ervaren, waardoor een klimaat was ontstaan waarin het moeilijk was de Rotterdammers tot een bezoekje te verleiden.

De Rotterdamse pers hielp niet mee. **Bezoek Kunsthal valt tegen**, kopt het *Rotterdams Dagblad* een paar maanden na opening. **Doordeweeks nauwelijks mensen naar Autodesign en LEGO-architectuur**. En een groot artikel in *NRC Handelsblad* over de Rotterdamse kunstinstellingen bevat zulke weinig wervende passages als: "Cultuurambtenaren sloeg de schrik om het hart bij het zien van de soms akelig stille zalen, waar de ene expositie na de andere nauwelijks kijkers trok."

Van Krimpen besefte dat hij met zijn geringe budget de presentatie niet de allure kon geven, die nodig was om een groter publiek te trekken. Na een jaar verzocht hij de gemeente dan ook het budget met een miljoen gulden op te trekken tot 2,5 miljoen. Maar zo eenvoudig ging dat niet. Wethouder Yvonne de Rijk, die Joop Linthorst was opgevolgd op Kunstzaken, reageerde in eerste instantie afwijzend: "Ik waardeer de inzet van de huidige directeur, maar het is de vraag of we zijn ambitieniveau moeten handhaven. Een stapje minder kan ook, het is geen wet van Meden en Perzen dat alle zalen 360 dagen per jaar in gebruik zijn." Met andere woorden: dat hadden we niet afgesproken, de Kunsthal moet haar deuren maar (tijdelijk) sluiten als het geld op is.

Door een effectieve lobby van Neelie Kroes en haar **keihard zakelijk bestuur**, werd de gemeenteraad alsnog over de streep getrokken. De Kunsthal kreeg een structureel hoger budget, niet het gevraagde miljoen gulden, maar zeveneneenhalve ton, waarop onmiddellijk anderhalve ton in mindering op werd gebracht als kosten voor groot onderhoud. Een merkwaardige gang van zaken: de stichting is alleen huurder van het gebouw; eigenaar en verantwoordelijk voor het onderhoud is dus de gemeente Rotterdam.

In het eerste jaarverslag van de Kunsthal wordt de nadruk niet gelegd op het beleid maar op de publiciteit. De toon is triomfantelijk: "De grote attractiviteit en variëteit van tentoonstellingen genereert een bovenmatig grote publiciteit. De Kunsthal Rotterdam is één van de meest beschreven culturele instituten van Nederland. Ook de televisie en radio besteden regelmatig aandacht aan de evenementen in Kunsthal Rotterdam."

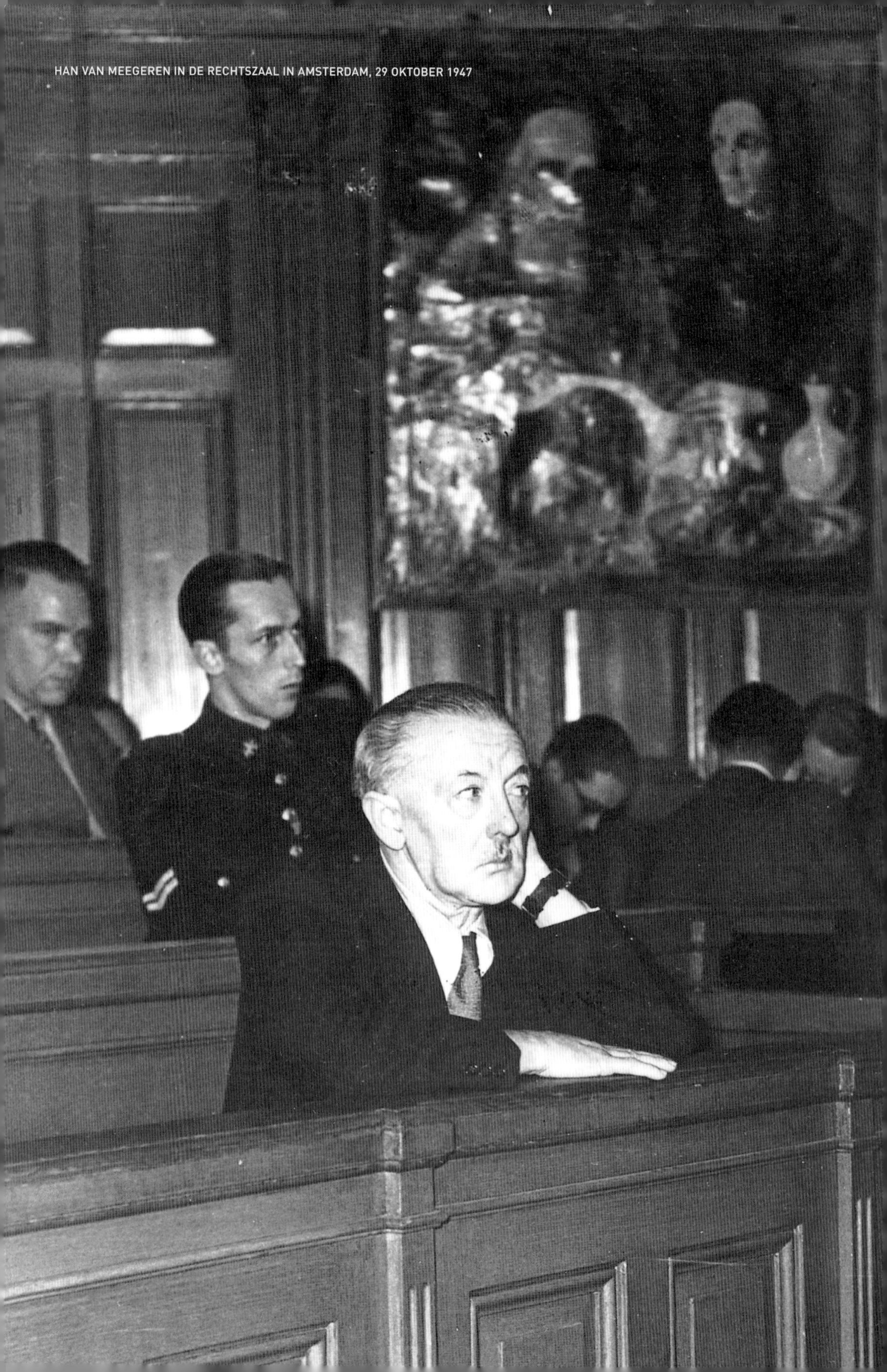
HAN VAN MEEGEREN IN DE RECHTSZAAL IN AMSTERDAM, 29 OKTOBER 1947

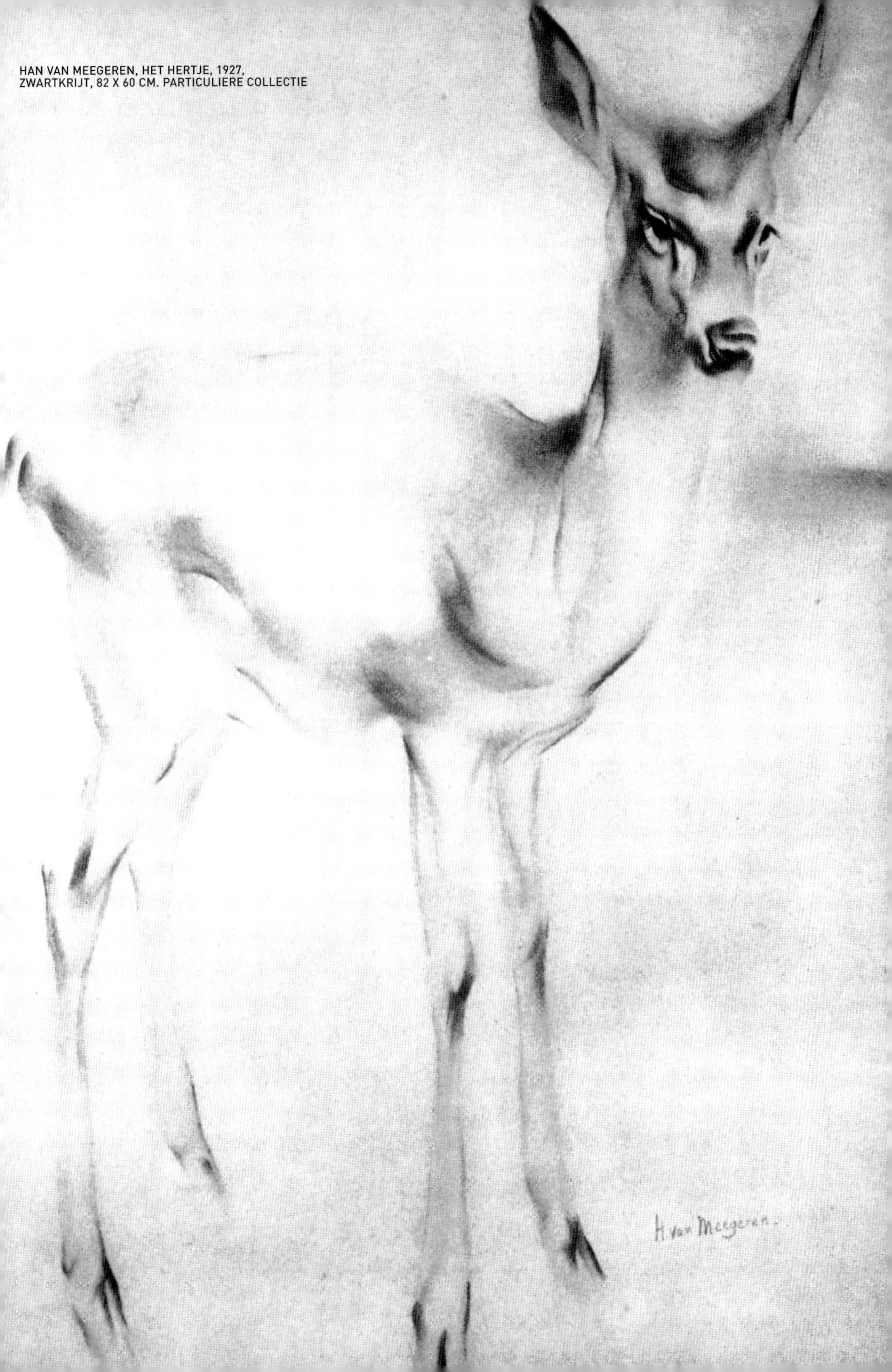

HAN VAN MEEGEREN, HET HERTJE, 1927,
ZWARTKRIJT, 82 X 60 CM. PARTICULIERE COLLECTIE

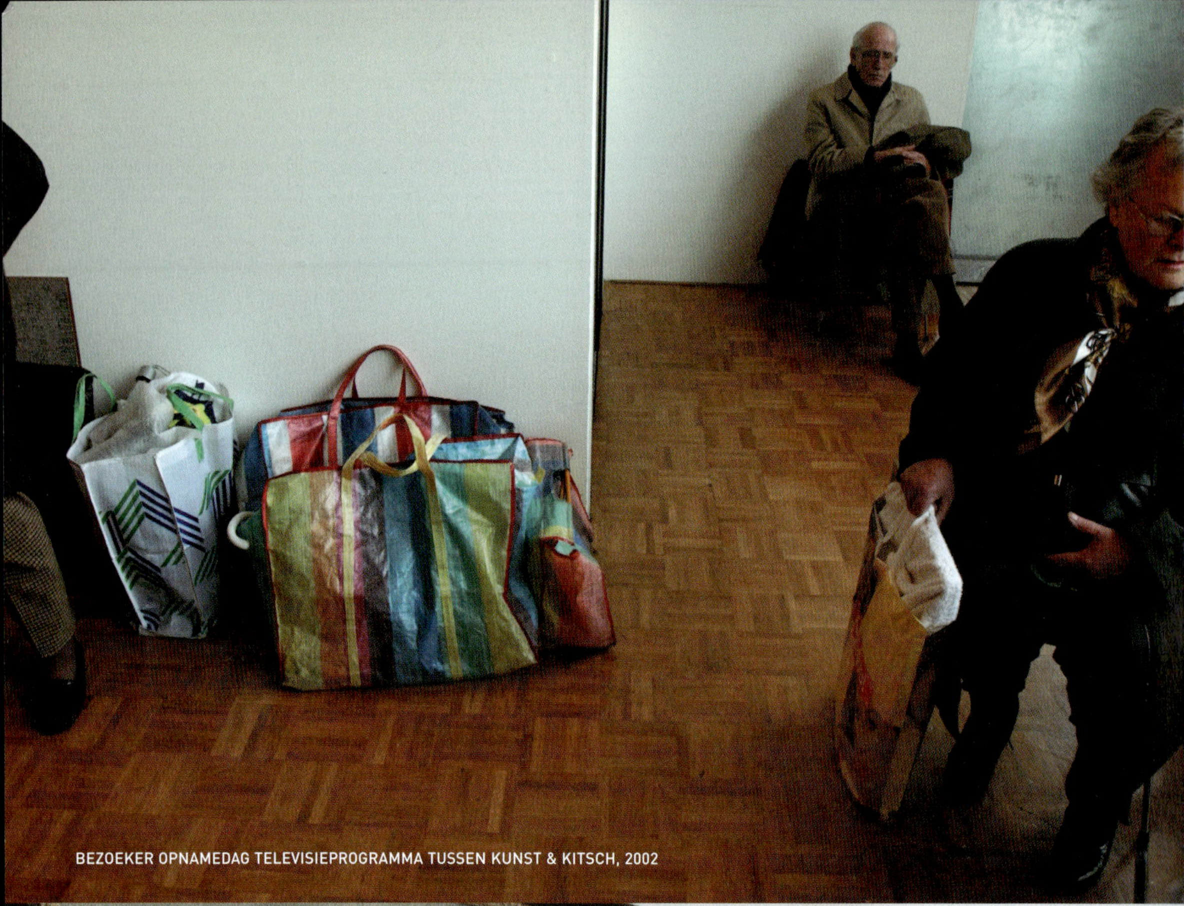

BEZOEKER OPNAMEDAG TELEVISIEPROGRAMMA TUSSEN KUNST & KITSCH, 2002

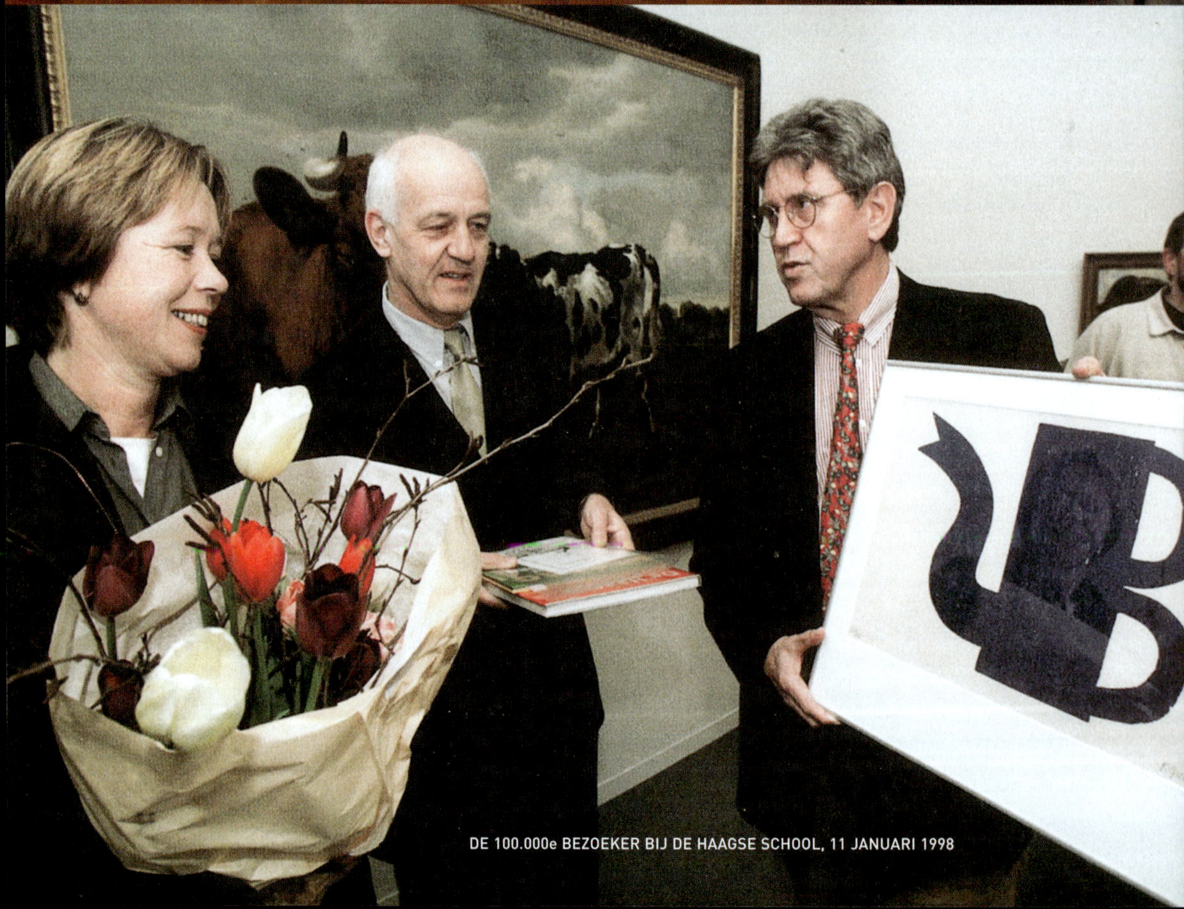

DE 100.000e BEZOEKER BIJ DE HAAGSE SCHOOL, 11 JANUARI 1998

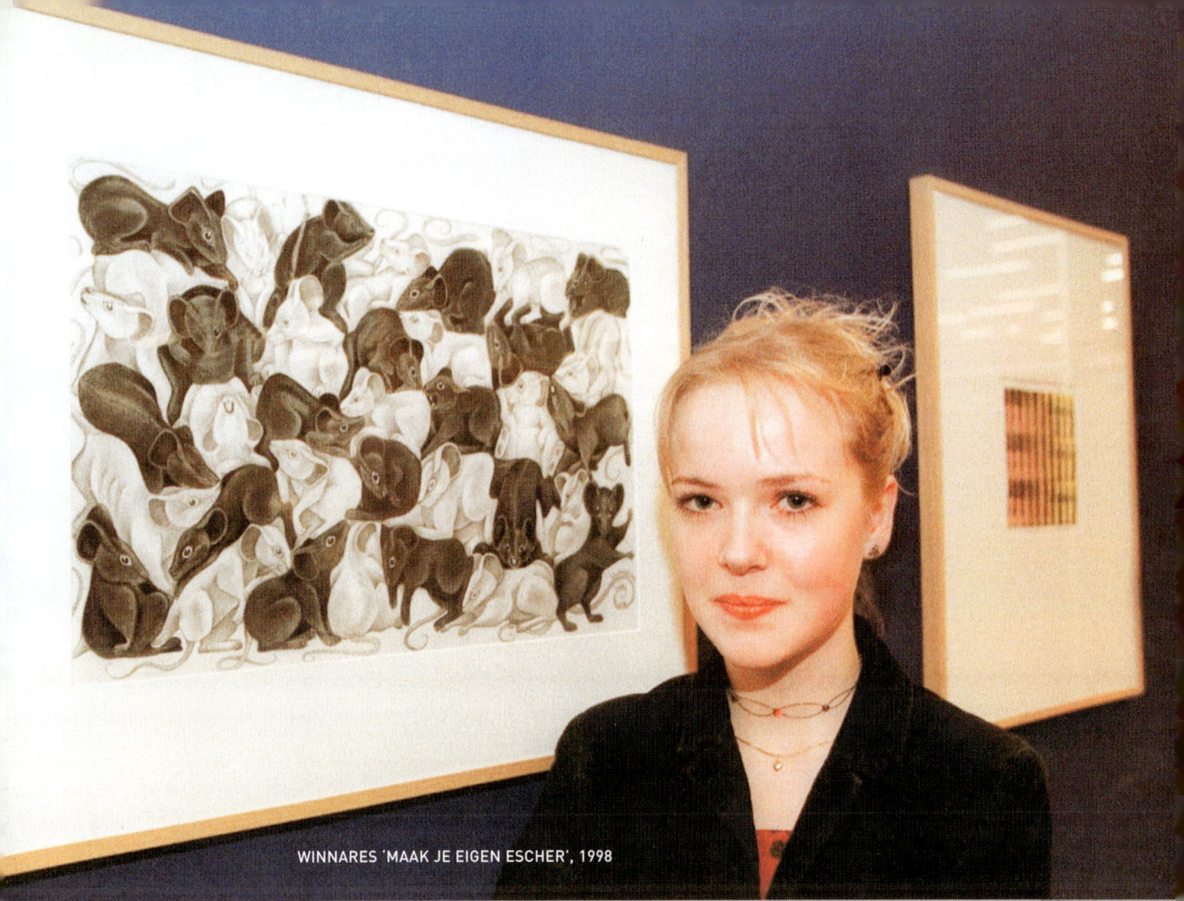

WINNARES 'MAAK JE EIGEN ESCHER', 1998

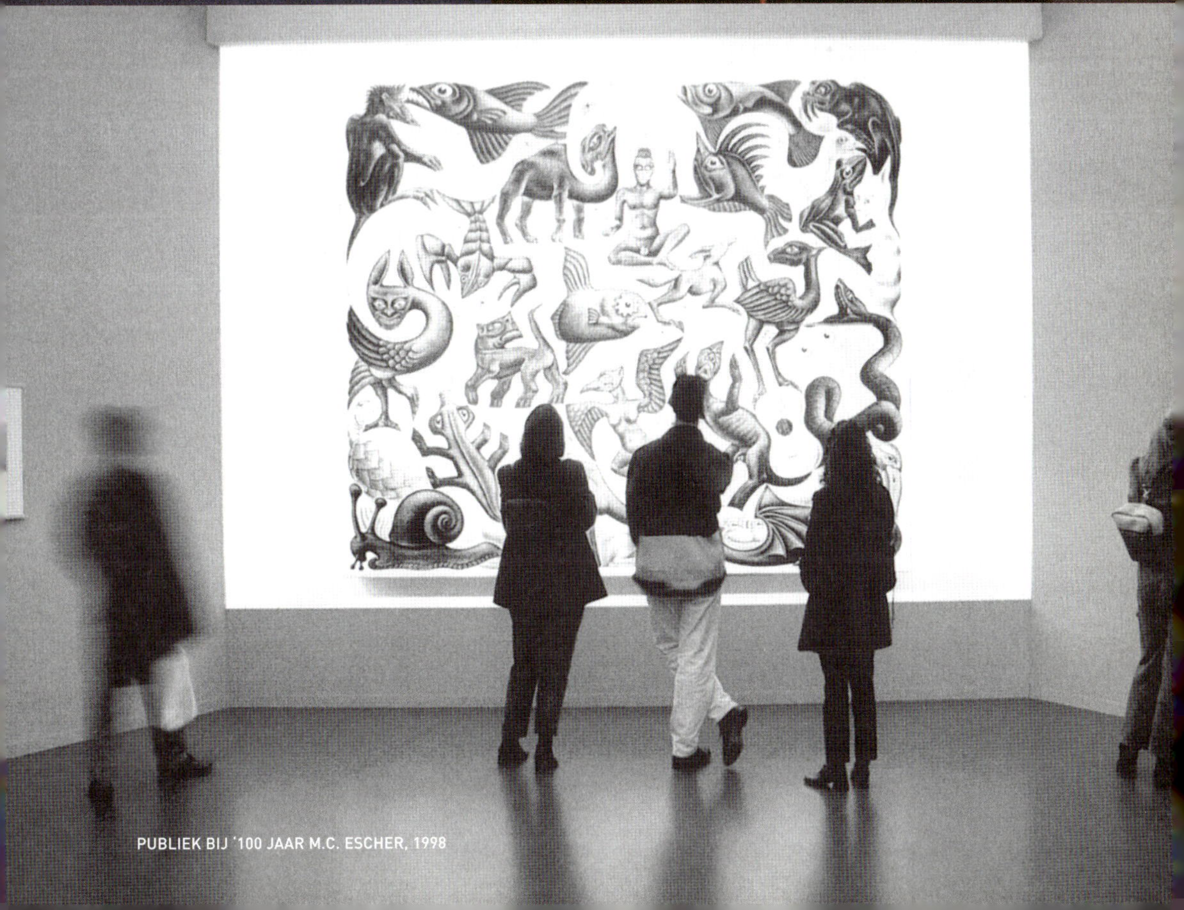

PUBLIEK BIJ '100 JAAR M.C. ESCHER, 1998

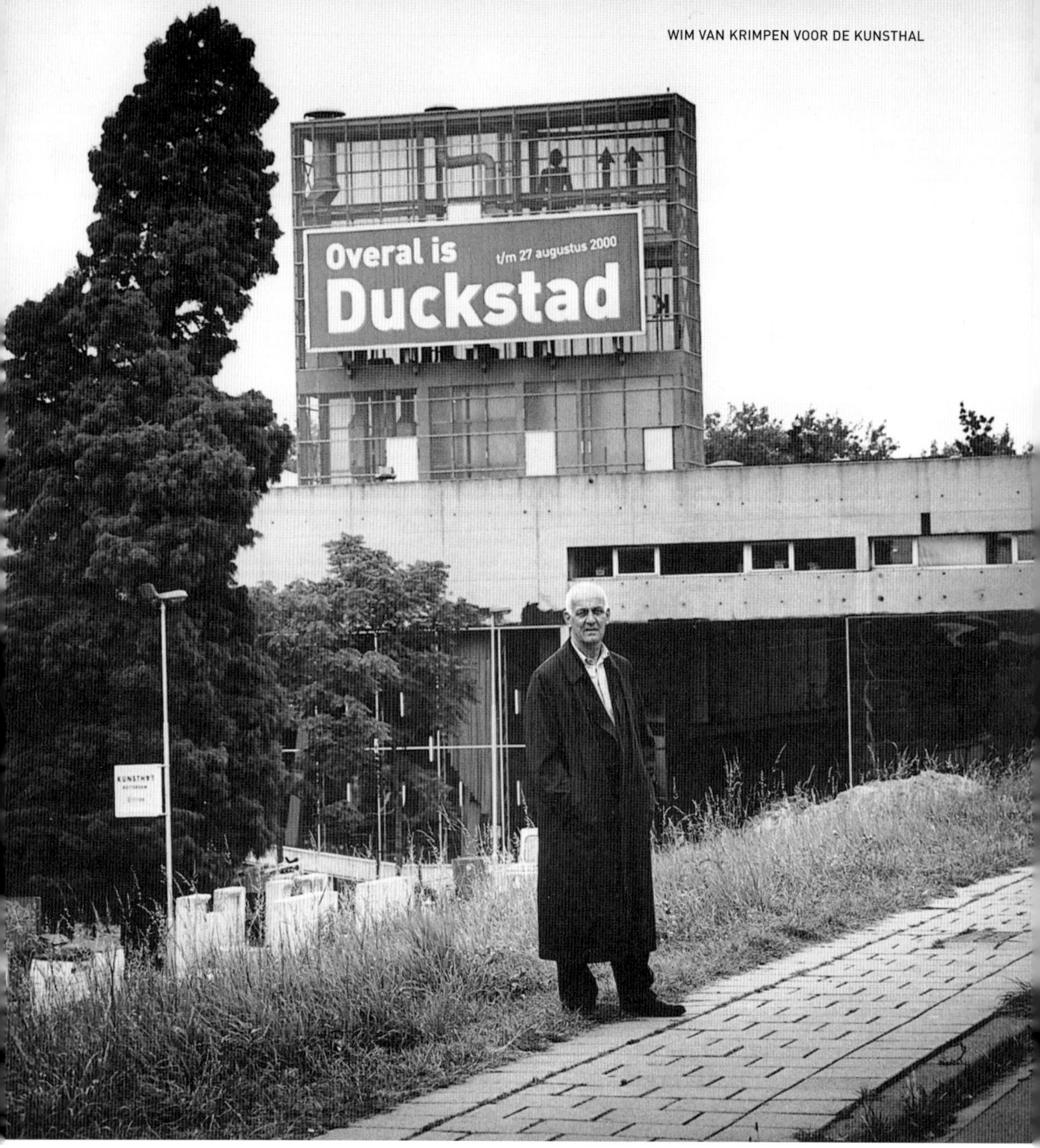

WIM VAN KRIMPEN VOOR DE KUNSTHAL

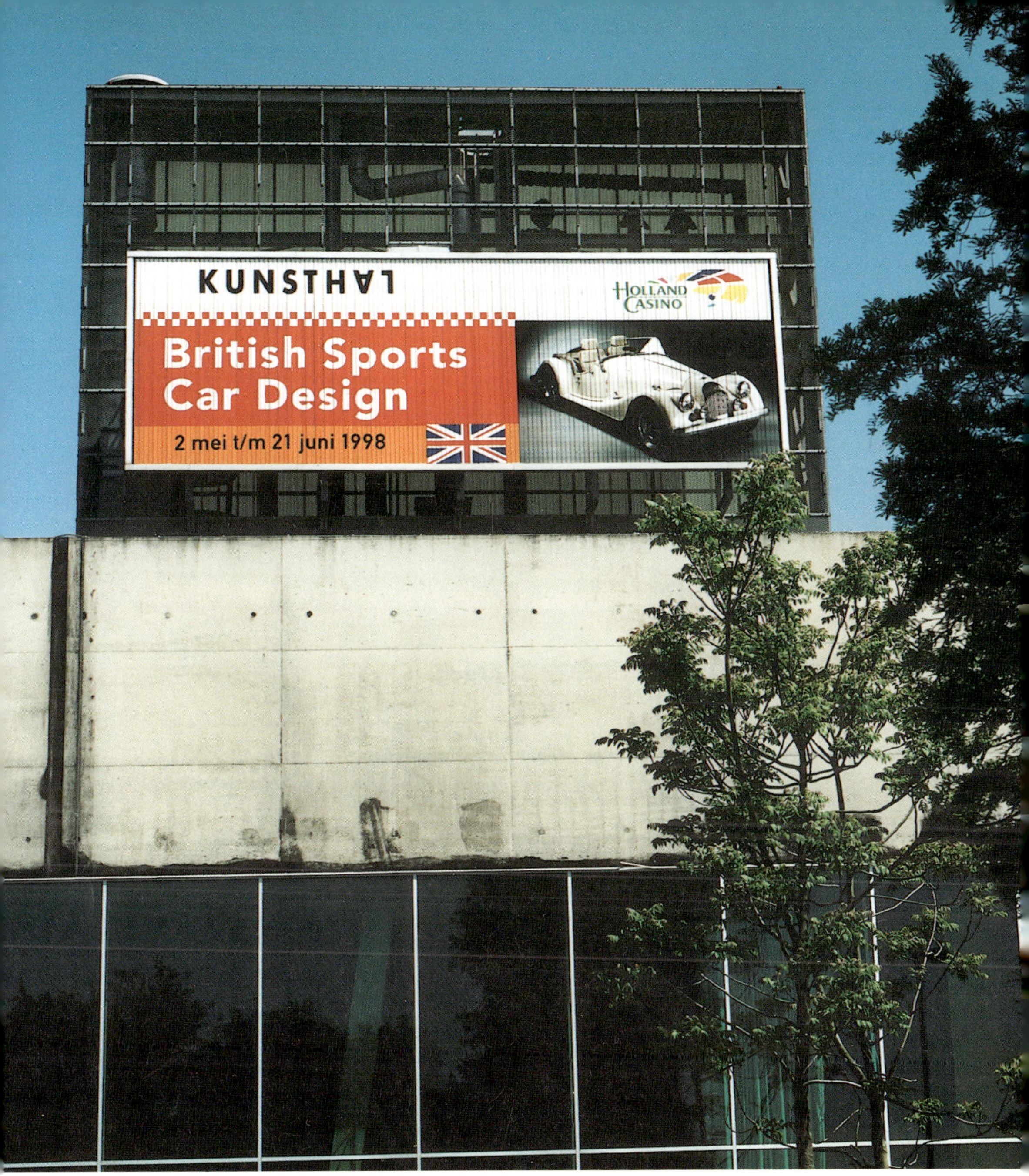
KUNSTHAL
Holland Casino
British Sports
Car Design
2 mei t/m 21 juni 1998

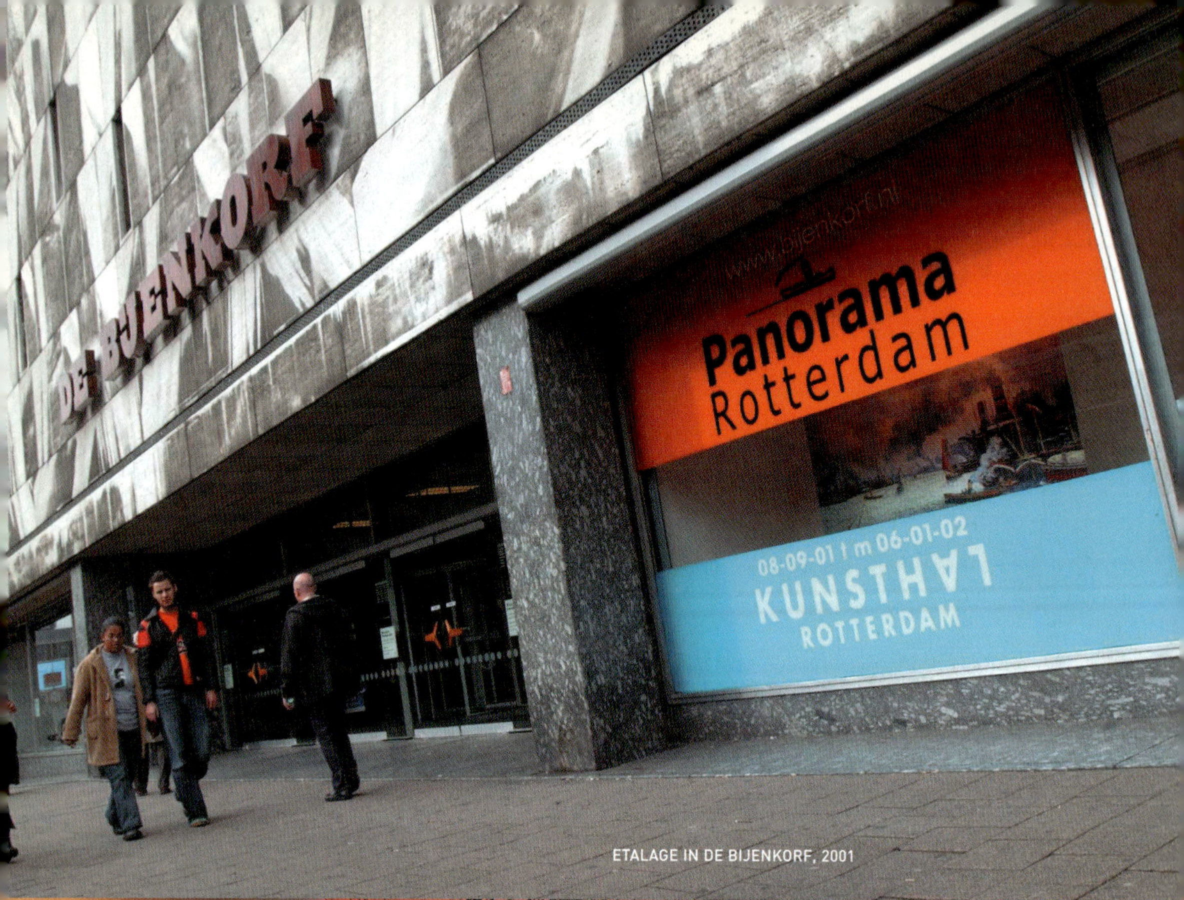

ETALAGE IN DE BIJENKORF, 2001

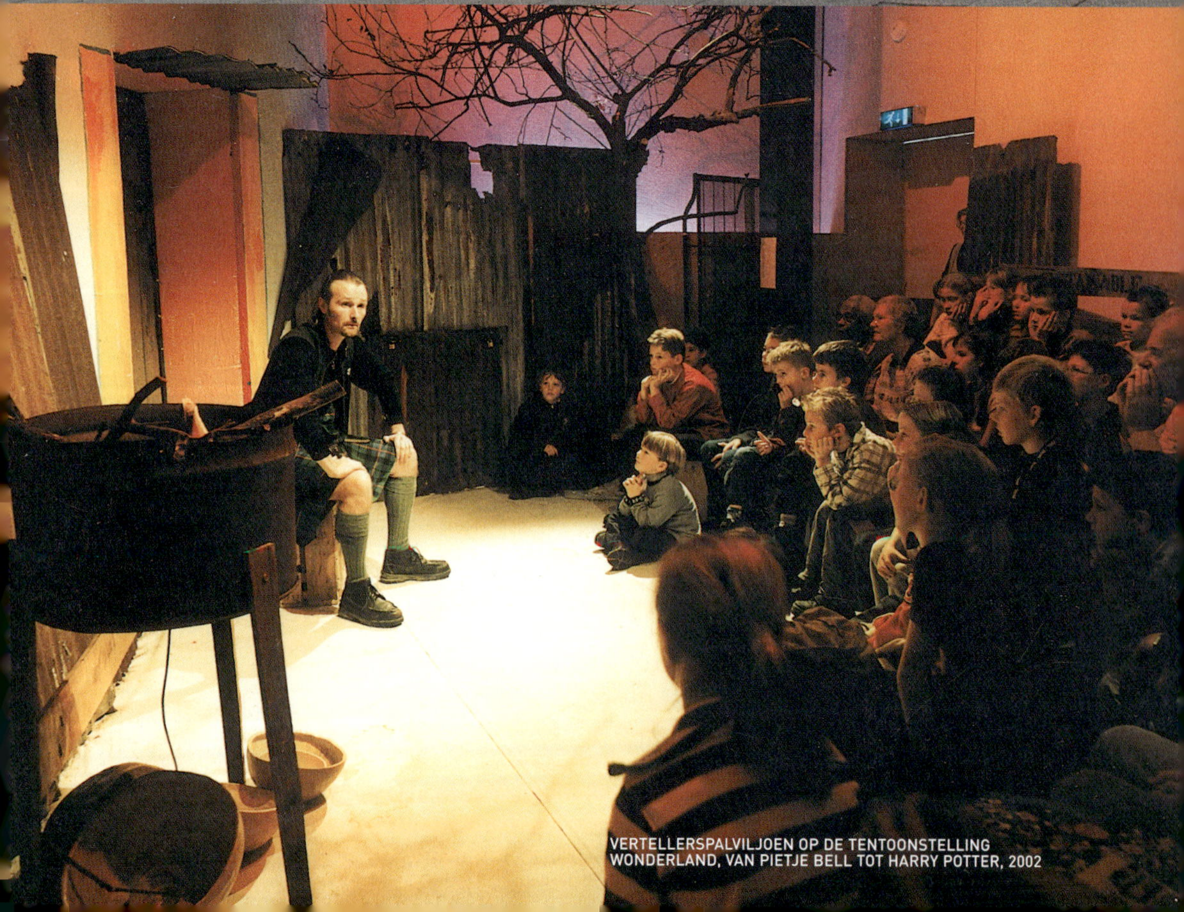

VERTELLERSPALVILJOEN OP DE TENTOONSTELLING
WONDERLAND, VAN PIETJE BELL TOT HARRY POTTER, 2002

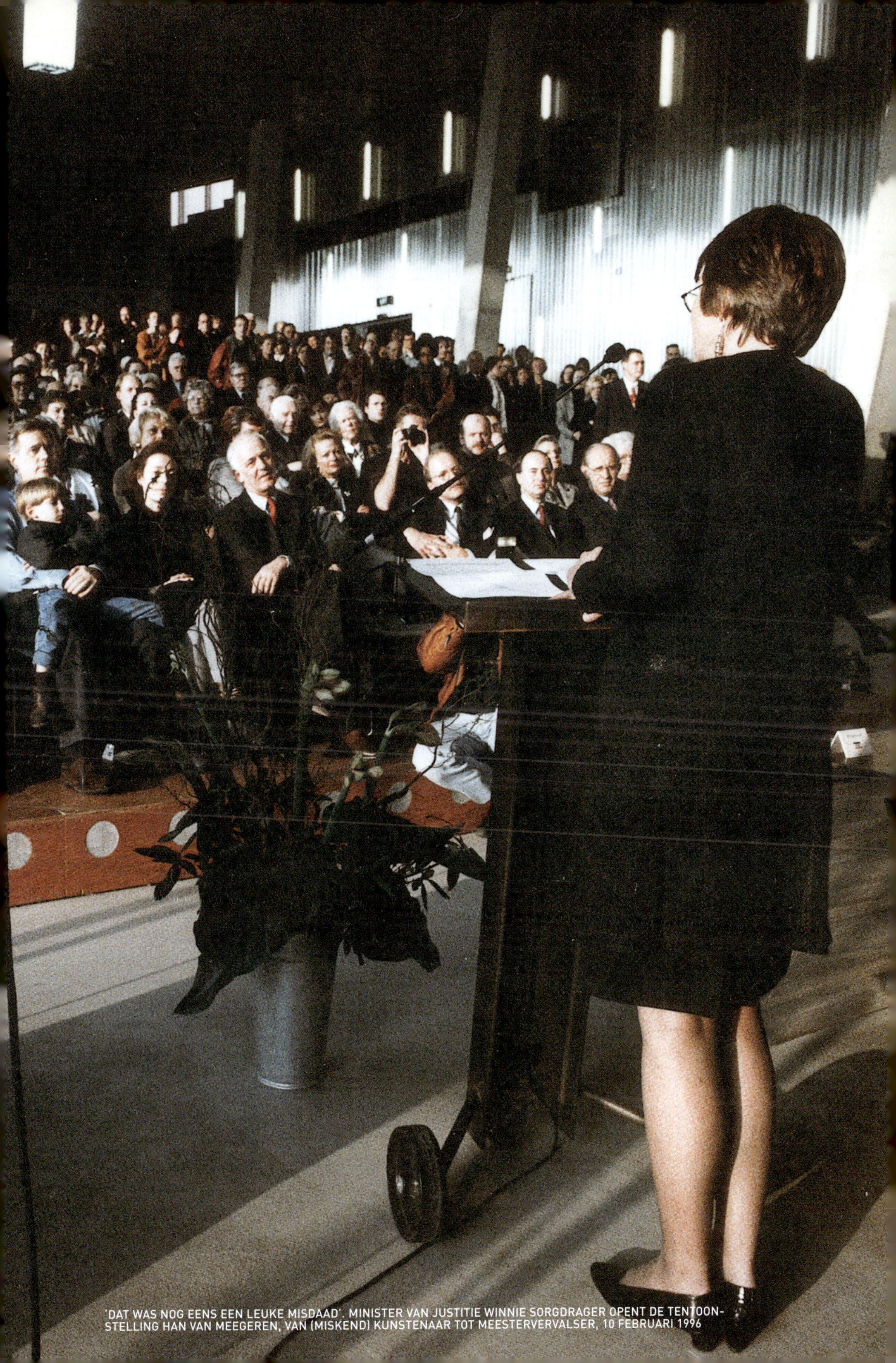

'DAT WAS NOG EENS EEN LEUKE MISDAAD'. MINISTER VAN JUSTITIE WINNIE SORGDRAGER OPENT DE TENTOONSTELLING HAN VAN MEEGEREN, VAN (MISKEND) KUNSTENAAR TOT MEESTERVERVALSER, 10 FEBRUARI 1996

Het budget was nu 2,1 miljoen gulden, maar het geld werd verstrekt onder de strikte voorwaarde van een nauwe samenwerking met Museum Boijmans Van Beuningen. Directeur Wim Crouwel had, ten tijde van de financiële problemen, al geopperd de Kunsthal aan Museum Boijmans toe te voegen, omdat hij kampte met ruimteproblemen. Zo ver kwam het niet, maar over hoe de samenwerking haar beslag moest krijgen, bleven de partijen verschillend denken. Het museum wilde liefst het hele jaar over een vaste hal kunnen beschikken, de Kunsthal wilde daar niets van weten.

De teneur in de lokale pers veranderde daar niet wezenlijk door. De ene dag meldde het *Rotterdams Dagblad* nog neutraal **Museum Boijmans gaat samenwerken met Kunsthal**, om kort daarop met een tendentieuze kop te komen: **Museum Boijmans duurder door de Kunsthal**. De inhoud van het bericht kwam hierop neer: Museum Boijmans toonde, in het kader van de nieuwe samenwerking, een deel van de collectie in de noodlijdende Kunsthal, waardoor de bezoekers nu tien gulden toegang moest betalen (de vaste entreeprijs van de Kunsthal) in plaats van zeseneenhalve gulden (de vaste entreeprijs van Museum Boijmans). En wat kreeg de bezoeker voor die drieëneenhalve gulden extra: niets! Voor meer geld kon hij hetzelfde zien als eerder bij Museum Boijmans.

Het was een bewust kwaadwillend bericht, want het ging voorbij aan de ruime gemeentelijke subsidiëring van Museum Boijmans, waardoor de toegangsprijs zo laag kon zijn, en aan het feit dat hele delen van de collectie van Museum Boijmans juist zelden of nooit getoond konden worden vanwege het ruimtegebrek.

Het is illustratief voor de negatieve houding in die jaren van de Rotterdamse pers, altijd bereid iets lelijks te vinden waar andere kranten juichen. Als Luk Lambrecht jubelt over de abstracte werken van Andy Warhol als **een oprechte aanrader**, spreekt van **juweeltjes** en een **haast verplichte en fundamentele kijk- en denkoefening**; als Din Pieters in *NRC Handelsblad* schrijft: “Ik werd overrompeld door het formaat en de brutale grandeur van deze schilderijen die Warhol de laatste tien jaar van zijn leven, tussen 1977 en 1987, maakte.” Dan weet Menno Schenke in het *Algemeen Dagblad* alleen deze kanttekening te plaatsen: “Het basismateriaal is niet van Warhol zelf, maar hij deed er iets mee dat in de lijn van zijn hele oeuvre ligt.”

In de oorspronkelijke opzet zou de Kunsthal regelmatig moderne kunst tonen, maar die koers moest al snel worden bijgesteld wegens onvoorziene omstandigheden. Op 17 maart 1993, een half jaar na de opening, meldde *NRC Handelsblad*: “Die onvoorziene omstandigheden hebben inmiddels inderdaad geleid tot annuleringen en programmawijzigingen. Projecten van kunstenaars als Toroni, Soll LeWitt en Daniel Buren gaan niet door. De tentoonstelling van wandschilderingen die de Kunsthal samen met het eigentijdse kunstcentrum Witte de With zou maken, is van tien kunstenaars teruggebracht naar twee.”

Van Krimpen had in het openbaar nog zo gepocht dat de grote Warhol tentoonstelling, waarvoor hij 100.000 Zwitserse franken moest betalen, **een koopje** was, maar dan moesten er wèl 50.000 bezoekers komen en die bleven voor het merendeel weg. Een mooie tentoonstelling van minder bekend werk, daar was iedereen het over eens, maar gemeten naar bezoek een klinkklare flop. En, als voor een grote naam als Andy Warhol geen publiek kwam, voor welke moderne kunstenaar dan wel?

De landelijke kritiek was meestal welwillend, vaak betrof het ook minder een kritiek dan een verslagje van wat er te zien was, al dan niet gebaseerd op de gesprekjes met medewerkers die altijd werden toegestaan, of de persberichten die zo ruimhartig de wereld werden ingestuurd. Zelfs bij zaken die controversieel zouden kunnen zijn, werd de angel er op die manier uitgetrokken. Zo was met name de provinciale pers opvallend te spreken over de reeks erotische fototentoonstellingen, die vooral in het begin werd georganiseerd. "Door de ontspannen, privé-achtige sfeer komen de opnamen intiem en erotisch over," schreef *De Gelderlander* over de *Good Girls, Bad Girls* van Frans Jansen. En zelfs het *Rotterdams Dagblad* was vol lof over de kinky foto's van Gilles Berquet: "Het beste wat de hedendaagse erotische fotografie te bieden heeft." De tentoonstelling lag in het verlengde van die van Erwin Olaf en *l'Amour* van Ed van der Elsken, schreven de kranten trouwhartig het persbericht na. "De Kunsthal wil zo een traditie scheppen van tentoonstellingen van ero-fotografen." En *Maasstad/De Koerier* voegde daar nog aan toe: "Deze tentoonstelling vormt een opmaat voor een uitgebreid historisch overzicht van erotische kunst, die volgend jaar februari-maart in de Kunsthal Rotterdam gaat plaatsvinden in samenwerking met het Erotic Art Museum in Hamburg."

In het algemeen was de pers volop bereid het beste te zien in het getoonde, of zelfs nog het niveau te verhogen door de eigenhandige toevoeging van illustere namen. "De grote overzichtstentoonstelling die nu van Wesselmann in de Kunsthal wordt gehouden," schreef Vera Illès in *Elsevier*, "laat een verrassende verwantschap zien met Matisse. Er is dezelfde behaaglijkheid, dezelfde gevoeligheid voor vorm en kleur van het vrouwelijk lichaam, dezelfde aandacht voor de stoffelijkheid van voorwerpen. Amerikaans is Wesselmann door zijn formaat en door iets wat je als een buitengewoon gezonde lichamelijkheid ervaart. Maar hij is haast traditioneel in zijn compositie en zijn sensualiteit."

Die welwillendheid veranderde pas in werkelijk enthousiasme bij de eerste blockbuster van de Kunsthal. "Een prachtig vormgegeven en met interactieve middelen verrijkte presentatie van het werk van een bewonderd man," schreef *Het Financieele Dagblad* over Leonardo da Vinci, de eerste tentoonstelling die meer dan 100.000 bezoekers trok. "Om een beter idee te krijgen van zijn genialiteit als ontwerper en uitvinder heeft men modellen gebouwd op grond van zijn uitvindingen en ontwerpen: een schoepenradschip, een draaibrug, een brug over de Bosporus, een wegmeter, hydraulische machine, stoomkanon, tank en meerloopsgeweer." Kritiek klonk er niet, zelfs niet over het gegeven dat hier nauwelijks originelen te zien waren, maar voornamelijk tekeningen in facsimile en apparaten die naar tekeningen van Da Vinci waren vervaardigd. Die kritiek volgde pas een jaar later, maar raakte de Kunsthal niet, toen dezelfde tentoonstelling in het Museum of Science in Boston was te zien. **Da Vinci inzet van debat in VS** kopte *Het Financieele Dagblad*. Amerikaanse deskundigen bleken opeens hun twijfels te hebben over de echtheid van het getoonde. "Ik zag dat er veel kunstwerken bij waren die in de literatuur over Leonardo nooit zijn genoemd. Zij verdienen het niet hier getoond te worden." Het museum erkende overigens dat er aan de authenticiteit getwijfeld mocht worden. De directeur verklaarde dat het zijn bedoeling was de ideeën van Da Vinci te presenteren en niet de echtheid van zijn werken ter discussie te stellen.

Hij wees erop dat het Museum of Science geen kunstmuseum is. In Rotterdam hadden ze de les over authenticiteit al van Duitsland geleerd, in de publiciteit was de nadruk gelegd op alles wat onecht was: de facsimile's, de nagebouwde apparaten en de interactieve presentatie. In Boston hadden ze dat verzwegen.

Da Vinci betekende een keerpunt in het bestaan van de Kunsthal. Bijna alle grote tentoonstellingen die hierop volgden waren zowel publicitair als commercieel een succes, ongeacht of ze educatief of artistiek van aard waren.

En weer roerde Wim van Krimpen de grote trom. Naar aanleiding van *Han van Meegeren, Van (miskend) kunstenaar tot meestervervalser* schreef hij in het jaarverslag: "Nooit eerder in het bestaan van de Kunsthal werd zo uitgebreid en uitvoerig een tentoonstelling besproken in radio, kranten, tijdschriften en in talloze televisieprogramma's. Niet alleen in eigen land, maar ook in het buitenland berichtten o.a. *CNN*, de *BBC*, *Die Welt*, *Le Monde*, de *Neue Zürcher Zeitung* over dit evenement. De pers was vrijwel unaniem positief. Het verhaal van de meestervervalser Han van Meegeren was en is er één van superlatieven." De stuntjes van de directeur hadden effect, zoals hier de aankoop (en snelle verkoop) van de *Het laatste avondmaal*. Zo bracht *Het Parool* de opening van de tentoonstelling zelfs als nieuws op de voorpagina met een grote foto onder de kop **Kunsthal koopt topvervalsing aan**.

Maar ook minder spectaculaire, meer traditionele exposities kregen een goede pers. Over *Meesters van het licht, Luministische schilderkunst in Nederland en Duitsland* schreef Ineke Schwartz opgetogen in *de Volkskrant*: "Ze (Mondriaan, Sluijters, Gestel) pikten alle eigentijdse ontwikkelingen tegelijk op en mengden die tot een nieuwe, Nederlandse stroming: het luminisme. Daarin zijn zowel het impressionisme als het neo-impressionisme, de expressieve verftoetsen van Van Gogh, de golvende lijnen van de jugendstil, de felle kleuren van het fauvisme en de lading van het symbolisme aanwezig. Aan stijlzuiverheid stoorden de Hollanders zich niet."

Jean Paul Bresser zag in de expositie zelfs niets minder dan een rehabilitatiepoging. Hij schreef in *Elsevier*: "Deze verlichte uitstapjes in de schilderkunst zijn een beetje in de vergeethoek geraakt tussen grote stromingen als impressionisme en De Stijl. (...) De tentoonstelling *Meesters van het licht* (...) probeert in ieder geval die wat ondergesneeuwde avant-garde van toen te rehabiliteren. (...) Het Hollandse licht glorieert. (...) Het is dus een opkikker om in de Kunsthal die stoet van lichtschilders terug te zien, met die stralende, strálende zon van wijlen Johnny de Selfkicker over de molens van Mondriaan, de mosselvissers van Toorop en de oktobervelden van Sluijters."

Niet alleen het werk straalde, maar de Nederlandse beoefenaars van het genre waren ook duidelijk superieur aan de Duitsers, zoals Saskia de Bodt schreef in *NRC Handelsblad*. "Bovendien is het getoonde Duitse werk, zelfs dat van de latere expressionisten Campendonk en Rohlfs, nauwelijks anders dan als fenomeen interessant en kwalitatief absoluut niet te vergelijken met de topstukken van hun Nederlandse tegenhangers. (...) Wat echter blijft staan is dat het onderbelichte Nederlandse luminisme ons hier in al zijn glorie verleidt (...)."

Succes volgde op succes, publiciteit op publiciteit, met nauwelijks nog een lelijk woord in de pers. Zelfs *De Super Insecten Show*, waar men intern nog zijn twijfels over had gehad, werd door *de Volkskrant* met open armen ontvangen. "Het meterslange, computergestoorde model van de gevreesde bidsprinkhaan is eigenlijk wel snoezig," schreef Bart Dirks, die ook nog vermeldde dat de insectenmodellen afkomstig waren van het Natural History Museum in Londen, maar dat het niet alleen om modellen ging. "In *De Super Insecten Show* zijn niet allen reuzenmodellen te zien, maar ook echte beestjes."

Het grootste succes tot op heden boekte de Kunsthal met de omvangrijke Eschertentoonstelling, waarop zijn onbestaanbare wereld niet alleen te aanschouwen was, maar ook virtueel te beleven viel. De lof kwam zelfs van over de grens. Escher was **Der Meister der Täuschung** volgens de kop in een Duitse krant.

Voor zover er al kritiek op kwam, was ze afkomstig van liefhebbers van high art, die niets van Escher moesten weten. Melchior de Wolff schreef in *de Volkskrant* met afschuw over de jaren zeventig toen **menig buurthonk tot de nok met die misselijke wentelteefjes van Escher werden behangen**. Maar hij deed dit opvallend genoeg in een terzijde bij een kritiek op een tentoonstelling in Museum Boijmans, waarin Piranesi werd opgevoerd als inspiratiebron voor Escher, die vliegensvlug was georganiseerd om van de Escher-hype te kunnen profiteren. "Afgezien van het feit dat het werk van Escher artistiek en kunsthistorisch irrelevant is," schreef De Wolff, "is er geen enkel redelijk argument te bedenken hem met Piranesi te associëren." Niet de Kunsthal kreeg de klappen, maar Museum Boijmans .

De Kunsthal begon zich te ontpoppen als het Tefal-instituut, waaraan kritiek nooit bleef plakken. **Nothing succeeds like success**, zodat de Kunsthal elke keer weer meer publiciteit wist te genereren. In het jaarverslag was bescheidenheid geen deugd. "De Haagse School werd in het jubileumjaar de meest succesvolle expositie uit de vijfjarige geschiedenis van de Kunsthal. Meer dan 125.000 bezoekers vonden de weg naar het Museumpark, waaronder vele duizenden die nog nooit een museum hadden bezocht."

Heel die welwillende houding van de pers - waarbij zonder het te benoemen veel werd vergeven en nog meer werd vergeten - kent eigenlijk maar één echte uitzondering: de reacties op de grote Picasso tentoonstelling. Lucette ter Borg had al voor de opening de toon gezet met haar paginagrote artikel in *de Volkskrant*: **Een borst hier, een klodder daar**. De andere kranten en tijdschriften volgen daarop goeddeels haar spoor. Soms evenaarde het kritische niveau dat van de *Donald Duck*. *NRC Handelsblad* repte van een **Piet Kassa-tentoonstelling** bij een foto van de opening. En deed het nog eens dunnetjes over in een artikel waarin op lollige wijze werd beschreven hoe Picasso de regels van het centraal perspectief had vervangen door de dictatuur van de neus. Het noodrepertoire van tweederangs humoristen, zoals Kousbroek het had genoemd, bewees nog steeds goede diensten.

Die tentoonstelling, *Kunstenaar van de eeuw*, zo redeneerde *de Volkskrant*, dat was maar boerenbedrog; niet zijn meesterwerken uit het MoMA waren in de Kunsthal te bewonderen, maar voor het merendeel de Picasso's uit de verzameling van kunsthandelaar Helly Nahmad. Zo fel was bij tijd en wijle de toon, dat het wel leek of de geëxposeerde kunst niet door Picasso was gemaakt, maar door iemand anders, Nahmad bijvoorbeeld.

Vanwaar die boosheid over een tentoonstelling die toch echt meer Picasso's toonde dan in decennia in Nederland te zien waren geweest?

Eén verklaring ligt in het openlijk commerciële karakter van veel zaken om de tentoonstelling heen. Zo werd de weerzin deels gewekt door de mechandising, die hier - in navolging van de grote Van Goghtentoonstelling in Amsterdam (1990) - grootscheeps was aangepakt. "Een belangrijke inkomstenbron," schreef *de Volkskrant* in een separaat bericht, "bij moderne mega-exposities als *Picasso, Kunstenaar van de eeuw* is de enorme hoeveelheid **merchandise**. Zo zijn in de souvenirshop van de Rotterdamse Kunsthal maar liefst tweehonderd producten met afbeeldingen van kunstwerken te koop.

Onder deze Picasso-parafernalia nog net geen kubistische condooms, roze zonnebrillen of blauwe lippenstift. Wel is een prominente plek in de shop ingeruimd voor de vele boeken, de onvermijdelijke ansichtkaarten en T-shirts, en niet te vergeten de CD *Picasso and the Music of his Century*. "Vanzelfsprekend is rekening gehouden met zowel de krappe beurs (vlakgummetjes van 3,50 gulden) als met meer draagkrachtige bezoekers (het vloerkleed van 28 honderd gulden)."

Een andere verklaring ligt bij de figuur Van Krimpen die immer publiciteit zocht op een manier die in Nederland niet met kunst werd geassocieerd. Hij liet het niet bij stijlvolle affiches, persberichten en advertenties, maar gedroeg zich als een standwerker die de burgers, boeren en buitenlui op luide toon probeerde te interesseren voor zijn handel.

Ook de golf van kritiek op zijn Picasso-tentoonstelling, en vooral op zijn aanprijzing van die tentoonstelling, counterde hij met namen en cijfers in het jaarverslag. "Met 140.000 bezoekers brak deze opening alle records. De opening werd verricht door Rick van der Ploeg, staatssecretaris van Onderwijs, Cultuur en Wetenschappen." En in één adem door memoreerde hij een ander wapenfeit, de catalogus bij de tentoonstelling van Isaac Israels: "Met 8100 verkochte exemplaren behoorde het boek tot de drie populairste Nederlandse tentoonstellingscatalogi van het afgelopen jaar." Altijd tuk op cijfers en records, hoe klein ook. De toon die Van Krimpen had gezet, bleef na zijn vertrek gehandhaafd. "In 2001 werd een belangrijk record gebroken," schrijft Pijbes. "Maar liefst zes keer besteedde het *NOS Journaal* aandacht aan evenementen in de Kunsthal."

Inmiddels was Picasso al weer vergeten en de vrede met de pers getekend. Voor de tentoonstelling *Meesterlijk verzameld* was niets dan lof. **Unieke collectie van Rau in Kunsthal** luidde de kop boven het artikel van Sandra Smallenburg in *NRC Handelsblad*. Een tentoonstelling van niveau en, naar de bezoekcijfers uitwezen, voor iedereen.

Tien jaar na de opening van de Kunsthal is de pers gewend aan het nieuwe fenomeen. Het lijkt vaak wel een museum, maar het is het brutale zusje daarvan, dat de dingen vaak anders doet dan men vanuit het verleden is gewend. Het beleid (en de publiciteit) van de Kunsthal is inmiddels ook bij de buitenwacht welbekend. Dat verleidde *NRC Handelsblad* tot een typering die de ambitie van de Kunsthal niet alleen treffend verwoordde, maar zo uit de pen van Van Krimpen had kunnen vloeien: "Serieuze onderwerpen op populaire wijze gepresenteerd en populaire onderwerpen op een serieuze wijze gebracht."

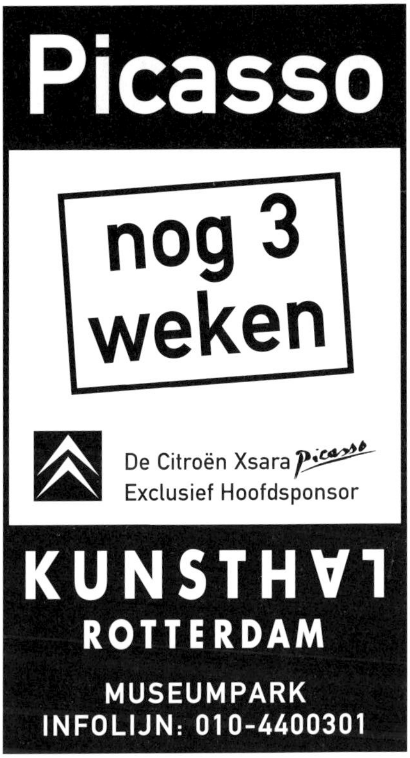

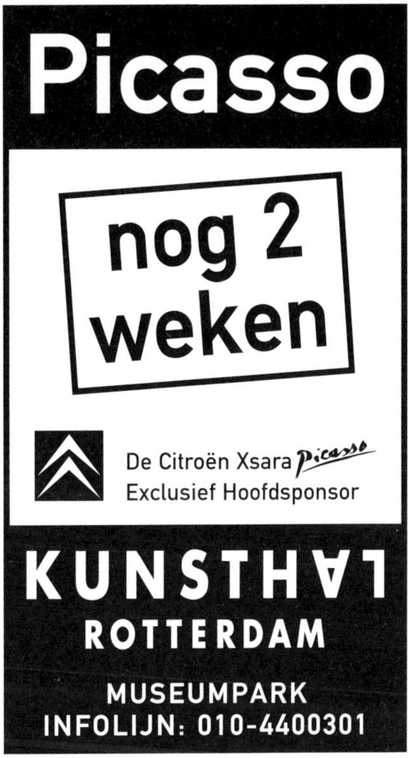

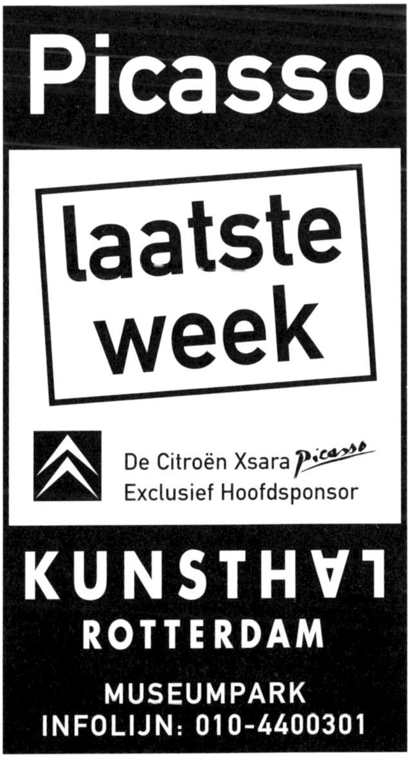

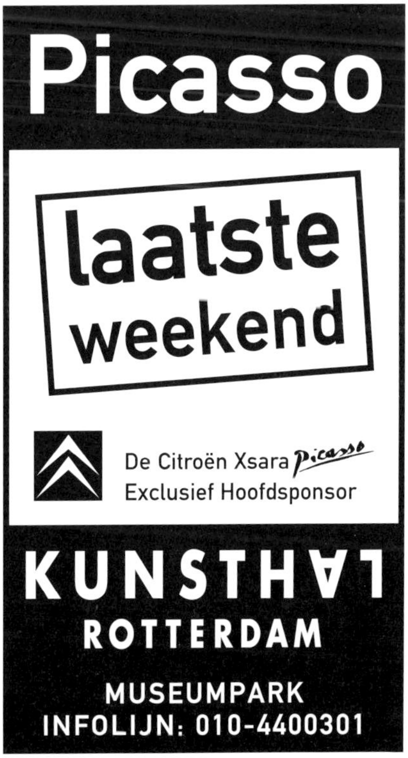

KUNSTHAL ADVERTENTIES EN AFFICHES, ONTWERP STANG GUBBELS EN ANNEKE VAN DER STELT

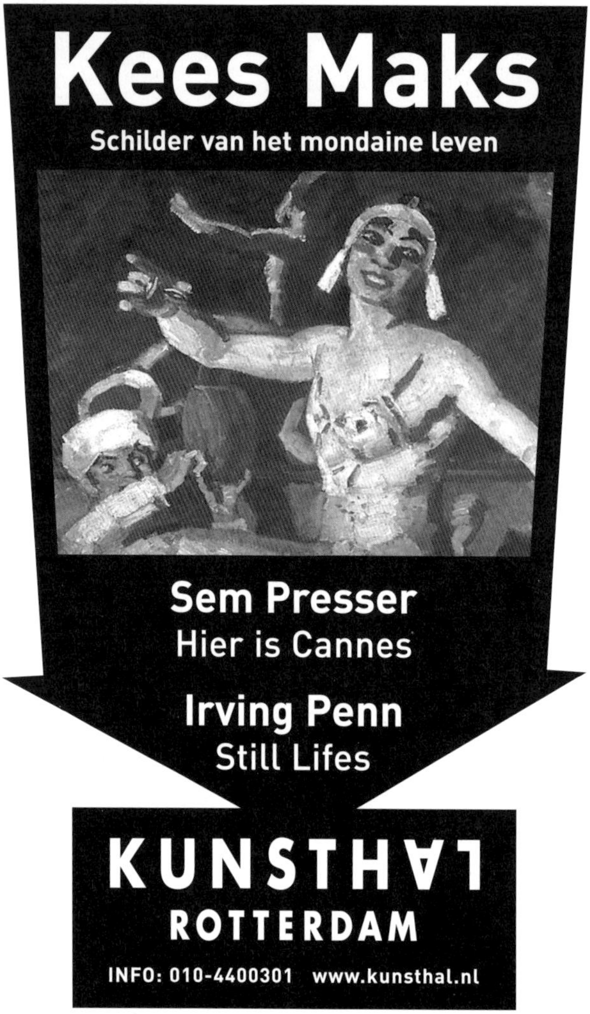
Kees Maks
Schilder van het mondaine leven
Sem Presser
Hier is Cannes
Irving Penn
Still Lifes
KUNSTHAL
ROTTERDAM
INFO: 010-4400301 www.kunsthal.nl

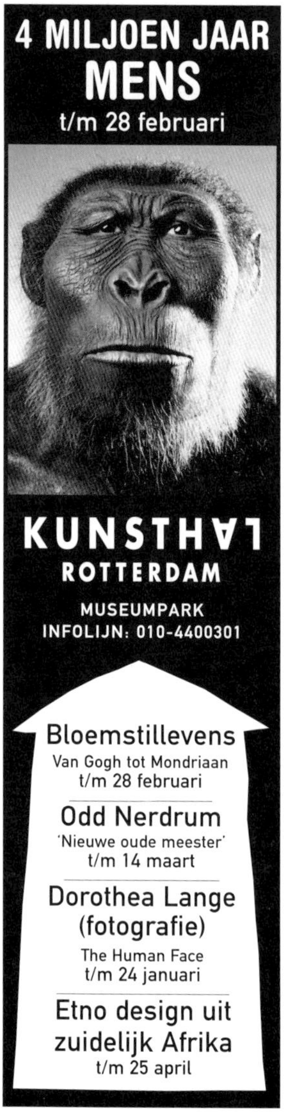
4 MILJOEN JAAR
MENS
t/m 28 februari
KUNSTHAL
ROTTERDAM
MUSEUMPARK
INFOLIJN: 010-4400301
Bloemstillevens
Van Gogh tot Mondriaan
t/m 28 februari
Odd Nerdrum
'Nieuwe oude meester'
t/m 14 maart
Dorothea Lange
(fotografie)
The Human Face
t/m 24 januari
Etno design uit
zuidelijk Afrika
t/m 25 april

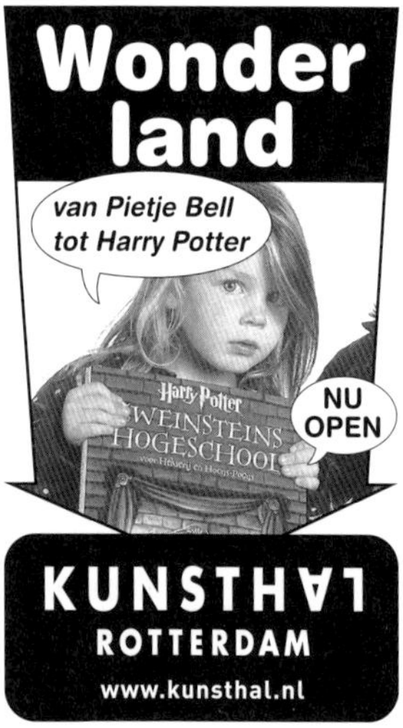
Wonder
land
van Pietje Bell
tot Harry Potter
NU
OPEN
KUNSTHAL
ROTTERDAM
www.kunsthal.nl

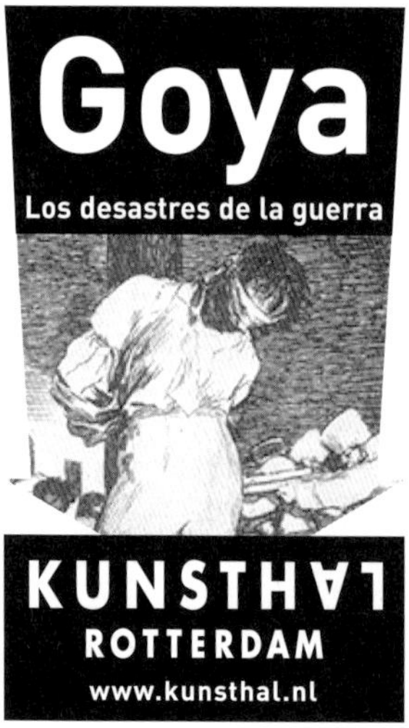
Goya
Los desastres de la guerra
KUNSTHAL
ROTTERDAM
www.kunsthal.nl

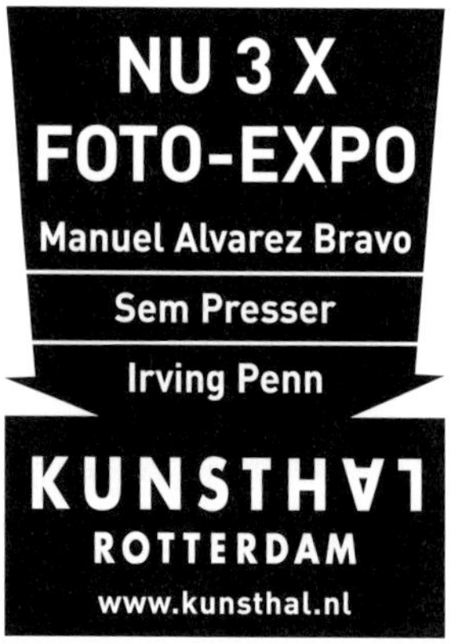
NU 3 X
FOTO-EXPO
Manuel Alvarez Bravo
Sem Presser
Irving Penn
KUNSTHAL
ROTTERDAM
www.kunsthal.nl

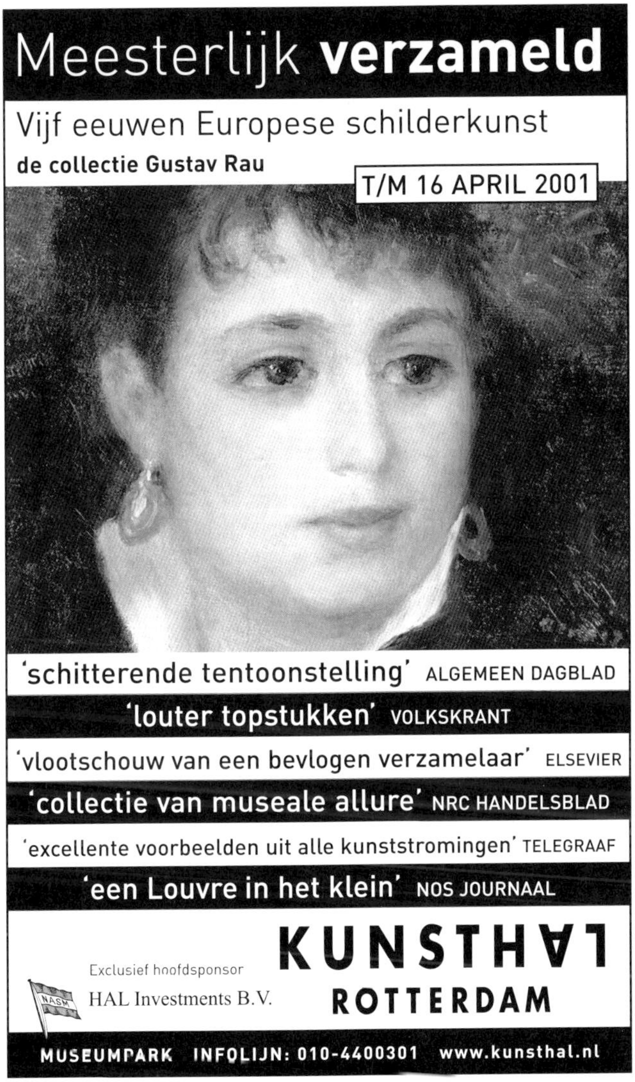
Meesterlijk verzameld
Vijf eeuwen Europese schilderkunst
de collectie Gustav Rau
T/M 16 APRIL 2001
'schitterende tentoonstelling' ALGEMEEN DAGBLAD
'louter topstukken' VOLKSKRANT
'vlootschouw van een bevlogen verzamelaar' ELSEVIER
'collectie van museale allure' NRC HANDELSBLAD
'excellente voorbeelden uit alle kunststromingen' TELEGRAAF
'een Louvre in het klein' NOS JOURNAAL
Exclusief hoofdsponsor
NASM
HAL Investments B.V.
KUNSTHAL
ROTTERDAM
MUSEUMPARK INFOLIJN: 010-4400301 www.kunsthal.nl

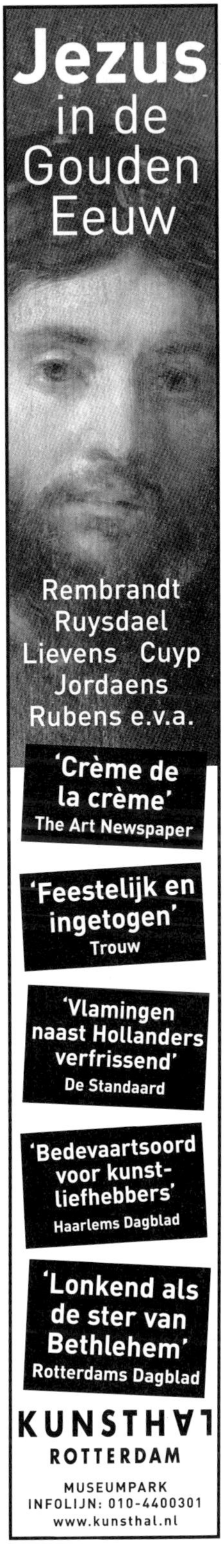
Jezus
in de
Gouden
Eeuw
Rembrandt
Ruysdael
Lievens Cuyp
Jordaens
Rubens e.v.a.
'Crème de
la crème'
The Art Newspaper
'Feestelijk en
ingetogen'
Trouw
'Vlamingen
naast Hollanders
verfrissend'
De Standaard
'Bedevaartsoord
voor kunst-
liefhebbers'
Haarlems Dagblad
'Lonkend als
de ster van
Bethlehem'
Rotterdams Dagblad
KUNSTHAL
ROTTERDAM
MUSEUMPARK
INFOLIJN: 010-4400301
www.kunsthal.nl

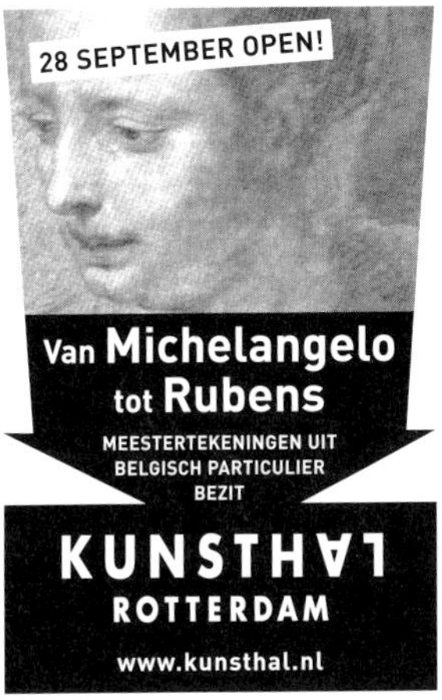
28 SEPTEMBER OPEN!
Van Michelangelo
tot Rubens
MEESTERTEKENINGEN UIT
BELGISCH PARTICULIER
BEZIT
KUNSTHAL
ROTTERDAM
www.kunsthal.nl

'Gaat dat zien'
Kees van Kooten
POP ART
SCULPTURE
Duane Hanson
KUNSTHAL
ROTTERDAM
www.kunsthal.nl

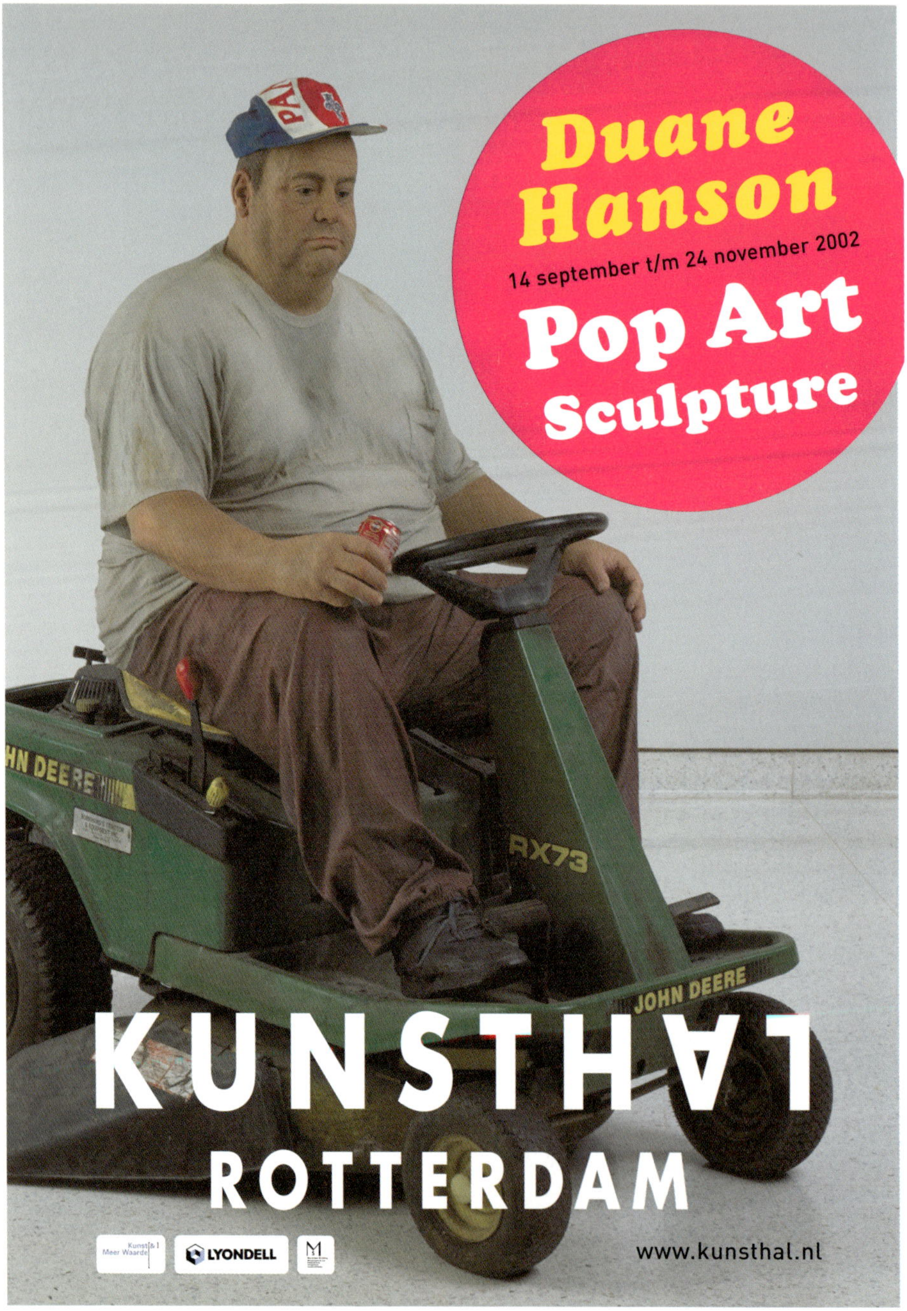
Duane Hanson
14 september t/m 24 november 2002
Pop Art Sculpture
JOHN DEERE
RX73
JOHN DEERE
KUNSTHAL
ROTTERDAM
Kunst & Meer Waarde
LYONDELL
www.kunsthal.nl

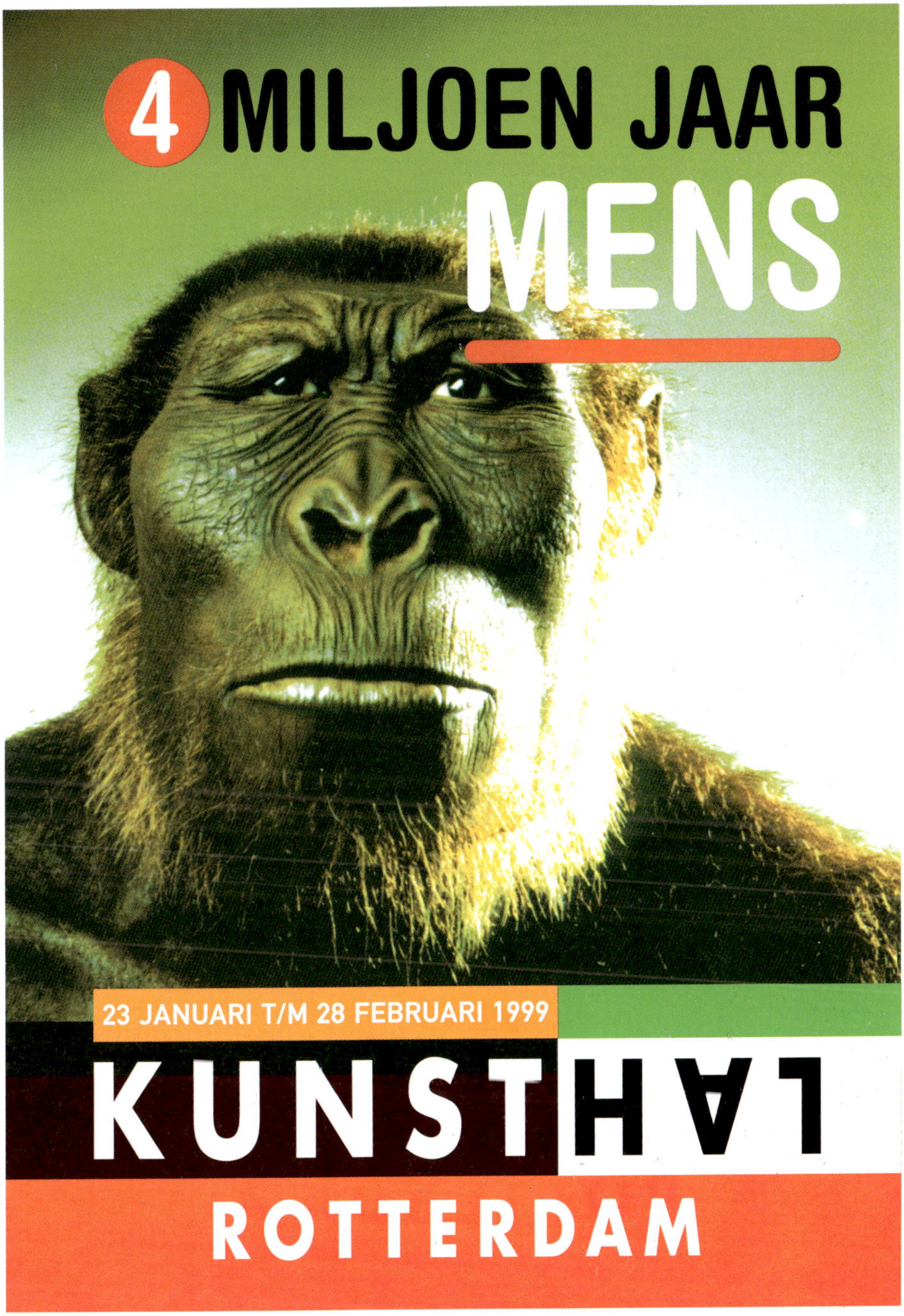
4 MILJOEN JAAR
MENS
23 JANUARI T/M 28 FEBRUARI 1999
KUNSTHAL
ROTTERDAM

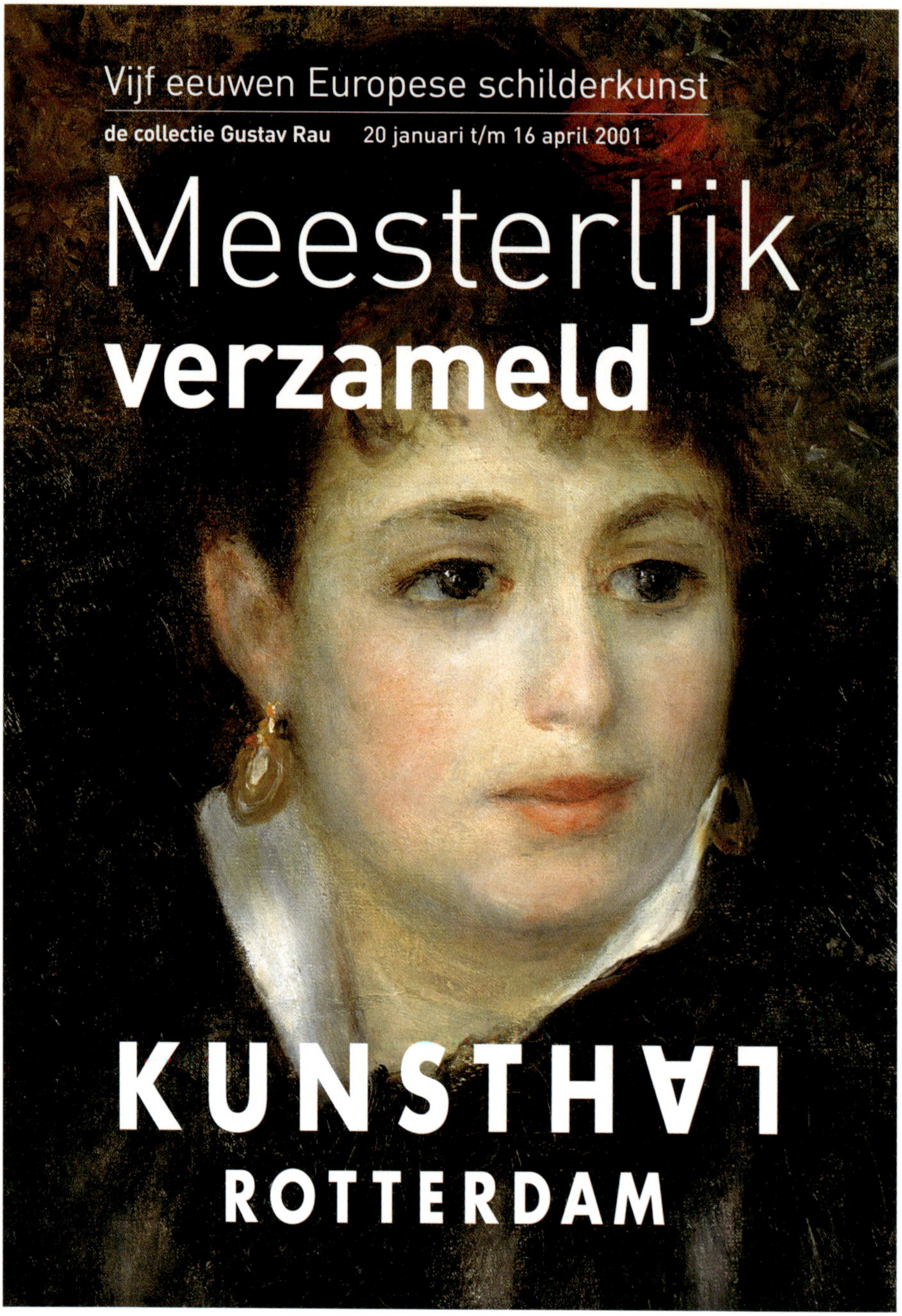
Vijf eeuwen Europese schilderkunst
de collectie Gustav Rau 20 januari t/m 16 april 2001
Meesterlijk
verzameld
KUNSTHAL
ROTTERDAM

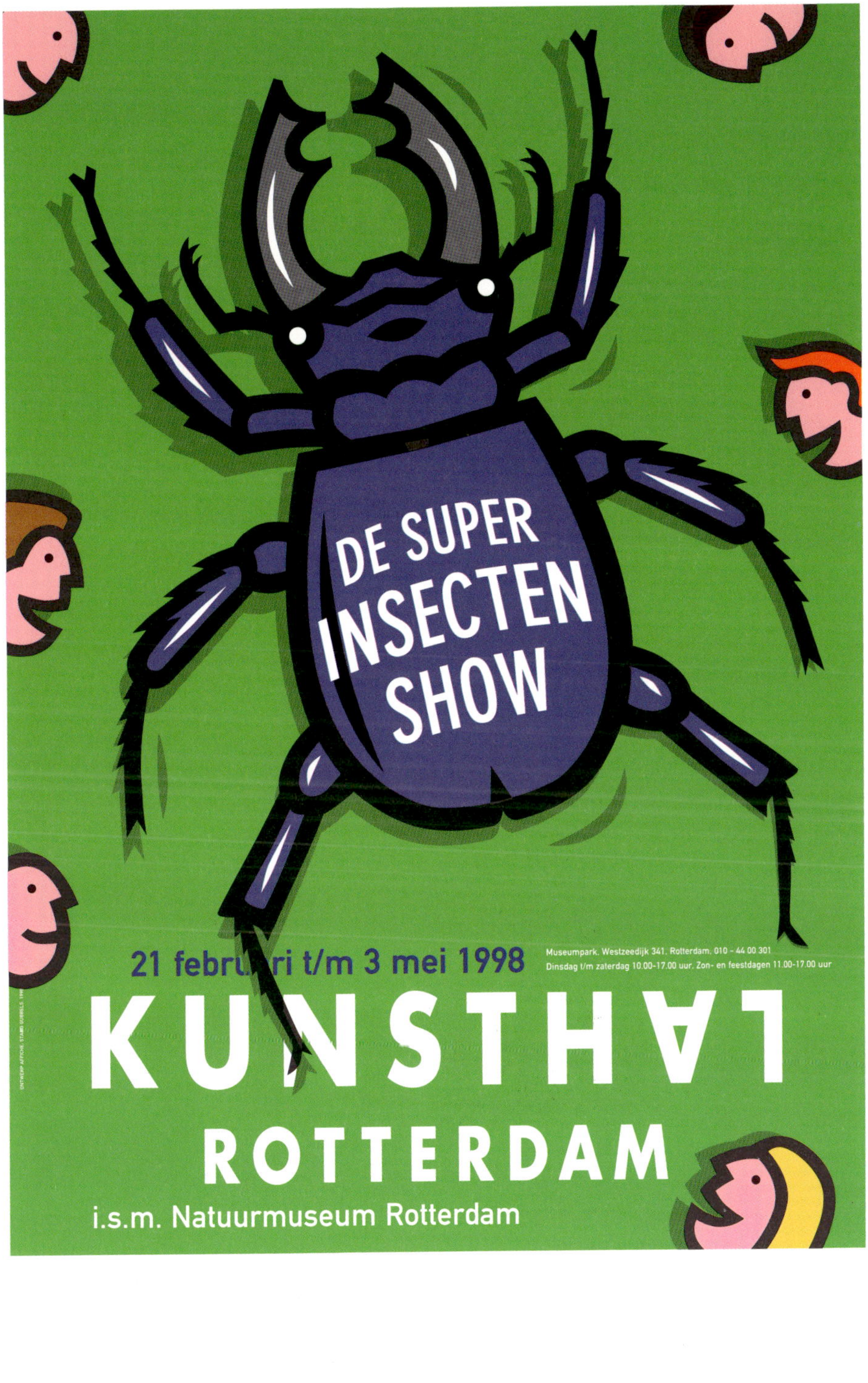
DE SUPER
INSECTEN
SHOW
21 febru ri t/m 3 mei 1998
Museumpark. Westzeedijk 341. Rotterdam. 010 - 44 00 301
Dinsdag t/m zaterdag 10.00-17.00 uur. Zon- en feestdagen 11.00-17.00 uur
KUNSTHAL
ROTTERDAM
i.s.m. Natuurmuseum Rotterdam

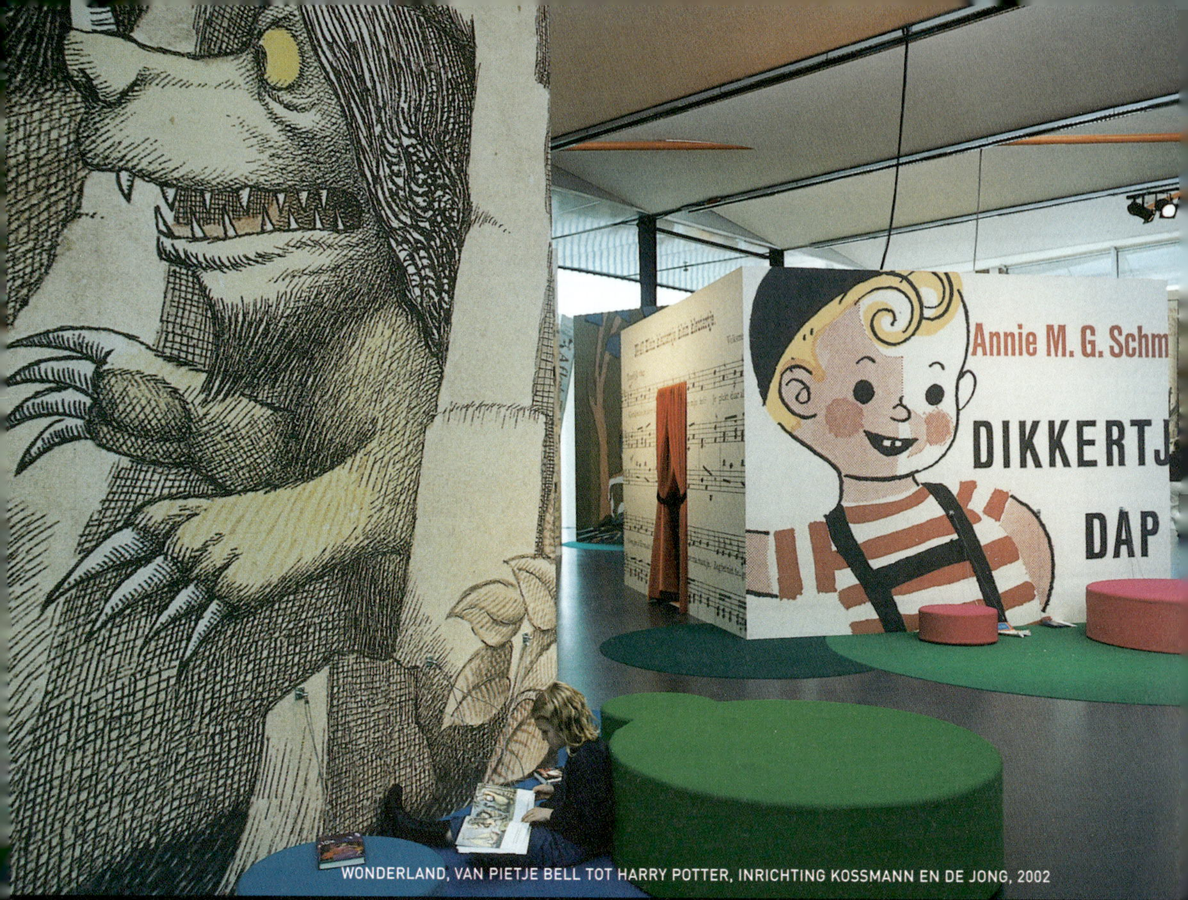

WONDERLAND, VAN PIETJE BELL TOT HARRY POTTER, INRICHTING KOSSMANN EN DE JONG, 2002

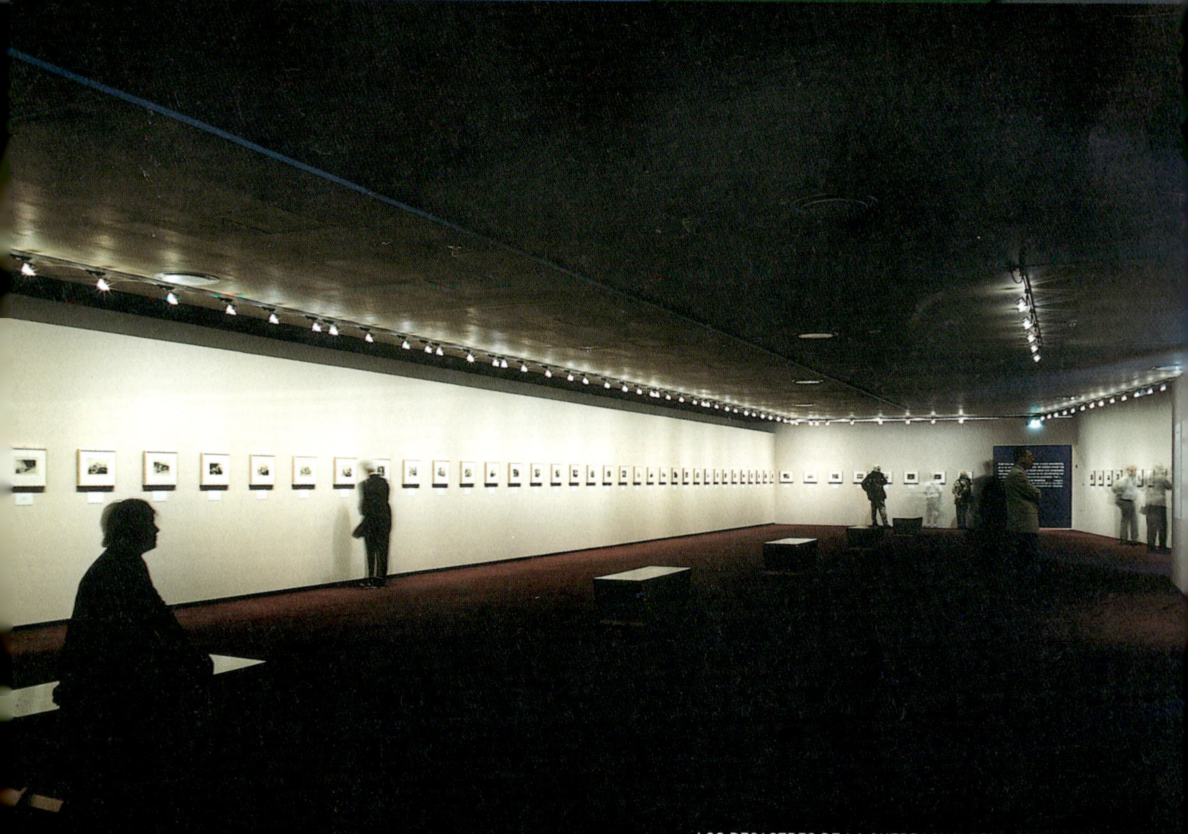

LOS DESASTRES DE LA GUERRA VAN GOYA, 2002

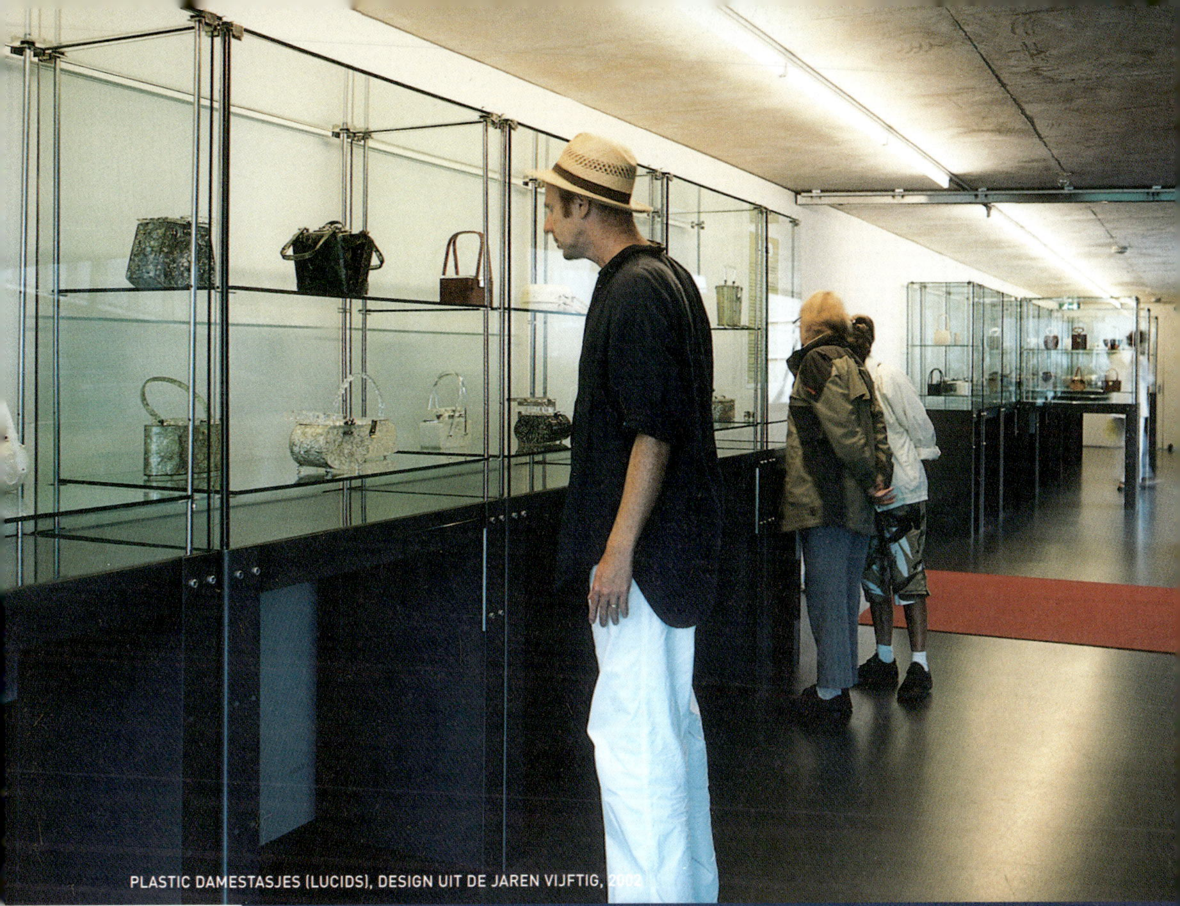

PLASTIC DAMESTASJES (LUCIDS), DESIGN UIT DE JAREN VIJFTIG, 2002

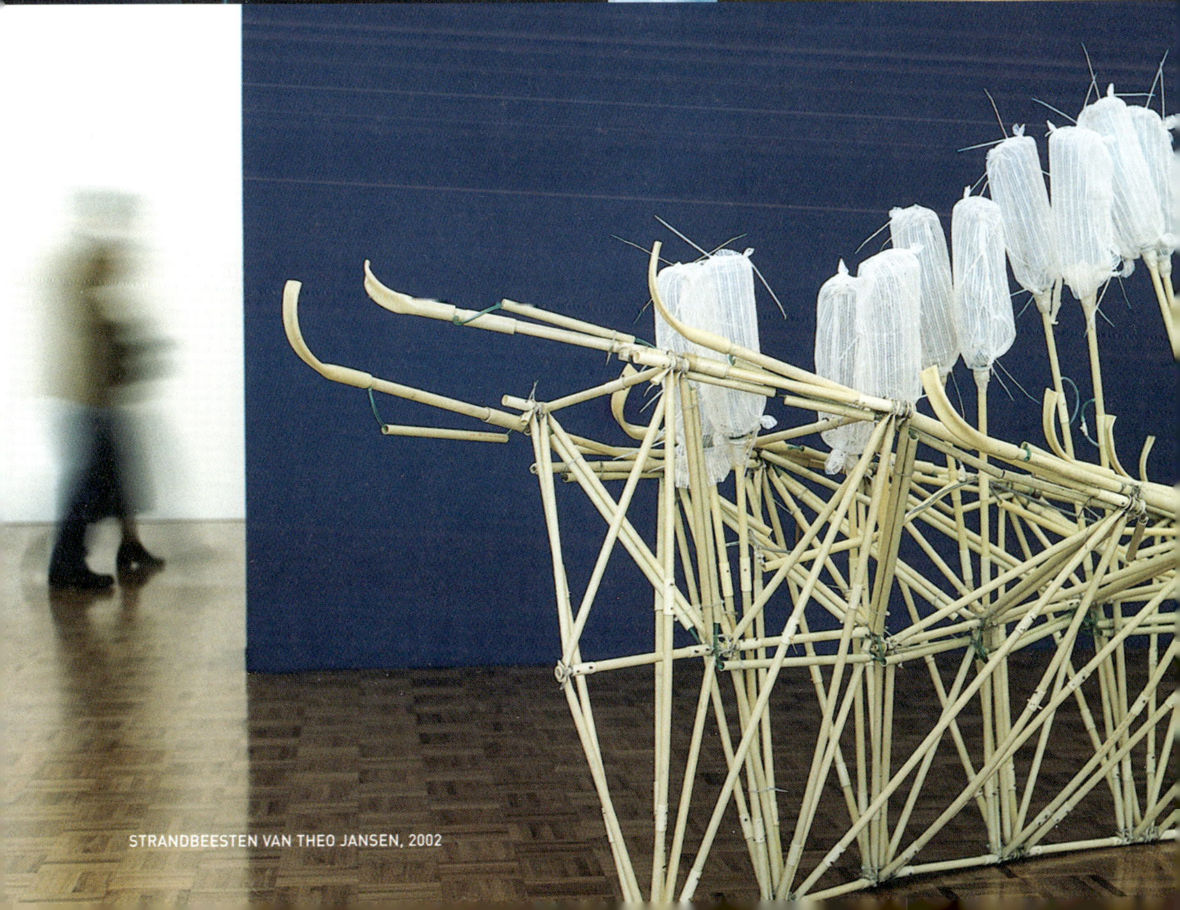

STRANDBEESTEN VAN THEO JANSEN, 2002

FLASHFORWARD: WAARHEEN? WAARTOE?

De Kunsthal werd geboren uit een misverstand. Het misverstand dat de toekomst aan de blockbuster was, dat het publiek massaal zou toestromen voor bijzondere tentoonstellingen en dat de Kunsthal zichzelf met gemak zou kunnen bedruipen uit de revenuen. Maar de praktijk bleek van meet af aan weerbarstiger dan de theorie. Blockbusters waren te duur, of onvoldoende voorhanden. Daarbij was het hele fenomeen al over zijn hoogtepunt heen toen de Kunsthal in gebruik werd genomen. Wat rest van het oorspronkelijke idee is nog slechts de retoriek van de blockbuster in de titels van al die tentoonstellingen die refereren aan **meesters**, **schatten** en **hoogtepunten**.

Een misverstand was het, maar een vruchtbaar misverstand, in de zin zoals Eddy de Jongh dat had geschetst in zijn Huizinga-lezing. Het misverstand was vruchtbaar, omdat het een idee in leven hield dat al snel zou zijn gesneuveld bij toetsing aan de werkelijkheid. Kunst bloeit niet op cijfers; met alleen rekensommen bouw je geen musea. **Concepten met een ijl werkelijkheidskarakter**, zoals De Jongh dat noemde, zijn nodig omdat ze iets in stand houden dat anders niet kan bestaan. Geloof in het belang van kunst en cultuur is gebaat bij rook en spiegels, bij alles wat die illusie in stand kan houden.

Een vruchtbaar misverstand houdt in dat alle betrokken partijen hun dromen, hoe verschillend ook, op een concept kunnen projecteren, waardoor het niet een vroege dood sterft. Het concept van de Kunsthal was **all things to all people**. Het stadhuis mocht dromen van een *Doos van Pandora*, waarin alles mogelijk was. De gemeente-

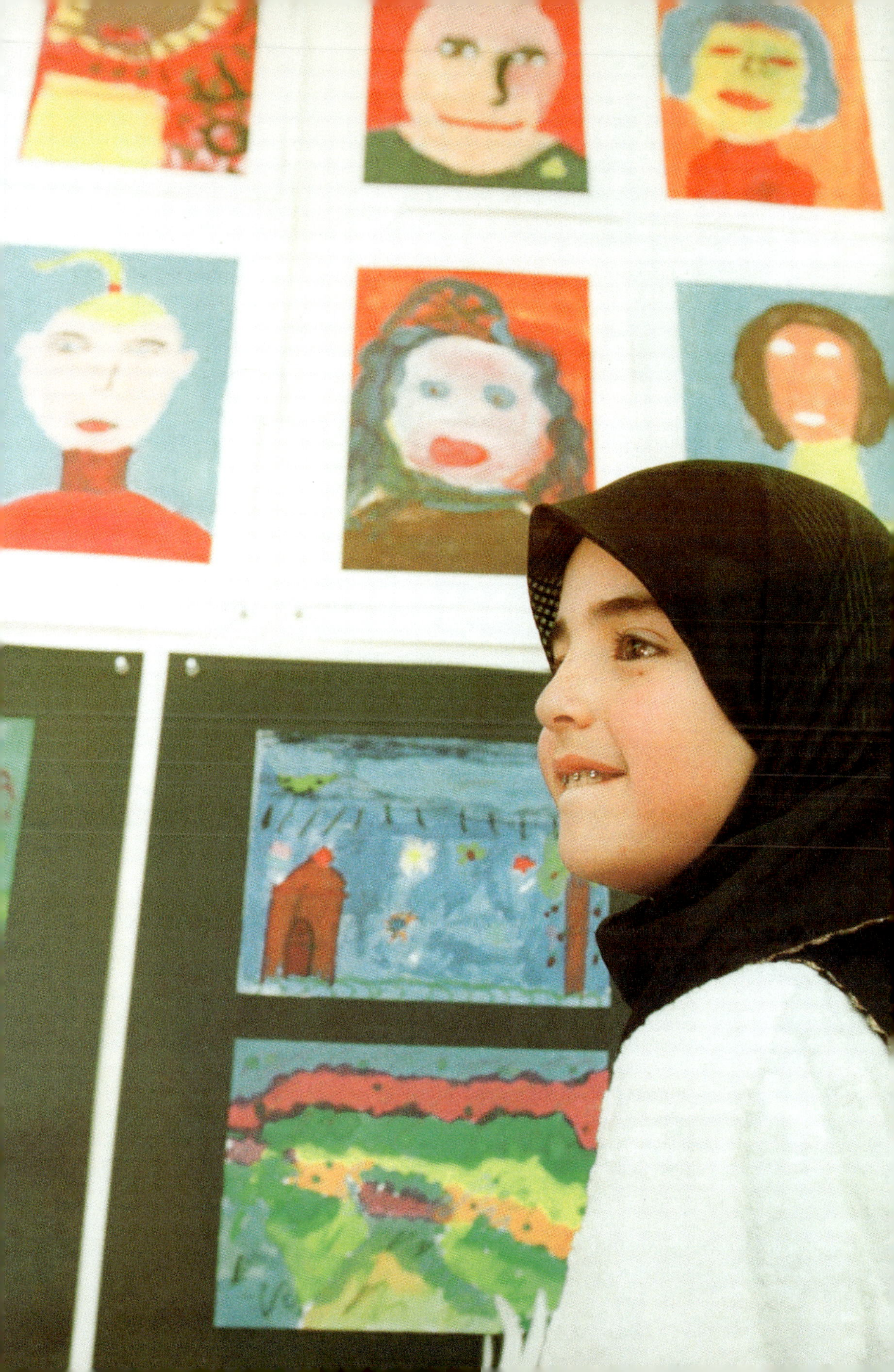

raad van een kassa voor blockbusters. De architect van een Palais des Festivals. De kunstliefhebbers van een speelplaats voor de avant-garde. En de directeur van een tentoonstellingsmachine, een circus met drie pistes, waarin het hele jaar door altijd veel te zien zou zijn, voor groot en klein.

Juist die vruchtbaarheid van dat misverstand heeft het mogelijk gemaakt dat de Kunsthal er daadwerkelijk is gekomen tegen de verdrukking in. Er was eigenlijk te weinig geld om zoiets te bouwen en er was zeker te weinig geld om zoiets te programmeren. Alleen het misverstand van de opeenvolgende nota's waarin de uitgangspunten van de ene werden verward met de uitkomsten van de andere, maakte het mogelijk naar eigen inzichten te goochelen met kosten en baten. Iedereen haalde eruit wat hij erin had gestopt. Een waarlijk kritische analyse van al die nota's zou het drijfzand aan het licht hebben gebracht waarop ze waren gebouwd. Gelukkig heeft niemand die analyse gemaakt. De Kunsthal zou nooit zijn gebouwd.

Het is maar goed, zegt men nu ten stadhuize, dat het uitgestippelde beleid in de praktijk nooit is gevolgd. De Kunsthal is op een fantastische wijze gaan functioneren, wat vermoedelijk nimmer het geval zou zijn geweest als het volgens de oorspronkelijke opzet zou zijn gebouwd en geëxploiteerd. In die zin heeft het plan zich veel positiever kunnen ontwikkelen dan iemand ooit had kunnen bedenken. De bevlogen improvisatie heeft de Kunsthal gered van de bijna zekere ondergang.

"In de jaren dat we nog uitgingen van het blockbuster-idee," zegt Linthorst, "zeiden we: het is helemaal niet erg als dat gebouw tussen twee tentoonstellingen in een paar maanden dicht is. Maar Van Krimpen vond dat vreselijk. Tot in de gekste uithoeken van het gebouw is hij dingen gaan organiseren. In die zin heeft de Kunsthal zich anders ontwikkeld dan de gemeente had gedacht. Aan de andere kant vond iedereen het prima. Van Krimpen heeft heel goed ingespeeld op de veranderende situatie, waardoor het gebouw in de praktijk nooit dicht was. Dat is pure winst gebleken, want het heeft een veel grotere variëteit aan tentoonstellingen opgeleverd. In de jaren tachtig zagen we het gebouw nog als een verlengstuk van Museum Boijmans, maar de Kunsthal is haar eigen weg ingeslagen. En dat is maar goed ook, want onder het directoraat van Dercon heeft Museum Boijmans voor een veel introvertere rol gekozen."

Wat het instituut verder nog allemaal mag zijn, de Kunsthal is bovenal een les. Tussen droom en daad mogen wetten staan en praktische bezwaren, wie ze met volharding negeert kan nog voor menige verrassing zorgen. Het vruchtbare misverstand is een concept om te koesteren. Wie de eerste tien jaar van de Kunsthal overziet, ziet vooral een ongekende flexibiliteit en een groot improvisatievermogen. Alle verwachtingen moesten voortdurend worden bijgesteld.

Toen de Kunsthal opende, was het idee nog dat het instituut op vijf financiële pijlers zou rusten. Naast de gemeentelijke subsidie waren dat de entreegelden, de opbrengsten van de verpachting van het restaurant, de inkomsten uit de museumshop en de verhuur van het auditorium. In retrospectief kenschetst Van Krimpen dat idee als onzin. "Je moet," zegt hij, "gewoon goede tentoonstellingen maken, met een goede catalogus erbij. Daar verdien je het mee."

Zijn opvolger, Wim Pijbes, gelooft nog steeds in de museumshop als bron van inkomsten. En ook het restaurant levert geld op door de pachtsom en het omzetgerelateerde contract. Het restaurant is voor de Kunsthal echter geen verdien-

SIERADEN UIT DE ORIËNT, DE COLLECTIE VAN DER STAR
INRICHTING HERMAN POSTMA, 2002

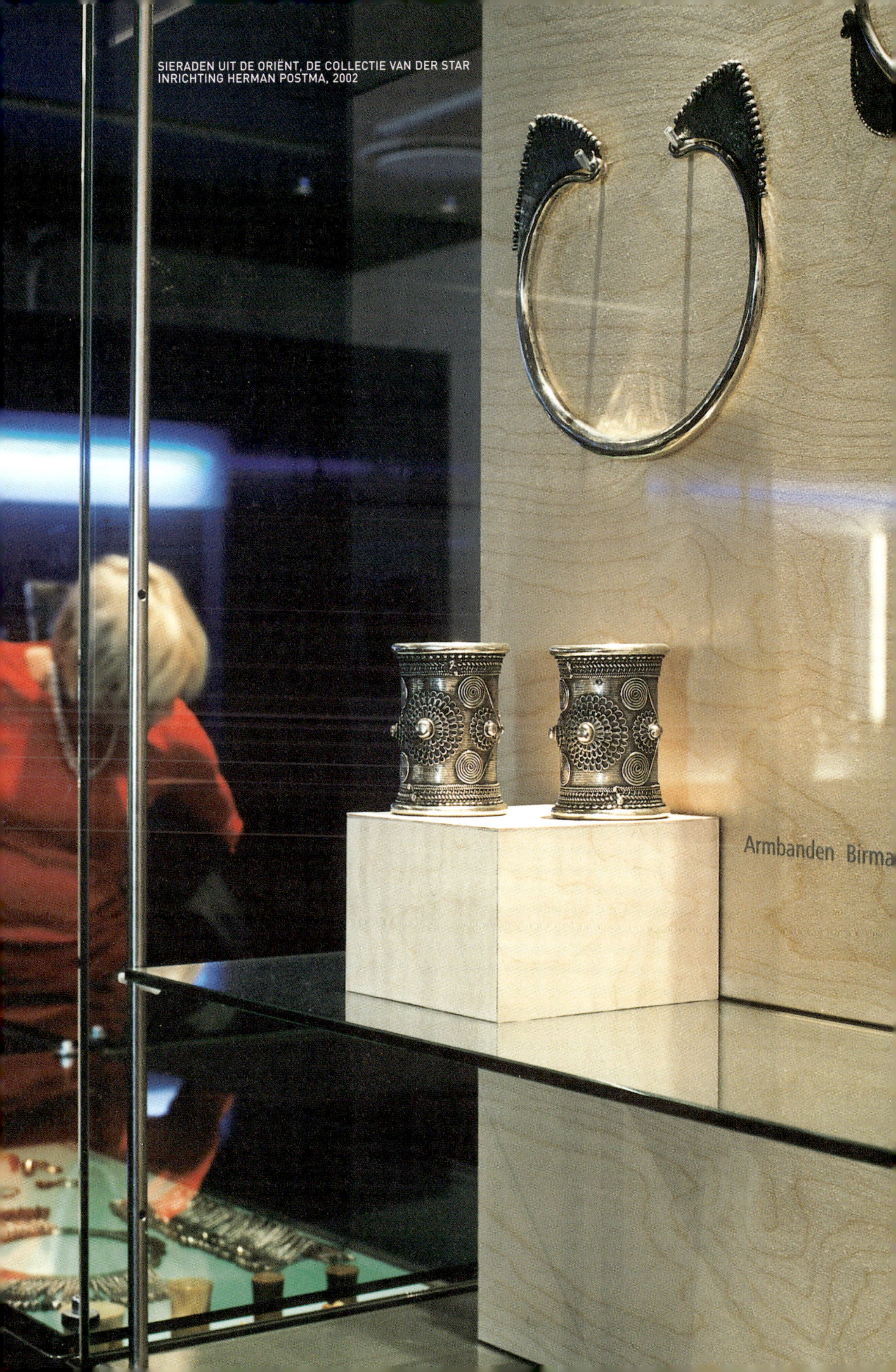

machine. Er zullen nooit calculaties voor tentoonstellingen worden gemaakt op basis van de omzet van het restaurant. Het moet veeleer worden gezien als een servicefaciliteit, zoals ook de museumshop in eerste instantie een servicefaciliteit is, evenals het auditorium. Van belang is dat dit alles kan worden ingezet als sponsors hier hun bijeenkomsten willen houden. In het auditorium kan een toespraak, concert of avondactiviteit worden gehouden; in het restaurant kan daarna worden gegeten en gedronken. Een museum heeft in deze tijd dat soort voorzieningen nodig. De behoefte aan besloten ontvangsten met buffet of *sitting dinner* is veel groter dan voorzien. Dat vergt uiteraard een andere, meer flexibel opzet dan de rigide indeling die aanvankelijk was bedacht.

Bij de bouw van de Kunsthal was uitgegaan van een restaurant dat ook 's avonds open zou zijn, maar die formule heeft nooit gefunctioneerd. Deels lag de schuld daarvan bij de *unheimische* situatie in het park, met name in de eerste jaren, deels is een restaurant in een museum geen haalbare kaart gebleken. Ook Boijmans Van Beuningen heeft een paar jaar geleden een vergeefse poging gedaan een restaurant te vestigen in een speciaal daarvoor gebouwde (en inmiddels al weer gesloopte) uitbouw aan de voorzijde. Het probleem is volgens Pijbes dat Nederlandse museumbezoekers te weinig uitgeven in een museumrestaurant en restaurantbezoekers willen niet naar een eetgelegenheid in museum.

Ook de commerciële verhuur van het auditorium is een fictie gebleken. Van Krimpen rekende aanvankelijk 900 gulden huur per dagdeel, wat hem aan het einde van het eerste jaar 60.000 gulden opleverde. Maar de medewerkster die met de verhuur was belast kostte op jaarbasis 70.000 gulden, dus daar werd spoedig mee gestopt.

Pijbes ziet op de stoep bij Museum Boijmans wel eens een bord staan waarop wordt gemeld dat binnen een congres van cardiologen plaatsvindt. Daar gelooft hij niet in, dat zijn zaken die niets met een museum van doen hebben. Je moet in het auditorium bij voorkeur dingen doen die in het verlengde van je beleid liggen. Lezingen organiseren, concerten of filmvoorstellingen. Daar blijkt het publiek in sterk toenemende mate behoefte aan te hebben.

Dan is er nog het befaamde dakterras dat nimmer wordt gebruikt. "Het terras," meldden de notulen van de bouwcommissie, "is in de bezuiningsronden gesneuveld." Koolhaas had de routing in de Kunsthal zo ontworpen dat de bezoeker zijn verkenning onderin begon en boven op het dak zou eindigen. Hij kwam uit het Museumpark en belandde uiteindelijk tussen de beplanting op het dak, de symbolische voortzetting van het park. Cultuur als een kleine onderbreking van natuur.

Er zijn twee redenen waarom dat concept nooit in de praktijk is gebracht. Ten eerste, de brandweer verbiedt het, want er is geen vluchtweg. Het dak is alleen toegankelijk via de luie trap op de hellingbaan. Trappen zijn in de ogen van de brandweer niets dan schoorstenen, die het vuur alleen maar aanwakkeren. De tweede reden is het klimaat. Zodra de grote glazen deur naar het terras wordt opengezet, wordt de klimaatregeling verstoord in hal 3, die daarmee in open verbinding staat. De tekeningen en prenten die daar worden geëxposeerd kunnen dan schade oplopen.

De directeur zou in principe het dakterras wel bij het gebouw willen betrekken, maar dat is ook een kwestie van geld. Een deugdelijke balustrade ontbreekt en de dakbedekking is te kwetsbaar voor veelvuldig bezoek.

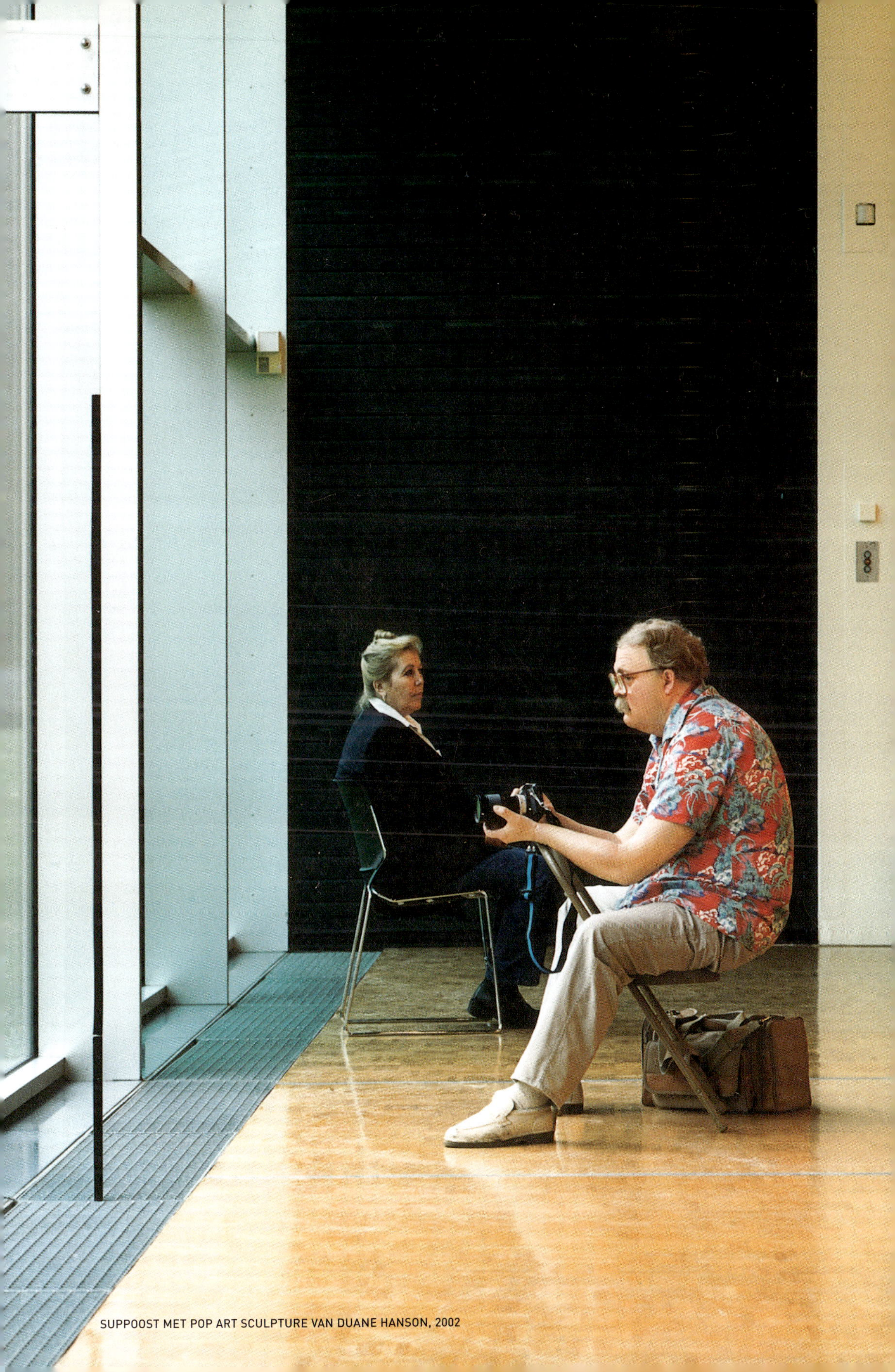

SUPPOOST MET POP ART SCULPTURE VAN DUANE HANSON, 2002

MULTI CULTURELE SIERADENBAZAR, 2002

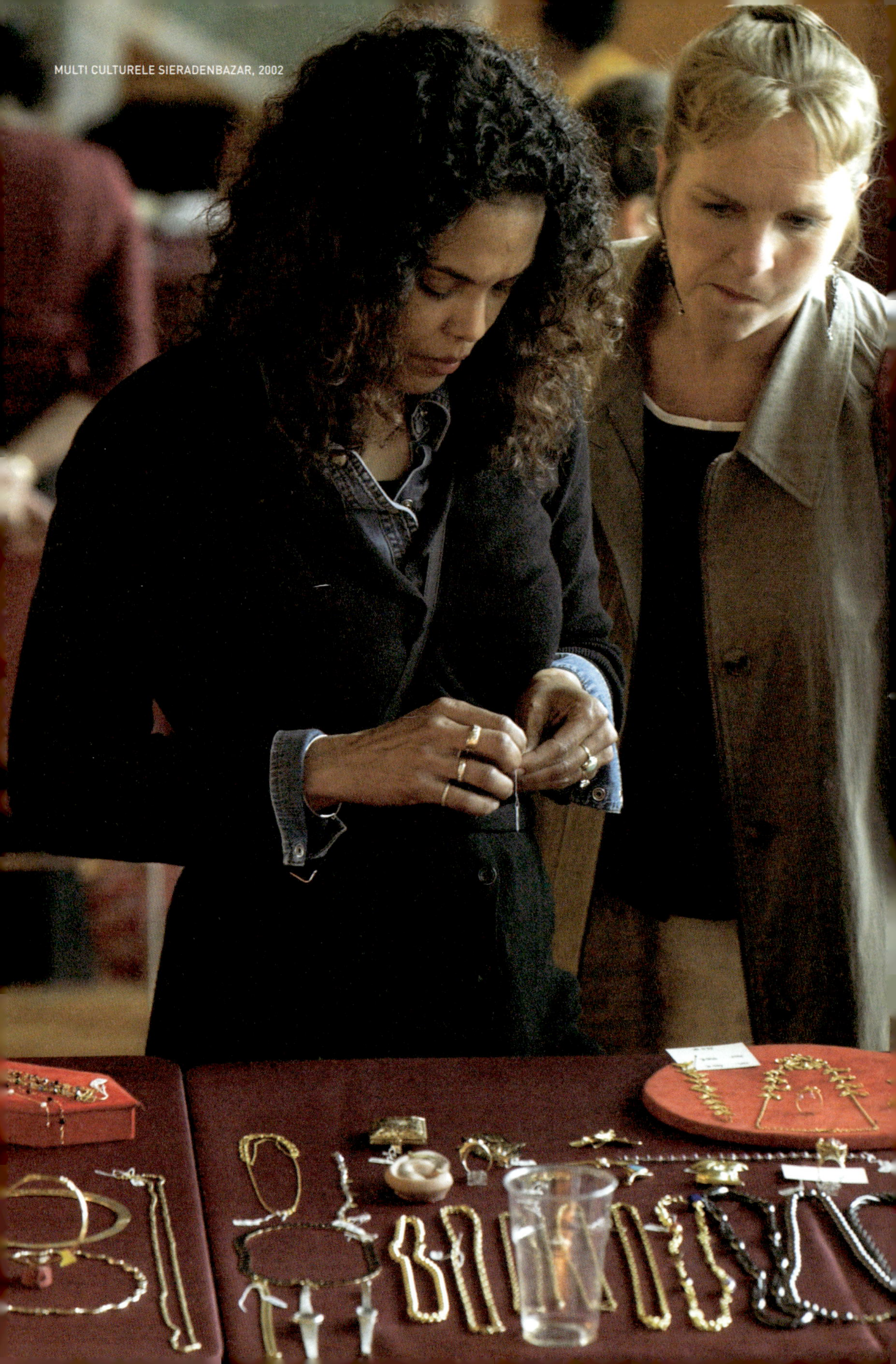

Toen het gebouw werd opgeleverd kende het veel mankementen als gevolg van bezuiniging of geldgebrek, die pas, tien jaar na oplevering, verholpen zouden worden. Correctief onderhoud heet dat, correcties op het gebouw, zowel in constructie-technische zin als wat materiaal en voorzieningen betreft. Er deugde een heleboel niet. Een kassa waarin de verwarming ontbrak. Kabels die loshingen. Kabels die wel op tekening staan maar er niet waren. Kabels die er wel zijn, maar niet op tekening stonden. Veel is te wijten aan de veel te lage bouwsom; in Duitsland kost een soortgelijk gebouw het vijfvoudige.

Hoewel de Kunsthal de eerste tien jaar heeft bewezen op eigen benen te kunnen staan, krijgt ze daar niet altijd de complimenten voor. Zo was er het raadslid dat opperde dat de gemeentelijke subsidie wel kon worden afgeschaft, nu de zaken zo goed gaan. Dat was geen incident. Het raadslid vertolkte een in Rotterdam breed gedragen sentiment. "Wanneer het goed gaat," schrijft Pijbes in het *Jaarplan 2003*, "wordt er in museumland zelden geïnvesteerd, pas als het slecht gaat wordt er over investeren nagedacht. Extra geld is meestal pas voorhanden na tegenvallende bezoekcijfers, teruglopende inkomsten of andere tegenslagen. Dit is de paradox van de gesubsidieerde sector. Met een beetje overdrijving geldt hier niet **premie op actie** maar **premie op mislukking**." Een instelling die zijn zaakjes goed op orde heeft, heeft blijkbaar geen recht op subsidie.

Aan het begin van het jaar ontvangt de Kunsthal anno 2002, met alle indexeringen van tien jaar, 2,8 miljoen gulden gemeentelijke subsidie. Daarvan mag ze ruwweg tien procent reserveren voor het jaar daarop, maar alles wat boven die tien procent na een jaar nog over is, moet worden teruggestort. Zou het omgekeerde niet logischer zijn? Dat een kunstinstelling met een mooi programma en voldoende bezoekers het geld dat ze eventueel overhoudt aan het einde van het jaar verdubbeld krijgt. Een beloning op goed gedrag, in plaats van een bestraffing.

Het budget mag in die tien jaar dan hoger zijn geworden, de kosten zijn dat ook. Verzekeringkosten zijn de afgelopen jaren dramatisch gestegen, vooral in de toptien waar de Picasso's, Monet's en Van Gogh's zich bevinden. Zolang topstukken van die schilders op veilingen de records blijven breken, wordt de taxatiewaarde van àlle Picasso's, Monet's en Van Gogh's telkens opgetrokken. De verzekeringskosten stijgen met de veilingprijzen. Daarbij is alles duurder geworden. De transportkosten, de koerierskosten, de kosten van de musea. Gelukkig zijn de kaartjes eveneens duurder geworden, zo valt het nog te doen. De bezoeker blijkt voor tentoonstellingen best iets te willen betalen.

De Kunsthal was het eerste instituut waar bezoekers met de museumjaarkaart niet gratis naar binnen konden, wat in museumland hoogst ongebruikelijk was. Voor bijzondere tentoonstellingen moest zelfs een toeslag worden betaald, boven de toch al reguliere toegangsprijs van tien gulden. Inmiddels doen meer musea dat en zijn de bezoekers aan die hogere prijzen gaan wennen. Men is in de loop der jaren ook meer gaan betalen voor popconcerten, voetbalwedstrijden en musicals. Die hogere prijs maakt een groot verschil. Honderdduizend bezoekers die vijf euro betalen, of honderdduizend bezoekers die zes euro betalen, dat scheelt.

Behoren met die gestegen kosten bepaalde prestigieuze tentoonstellingen nog wel tot de mogelijkheden? Stel de Kunsthal krijgt een Matisse-tentoonstelling aangeboden, die een of twee miljoen euro moet kosten. Vroeger zou dat onmogelijk zijn geweest, maar nu is dat bedrag misschien net op te brengen, denkt Pijbes. Je moet dan een calculatie maken op basis van 100.000 bezoekers, kijken wat dat oplevert en welke fondsen je daarnaast zou kunnen benaderen.

Sponsors willen voornamelijk of massaliteit, of exclusiviteit, gecombineerd met veel **exposure**, bij voorkeur televisie. Sommige tentoonstellingen in de Kunsthal mogen dan wel meer dan 100.000 bezoekers hebben getrokken, maar gemeten naar de normen van de echte blockbusters of festivals is dat niet een werkelijk massale opkomst. Het is niet zoveel als de tentoonstelling *Van Gogh & Gauguin* die in 2002 700.000 bezoekers trok, of belangrijke sportevenementen. Dergelijke aantallen zijn voor de Kunsthal niet weggelegd en daar ligt het probleem. Als sponsors uit de categorie van Philips of Ahold kunnen kiezen tussen het sponsoren van een tentoonstelling in de Kunsthal of een tentoonstelling in het Rijksmuseum, dan kiezen ze voor het Rijksmuseum. Dat trekt altijd meer bezoekers. Of voor het Mauritshuis. Dat is deftig. De Kunsthal is niet deftig en haalt ook niet de bezoekcijfers van het Rijksmuseum.

Volgens Pijbes zijn er twee soorten tentoonstellingen: **must see** en **nice to see**. De Kunsthal brengt veel **nice to see** tentoonstellingen, waar niets mis mee is, maar het liefst brengt de Kunsthal één keer per jaar een **must see** tentoonstelling. De moeilijkheid is dat je van tevoren niet altijd kan voorspellen welke tentoonstelling dat zal zijn. Wie had in Nederland tot voor kort ooit gehoord van de Russische schilder Ilya Repin? Hoe het gaat, weet niemand, maar op zeker moment gaat zo'n naam rondzingen en dan moet iedereen op stel en sprong naar Groningen om de Ilya Repin-tentoonstelling te zien. Als je het zou kunnen voorzien, was succes voor altijd verzekerd.

Je moet volgens Pijbes onderscheid maken tussen museumbezoekers en evenementenbezoekers. Er is een beperkte groep mensen die vier of vijf keer per jaar naar het museum gaat; er is een nog veel grotere groep die niet meer dan één of twee keer per jaar gaat. Als die dan net naar de expositie van *Van Gogh & Gauguin* in Amsterdam is geweest, of naar de expositie van Ilya Repin in Groningen, dan gaat die de week daarop niet naar een expositie in Rotterdam of Den Haag.

Wat is in deze context het beleid van de Kunsthal? Toen kort na de opening die vraag aan Wim van Krimpen werd gesteld, antwoordde deze dat zijn beleid geen rode draad kende om de simpele reden dat hij geen geld had. Zijn beleid was de improvisatie, zijn rode draad de draad van het mogelijke. Voor opening had hij zich in het openbaar nog uitgelaten over **grote internationale tentoonstellingen en (kunst)beurzen** en **reeds bestaande en geplande biënnales en triënnales**, die allemaal een eigen plek zouden krijgen. Maar de weerbarstige werkelijkheid had al snel geleid tot een drastische koerswijziging.

Tien jaar later heeft de Kunsthal zich bewezen en als instituut naam gemaakt tot in het buitenland. Terugblikkend zijn bepaalde tentoonstellingen gelukt, soms zelfs boven verwachting, andere daarentegen duidelijk mislukt. Op grond van die ervaring bestaat er nu een beter idee over wat werkt en wat niet. De toekomst wordt hoopvol tegemoet getreden met de kennis van het verleden.

De nieuwe formule is vooral een aanscherping van de oude. Twee grote tentoonstellingen per jaar, die elk 70 tot 80.000 bezoekers moeten trekken. Aan de ene kant zijn dat tentoonstellingen over de grote thema's in de kunst, zoals in het verleden de Haagse School werd gebracht en in de nabije toekomst het de beurt is aan het impressionisme en Hollandse Romantiek. Die tentoonstellingen moeten duidelijk worden gedefinieerd, zodat ze bij wijze van spreken in één zin kunnen worden uitgelegd. Het zijn altijd stromingen uit de kunstgeschiedenis of monografische tentoonstellingen. Want de Kunsthal wil zich ook op de moderne klassieken gaan richten, bij voorkeur op de grote namen die in Nederland zelden of nooit worden gepresenteerd: Balthus, Tinguely, Henry Moore, Braque en Matisse. De artistieke staf, die na de directiewisseling in 2000 aantrad, is hier op voorbereid. In 2000 nam Benno Tempel, voordien werkzaam in het Van Gogh Museum, de plek in die openviel nadat Wim Pijbes directeur werd. In 2001 volgde Wim van Sinderen, als laatste werknemer van het eerste uur, Wim van Krimpen naar Den Haag om in het Gemeentemuseum nieuwe avonturen te ontwikkelen. Van Sinderen werd opgevolgd door Charlotte van Lingen, voordien werkzaam bij de Beyerd in Breda. Het tijdperk van **de drie Wimmen** was ten einde. Opvallend detail is dat, waar in de meeste Nederlandse musea de directie wordt gevoerd door zakelijke en commercieel opgeleide functionarissen, de Kunsthal met de nieuwe artistieke staf beschikt over een kunsthistorisch geschoold driemanschap.

Naast de bekende stromingen en grote namen uit de kunsthistorische canon, richt de Kunsthal zich op grote tentoonstellingen bestemd voor kinderen. Of beter, op gezinnen met kinderen. Die zijn in het verleden ook wel gemaakt, maar incidenteel. Voortaan wordt dat structureel. Benno Tempel legt zich toe op het meer museale deel van het programma, Charlotte van Lingen neemt vooral de familietentoonstellingen, fotografie en design onder haar hoede. Leonardo da Vinci betekende in 1996 eigenlijk de eerste, grote familietentoonstelling waarmee door de Kunsthal een heel nieuw publiek werd aangeboord. Het was meer een educatieve dan een artistieke tentoonstelling. Echte kunstwerken ontbraken goeddeels, maar dat bleek geen bezwaar. Belangrijker was dat het publiek overal mocht aankomen. Dit type tentoonstelling (**hands-on**) refereert niet zozeer aan de traditionele musea als wel aan *Discovery Channel* of aan *Kijk*, het is populair-wetenschappelijk van opzet. Andere voorbeelden in dit genre zijn *4 Miljoen jaar mens* en *De Super Insecten Show*. Dit soort tentoonstelling is altijd interactief. Voor de jeugd van nu is alleen kijken niet genoeg; ze moeten het kunnen beleven. *Wonderland, van Pietje Bell tot Harry Potter*, een tentoonstelling over kinderboeken, past in dit concept, maar bijvoorbeeld ook een toekomstige tentoonstelling over Napoleon of Indianen. **Hands-on**, in plaats van **don't touch.**

Instaptentoonstellingen noemt Pijbes ze. Bestemd voor het hele gezin, goed onderbouwd en toegankelijk gepresenteerd. Hiermee probeert de Kunsthal een nieuw en jong publiek te trekken. Eenmaal binnen is de kans groot dat het ook met andere zaken in aanraking komen. Bezoekers komen bijvoorbeeld voor een familietentoonstelling als *Wonderland*, maar kunnen tegelijkertijd kennis maken met de pop-art sculptures van Duane Hanson, foto's van Luc Delahaye of oude meestertekeningen uit particulier bezit. De populaire instaptentoonstellingen staan op zichzelf en zijn niet als lokaas bedoeld.

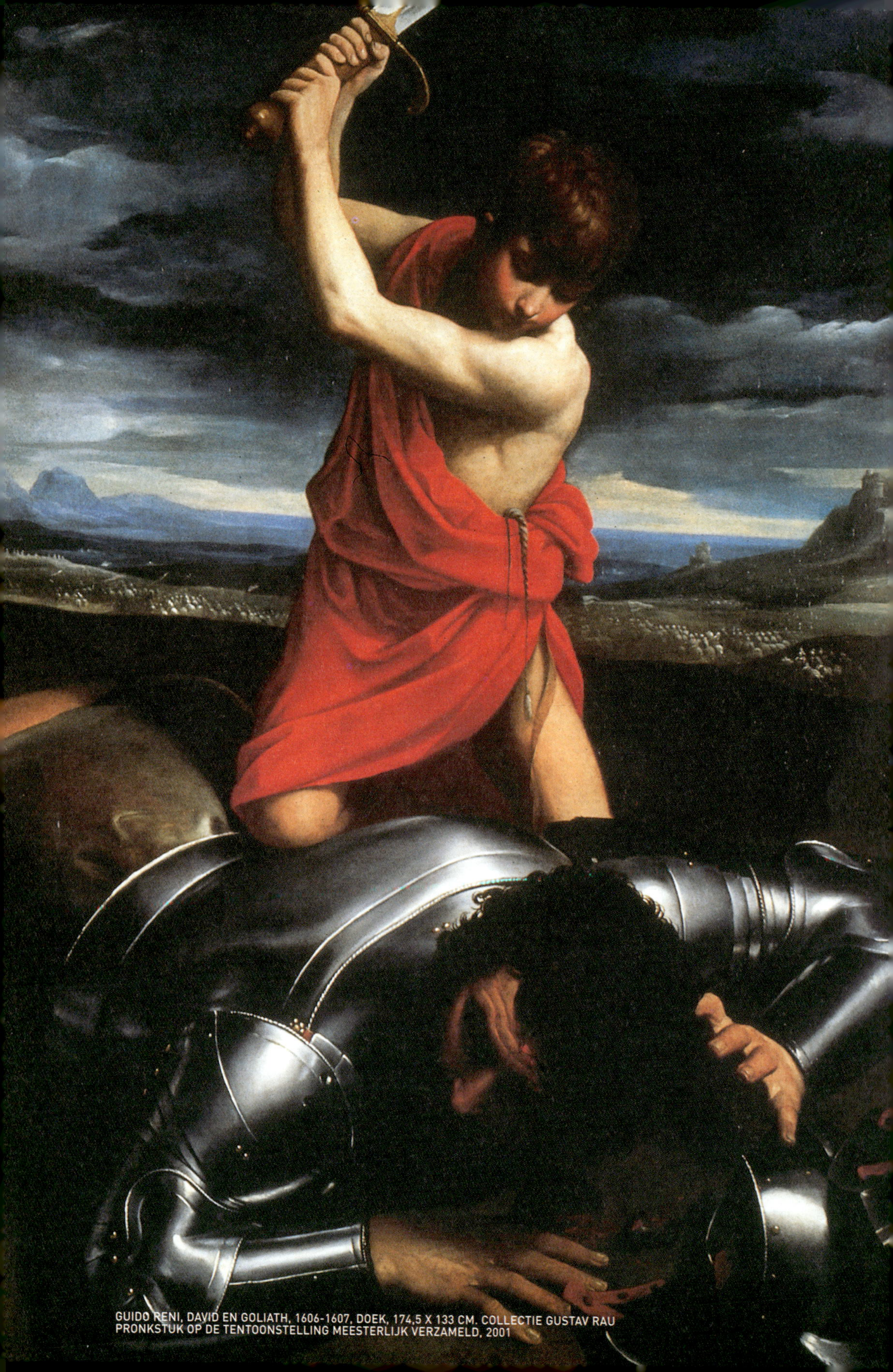

GUIDO RENI, DAVID EN GOLIATH, 1606-1607, DOEK, 174,5 X 133 CM. COLLECTIE GUSTAV RAU
PRONKSTUK OP DE TENTOONSTELLING MEESTERLIJK VERZAMELD, 2001

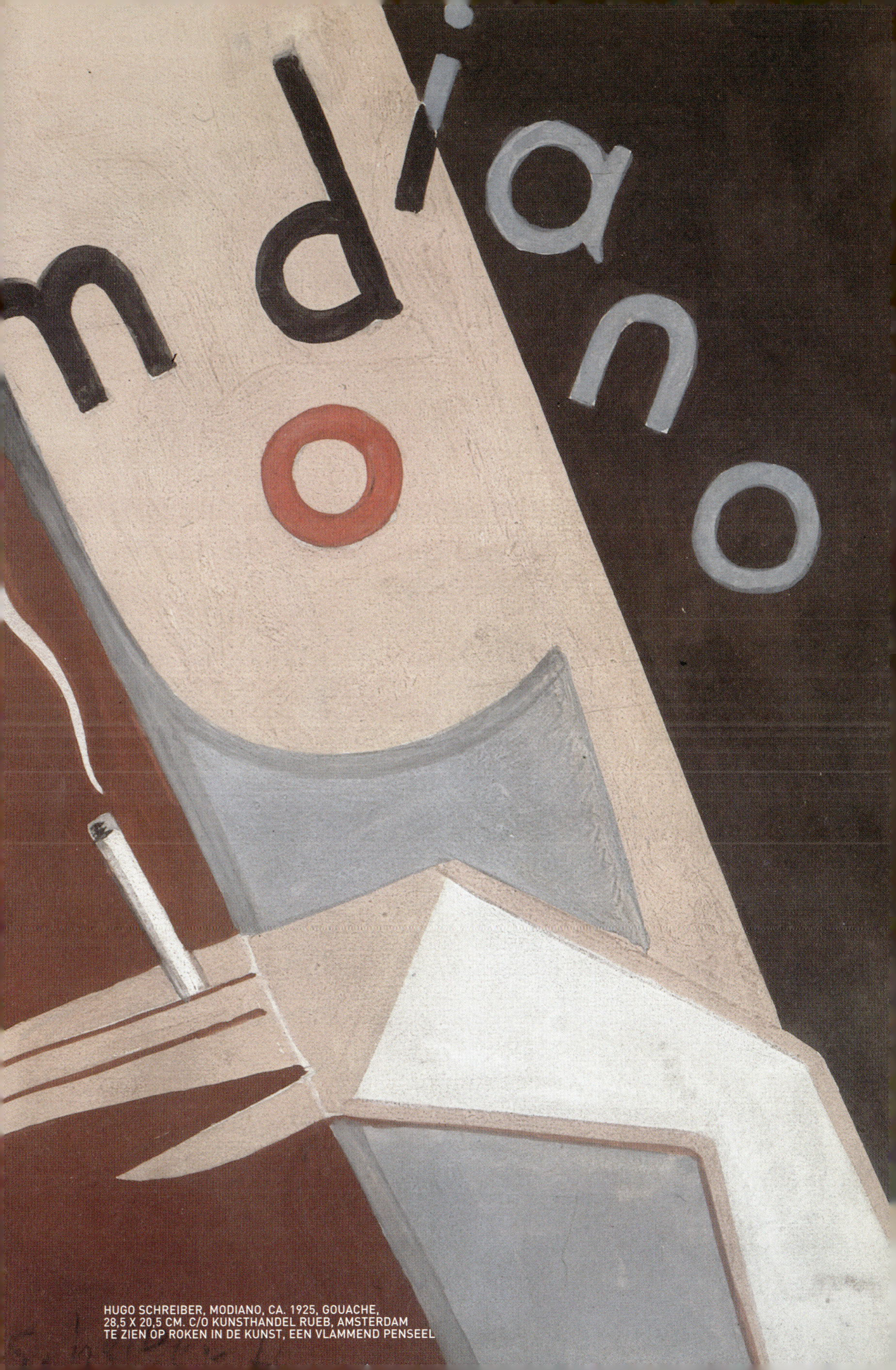

HUGO SCHREIBER, MODIANO, CA. 1925, GOUACHE,
28,5 X 20,5 CM. C/O KUNSTHANDEL RUEB, AMSTERDAM
TE ZIEN OP ROKEN IN DE KUNST, EEN VLAMMEND PENSEEL

Geregeld wordt aandacht besteed aan **niet-westerse** kunst, met name uit Azië. China is al een aantal keren aan bod geweest, evenals Japan en Indonesië. Het gaat niet alleen om de schatten van goud waar men zich aan kan vergapen, ook uitingen van alledaagse cultuur vallen hieronder, zoals *Manga manga!*, een tentoonstelling over Japanse strips.

Buiten de publiekstrekkers wil de Kunsthal zich onderscheiden met kleinere tentoonstellingen op het gebied van design en fotografie. Jaarlijks worden er een stuk of zes designtentoonstellingen gemaakt. Soms klein en banaal, zoals *Lucites*, over damestasjes van kunststof uit de jaren veertig en vijftig. Soms groot en educatief, zoals *Mijn eerste stoel*, over kindermeubilair uit de hele wereld.

Tegenwoordig doet bijna iedere zichzelf respecterende kunstinstelling aan fotografie, van Tropenmuseum tot Rijksmuseum, van Beurs van Berlage tot de Nieuwe Kerk. Tien jaar geleden was dat anders. De Kunsthal was een pionier op het terrein van de fotografie en gaat door met haar duidelijke lijn.

Van meer recente datum is de aandacht voor exposities van tekeningen, zowel voor die van cartoonisten als Stefan Verwey en Yrrah, als voor de pen- en potloodtekeningen van kunstenaars als Ed Valk en Willem van Veldhuizen. Dit heeft te maken met de positie van de Kunsthal als jong instituut. Het kunstaanbod in Nederland is overweldigend. Volgens Pijbes is het voor wie zich wil onderscheiden altijd cruciaal de eerste of de beste te zijn. Je moet keuzen maken. Je altijd afvragen: doet iemand anders dit al? Kan iemand dit beter? Is dit het juiste moment? Wie zit er op te wachten? Kortom: is het haalbaar en betaalbaar? Om die reden komen bijvoorbeeld mode, keramiek, glas, grafiek en sculptuur weinig voor op het programma.

Als het nieuwe beleid van de Kunsthal in het kort moet worden samengevat, dan zo: een gelijksoortige aandacht voor **high art** en **low culture**. Het onderscheid wordt niet langer gemaakt. Een interessante tentoonstelling is een interessante tentoonstelling, ongeacht of het nu gaat om schilderijen of fotografie, om cartoons of etnografie, om museale tentoonstellingen of familietentoonstellingen.

Er zijn ook onderwerpen die de Kunsthal niet meer zal tonen, al heeft ze daar in het verleden succes mee gehad. Zo lijkt de interesse in autotentoonstellingen voorbij, al blijft er altijd plaats voor het onverwachte.

Voor Wim van Krimpen directeur werd van de Kunsthal had hij naam gemaakt als galeriehouder gespecialiseerd in moderne kunst. Ook de tentoonstellingmakers van het eerste uur, Wim van Sinderen en Martita Slewe, hadden een achtergrond in de eigentijdse kunst. Hoewel ze er alles aan hadden gedaan, was dit trio er niet in geslaagd voldoende bezoekers te trekken met moderne kunst. Al na korte tijd werd dit onderdeel van het programma afgevoerd.

Ook Wim Pijbes is vooralsnog niet van plan in de toekomst prominent plaats te bieden aan de hedendaagse kunst en wel om drie redenen. In de eerste plaats is de Kunsthal niet in Amsterdam gevestigd, maar in Rotterdam. Deze stad heeft, zoals bekend, een beperkt publiek voor hedendaagse kunst. In de tweede plaats is Rotterdam een stad met een ruim gesorteerd aanbod aan moderne kunst. Bij Museum Boijmans, een museum voor oude en nieuwe kunst, ligt het accent al jaren op de moderne kunst. Bij kunstcentrum Witte de With wordt de internationale avantgarde getoond en de lokale kunstenaars vinden onderdak bij TENT. Buiten de stad, op niet al te grote afstand, bevinden zich bijvoorbeeld De Pont in Tilburg, het Gemeentemuseum in Den Haag en het Stedelijk Museum Amsterdam. Ook steeds beter bereisbaar worden de musea in Londen en Parijs. Het aanbod aan moderne kunst is enorm, maar het trekt in Rotterdam relatief weinig publiek. Wat ons op het derde punt brengt: de publieksaantallen zijn te laag voor een instelling die zich goeddeels zelf moet financieren.

Hoewel Van Krimpen heel stellig was in zijn voornemen nooit en te nimmer sculptuur te brengen, denkt Pijbes daar genuanceerder over. Henry Moore bijvoorbeeld, zou hij graag willen tonen. Dat is nu een van die grote namen uit de kunstgeschiedenis waarvan in Nederland zelden werk valt te zien. Daarbij zijn de lokale omstandigheden ernaar. Het werk kan zowel binnen als buiten worden getoond, in de Kunsthal en in het Museumpark, waar tot op heden zo weinig gebruik van is gemaakt. *Henry Moore in Rotterdam*, dat is passend, want Rotterdam beschikt al over een bijzonder beeld van Moore, gemetseld in de gevel van het Bouwcentrum. Haast niemand die het kent.

In de tweede helft van de twintigste eeuw, toen het modernisme in de mode was, hadden de musea geen oog voor de negentiende eeuw. Wél voor het impressionisme, maar niet voor wat zich daarvoor had afgespeeld. Dat bleef zo tot het moment dat in Parijs de negentiende eeuw werd benoemd. Er werd een groot gebouw voor ingericht en alle Franse musea moesten hun topstukken uit die periode inleveren. Daarmee was het Musée d'Orsay op slag het museum van de (Franse) negentiende eeuw geworden en een grote internationale publiekstrekker.

Roland de Leeuw constateerde al in zijn rede bij de opening van de expositie *De Haagse School*, dat hij de indruk kreeg dat de Kunsthal was begonnen de Nederlandse negentiende eeuw in kaart te brengen. Breitner en Israëls zijn getoond, de negentiende eeuwse Nederlandse schilderskolonie in Brussel en in 2005 is het de beurt aan de Hollandse romantiek.

De negentiende eeuw is een periode bij uitstek waarin nog herontdekkingen kunnen worden gedaan. Kunsthistorisch gezien is het een enorme rijke bron van vergeten en onbekende kunstenaars, die weer wakker kunnen worden gekust. De Kunsthal is niet de enige die dat heeft ontdekt, uiteraard het Van Gogh Museum, maar ook het Dordrechts Museum en het hippe Groninger Museum (Jozef Israels, Ilya Repin) hebben de negentiende eeuw herontdekt.

In strikte zin is het geen stijlperiode, maar een bedenksel van kunsthistorici, een kunstmatige afbakening. In feite is het niet meer dan een periode tussen de romantiek en het modernisme, waarin zeer verschillende dingen zijn gemaakt. Het is de eeuw van het classicisme en de neo-stijlen.

De tentoonstelling *Hollandse Romantiek* wordt samengesteld door Benno Tempel, onder auspiciën van 'gastconservator' Roland de Leeuw, directeur van het Rijksmuseum en voormalig directeur van het Van Gogh Museum. Het betreft hier veelal vergeten kunstenaars en prachtig werk dat in alle collecties in Nederland ruim voorhanden is. Maar altijd op de rekken in depot, nooit op zaal. Koektrommelkunst noemen de critici het misprijzend, maar het is kunst van hoge kwaliteit dat een groot publiek aanspreekt.

Dat is één van de functies die de Kunsthal op zich heeft genomen: de dingen laten

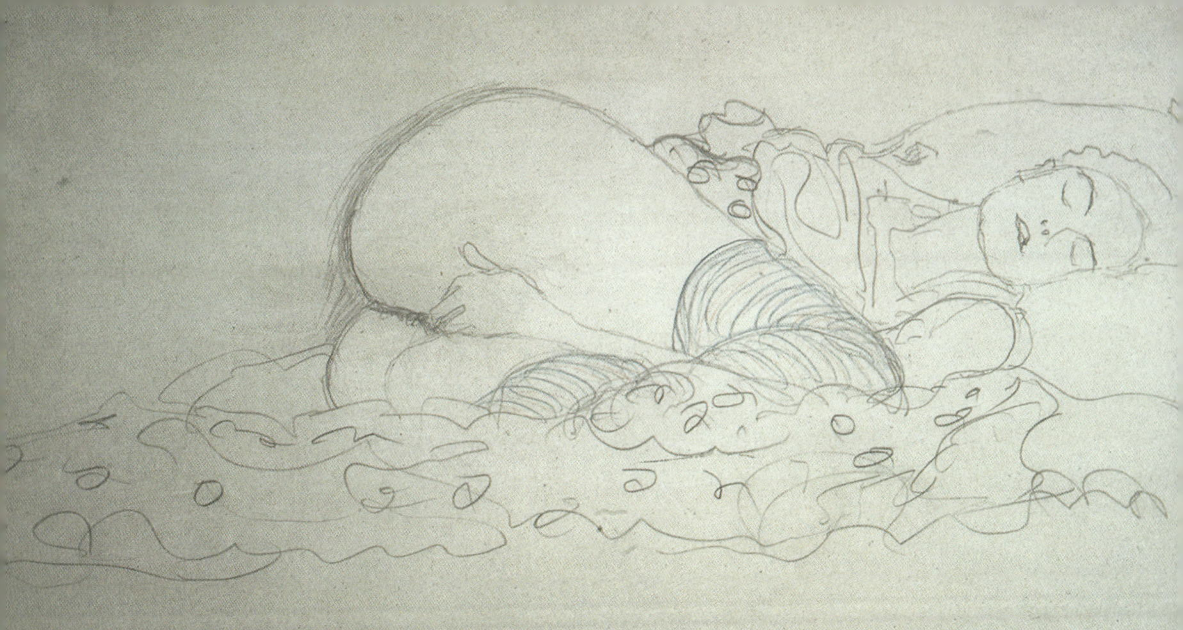

GUSTAV KLIMT, LIGGEND NAAKT, HOOGTEPUNT OP TENTOONSTELLING LUST VOOR HET OOG, VIERHONDERD JAAR EROTISCHE KUNST, 1996

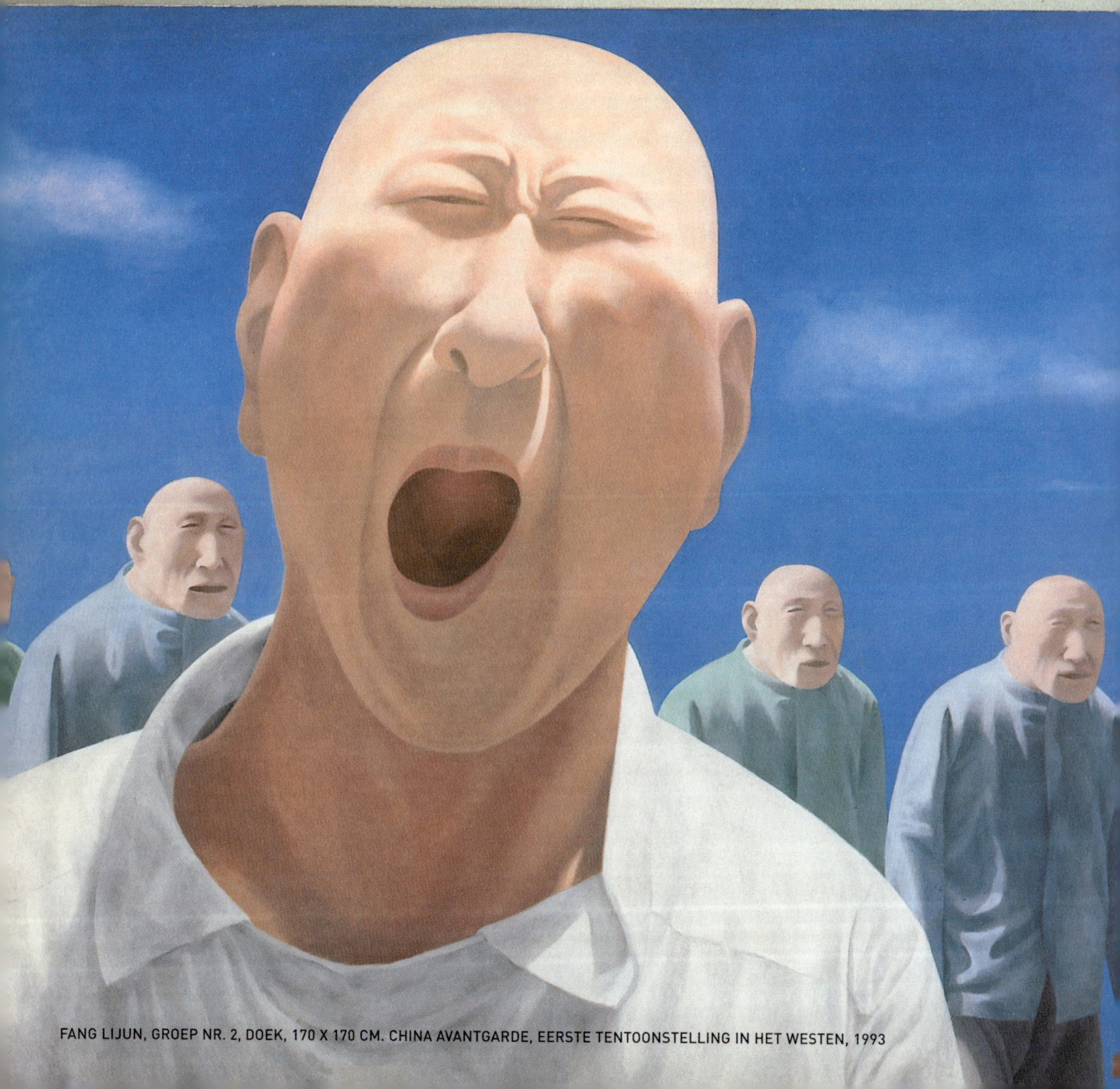

FANG LIJUN, GROEP NR. 2, DOEK, 170 X 170 CM. CHINA AVANTGARDE, EERSTE TENTOONSTELLING IN HET WESTEN, 1993

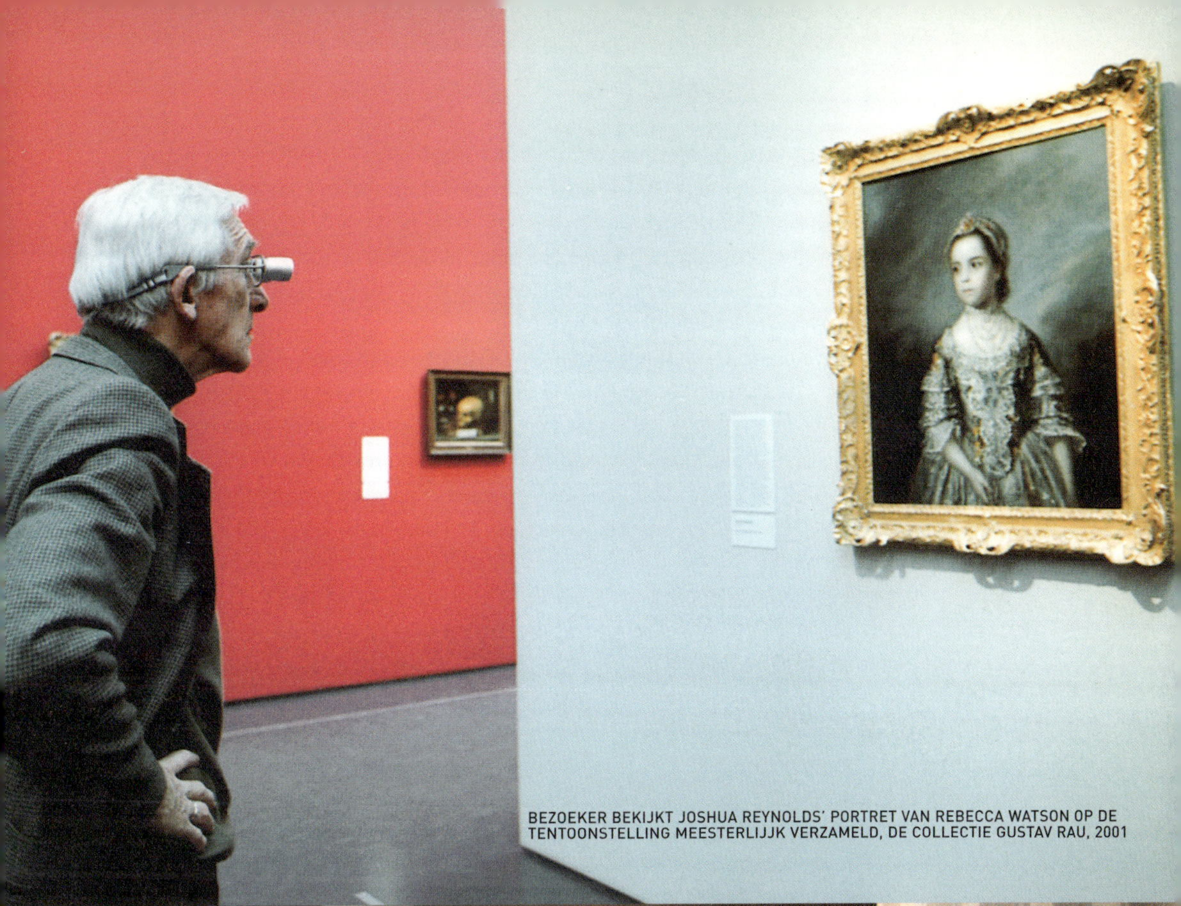

BEZOEKER BEKIJKT JOSHUA REYNOLDS' PORTRET VAN REBECCA WATSON OP DE TENTOONSTELLING MEESTERLIJK VERZAMELD, DE COLLECTIE GUSTAV RAU, 2001

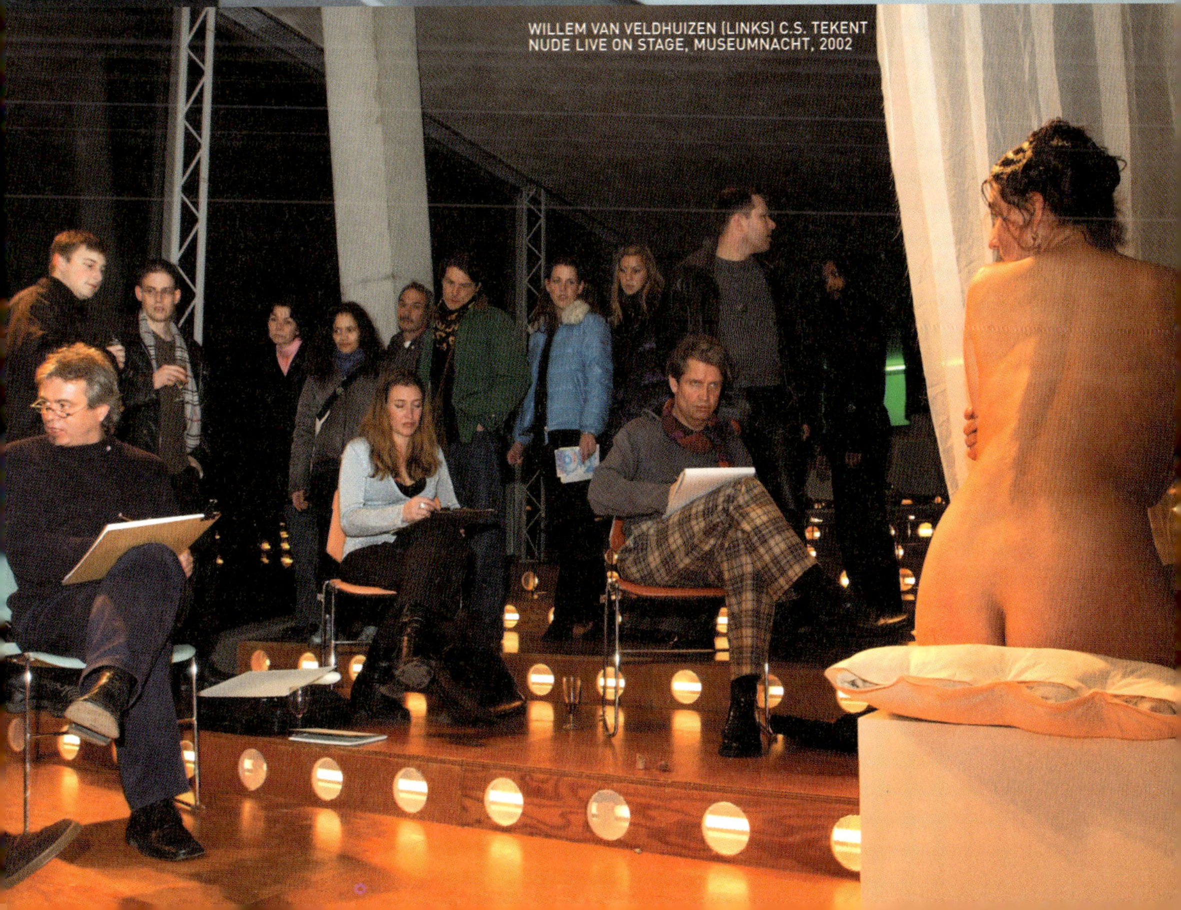

WILLEM VAN VELDHUIZEN (LINKS) C.S. TEKENT NUDE LIVE ON STAGE, MUSEUMNACHT, 2002

zien die anderen niet tonen, of niet durven tonen uit angst geridiculiseerd te worden. Zo stonden de poezenschilderijen van Henriëtte Ronner-Knip uit de collecties van Museum Boijmans en het Haags Gemeentemuseum op de nominatie om te worden afgestoten. Op veilingen brengen ze tonnen op, maar in de Nederlandse musea hangen ze vrijwel permanent in depot. Als de Kunsthal daarvan een tentoonstelling organiseert, tot genoegen van een groot publiek, dan haalt heel museaal Nederland opgelucht adem. De Kunsthal doet het, dus hoeven wij het niet meer te doen.

"Het traditionele, gesubsidieerde museum is niet publieksvriendelijk," zegt Van Krimpen. De mensen die er werken zijn niet gewend met publiek om te gaan. Zijn uitgangspunten waren daaraan tegengesteld: in de Kunsthal moest veel publiek komen en het moest bij voorkeur nog eens terugkomen. Een museum is publiek domein; het moet proberen zoveel mogelijk mensen te trekken. Daarom moet er vooral veel te zien zijn, bij voorkeur ook dingen die elders niet te zien waren. Populaire zaken waar traditionele musea hun neus voor ophalen. Populisme, vindt hij, daar is niets mis mee, maar het moet wel een respectabel populisme zijn. Alles op niveau, maar wel voor iedereen.

Het gevaar van die aanpak is dat de smaak van het publiek richtinggevend kan worden voor het beleid, met als uiterste consequentie een uitholling van het idee wat kunst is en wat kwaliteit. Rudi Fuchs waarschuwde lang geleden al tegen dit neveneffect van privatisering. "Privatisering betekent niks anders dan bezuinigen," zei hij tegen *Bibeb*, "de musea moeten zelf hun inkomsten realiseren. Laat het publiek maar komen met een lijstje voorkeuren: **Wij willen mooie zonsondergangen.**"

De Kunsthal moet in haar beleid voortdurend de grens in de gaten houden tussen wat de moeite van het tonen waard is, maar zelden getoond wordt en het publiek geven wat het wil zien. De Kunsthal heeft een grote mate van vrijheid, ze kan **als keurig equivalent van de RAI** (Roland de Leeuw) in principe alles herbergen, waar een museum rekenschap aan zijn collectie is verplicht. Juist die potentiële ongelimiteerdheid dwingt haar tot scherpe keuzen wil ze niet als triviaal terzijde worden geschoven. De Kunsthal weet goed te kiezen.

Het jaar 2003 begint met *Impressionisten & post-impressionisten, Miracle de la couleur: meesterstukken uit de Fondation Corboud*. De tentoonstelling wordt samengesteld in samenwerking met het Wallraf-Richartz-Museum in Keulen, waarin het Zwitserse echtpaar Corboud een deel van zijn collectie heeft ondergebracht. Nog steeds is het impressionisme wereldwijd de publiekslieveling, **modern** en toch **toegankelijk**. In de top honderd van meest bezochte tentoonstellingen die *The Art Newspaper* jaarlijks opstelt, staan de impressionsten voortdurend bovenaan. Of het nu een tentoonstelling is van Monet in de Royal Academy, of een keuze uit de Barnes Collection, het zijn altijd impressionisten waar het meeste publiek op afkomt.

Pijbes rekent voorzichtig op 100.000 bezoekers voor *Miracle de la couleur*. Het kunnen er meer worden, maar ook minder. Zekerheid bestaat hier niet. Je weet nooit van tevoren wat andere musea op hetzelfde moment zullen brengen en die programmering is ook van invloed op het aantal bezoekers. Zo viel het bezoek aan de tentoonstelling van schilderijen van Kees Maks (voorjaar 2002) tegen. Isaac Israels had twee jaar eerder 86.000 bezoekers getrokken en voor Maks was minimaal op de helft van dat aantal gerekend. Het werden er niet meer dan 40.000.

Een oude bekende van de Kunsthal is de fotograaf Martin Parr van wie in 2003 een retrospectief wordt gebracht. Parr is een typische Kunsthal-kunstenaar, een man die zijn camera altijd richt op het dagelijks leven van gewone mensen, in het bijzonder de minder verheffende kant daarvan. Het is een journalistieke benadering van de werkelijkheid, maar altijd eigenzinnig vormgegeven. Die aandacht voor het commentaarloze verslag is ook een aspect van de Kunsthal. Bij tijd en wijle functioneert het instituut als een krant: Wij Maken Melding Van. Hoe mooi of belangrijk dat is, mag de bezoeker zelf uitmaken.

De blijvende verlokking, een tentoonstelling over Nederlandse kunstenaars die tussen circa 1820 en 1940 in Italië verbleven, zou oorspronkelijk in het Centraal Museum in Utrecht worden getoond. Het Centraal Museum vond de tentoonstelling bij nader inzien niet in het programma passen. Het thema past om verschillende redenen wel goed in het beleid van de Kunsthal. Nooit eerder is aandacht besteed aan Nederlandse kunstenaars die in de periode 1820 tot 1940 naar Italië zijn gegaan om daar te werken. Voor een deel zit daar weer die onbekende negentiende eeuw in. Als je dat werk bijeen brengt, levert dat een aantrekkelijke tentoonstelling op. Maar men moet er geen overdreven verwachtingen van hebben. Het is een thematentoonstelling en die trekt per definitie minder bezoekers dan die van een kunststroming of een monografische tentoonstelling.

Van het Vitra Design Museum wordt de overzichtstentoonstelling *Isamu Noguchi Sculptural Design* overgenomen. Noguchi (1904-1988) is in Amerika een beroemdheid, maar in Europa nog nauwelijks bekend. Hij was een Amerikaans-Japanse kunstenaar die zowel sculpturen heeft gemaakt als meubilair ontworpen. Het is het soort tentoonstelling dat eerder in het Stedelijk Museum thuishoort, maar die laat het op dit terrein afweten en dus brengt de Kunsthal hem. Noguchi is in principe interessant voor drie soorten publiek. Het traditionele publiek voor moderne kunst, nieuw publiek dat vooral geïnteresseerd is in design, en - verrassend - een publiek van toneelliefhebbers, want de tentoonstelling is op een bijzondere manier geënsceneerd door de theatermaker Robert Wilson. Het is misschien geen evenement voor een groot publiek, maar het is wel een tentoonstelling die goed is voor de internationale reputatie van het instituut. Over tien jaar zullen mensen zich dat nog herinneren: Noguchi in de Kunsthal.

Roken in de kunst is weer een echt **stout** Kunsthal-onderwerp met een scherp randje. *Erotiek in de kunst*, *Botje bij botje - Menselijke resten in musea*, *De schat van Lombok* en *Meestervervalser Han van Meegeren*, stuk voor stuk zijn het in eigen huis gemaakte producties met een knipoog en ondeugend karakter die serieus worden uitgewerkt en in de Kunsthal voor het eerst museaal worden getoond. Roken wordt al vanaf de zeventiende eeuw door kunstenaars verbeeld, maar heeft als zodanig nooit aandacht gekregen. Toch zijn er ontzettend veel schilderijen over dit thema, denk aan Jan Steen. Met name de genreschilders uit de Gouden Eeuw hadden gemerkt dat rokende personages uitermate geschikt zijn om een sociaal idee, een symbolische betekenis of een komische draai aan hun schilderijen mee te geven. Het heeft er zelfs alle schijn van dat het thema roken door de Hollandse meesters in de kunst werd geïntroduceerd. Aan de hand van 120 kunstwerken, van de zeventiende eeuw tot heden, maakt *Roken in de kunst* duidelijk dat kunstenaars dankbaar

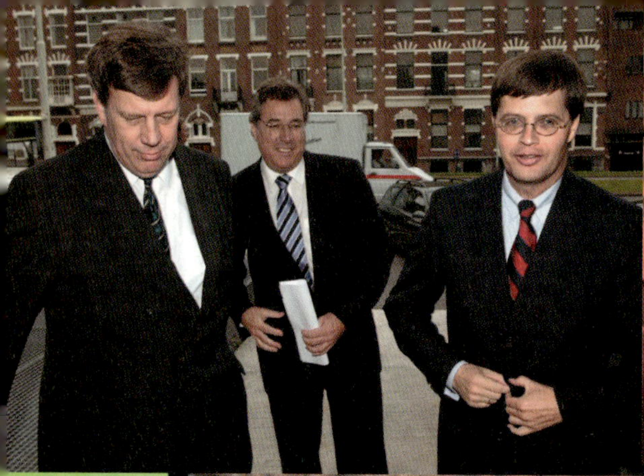
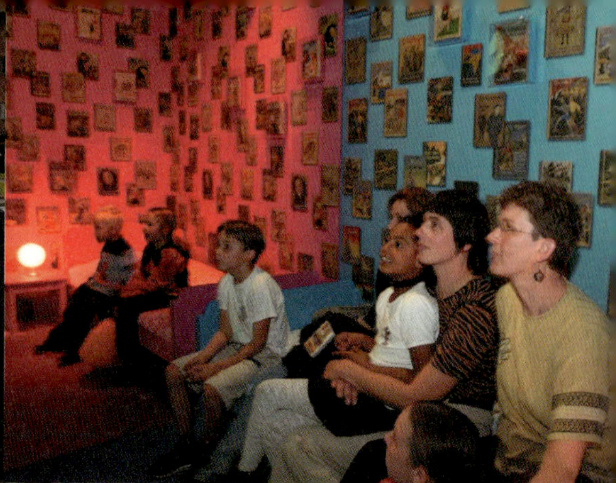
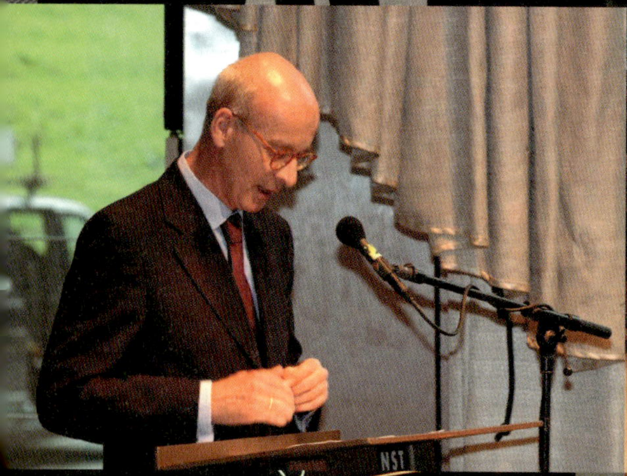
NST
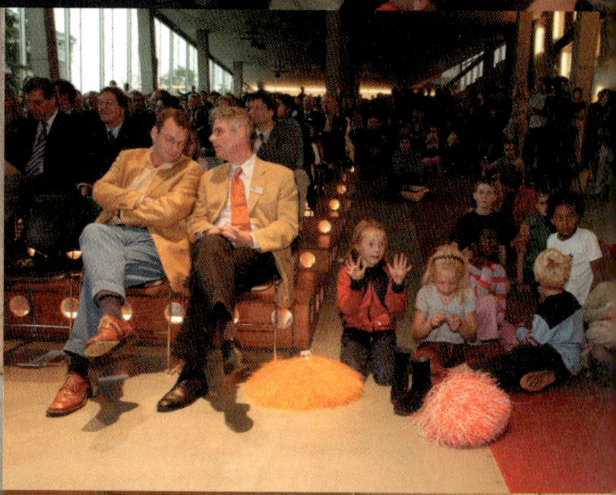
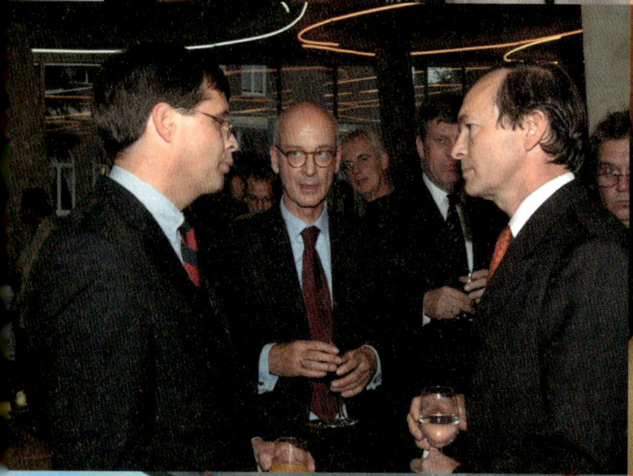
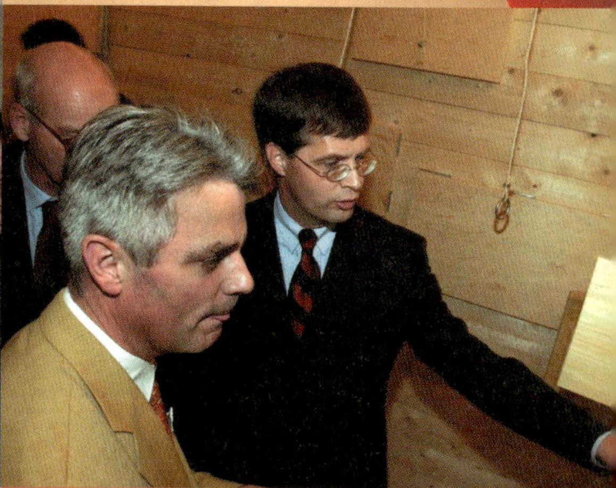
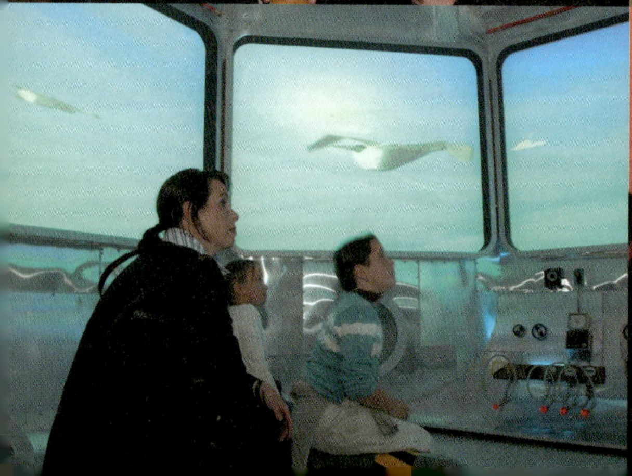
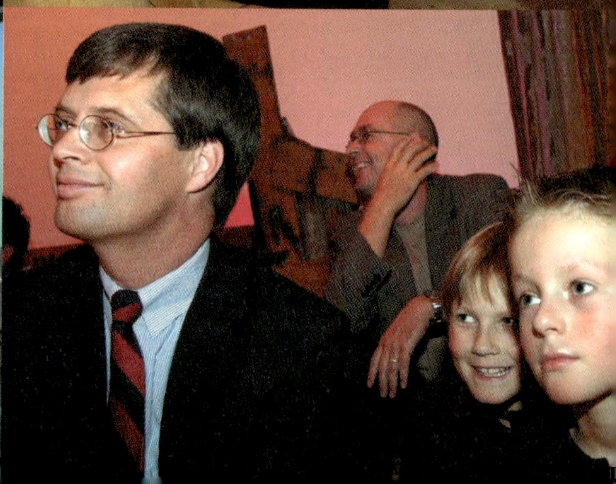

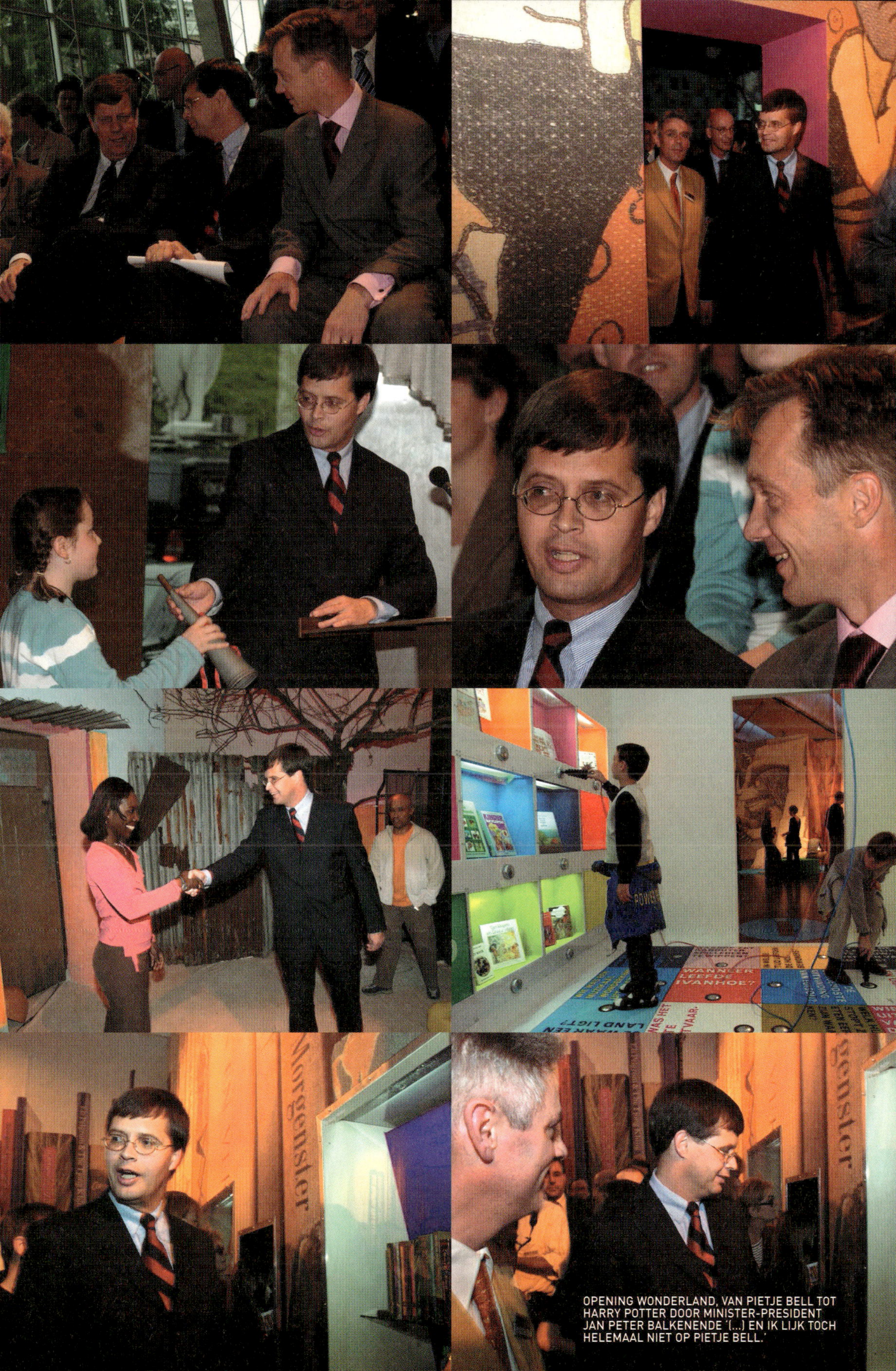

OPENING WONDERLAND, VAN PIETJE BELL TOT HARRY POTTER DOOR MINISTER-PRESIDENT JAN PETER BALKENENDE '(...) EN IK LIJK TOCH HELEMAAL NIET OP PIETJE BELL.'

gebruik hebben gemaakt van de mogelijkheden die het roken hen bood. Duitse expressionisten als Otto Dix en George Grosz, kubisten als Pablo Picasso en Georges Braque, maar ook pop-art kunstenaars als Andy Warhol en Tom Wesselmann lieten sigaret, pijp en sigaar een cruciale rol spelen in hun werk. Er zit in ons anti-rooktijdperk natuurlijk ook een provocerend kantje aan deze celebratie van het rookgenot. De vraag alleen al: hoe afficheer je zo'n tentoonstelling? Mag je nog wel een affiche op straat aanplakken waarop heerlijk wordt gerookt?

Behalve een nationaal instituut is de Kunsthal ook een Rotterdams instituut en om die reden presenteert de Kunsthal het eerste overzicht van de Rotterdamse impressionist en **meester van het havengezicht** Johan Hendrik van Mastenbroek. Een tentoonstelling in de lijn van *Panorama Rotterdam, Meesters aan de Maas* die in 2001 werd gehouden. Juist door ook lokale onderwerpen te brengen, wordt een publiek bereikt dat anders moeilijk de gang naar het museum weet te maken.

Nieuw publiek bereiken blijft een belangrijke taak. Nu de maatschappij in het algemeen en Rotterdam in het bijzonder letterlijk aan het verkleuren zijn, wordt dat een dwingende opgave. Jaarlijks komen er groepen nieuwe Nederlanders bij, die niet worden bediend door het huidige aanbod van de culturele instellingen. De vraag is of je het beleid hieraan moet aanpassen en zo ja, hoe?

De tentoonstelling *Sieraden uit de Oriënt* heeft voor het eerst in het bestaan van de Kunsthal groepen allochtonen tot een (gesubsidieerd) bezoek verleid. Uiteraard kwamen ze nog niet massaal. Er zijn bij elkaar misschien een paar duizend allochtone bezoekers geteld, maar het is een begin. Voor de toekomst staat ook een tentoonstelling op het programma over *Schatten uit het Topkapi Museum.* Ongetwijfeld komen daar ook Turken op af. Eveneens gepland voor de toekomst staat een tentoonstelling over de cultuur van de nomadische woestijnvolkeren, de Berbers, op het programma. Echt iets voor Marokkanen, ook al zijn dat beslist geen reguliere museumbezoekers.

Dat is het probleem van de multiculturele tentoonstellingen in een notendop. Met een tentoonstelling over Berbers trek je geen Surinamers, Antillianen en Kaapverdianen. Voor die groepen moet je weer iets anders bedenken. De musea krijgen altijd het verwijt te horen dat ze zich eenzijdig op een blank, West-Europees publiek richten. Maar wat zijn nu geschikte onderwerpen voor multiculturele tentoonstellingen? Niemand die het weet, laat staan een multi-culturele blockbuster.

Dat de Nederlandse en vooral de Rotterdamse bevolkingssamenstelling in tien jaar veranderd is heeft de Kunsthal zich ter harte genomen. Om de nieuwe Rotterdammers deelachtig te maken in het programma richt de Kunsthal zich vooral op het onderwijs, wie erin slaagt Rotterdamse schoolklassen tot een bezoek te bewegen, krijgt automatisch een dwarsdoorsnede van de bevolking over de vloer. Tegelijkertijd wil Pijbes met regelmaat tentoonstellingen programmeren die expliciet bedoeld zijn voor de Rotterdamse allochtone bevolking. Zo wordt in samenwerking met het Prins Claus Fonds ook een poging ondernomen de kleurrijke bevolking met cultuur in aanraking te brengen. Rotterdam kent een zomercarnaval dat jaarlijks enige honderdduizenden mensen trekt. In 2003 zal de mooiste praalwagen worden bekroond en het jaar daarop mogen de winnaars onder begeleiding van een expert in de Kunsthal een superpraalwagen maken. Dat kan dan mooi worden gecombineerd met de verkiezing van een Miss Zomercarnaval. Al moeten Turken en Marokkanen daar weer niets van hebben.

Zo blijft het beleid een kwestie van jongleren. Wie zoveel verschillende groepen wil bedienen, moet proberen vele ballen tegelijk in de lucht te houden. Daarin verschilt de Kunsthal radicaal van alle andere kunstinstellingen in Nederland. Waar anderen kiezen voor specialisering en segmentering - oude kunst of nieuwe kunst, **high art** of **low culture** - probeert de Kunsthal dat alles tegelijk te doen. Hoewel niet al te veel nadruk wordt gelegd op het educatieve aspect, speelt dat wel degelijk een rol. Door die brede aanpak hoopt de Kunsthal ook te bewerkstelligen dat een publiek dat nu nog één keer paar jaar naar een tentoonstelling komt in de toekomst misschien wel twaalf keer zal komen.

Maar hoe breed het culturele beleid ook wordt geformuleerd, de pure kunst wordt nooit vergeten. Zo worden plannen uitgewerkt voor een *One Picture Show*. Een expositie die uit niet meer bestaat dan één schilderij opgesteld voor een tribune, die plaats biedt aan circa driehonderd personen. Dit schilderij moet een gerenommeerd topstuk zijn, dat voor één keer alle aandacht krijgt. Om het uur, zo'n zes keer per dag, zal een expert een uitgebreide toelichting op het schilderij verzorgen. Een lezing van een uur, waarna weer een volgende groep aan de beurt is. Het schilderij als evenement, een experiment, waarvan op voorhand niet zeker is dat het ook zal aanslaan.

Het is een ironische omkering van zaken. Die geconcentreerde aandacht voor het enkele kunstwerk is het precieze tegendeel van het vele dat de blockbuster kenmerkt. Het gebouw dat gedacht was als een container van het talrijke voor het massale is in één decennium getransformeerd tot een tempel voor het unieke en het individuele. Niet uitsluitend, maar ook.

Het zal niet de laatste verrassing zijn die ons wordt bereid. Van de Kunsthal kan de bezoeker nog veel verwachten.

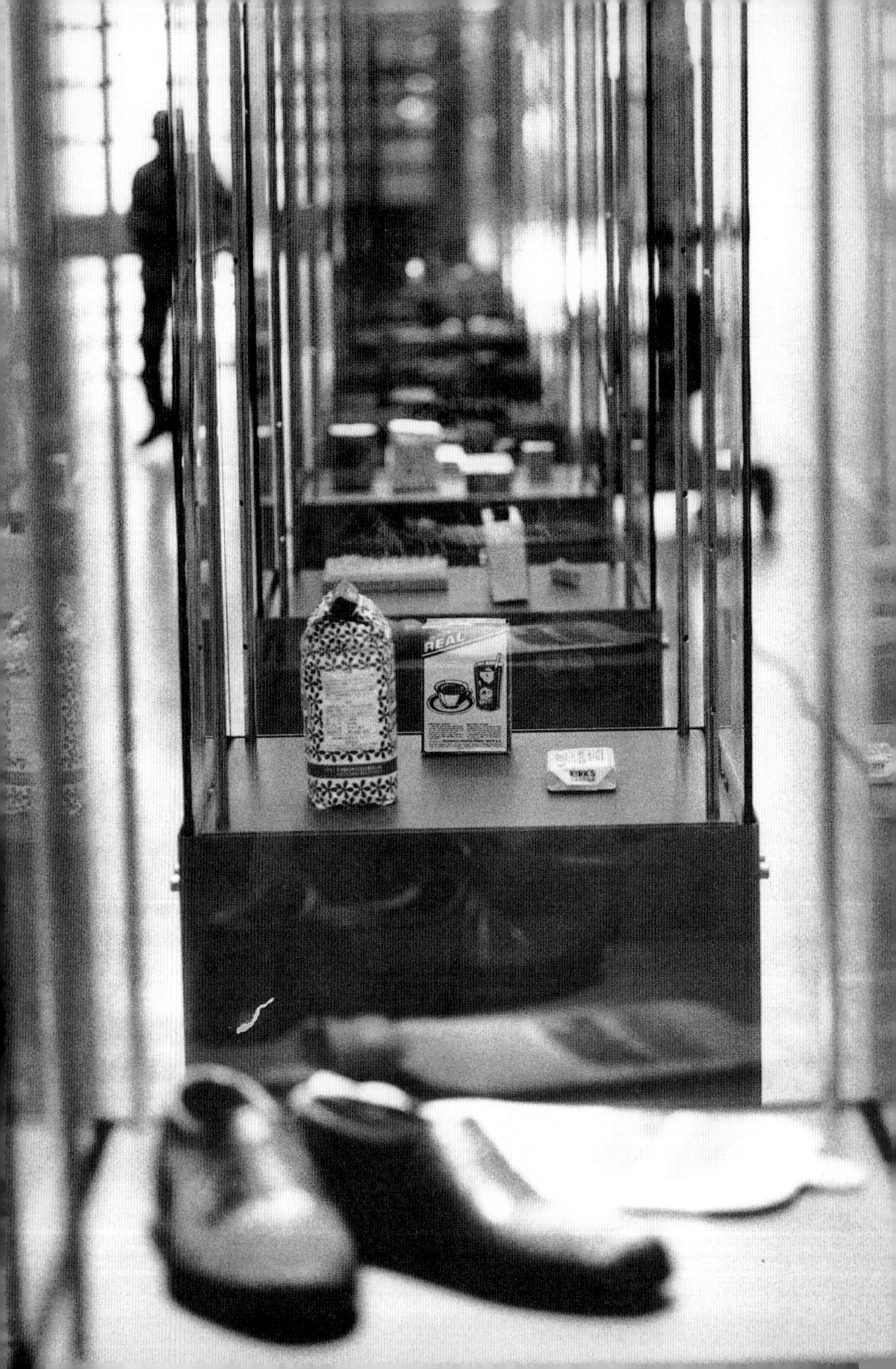
REAL
KIRK'S

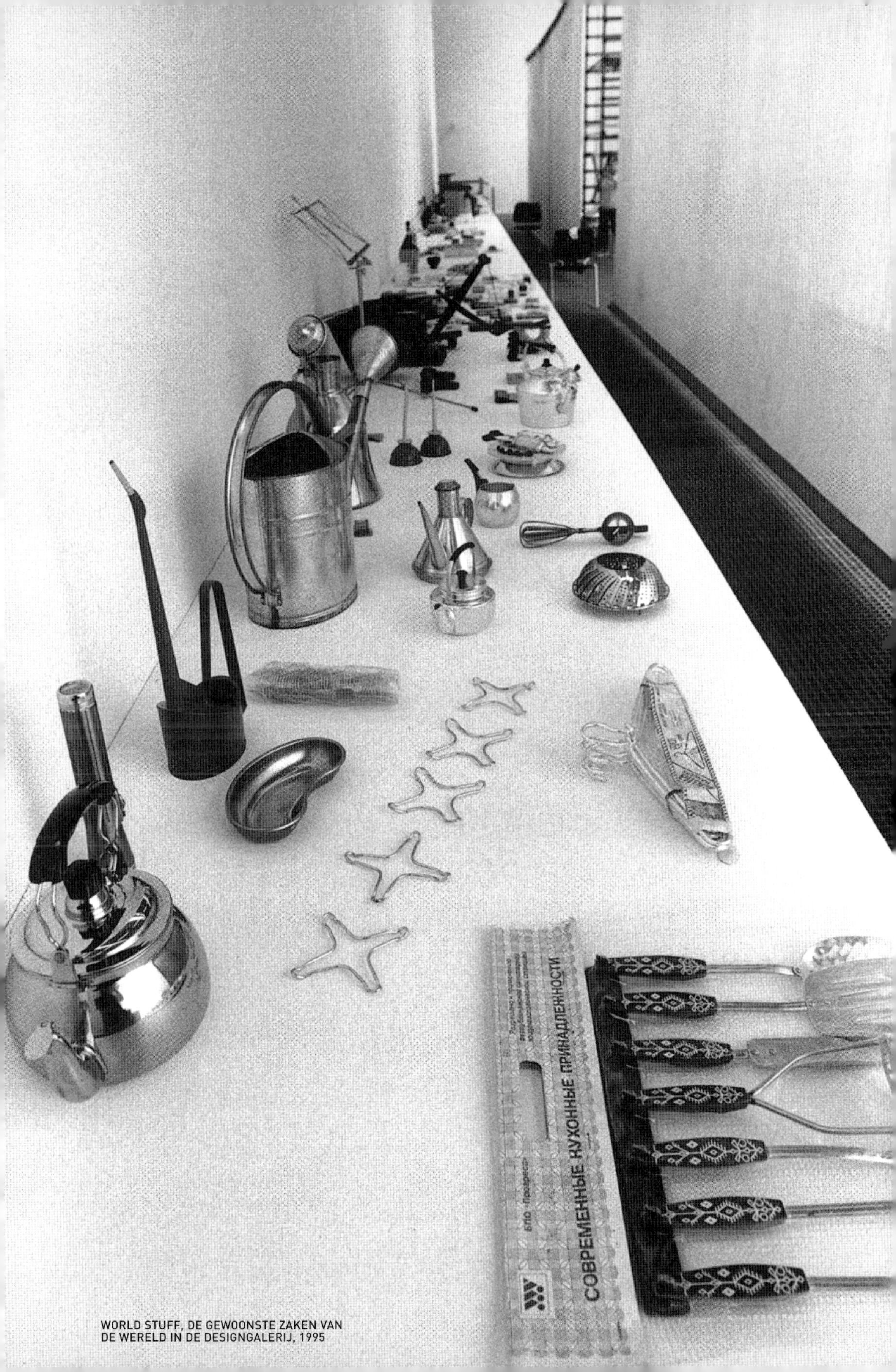

WORLD STUFF, DE GEWOONSTE ZAKEN VAN
DE WERELD IN DE DESIGNGALERIJ, 1995

KUNSTHAL-CATALOGI EN VERWANTE UITGAVEN

1992

Tent. cat., The Asia Society Galleries New York, Dallas Museum of Art, Arthur M. Sackler Gallery Washington D.C., Natural History Museum of Los Angeles County, Kunsthal Rotterdam, *Court Arts of Indonesia*, 1990

Tent. cat., bijlage, Kunsthal Rotterdam, *Hofcultuur uit Indonesië*, 1992

Tent. cat., Kunsthal Rotterdam, Het Koninklijk Paleis, *Een vorstelijke keuze uit twaalf Nederlandse museumcollecties*, 1992

Sinderen, W. van, *Logo's voor de Kunsthal Rotterdam*, 1992

Speksnijder, A. en W. van Zoetendaal (eds), *Rotterdam 1950-'60, Ed van Wijk, Cas Oorthuys, Frits Rotgans, Aart Klein, Henk Jonker*, Rotterdam, 1992

Schenk, R. (inl.), Tent. cat., Kunsthal Rotterdam, *Warhol-Kiefer-Clemente, Werken op papier, Works on paper*, 1992

1993

Tent. cat., Forum Stadtpark Graz, Galerie Fotohof Salzburg, Kunsthal Rotterdam, Museum Folkwang Essen, *Akt-Tokyo 1971-1991*, 1992

Derouet, C., Eduardo Arroyo - *Neue Arbeiten*, Hamburg, 1989

Lammerse, J., *Autodesign in Nederland*, Zwolle, 1993

Tent. cat., Gallery Bruno Bischofberger Zürich, *Miquel Barceló in Mali*, 1989

Sinderen, W. van (inl.), Tent. gids, Kunsthal Rotterdam, *Miquel Barceló, Gouaches van Mali*, 1993

Bochynek, M. (inl.), Tent. gids, Kunsthal Rotterdam, *Bosslet*, 1993

Kumar, A., O. Mehta, M. van den Oever et al., *Chandigarh, Forty years after Le Corbusier*, Architectura & Natura Quarterly Documents Amsterdam, s.a.

Tent. cat., Haus der Kulturen der Welt Berlijn, Kunsthal Rotterdam, The Museum of Modern Art Oxford, Kunsthallen Brandts Klædefabrik Odense, *China Avantgarde*, 1993

Tent. cat., Kunsthal Rotterdam, *Design award, Designprijs Rotterdam 1993*, Rotterdam, 1993

Metz, T. (inl.), Tent. cat., Kunsthal Rotterdam, *Facet I, Internationale sieraden biënnale, International jewellery biennale*, 1993

Beaufort, C. (inl.), Tent. gids, Kunsthal Rotterdam, *K.J. Gellings, Ontwerpen voor siersmeedwerk en keramiek*, 1993

Weiermair, P. (inl.), *Joy, Photography by Erwin Olaf*, Amsterdam, 1993

Hema Afdeling Evenementen (red.), *Juryrapport Ontwerpwedstrijd Nacht/thuiskleding '93*, Breda, 1993

Tent. cat., BMW AG Öffentlichkeitsarbeit München, *Kunst am Automobil, Automobil Art*, 1991

Koolhaas, R. en I. Schwartz (inl.), *Kunsthal Rotterdam*, s.l., 1993

Tent. cat., Kunsthal Rotterdam, *Oaxaca, Magie van Mexico*, 1993

Tent. cat., The Museum of Modern Art Oxford, *Soviet Socialist Realist Painting 1930s-1960s*, 1992

Tent. cat., bijlage, Paleis voor Schone Kunsten Brussel, *Sovjet Socialistisch Realistische schilderkunst 1930-1970*, 1992

1994

Winden, W. van (inl.), Tent. gids, Kunsthal Rotterdam, *Geert van de Camp, Installatie*, 1994

Tent. cat., Magyar Nemzeti Galéria Boedapest, Liljevalchs Konsthall Stockholm, Kunsthal Rotterdam, Haus der Kunst München, *Csontváry*, 1994

Tent. cat., Institut für Auslandsbeziehungen, *Distanz und Nähe, Fotografische Arbeiten von Bernd und Hilla Becher, Andreas Gursky, Candida Höfer, Axel Hütte, Simone Nieweg, Thomas Ruff, Jörg Sasse, Thomas Struth, Petra Wunderlich*, s.l., 1992

Jongh, E. de, Tent. cat., The Yamaguchi Prefectural Museum of Art, Kumamoto Prefectural Museum of Art, Tokyo Station Gallery, *Faces of the Golden Age, Seventeenth Century Dutch Portrait*, 1994

Jongh, E. de, Tent. cat., bijlage, Kunsthal Rotterdam, *Faces of the Golden Age, Seventeenth Century Dutch Portrait, English Supplement*, 1994

Oudenaarden, J., Tent. cat., Kunsthal Rotterdam, *Feyenoord, Een beeld van een club*, s.a.

Tent. cat., Kunsthal Rotterdam, *Galerie '94*, 1994

Tent. cat., Muzeul National de Istorie a României Boekarest, Museum für Vor- und Frühgeschichte -Archäologisches Museum- der Stadt Frankfurt, Stirn Kunsthalle Frankfurt, Indiana University Art Museum

Bloomington, Indianapolis Museum of Art Indianapolis, *Goldhelm, Schwert und Silberschätze, Reichtümer aus 6000 Jahren Rumänischer Vergangenheit*, 1994

Groot, P. (inl.), Tent. cat., Kunsthal Rotterdam, *Dolf Henkes, Werken op papier*, 1994

Wolff, M. de (inl.), Tent. gids, Kunsthal Rotterdam, *Hoge bomen, Bij het afscheid van het College van Wethouders*, 1994

Baart, T., *Hollandse interieurs*, s.a. (1994)

Tent. cat., Letohrádek Belvedér Praag, Malmö Konsthall, Badischer Kunstverein Karlsruhe, Kunsthal Rotterdam, *Milan Kunc, Peinlicher Realismus, Ost-Pop (1974-1979), Verfeinerte Malerei (1986-1992)*, 1992

Tent. cat., Graphischen Sammlung Albertina Wenen, *Mimmo Paladino, Die 104 Pulcinella Zeichnungen*, 1993

Hoeven, F. van der en W. Pijbes (eds), Tent. cat., Kunsthal Rotterdam, *Rock around the camera, Veertig jaar popfotografie in Nederland*, 1994

Koch, A., *Struck by Lighting, An art-historical introduction to electrical lighting design for the domestic interior, Rotterdam*, 1994

Tent. cat., Museum van Hedendaagse Kunst te Antwerpen, Kunsthal Rotterdam, *W. Swennen*, 1994

Moolhuysen-Coenders, T., *Tekens & Ketens, Signs & Chains, Zeichen & Ketten*, Amsterdam, 1993

Tent. cat., Kunsthalle Basel, MAK-Österreichisches Museum für angewandte Kunst Wenen, Kunsthal Rotterdam, Rooseum Malmö, IVAM-Centre Julio González Valencia, *Andy Warhol, Abstracts*, 1993

Tent. cat., Philips Electronics N.V. en Olivetti S.p.A.,*Workshop*, Een verkenning van de kwaliteiten van de nieuwe kantooromgeving*, 1994

1995

Beeke, A. (inl.), *l'Amour! Foto's 1950-1990, Ed van der Elsken*, Amsterdam, s.a.

Reyes, A., *Gilles Berquet, Ame*, Parijs, 1995

Tent. cat., Stedelijk Museum Amsterdam, *G.H. Breitner, 1857-1923, Schilderijen, tekeningen, foto's*, 1994

Bodt, S. de, Tent. cat., Koninklijke Musea voor Schone Kunsten van België te Brussel, Kunsthal Rotterdam, *Brussel Kunstenaarskolonie, Nederlandse schilders, 1850-1890*, 1995

Droog Design (red.), Tent. gids, Kunsthal Rotterdam, *Droog Design*, s.a. (1995)

Ginkel, D. van en P. Hefting (inl.), Tent. cat., Karmeliterkloster Frankfurt am Main, Kunsthal Rotterdam, *From Hard Werken to Inízio, From cultural oasis to multimedia*, 1995

Deelder, J. (inl.), Tent. gids, Kunsthal Rotterdam, *Jimi Hendrix in Rotterdam*, 1995

Tent. cat., Museo Morandi Bologna, Graphische Sammlung Albertina Wenen, Akademie der bildenden Künste Wenen, Kunsthal Rotterdam, *Giorgio Morandi, Die Aquarelle, De aquarellen*, 1995

Tent. cat., Galerie Jamar Antwerpen, *Panamarenko, Multiples 1966-1994*, 1995

Tent. cat., Haus der Kunst München, Deutsches Historisches Museum Berlijn, Centrum Sztuki Warschau, Kunsthal Rotterdam, *Beate Passow en Andreas von Weizsäcker, Wunden der Erinnerung*, 1995

Straus, C. (inl.), Tent. cat., Kunsthal Rotterdam, *Pop Art*, 1995

Felius, M., *Rundvee, Rassen van de wereld*, Doetinchem, 1995

Vanvugt, E., *De schatten van Lombok, Honderd jaar Nederlandse oorlogsbuit uit Indonesië*, Amsterdam, 1995

Achten, A. (inl.), Tent. cat., Kunsthal Rotterdam, *Senatoren*, 1995

Tent. cat., Institut für Kulturaustausch Tübingen, *Dennis Stock, Made in U.S.A.*, 1995

Tent. cat., Amt für Wissenschaft und Kunst der Stadt Frankfurt am Main, *Unterwelten, Orte im Verborgenen, Sites of Concealment*, 1993

Tent. cat., Kunsthalle Wilhelmshaven, Kunsthal Rotterdam, Museum voor Moderne Kunst Oostende, *Wainer Vaccari*, 1995

Tent. cat., Institut für Kulturaustausch Tübingen, Kunsthal Rotterdam, *Leonardo da Vinci (1452-1519), Uitvinder, wetenschapper en kunstenaar*, 1995

Tent. cat., Kunsthalle Tübingen, Paleis voor Schone Kunsten Brussel, Altes Museum Berlijn, Museum Villa Stuck München, Kunsthal Rotterdam, Historisches Museum der Pfalz Speyer, Fundación Juan March Madrid, Fundación Caixa de Catalunya Barcelona, Musée d'Art Moderne Nice, *Tom Wesselmann, 1959-1993*, 1994

1996

Beumers, E. (ed.), Tent. cat., Kunsthal Rotterdam, *Africa meets Africa*, 1996

Tent. cat., Kunsthal Rotterdam, *Gerard van den Berg, Basic*, 1996

Eigen Huis & Interieur (red.), *Jan des Bouvrie, Ontwerper*, s.l., 1996

Bekaert, G. (inl.), Tent. cat., Kunsthal Rotterdam, *De Brug, Poëzie en kunst, The Erasmus Bridge, Poetry and art*, 1996

Haks, L. (ed.), Tent. cat., Kunsthal Rotterdam, *Celestial Art, Paper offerings and textiles from China collected by Leo Haks*, 1996

Speaks, M. (red.), *Winka Dubbeldam, Architect, Con-texture*, Rotterdam, 1996

Felicioli, R., Tent. cat., Museo dell'Automobile Turijn, Kunsthal Rotterdam, *Lancia, l'Armonia e l'invenzione, Protagonisten, producten en lotgevallen van een Italiaans bedrijf*, 1996

Sinderen, W. van (inl.), Tent. cat., *Lust voor het Oog, Vierhonderd jaar erotische kunst*, 1996

Tent. cat., Kunsthal Rotterdam, Natuur Museum Rotterdam, Nederlands Architectuur Instituut et al., *Manifesta 1*, 1996

Tent. cat., International Museum of Photography at George Eastman House, Mary *Ellen Mark, 25 Years*, 1991

Kraaijpoel, D. en H. van Wijnen, Tent. cat., Kunsthal Rotterdam, *Han van Meegeren en zijn meesterwerk van Vermeer, 1889-1947*, 1996

Tent. cat., Kunst-Museum Ahlen, Clemens-Sels-Museum Neuss, August Macke Haus Bonn, Kunsthal Rotterdam, *Meesters van het licht, Luministische schilderkunst in Nederland en Duitsland*, s.a. (1996)

Greiner, A. (red.), Tent. gids, Kunsthal Rotterdam, *Nominaties voor de NPS Cultuurprijs*, 1996

Hammann, P., *Hendrik Paulides, schilder en verteller, pelukis dan dalang, painter and narrator*, Haarlem, 1997

Baart, T., C. Markerink en T. Metz, *Snelweg, Highways in The Netherlands*, Amsterdam, 1996

Honnef, K., R. Poynor en W. Pijbes, *Studio Dumbar, Behind the Seen*, Mainz, 1996

Schoon T. (red.), Tent. gids, Kunsthal Rotterdam, *Surrealisme uit de 'Collectie Nederland'*, 1996

1997

Tent. cat., Museum Bochum, Kunsthal Rotterdam, *Brancusi, Tzara und die Rumänische Avantgarde*, s.a. (1997)

Denters, V., *Charles Burki, De kunst van het motorrijden*, Bussum, 1997

Glerum Auctioneers (red.), *Design 1840-1990, Veilingcatalogus*, s.l., 1997

Beloff, H., E. McArthur en J. Petric, *Colin Gray, The Parents*, Edinburgh, 1995

Janssen, H. en W. van Sinderen, Tent. cat., Kunsthal Rotterdam, *De Haagse School*, 1997

Tent. cat., Kunsthal Rotterdam, Vitra Design Museum Weil am Rhein, *Kid size, The material world of childhood*, 1997

Tent. cat., Städtische Ausstellungshalle Galerie im Karmeliterkloster Frankfurt am Main, Grassi-Museum Leipzig, Museum für Gestaltung Zürich, Kunsthal Rotterdam, *Lieber Gast, Zum Stand der Heimat auf Zeit, On the State of the Short-Stay Home*, 1996

Tent. cat., Kunsthalle Tübingen, Kunsthal Rotterdam, Kunsthalle Bielefeld, *Robert Longo, Magellan*, 1997

Price, R. (naw.), *Sally Mann, Immediate family*, s.l., 1992

Ormsby, E. (inl.), *Sally Mann, Still time*, s.l., 1994

Kaindl, K., I. Morath en M. Zuckriegl, *Inge Morath, Fotografien 1952-1992*, Salzburg, 1992

Kits Nieuwenkamp, J.F.K., *W.O.J. Nieuwenkamp 1874-1950, Gezien door tijdgenoten*, Amersfoort, 1997

Tent. cat., Kunsthalle Darmstadt, Kunsthal Rotterdam, Kunsthalle Wilhelmshaven, *Meret Oppenheim meets Man Ray*, 1997

Tent. cat., Kunsthal Rotterdam, *The People's Choice, Komar & Melamid / Trademark, Beeldenverzameling*, s.a.

Dekkers, M., *Undressed by Marlies Dekkers*, s.l., s.a. (1997)

1998

Murcott, L. (inl.), *Roger Ballen, Cette Afrique là*, Parijs, 1997

Brody, N. (inl.), Tent. cat., Willem de Kooning Academie Rotterdam, Kunsthal Rotterdam, *The Best of 1993-1998, Willem de Kooning Academie, Hogeschool Rotterdam*, s.a. (1998)

Bodt. S. de en M. de Haan, Tent. cat., Kunsthal Rotterdam, *Bloemstillevens uit Nederland en België 1870-1940*, 1998

Vanvugt, E., *Botje bij botje, Menselijke resten in musea*, Amsterdam, 1998

Vinne, V. van der, Tent. gids, Kunsthal Rotterdam, *British Sports Car Design, Exclusive classics and latest models*, 1998

Glerum Auctioneers (red.), *Design 1880-1940, Veilingcatalogus*, s.l., 1998

Rijk, T. de, *Het elektrische huis, Vormgeving en acceptatie van elektrische huishoudelijke apparaten in Nederland* (diss., Delft), Rotterdam, 1998

Hazeu, W., *M.C. Escher, Een biografie*, Amsterdam, 1998

Tent. cat., Tour du Lépreux Aosta, Kunsthal Rotterdam, Suermondt Ludwig Museum Aken, *Dorothea Lange, The Human Face*, 1998

Locher, J., Tent. cat., Kunsthal Rotterdam, *Leven en werk van M.C. Escher*, 1981/1998

Williams, V. (red.), *Look at Me, Fashion and Photography in Britain, 1960 to the Present*, Londen, 1998

Stern, Portfolio, Bibliothek der Fotografie (red.), *nr. 6, James Nachtwey, Civil Wars*, Hamburg, s.a.

Kraaij, H.J., Tent. cat., *Henriette Ronner-Knip 1821-1909, Een virtuoos dierschilderes*, Schiedam, 1998

Horst, H. van der, *Spinnende poezen en speelse katjes, Het werk van Henriette Ronner-Knip (1821-1909)*, Schiedam, 1998

Janus, E., D. Levi Strauss, P. Sollers et al., *Francesca Woodman*, Parijs, 1998

1999

The Pepin Press (red.), *Dreams of spring, Erotic art in China*, Amsterdam, 1997

Allende, I. (inl.), Tent. cat., Kunsthal Rotterdam, *Enduring Spirit, Portraits by Phil Borges for Amnesty International*, 1998

Krimpen, W. van (red.), *Enveloppen 1993-1999*, Rotterdam, 1999

Tent. cat., Institut für Kulturaustausch Tübingen, *Andreas Feininger, Photographs 1928-1988*, 1997

Bodt, S. de, J. Sillevis, J. Ubbens et al. (inl.), Tent. cat., Kunsthal Rotterdam, *Isaac Israels, Hollands Impressionist*, 1999

Kars, W. (inl.), Tent. cat., Willem de Kooning Academie, Kunsthal Rotterdam, *Willem de Kooning Academie Hogeschool Rotterdam presenteert: Terugblik 1989-1999*, 1999

Adelaar, D., R. van Leyden, J. Ubbens et al. (inl.), Tent. cat., Kunsthal Rotterdam, *Karin van Leyden, 1906-1977, Ernst van Leyden, 1892-1969*, 1999

The United Exhibits Group (red.), Tent. gids, Kunsthal Rotterdam, *4 Miljoen jaar mens*, s.a. (1999)

Tent. cat., Astrup Fearnley Museum of Modern Art Oslo, Kunsthal Rotterdam, *Odd Nerdrum, Storyteller and self-revealer*, 1998

Newton, H. en A. Springs, *Helmut Newton, Alice Springs, Us and them*, Zürich, 1998

Hyman, J. (inl.), Tent. cat., Kunsthal Rotterdam, *Picasso, Kunstenaar van de eeuw*, 1999

Sinderen, W. van (inl.), Tent. cat., Kunsthal Rotterdam, *Portret Picasso*, 1999

Haks, L. en G. Maris (red.), Tent. cat., Kunsthal Rotterdam, *Pre-war Balinese Modernists*, 1999

Zweers, L., *Alfred van Sprang, Het gezicht van de Koude Oorlog*, Zutphen, 1999

Tent. cat., The United Exhibits Group, Kunsthal Rotterdam, *Star Trek, Federation Science, European Tour*, s.a. (1999)

Tent. cat., The United Exhibits Group, Kunsthal Rotterdam, *The story of human evolution, Missing links alive!*, s.a. (1999)

Schubert, D. en I. Schubert, *Van Mug tot Olifant*, Rotterdam, 1994

J. Jacobs (ed.), Tent. cat., Kunsthal Rotterdam, *Stefan Verwey, Tekenaar en cartoonist*, 1999

Goodbody, B., *Jin Weihong*, Shanghai, 1998

2000

Sinderen, W. van, *200 in 2000, Acht jaar Kunsthal Rotterdam*, Zwolle, 2000

Pellanders, M. en M. Hoekveld, *Awi! Amazone indianen*, Amsterdam / Gent, 2000

Beranová, J. en G. Peters, *Beelden in vervoering, Captured Images*, s.l., 2001

Antonelli, P. en R. Ramakers, *Droog Design, Spirit of the nineties*, Rotterdam, 1998

Hinte, E. van (red.), *Henk Elenga / Index*, Rotterdam, 2000

Christie's Amsterdam (red.), *Football Memorabilia, Veilingcatalogus*, Amsterdam, 2000

Bouwhuis, J. (ed.), Tent. cat., Fries Museum Leeuwarden, Kunsthal Rotterdam, *Leo Gestel, Een onbekende collectie, Werken op papier*, 1999

Bois, M. de, B. von Bormann, H. Borst et al. (inl.), Tent. cat., Kunsthal Rotterdam, *Ieder z'n voetbal, Het voetbal in de beeldende kunst 1900-2000*, 2000

Visser, H., Tent. cat., *Jezus als vreemdeling*, Rotterdam, 2000

Blankert, A., X. van Eck, V. Manuth et al. (inl.), Tent. cat., Kunsthal Rotterdam, *Jezus in de Gouden Eeuw*, 2000

Luyn, A.H. van, A. van der Meiden, A. Soetendorp et al., *De Jezuslezingen*, Kunsthal Rotterdam, 2001

Tent. cat., Museum Folkwang Essen, Haus der Kunst München, Museum of Modern Art San Francisco, Kunsthal Rotterdam, Musée National d'Art Moderne Centre Georges Pompidou Parijs, *Germaine Krull, Avantgarde als Abenteuer, Leben und Werk der Fotografin Germaine Krull*, 1999

Tent. cat., Maison de la culture du Japon Parijs, Kunsthal Rotterdam, *Manga, Une plongée dans un choix d'histoires courtes*, 1999

Wolff, M. de (inl.), *Peter Martens 1937-1992*, Rotterdam, 2000

Tent. cat., Ernst Barlach Haus Hamburg, Museum für Neue Kunst Freiburg i.Br., Kirchner Museum Davos, Brücke-Museum Berlijn, Kunsthal Rotterdam, *Nolde, Schmidt-Rottluff und ihre Freunde, Die Sammlung Martha und Paul Rauert, Hamburg 1905-1958*, 1999

Tent. cat., Galerie du Jour Agnès B., *Martin Parr: Japonais endormis*, 1998

Tent. cat., George Eastman House Rochester, Kunsthal Rotterdam, *The Photography of Alfred Stieglitz, Georgia O'Keeffe's Enduring Legacy*, 2000

Investimentos, Comércio e Turismo de Portugal (red.), Tent. cat., Kunsthal Rotterdam, *Rondom Porto*, s.a. (2000)

Staal, G. (red.), Tent. cat., Schmuckmuseum Pforzheim, Bayerischer Kunstgewerbeverein München, Deutsches Goldschmiedehaus Hanau, Kunsthal Rotterdam, Museo Civico agli Eremitani Padua, *Robert Smit, Empty House, Leeres Haus, Casa Vuota*, 1999

Klaassen, S., *Vuurvliegjes, tovervisjes en schatgravers*, Rotterdam, s.a.

2001

Meyer, A. (red.), Tent. cat., Kunsthal Rotterdam, *Annette Meyer, BodywrappInc., Body-Emballage / Costumes / BodywrappInc. / Rain*, s.a.

Gottlieb, K. (inl.), Tent. cat., Kunsthal Rotterdam, *Manuel Alvarez Bravo, Dutch encounters*, 2001

Botman, H. en I. Leijerzapf, *Henri Berssenbrugge, Passie-energie-fotografie*, Zutphen, 2001

Lagendaal. A. (red.), Tent. cat., Willem de Kooning Academie Rotterdam, Kunsthal Rotterdam, *Eindexamencatalogus Willem de Kooning Academie Hogeschool Rotterdam, 2000/2001*, 2001

Donk, P. van, Indonesian *Cockspur Cases, Kotak Taji*, 't Goy-Houten, 2000

Jong, M. de, *Kindertekeningen, een beeldverhaal*, Zwijndrecht, 2001

Lagendaal. A. (red.), Tent. cat., Willem de Kooning Academie Rotterdam, Kunsthal Rotterdam, *De Kooning Fashion, Designers achter de labels*, 2001

Tent. cat., Centre Photographique d'Ile de France Pontault-Combault, Suermondt

Ludwig Museum Aken, Kunsthal Rotterdam, *Leon Levinstein, Obsession*, 2000
Pitts, G. (naw.), Tent. cat., Kunsthal Rotterdam, *Dana Lixenberg, United States*, 2001
Tent. cat., Musée du Luxembourg Parijs, Wallraf Richartz Museum Keulen, Haus der Kunst München, Kunsthal Rotterdam, *Meesterlijk Verzameld, Vijf eeuwen Europese schilderkunst: de collectie Gustav Rau*, 2001
Hart, K. 't (inl.), Tent. cat., Kunsthal Rotterdam, *Jacques Meijer, Dynamisch Archief*, 2001
Tent. cat., Galerie Bilderwelt Berlijn, *Tina Modotti, Fotografien & Dokumenten*, 1996
Jeram, A., *Muisje Andersom*, Rotterdam, 2001
Bolten, J., *Het Nederlandse bankbiljet 1814-2002, Vormgeving en ontwikkeling*, Amsterdam, 1999
Buijs, H. (inl.), Tent. cat., Kunsthal Rotterdam, *Nederlandse Realisten na 1950*, 2001
Rijksakademie van beeldende kunsten (red.), *Ontwerp op de mm³ Munt in beeld, Design by the mm³ Picturing coins*, Amsterdam, 2001
Bool, F., J. de Jong en R. Suermondt (red.), *Cas Oorthuys, Onderweg, Europa 1945-1965*, Amsterdam, 2001
Beveren, P. van en W. van Sinderen, Tent. cat., Kunsthal Rotterdam, *Panorama Rotterdam, Meesters aan de Maas 1820-1940*, 2001
Tent. cat., Institut für Kulturaustausch Tübingen, *Playboy Cartoon Klassiker*, 2000
Jeram, A. en S. McBratney, *Raad eens hoeveel ik van je hou*, Rotterdam, 1994
Tent. cat., Museum für Gestaltung Zürich, *Ursula Stalder, Gestrandet*, 1994
Stalder, U., *Werkkatalog 1992-2000*, Dallenwil, 2000

2002

Hoek, C., R. van der Star, O. Untracht et al. (inl.), Tent. cat., Kunsthal Rotterdam, *Bijoux Ethniques d'Afrique, d'Asie et des Iles du Pacifique*, 2002
Grobler, P. en P. de Vos, *Het carnaval der dieren*, Rotterdam, 1999
Hoek, C., R. van der Star, O. Untracht et al. (inl.), Tent. cat., Kunsthal Rotterdam, *Ethnic Jewellery from Africa, Asia and Pacific Islands*, 2002
Boëlens van Waesberghe, B. (ed.) en J. Giltaij (inl.), Tent. cat., Kunsthal Rotterdam, *European Master Drawings Unveiled, Van der Goes, Michelangelo, Van Goyen, Fragonard and others from Belgian collections*, 2002
Pijbes, W. (inl.), Tent. cat., Kunsthal Rotterdam, *Les filles d'atelier, Willem van Veldhuizen*, 2002
Tent. cat., Institut für Kulturaustausch, *Duane Hanson, More than reality*, 2001
Tent. cat., Antiquariat Zerfaß & Linke Berlijn, Kunsthal Rotterdam, *Marcel Janco, Das Graphische Werk, Catalogue raisonné*, s.a.
Jager, M., H. Matthijssen, J. Wesselingh et al. (inl.), Tent. cat., Kunsthal Rotterdam, *Kees Maks, Schilder van het mondaine leven*, 2002
Tent. cat., Museum Folkwang Essen, Villa Ghirlanda Milaan, Kunsthal Rotterdam, Museuserralves Porto, Fundación Barrié de la Maza La Coruña, *Irving Penn, Objects for the printed page*, 2001
Metz, T., *Pret! Leisure en landschap*, Rotterdam, 2002
Stam, H. (inl.), Tent. cat., Kunsthal Rotterdam, *Sem Presser, Hier is Cannes*, 2002
Hofland, H. en T. Jansen, Tent. cat., Kunsthal Rotterdam, *Strandbeesten van Theo Jansen*, 2002
AVRO Kunsttribune (red.), Tent. gids, Kunsthal Rotterdam, *Tussen Kunst & Kitsch*, 2002
Drongelen, C. van (red.), *Tussen Kunst & Kitsch, Een kijkje achter de schermen*, Naarden, 2000
Sillevis, J. (inl.), Tent. cat., Kunsthal Rotterdam, *Ed Valk tekent mensen*, 2002
Krol, G. (inl.), Tent. cat., Kunsthal Rotterdam, *Verschrikkingen van de oorlog, Francisco de Goya, De complete cyclus*, 2002
Delft, M. van, R. Storm en T. Vermeulen (red.), Tent. cat., Koninklijke Bibliotheek Den Haag, Kunsthal Rotterdam, *Wonderland, De wereld van het kinderboek*, 2002
Ferdinandusse, R. (inl.), Tent. cat., Kunsthal Rotterdam, *Zwart bloed, Yrrah*, 2002

Kinderkunstboeken

Stigter, B., *Mondriaans Alfabet*, Zwolle, 1997
Bodt, S. de, *Mesdag en zijn vrienden*, Zwolle, 1997
Dekkers, M., *Wat is een kat?*, Zwolle, 1998
Ernst, B., *Escher, Tovenaar op papier*, Zwolle, 1998
Groothof, F., *Vincent & Theo, Broeders in de kunst*, Zwolle, 1999
Wolkers, J., *De spiegel van Rembrandt*, Zwolle, 1999
Hermans, T., *Jezus is jarig, Zwolle*, 2000
Loon, P. van, *De andere werkelijkheid van Jeroen Bosch, Zwolle*, 2001
Pijbes, W., *Het kleine schilderboek*, Zwolle, 2001

CD's

Streetwise, 10 jaar party, house & dance, 1998
Picasso, The Music of his Century, 1999
Jesus in the History of Music, 2000 Years of Christian Music, 2000

BRONNEN

Archief Kunsthal Rotterdam, waarin opgenomen jaarverslagen, jaarplannen en knipselarchief

Adrichem, J. van, *Beeldende kunst en kunstbeleid in Rotterdam 1945 - 1985, Rotterdam, 1986*

Adrichem, J. van, *De ontvangst van de moderne kunst in Nederland 1910 - 2000*, Amsterdam, 2001

Blommestein, Van, Verstegen, *Onderzoek naar de behoefte aan een Nationale tentoonstellingshal*, 1986

Brandes, U., (redactie), *Kunst im bau*, Göttingen, 1994

Diverse auteurs: *Stadstimmeren, 650 jaar Rotterdam*, Rotterdam, 1990

Huygen, F., *Het Museum Boymans van Hannema*, Rotterdam, 1992

Jongh, E. de, *Kunst en het vruchtbare misverstand*, Amsterdam, 1992

Koolhaas, R., *S,M,L,XL, Rotterdam, 1995*

Mai, E., *Expositionen, Geschichte und Kritik des Ausstellungswesen*, München/Berlijn, Deutscher Kunstverlag, 1986

Picasso, tent.cat. Stedelijk Museum Amsterdam, 1967

Reedijk, H., *Programma van eisen, Kunsthal Hoboken, 2e concept*, november 1987

Reedijk, H., *Kunsthal Hoboken Rotterdam, uitgangspunten en exploitatie*, januari 1988

Searing, H., *New American Art Museums*, University of California Press, 1982

Ven, C. van de, (red.) *Museumarchitectuur*, Rotterdam, 1989

Architectuur in Nederland Jaarboek 1992-1993, Rotterdam 1993

El Croquis, nr 79, Themanummer OMA/Rem Koolhaas 1992-1996

MetropolisM nr. 5/6 1987, themanummer, Museumbeleid in de jaren tachtig, een inventarisatie

Pijbes, W., New Kunsthal opened in Rotterdam, in *Museum Management and Curatorship*, vol. 11, nr. 4, december 1992, pp. 421-424

Interviews met:

Jan van Adrichem
Jan Knikker
Rem Koolhaas
Wim van Krimpen
Joop Linthorst
Wim Pijbes
Wim van Sinderen
Orri Steinarsson
Hans Walgenbach
Kees Weeda

FOTOVERANT-WOORDING

Tenzij anders vermeld zijn alle afbeeldingen afkomstig uit het archief van de Kunsthal Rotterdam.

Museum Boijmans Van Beuningen p. 7, 22
Gemeentarchief Rotterdam p. 123, 129
Bas Czerwinski p. 78 (onder)
Bob Goedewaagen p.16, 104, 153
Vincent Mentzel p.76, 79, 112 (boven), 118, 119, 121 (onder), 134 (onder), 135, 179, 200, 240, 241
Ernst Moritz p. 63 (l.b.), 152 (boven)
Daria Scagliola p. 25, 84, 85, 88, 89, 92, 94, 95, 100, 103, 113, 120 (onder), 134 (boven), 137, 199
Cees Spruijt p. 73, 78 (boven), 80 (boven), 182, 198, 202, 203, 219, 224, 233 (onder), 236, 237
John Stoel p. 69, 77, 121 (boven), 148 (boven), 149 (boven), 149 (r.o.), 150, 151, 198, 216, 217, 221, 223
Hans Werlemann p. 58, 59, 63, 64, 70 (l.o.)

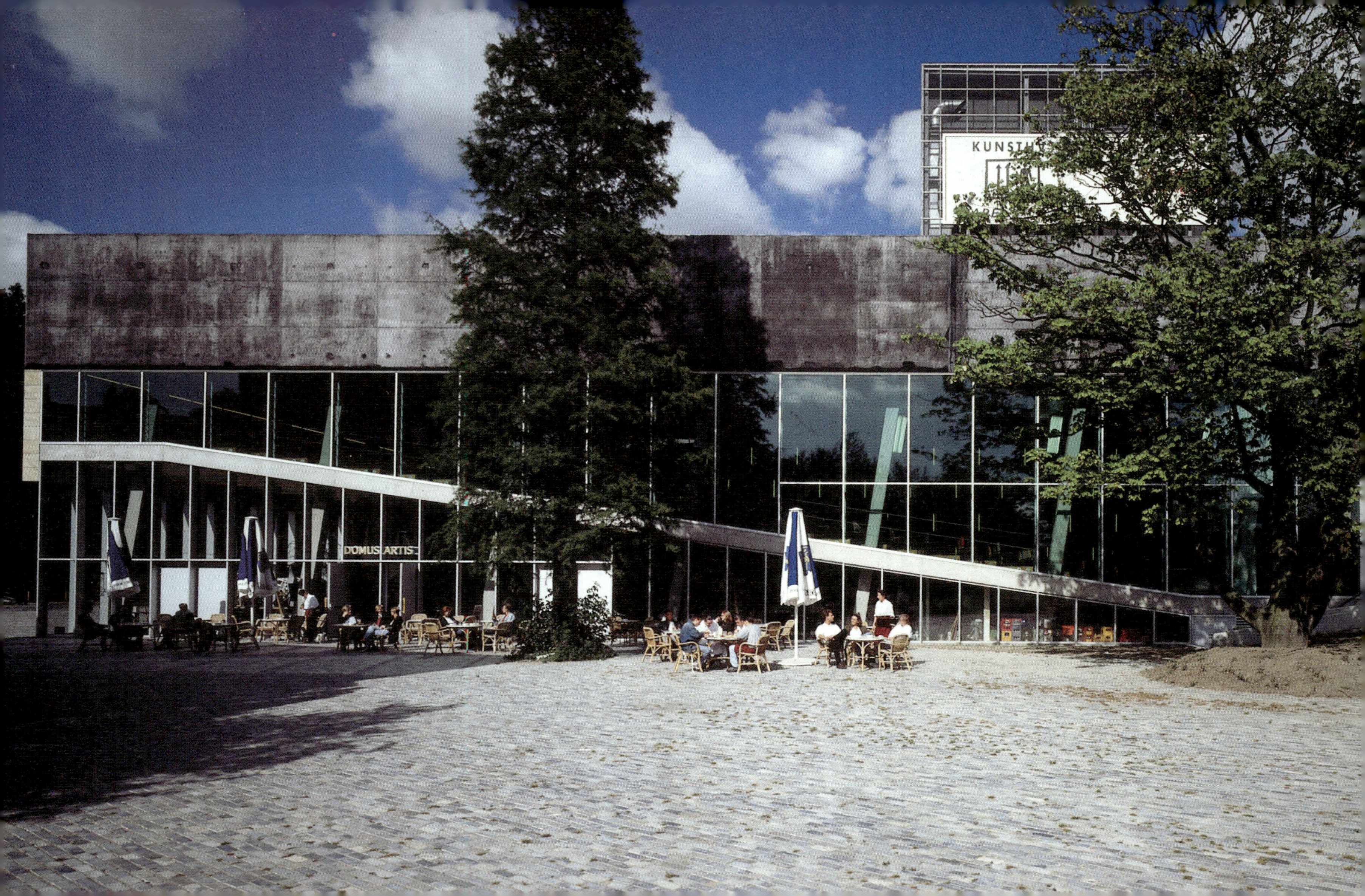
DOMUS ARTIS

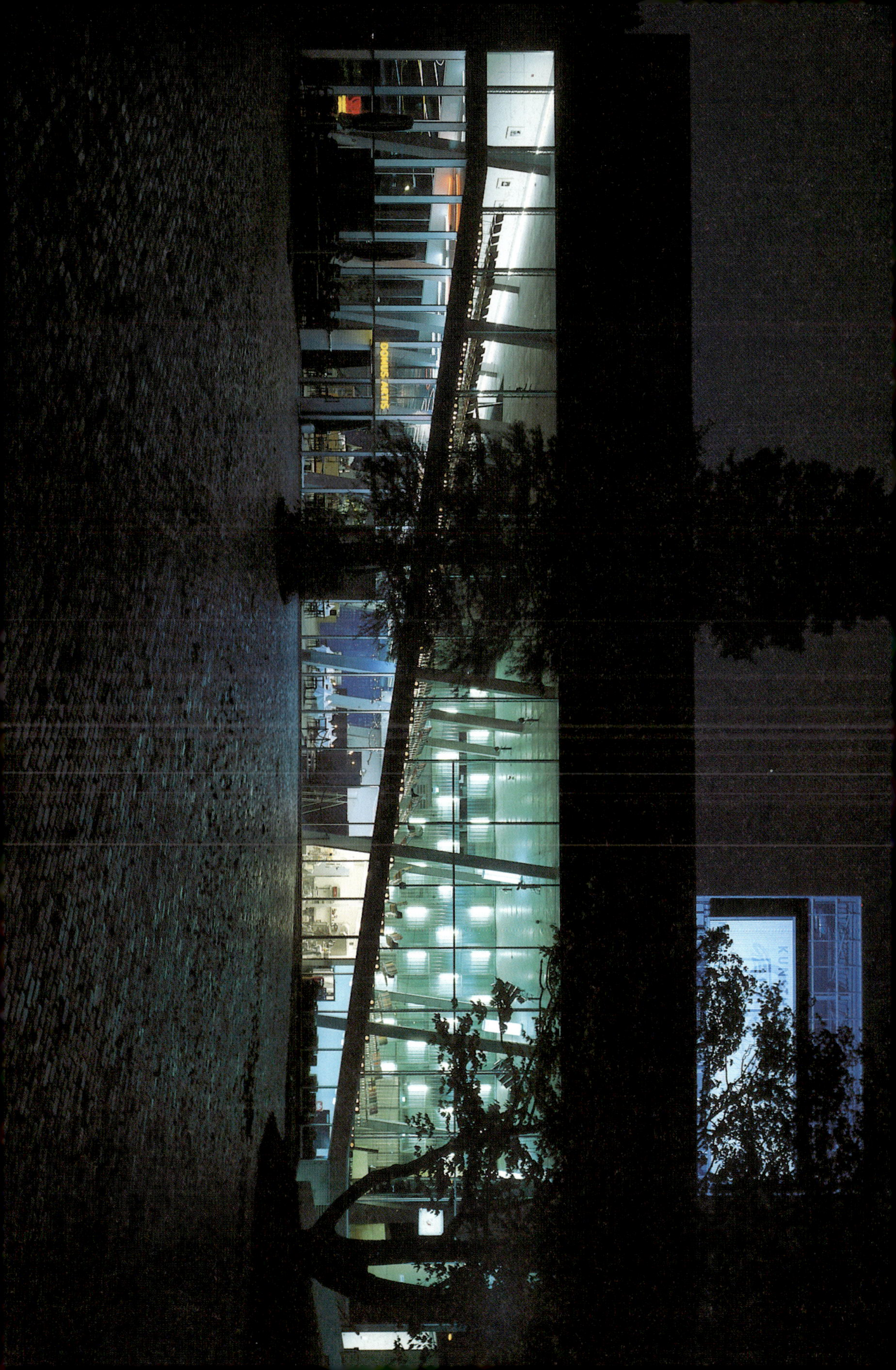
DOMUS ARTIS

COLOFON

Uitgave Waanders Uitgevers, Zwolle, Kunsthal Rotterdam

Idee Wim van Sinderen

Auteur Ron Kaal

Samenstelling Wim Pijbes

Redactie Saskia Cornelissen, Charlotte van Lingen, Wim Pijbes en Benno Tempel

Ontwerp/opmaak Stang Gubbels en Anneke van der Stelt, Rotterdam

Druk Waanders Drukkers, Zwolle

Omslag zuidgevel Kunsthal Rotterdam
achterzijde: Henk Visch, De kamelendrijver, tekening, particuliere collectie

ISBN 90 400 8739 3
NUR 657

Informatie over Waanders Uitgevers is te vinden op www.waanders.nl
Informatie over Kunsthal Rotterdam is te vinden op www.kunsthal.nl

KUNSTHAL ROTTERDAM